메가쌤 교육학

기출 공략서
인출편 & 실전편

2023 중등교원 임용시험 대비

메가스터디가 만든 교원임용 전문브랜드 메가쌤

메가쌤

집필
메가쌤 임용연구소
배현지 선생님(진영중학교)
임상경 선생님(천일중학교)

검수
메가쌤 임용연구소
윤정민(서울대학교 대학원 교육학과 교육측정평가 전공)
홍지은(서울대학교 대학원 교육학과 교육측정평가 전공)

베타테스트
중등교사 임용시험 수험생 10명

발행 2판 1쇄 2022년 1월 28일
펴낸곳 메가쌤
편집기획 한영미 이은경 이성진 이채현
판매영업 순아람 김용란 박종규 최득수

출판등록 2007년 12월 12일 제322-2007-000308호
주소 (06657) 서울시 서초구 반포대로 81, 4층 (서초동, 영림빌딩)
문의 1661-7391
홈페이지 www.megassam.co.kr

ISBN 978-89-6634-585-4 (13370)
정가 25,000원

Copyright ⓒ 메가엠디(주)
- 이 책에 대한 저작권은 메가엠디(주)에 있습니다.
- 이 책은 저작권법에 따라 보호받는 저작물이므로 무단전재와 무단복제 및 배포를 금지하며
  책 내용의 전부 또는 일부를 이용하려면 반드시 저작권자와 출판권자의 서면동의를 받아야 합니다.
- 메가쌤은 메가엠디(주)의 교원임용 전문 브랜드입니다.

PREFACE

몇 년이 지났어도 수험생 시절의 삶은 생생합니다. 이렇게 하는 것이 잘하고 있는 것인지 늘 전 전긍긍했지만 누구도 답을 줄 수 없어 안갯속인 기분이었습니다. 그래서 그때는 인생에도 신호 등과 교통표지판이 있으면 좋겠다는 생각도 했습니다. 그렇다고 헤매기만 할 수는 없으니 매일 같은 일을 반복하며 주어진 하루하루를 보냈습니다. 일정 시간에 일어나 스터디로 하루를 시 작하고 독서실에 가면 인증을 했습니다. 하루가 끝날 때는 그날 공부한 것을 인출해 보며 좋아 하기도 하고 아쉬워하기도 했죠.

결과를 종잡을 수 없는 상태에서 잘하고 있다는 믿음을 가지고 할 일을 하는 것이 쉽지 않았 던 때가 떠올라 용기를 내어 교재를 집필해 보기로 했습니다. 주변에 합격자가 많지 않아 공부 방법이 막막한 것, 논술형이라면 그저 부담스러운 것 등 각자 나름의 근심이 있겠지만 교육학 공부에서는 걱정을 조금 덜어드리고 싶었습니다. 또 학원 강의는 듣고 싶지 않지만 공부할 방 법을 찾고 있는 누군가에게도 쓸모 있는 자료를 가공해 도움이 될 수 있다면 좋을 것 같았습니 다. 논술형 문제를 풀어야 하는 수험생 입장에서 각 영역을 공부할 때마다 객관식 기출문제도 확인해보고 싶었던 마음도 생각났습니다. 그래서 수험생 때처럼 다시 한번 도전하는 마음으로 작업을 시작했습니다.

지금까지 출제된 임용시험 교육학 기출문제들을 보면서 느낀 것은, 단순히 이론을 암기했는지 를 확인하기보다 내용에 대한 이해를 바탕으로 실제 교육 현장에서 교사에게 필요한 역량과 결부하여 활용할 준비가 되었는지 묻는 쪽으로 그 방향이 바뀌었다는 것이었습니다.

기존 기출문제를 바탕으로 준비한 본 교재의 재료들은 분명한 답을 인출할 수 있게 연습하는 것을 포함하고 있어 다소 분절적이고 단순하게 느껴질 수 있습니다. 그러나 분명한 답을 인출 하는 것을 기본으로 하되 여기에 그치지 않고 한 걸음 더 나아가 현장에 적용한 사례는 어떤 모습일지, 문제가 있다면 어떻게 보완할 수 있을지 등을 생각하는 시간도 가진다면 1차뿐만 아 니라 2차 시험을 위한 사고에도 큰 도움이 될 것입니다.

매 순간 최선을 다하시는 여러분 모두의 건승과 건투를 빌며 교단에서 웃는 모습으로 뵙기를 기대합니다.

배현지, 임상경

메가쌤
교육학
기출 공략서
인출편 & 실전편

CONTENTS

- 6p 중등교사 임용시험이란?
- 8p 메가쌤이 알려주는 **효율적인 교육학 학습 방법**
- 9p 메가쌤 임용 기출공략서 **교재 구성 및 활용 방안**
- 14p 교육학 **과목 정보** 및 논술형 기출문제 **출제경향 분석**
- 18p 「BONUS TIP」 교육학 논술 작성 만능툴 / 자주 틀리는 맞춤법
- 20p 출제 키워드 **마인드맵**

PART 01 인출편 서술형 & 객관식 문제

- 42p **CHAPTER 1** 교육과정
- 60p **CHAPTER 2** 교육행정
- 76p **CHAPTER 3** 교육공학 및 교육방법
- 106p **CHAPTER 4** 교육평가
- 114p **CHAPTER 5** 교육심리
- 138p **CHAPTER 6** 생활지도 및 상담
- 154p **CHAPTER 7** 교육사회학
- 178p **CHAPTER 8** 교육사 및 교육철학

PART 02 실전편 논술형 문제

- 200p 연습문제
- 210p 기출문제(2014~2022학년도 수록)

- 224p 참고문헌

 정답 및 해설 (별책)

중등교사 임용시험이란?

▶ '응시자격', '시험 과목 및 유형', '시험 일정'은 지역별로 차이가 있으니, 반드시 응시하고자 하는 지역 시·도교육청 홈페이지에서 안내를 확인하시기 바랍니다.

시험명

공립(국, 사립) 중등학교교사 임용후보자 선정경쟁시험

응시자격

선발예정 표시과목의 중등학교 준교사 이상 교원자격증 소지자 및 부전공 표시과목 교원자격증 소지자(차년도 2월 해당 과목 교원자격증 취득 예정자 포함)

시험 과목 및 유형

• 제1차 시험

시험 과목 및 유형			문항 수	배점		시험 시간
교육학	1교시	논술형	1문항	20점		09:00~10:00 (60분)
전공	전공 A	2교시	기입형	4문항	8점	40점	10:40~12:10 (90분)
			서술형	8문항	32점		
	전공 B	3교시	기입형	2문항	4점	40점	12:50~14:20 (90분)
			서술형	9문항	36점		
소계			23문항	80점		
합계(배점)			24문항	100점		

※ 제1차 시험 한국사는 한국사능력검정시험(국사편찬위원회) 3급 이상 인증서 취득으로 자격이 대체됨

• 제2차 시험

시험 과목	시험 시간
교직적성 심층면접, 교수·학습 지도안 작성, 수업능력 평가(수업실연, 실기·실험)	시·도교육청 결정

※ 제2차 시험은 시도별, 과목별로 다를 수 있음

시험 일정

사전 예고문	시험 공고	원서 접수	제1차 시험		제2차 시험	최종 합격자 발표
			시험	합격자 발표	시험	
6~8월	10월	10월	11월	12월	1월 실기·시험평가 교수·학습지도안 작성/수업실연 교직적성 심층면접	2월

시험 관리 기관
- 시·도교육청: 시행공고, 원서 교부·접수, 문답지 운송, 시험 실시, 합격자 발표
- 한국교육과정평가원: 제1차 시험 출제 및 채점, 제2차 시험 출제

출제 원칙
- 중등학교(특수학교 포함) 교사에게 필요한 전문 지식과 자질을 종합적으로 평가함
- 학교 교육 현장에서 실제적으로 적용할 수 있는 지식, 기능, 소양을 종합적으로 평가함
- 지식, 이해, 적용, 분석, 종합, 평가, 문제해결, 창의, 비판, 논리적 기술 등을 종합적으로 평가하기 위해 다양한 문항 유형으로 출제함
- 중등학교 교사 양성기관의 교육과정을 충실히 이수한 자면 풀 수 있는 문항을 출제함
- '중등교사 신규임용 시도공동관리위원회'가 발표한 『표시과목별 교사 자격 기준과 평가 영역 및 평가 내용 요소』를 참고하여 출제함

교육학 출제 범위
- 교육학 문항 수는 1개이나 보통 그 안에 4개 안팎의 세부 내용으로 나뉘고, 이것을 하나의 주제로 묶어 묻는 형식
- 배점은 대체로 20점 중 5점을 형식 및 주제 연계성에 할당하고, 세부 내용별로 각각 4점 또는 3점을 부여

구분	출제 범위 및 내용	배점 예시
논술의 내용 [총 15점]	교육부 고시 제2017-126호(2017.8.30.)의 부칙 제3조(경과조치) 제13호에 근거한 교육부 고시 제2016-106호(2016.12.23.)의 [별표2] '교직과목의 세부 이수기준'에 제시된 교직이론 과목 교육학개론, 교육철학 및 교육사, 교육과정, 교육평가, 교육방법 및 교육공학, 교육심리, 교육사회, 교육행정 및 교육경영, 생활지도 및 상담 ※ 특수(중등) 과목, 비교수 교과도 동일하게 적용	4 4 4 3
논술의 구성과 표현 [총 5점]	논술의 내용과 주제의 연계 및 논리적 형식	3
	표현의 적절성	2
합계		20

채점기준 및 방법
- 중등교사 임용시험 문항의 '모범답안'과 '채점기준'은 비공개를 원칙으로 함
- 채점은 채점위원 3인이 독립 채점으로, 확정된 채점기준에 따라 하나의 답안에 대하여 3인이 독립적으로 채점 후 평균 점수를 산출함

메가쌤이 알려주는 효율적인 교육학 학습 방법

중등교사 임용시험 교육학의 패러다임!
지엽적 지식 암기가 아닌, 이론 인출 연습 및 교육 현장과 접목이 필수

교육학 과목 특성	효율적인 학습 방법	메가쌤 임용 기출공략서 특장점
이론 암기 방대한 출제범위와 다양한 학습자료를 단권화함	'이론 인출 + 구조화'	'2002~2013학년도 객관식 기출문제'를 활용한 '서술형 개발문제'와 '마인드맵'으로 **이론 인출 연습**
논술형 시험 문제를 분석하고 논리적으로 답을 작성하는 능력 필요	사고 정리를 위한 '쓰기 연습'	'서술형 ▶ 논술형' 단계별 쓰기 연습을 통한 **논술형 시험 대비**
변화하는 출제경향 이론 암기 도출에서 이론과 현장을 접목한 추론 형태로 변화	최신 출제경향에 적합한 '논술형 문제풀이'	'논술형 개발 문제'와 '2014~2022학년도 논술형 기출문제' 풀이를 통한 **실전 연습**

교육학은 한국교육과정평가원에서 2002학년도부터 출제되어 최근까지 매년 출제경향이 변동되고 있다. 2002~2013학년도는 객관식으로 출제되었고, 내용 지식의 정확한 암기와 서로 다른 이론 간의 미세한 차이를 비교하였다. 2014학년도부터는 논술형으로 체제가 변경되어, 교육학 이론과 현장이 접목된 복합적 형태의 문항이 출제되고 있다.

메가쌤 임용 기출공략서
교재 구성 및 활용 방안

이론 인출과 논술 쓰기에 특화된 기출공략서!

빈출되는 이론을 구조화하여 머릿속에 정리한 뒤
논리적 글 쓰기를 반복적으로 연습할 수 있는 구성

기출 공략서

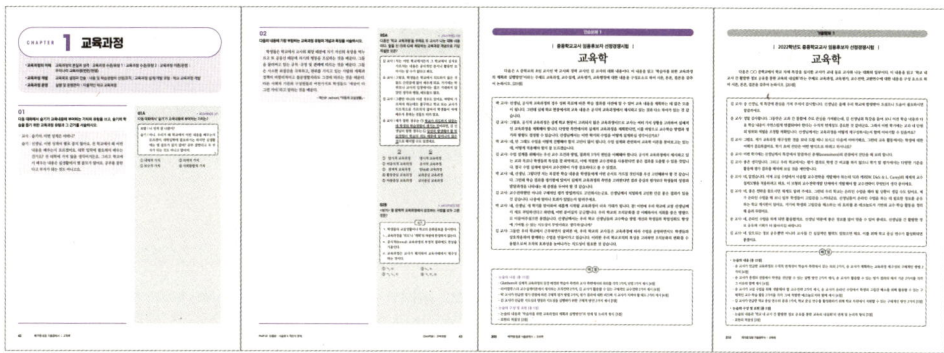

PART 01 인출편 | 서술형 개발 문제 및 관련 객관식 기출문제(2002~2013학년도)
PART 02 실전편 | 논술형 개발 문제 10개 + 논술형 기출문제 11개(예비시험 포함 2014~2022학년도)

정답 및 해설

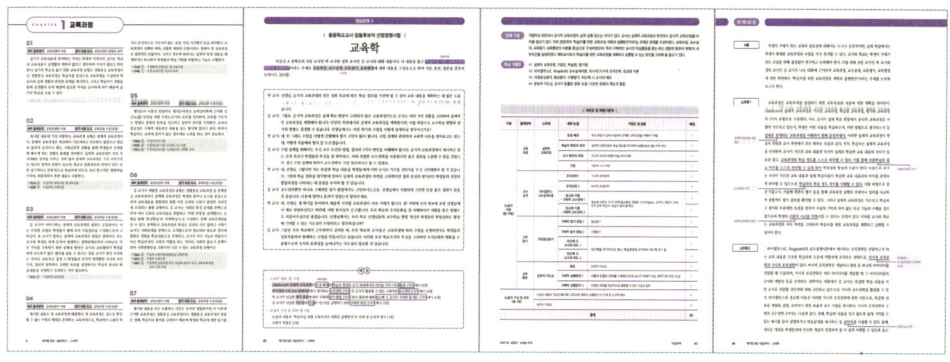

PART 01, PART 02 문항에 대한 상세 해설(문제 구성, 핵심 키워드, 모범답안, 개요도 및 채점기준표 등)

특별 구성

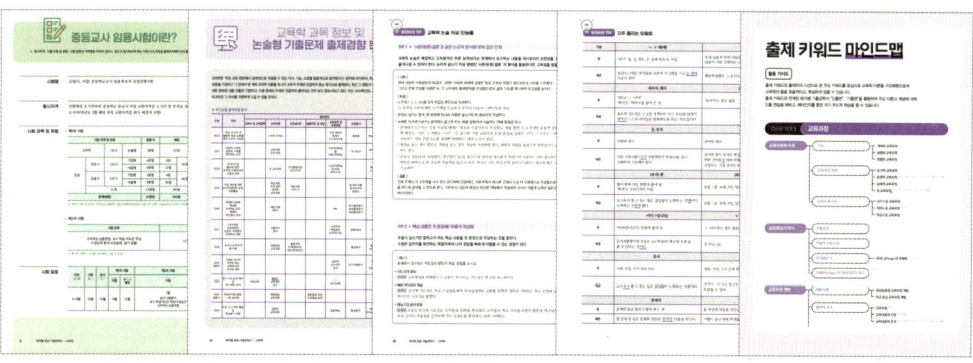

▶ 중등교사 임용시험이란?, 교육학 학습 방법, 교육학 과목정보 및 논술형 기출문제 출제경향 분석, BONUS TIP, 출제 키워드 마인드맵

교재 구성 및 활용 방안

STEP 1 기본기 다지기 | PART 01 인출편
객관식 기출문제와 이를 변형한 서술형 개발 문제로 영역별 이론 인출과 논술 대비 쓰기 연습 워밍업

이론 인출과 쓰기 연습이 가능한 객관식 기출 변형의 서술형 개발 문제

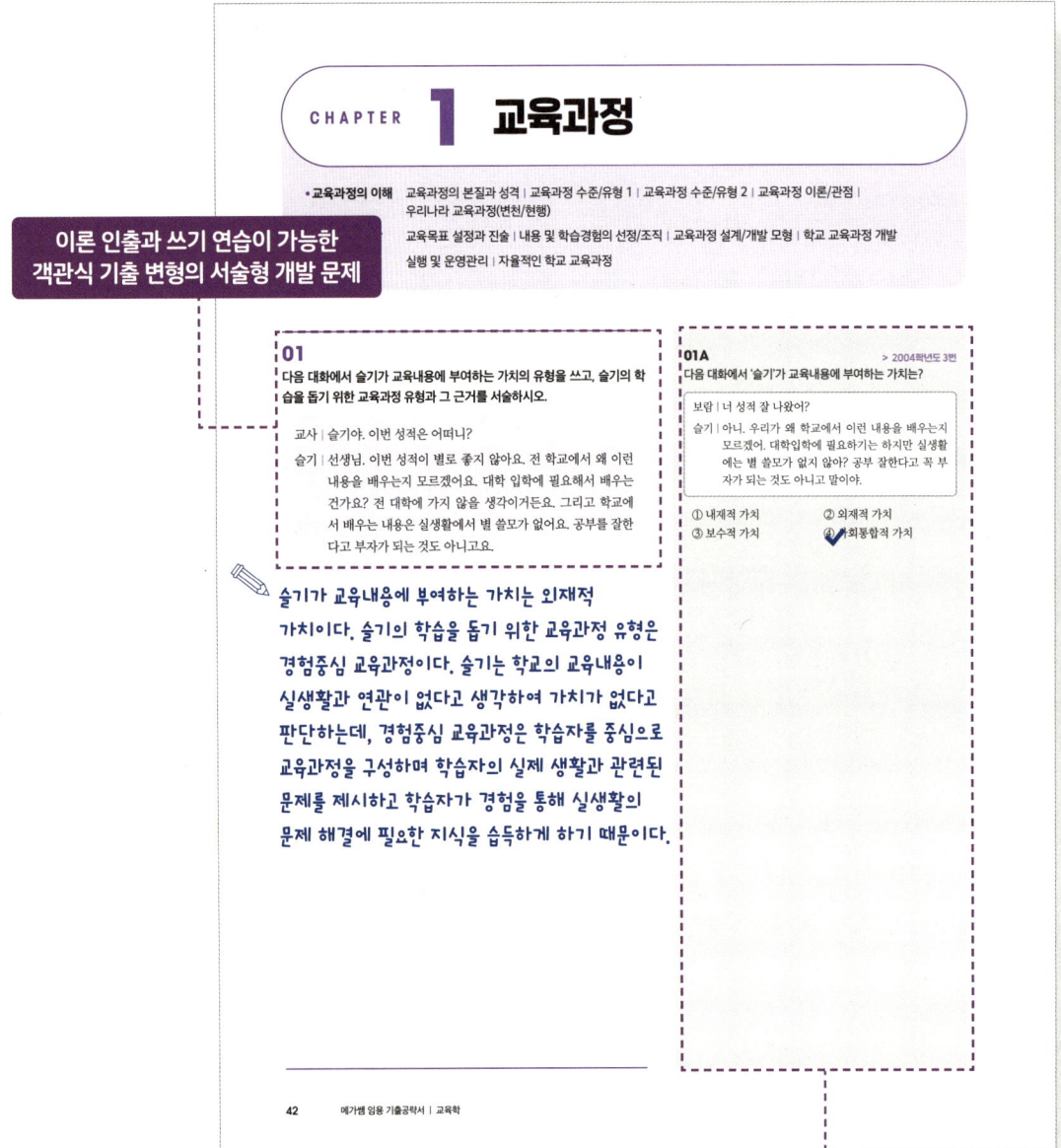

서술형 개발 문제와 연계된 2002~2013학년도 객관식 기출문제

STEP 2 실전력 키우기

PART 02 실전편
풍부한 논술 연습의 기회, 총 21개의 논술형 문제 최다 구성

2014~2022학년도 논술형 기출문제 11문항

이론과 현장을 접목한 최신 출제경향의 연습문제 10문항

기출문제 1

| 2022학년도 중등학교교사 임용후보자 선정경쟁시험 |

교육학

다음은 ○○ 중학교에서 학교 자체 특강을 실시한 교사가 교내 동료 교사와 나눈 대화의 일부이다. 이 내용을 읽고 '학교 내 교사 간 활발한 정보 공유를 통한 [...] 여 서론, 본론, 결론을 갖추어 논하[...]

김 교사: 송 선생님, 제 특강에 관[...]
　　　　　말씀하세요.
송 교사: 정말 감사합니다. 그동안[...]
　　　　　음 학습 내용이 자연스[...]
　　　　　의 범위와 계열을 조정[...]
김 교사: 그럼요. 제가 교육과정[...]
　　　　　이해가 쏙쏙하잖아요. 학[...]
송 교사: 이번 학기에는 선생님[...]
김 교사: 좋은 생각입니다. 그리[...]
　　　　　활용해 평가 결과를 해[...]
송 교사: 네, 알겠습니다. 이제 교[...]
　　　　　설계모형을 적용하려고[...]
김 교사: 네, 좋은 전략을 찾으시[...]
　　　　　가 온라인 수업을 해 보[...]
　　　　　하는 학급 게시판이 있[...]
　　　　　해 올려 두었어요.
송 교사: 네, 온라인 수업을 하게[...]
　　　　　보 공유의 기회가 더 많[...]
김 교사: 네, 앞으로는 정보 공유[...]
　　　　　좋겠어요.

• 논술의 내용 [총 15점]
　- 송 교사가 언급한 교육과정의 [...] 가지 [4점]
　- 송 교사가 총평의 관점에서 학[...] 그 이유와 함께 제시 [4점]
　- 송 교사가 교실 수업을 위해 개[...] 체적인 교수·학습 활동 2가지[...]
　- 김 교사가 언급한 학교 중심 연[...]
• 논술의 구성 및 표현 [총 5점]
　- 논술의 내용과 '학교 내 교사 간[...]
　- 표현의 적절성 [2점]

연습문제 1

| 중등학교교사 임용후보자 선정경쟁시험 |

교육학

다음은 A 중학교의 초임 교사인 박 교사와 경력 교사인 김 교사의 대화 내용이다. 이 내용을 읽고 '학습자를 위한 교육과정의 계획과 실행방안'이라는 주제로 교육과정, 교수설계, 교육평가, 교육행정에 대한 내용을 구성요소로 하여 서론, 본론, 결론을 갖추어 논하시오. [20점]

박 교사: 선생님, 공식적 교육과정의 경우 성취 목표에 따른 학습 결과를 사전에 알 수 있어 교육 내용을 계획하는 데 많은 도움이 됩니다. 그런데 실제 학교 현장에서의 교육 내용은 공식적 교육과정에서 제시하고 있는 것과 다소 차이가 있는 것 같습니다.
김 교사: 그렇죠. 공식적 교육과정은 실제 학교 현장이 고려되지 않은 교육과정이므로 교사는 여러 가지 상황을 고려하여 실제적인 교육과정을 계획해야 합니다. 다양한 측면에서의 실제적 교육과정을 계획한다면, 이를 바탕으로 교수학습 방법과 평가의 방향도 결정할 수 있습니다. 선생님께서는 이번 학기의 수업을 어떻게 설계하실 생각이신가요?
박 교사: 네, 안 그래도 수업을 어떻게 진행해야 할지 고민이 많이 됩니다. 수업 실제와 관련하여 교육학 이론을 찾아보고는 있는데, 어떻게 적용해야 할지 잘 모르겠습니다.
김 교사: 수업 설계를 위해서는 우선 교수 조건과 방법, 결과의 3가지 변인을 이해해야 합니다. 공식적 교육과정에서 제시하고 있는 교과 목표나 학생들의 특성을 잘 파악하고, 이에 적절한 교수전략을 사용한다면 좋은 결과를 도출할 수 있을 것입니다. 결국 수업 설계에 있어서 교수전략이 가장 중요하다고 볼 수 있죠.
박 교사: 네, 선생님. 그렇다면 저는 복잡한 학습 내용을 학생들에게 어떤 순서로 가르칠 것인지를 우선 고민해봐야 할 것 같습니다. 그런데 학습 결과를 평가함에 있어서 실제적 교육과정의 측면을 고려한다면 결과 중심의 평가보다 학생들의 성장과 발달과정을 나타내는 데 중점을 두어야 할 것 같습니다.
김 교사: 교수전략뿐만 아니라 구체적인 평가 방법까지도 고민하시는군요. 선생님께서 치열하게 고민한 만큼 좋은 결과가 있을 것 같습니다. 나중에 얼마나 효과가 있었는지 알려주세요.
박 교사: 네, 선생님. 새 학기를 맞이하여 새롭게 시작될 교육과정이 더욱 기대가 됩니다. 참! 이번에 우리 학교에 교장 선생님께서 새로 부임하신다고 하던데, 어떤 분이실지 궁금합니다. 우리 학교의 조직문화를 잘 이해하셔서 저희를 좋은 방향으로 이끌어주셨으면 좋겠습니다. 선생님께서는 우리 학교 선생님들의 교수·학습 방법 개선과 학생들의 학업성취 향상에 기여할 수 있는 지도성이 무엇이라고 생각하십니까?
김 교사: 그동안 우리 학교에서 근무하면서 살펴본 바, 우리 학교의 교사들은 교육과정에 따라 수업을 운영하면서도 학생들과 상호작용하며 함께하는 수업을 만들어가고 있습니다. 이러한 우리 학교조직의 특성을 고려하여 조직문화의 변화를 수용함으로써 조직의 효과성을 높여나가는 지도성이 필요한 것 같습니다.

〈배 점〉

• 논술의 내용 [총 15점]
　- Glatthorn의 실제적 교육과정의 등장 배경과 학습자 측면과 교사 측면에서의 의의를 각각 1가지, 단점 1가지 제시 [4점]
　- 라이겔루스의 교수설계이론에서 제시하는 조직전략 2가지, 김 교사가 활용할 수 있는 구체적인 교수전략 2가지 제시 [4점]
　- 박 교사가 언급한 평가 관점에 따른 구체적 평가 방법 2가지, 평가 결과에 대한 피드백 시 교사가 지켜야 할 태도 2가지 제시 [4점]
　- 김 교사가 언급한 지도성의 명칭과 지도성을 실행하기 위한 구체적 방안 2가지 제시 [3점]
• 논술의 구성 및 표현 [총 5점]
　- 논술의 내용과 '학습자를 위한 교육과정의 계획과 실행방안'의 연계 및 논리적 형식 [3점]
　- 표현의 적절성 [2점]

교재 구성 및 활용 방안

STEP 3 실력 완성하기 | 정답 및 해설
정확한 이론 학습과 논술 문항의 상세 해설이 담긴 '정답 및 해설' 별책 제공

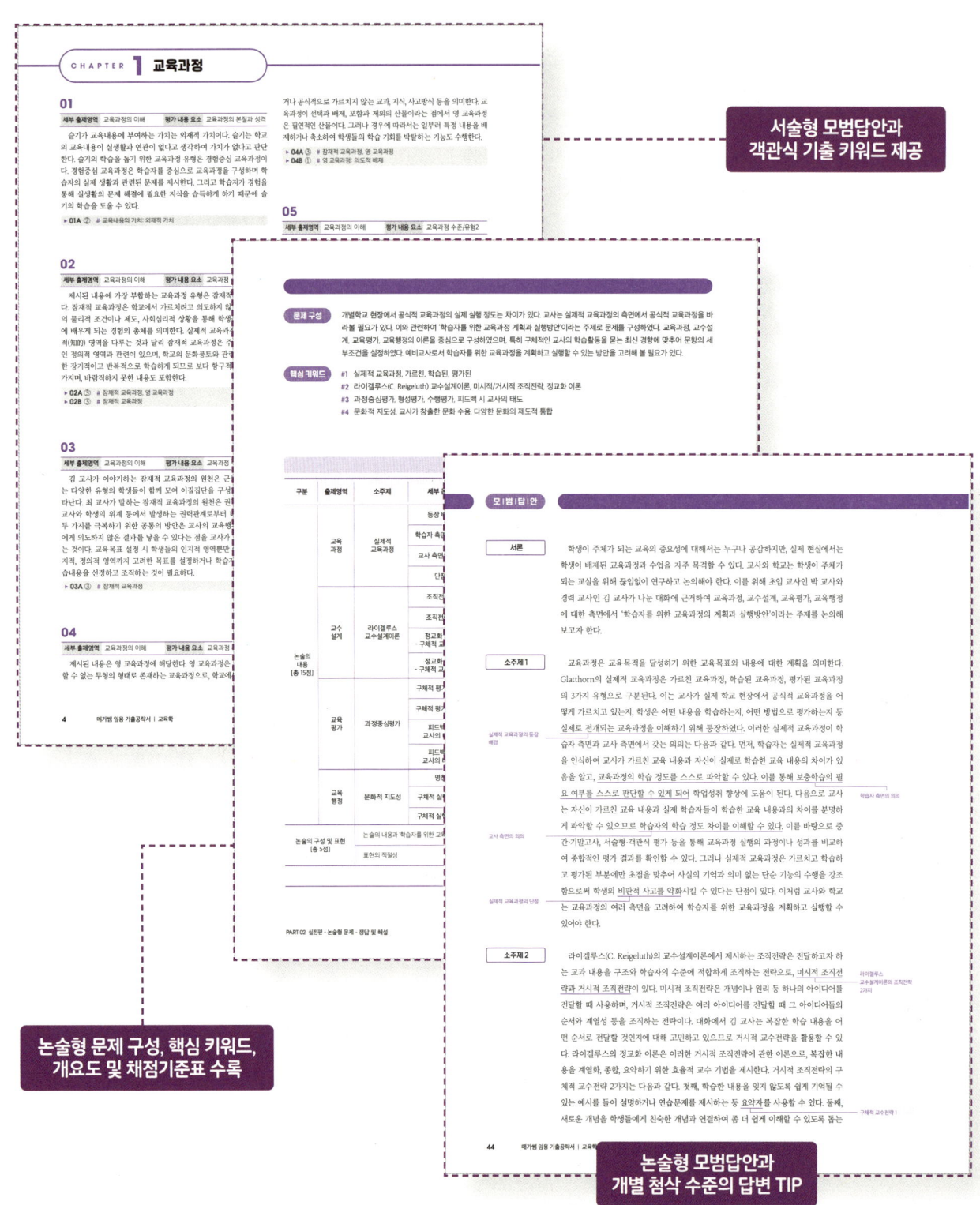

- 서술형 모범답안과 객관식 기출 키워드 제공
- 논술형 문제 구성, 핵심 키워드, 개요도 및 채점기준표 수록
- 논술형 모범답안과 개별 첨삭 수준의 답변 TIP

STEP 4
부록 200% 활용하기
교육학 학습에 꼭 필요한 아이템만 모아 특별 구성

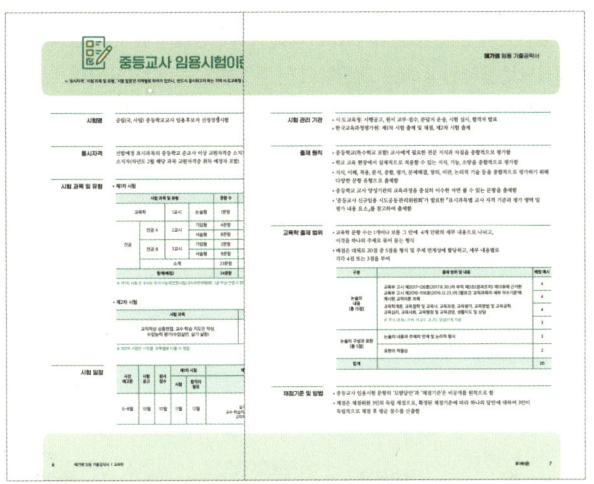

중등교사 임용시험이란?
응시자격, 시험 과목 및 유형, 교육학 출제 범위 등
최신 시험 정보를 한 눈에 확인

교육학 과목 정보 및 논술형 기출문제 출제경향 분석
2014~2022학년도 논술형 기출문제의 주제, 출제영역,
총평 등을 분석해 표로 제공함으로써 최신 출제경향을 쉽게 파악

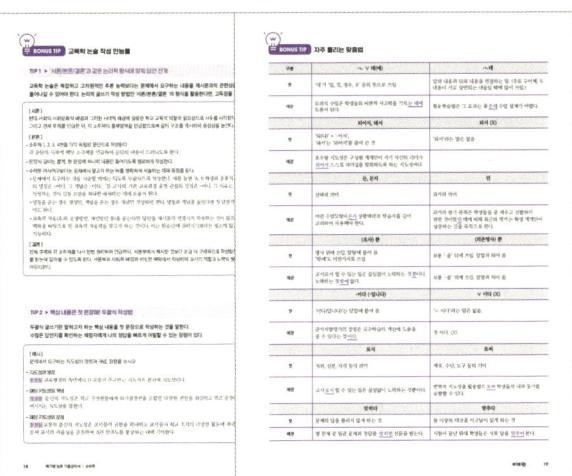

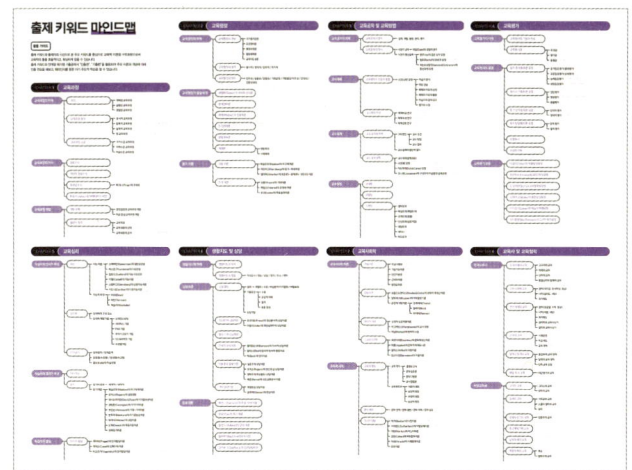

BONUS TIP 교육학 논술 작성 만능툴, 자주 틀리는 맞춤법
교육학 논술 고득점을 위해 논리적이고 명확한 글 쓰기 방법과
주의해야 할 맞춤법 제시

이론 구조화를 위한 마인드맵 제공
출제 키워드를 중심으로 전 단원의 핵심 이론을 구조화한 마인드맵을
제공하여 교육학 이론의 전체 흐름을 익히는 데 활용

교육학 과목 정보 및 논술형 기출문제 출제경향 분석

교육학은 '학교 교육 현장에서 실제적으로 적용할 수 있는 지식, 기능, 소양을 종합적으로 평가한다'는 원칙에 의거하여, 학교 교육 현장에서 볼 수 있는 하나의 상황을 가정하고 그 안에서 몇 개의 교육학 이론을 하나의 교육적 주제와 연결하여 묻는 형식으로 출제된다. 최근 그 경향이 더 뚜렷하게 드러나고 있으며, 질문에 대한 정확한 내용 인출은 기본이고, 이를 문제의 주제와 연결하여 풀어내는 것이 보다 중요시되고 있다. 이는 2014학년도 기출문제와 2022학년도 기출문제를 비교하면 그 차이를 극명하게 느낄 수 있을 것이다.

▶ 학년도별 출제경향 분석

구분	주제	교육사 및 교육철학	교육과정	교육심리학	생활지도 및 상담	교육공학 및 교육방법	교육평가	교육행정	교육사회학	제시문 형식
2022	학교 내 교사 간 활발한 정보 공유를 통한 교육의 내실화		수직적 연계성			딕과 캐리의 체제적 교수설계모형	총평관	학교 중심 연수		교사 2인 대화
2021	학생의 선택과 결정의 기회를 확대하는 교육		교육과정 운영 관점			구성주의학습 웹/ 자원기반학습	자기평가	의사결정이론/ 모형		대학 친구에게 편지
2020	토의식수업 활성화 방안, 초연결 사회에서의 소통과 협력		영 교육과정	인지발달이론 (비고츠키)		구성주의학습 (토의법, 정착수업)		학교조직론 (조직문화)		교사 협의회 4인
2019	수업 개선을 위한 교사의 반성적 실천, 모둠활동		학습경험 조직 원리 잠재적 교육과정	지능이론 (가드너)			평가의 유형 평가도구의 양호도	지도성		성찰 메모
2018	학생의 다양한 특성을 고려하는 교육, 학생의 학업특성 결과		개발 모형 (워커)			PBL	준거참조평가 능력참조평가 성장참조평가	장학		교사 2인 대화
2017	2015개정 교육과정의 실질적 구현방안, 단위학교 차원		내용조직 원리			구성주의 학습환경 설계(조나센)	내용타당도	교육기획		신문기사, 교장 1인과 교사 3인
2016	교사가 갖추어야 할 역량		경험중심 교육과정	발달이론 인지(반두라), 비인지(에릭슨)			형성평가	학교조직론 (비공식조직)		자기개발 계획서
2015 상반기	다양한 요구에 직면한 학교 교육에서의 교사의 과제					일반적 교수체제 설계	준거지향평가	학교조직 (관료제, 이완결합체제)	기능론적 관점	학교장 특강
2015	학교교육 문제 확인 및 개선 방안 모색	자유교육	백워드 교육과정 설계			켈러 ARCS모형		학습조직		워크숍 분임토의 결과
2014 상반기	학교부적응 행동, 수업 효과성		학문중심 교육과정		행동중심 상담, 인간중심 상담			장학	차별접촉이론, 낙인이론	교사 성찰일지
2014	수업 시 소극적 행동 및 학습동기 유발		잠재적 교육과정			협동학습	형성평가	지도성 이론 (허시와 블렌차드)	문화실조	교사 대화

▶ 학년도별 출제경향 세부 분석

2022학년도	소주제	출제영역
총평	특정 주제에 대해 세분화된 내용을 요구함 해당 이론 내 개념의 역할이나 효과를 스스로 판단할 수 있어야 함 최근 학교에서 발생하는 상황과 연계된 주제가 출제됨	
문항 및 배점 분석	1. ① 교육과정의 수직적 연계성이 학습자 측면에서 갖는 의의 2가지[각 1점] 　② 교과 내 범위와 계열을 조정하여 교육과정을 재구성하는 구체적 방법 2가지[각 1점]	교육과정 ▶ 수직적 연계성
	2. 총평의 관점에서 ① 진단평가 실행 방안 2가지[각 1점] 　② 이유를 포함한 평가 결과의 해석 기준 2가지[각 1점]	교육평가 ▶ 총평관 　　　　▶ 평가결과 해석 기준
	3. ① 딕과 캐리의 체제적 교수설계모형에 따른 교수전략 2가지[각 1점] 　② 온라인 수업에서 학생의 고립감 해소를 위한 테크놀로지 활용의 교수·학습활동 2가지[각 1점]	교육공학 및 교육방법 ▶ 딕과 캐리의 체제적 교수설계모형
	4. ① 학교 중심 연수의 종류 1가지[1점] 　② 학교 중심 연수를 활성화하기 위한 학교 차원의 구체적 지원 방안 2가지[각 1점]	교육행정 ▶ 학교 중심 연수

2021학년도	소주제	출제영역
총평	제시문과 문제 사이의 연계성 강화 요구하는 내용지식의 폭과 깊이 넓어짐	
문항 및 배점 분석	1. 스나이더 외의 교육과정 운영 관점 분류에 따라 ① 기존 관점의 장점[1점], 단점[1점] 　② 새롭게 관심을 가지게 된 관점에 적합한 교육과정 운영 방안 2가지[각 1점]	교육과정 ▶ 교육과정 운영
	2. ① 평가방식이 학생에게 줄 수 있는 교육적 효과 2가지[각 1점] 　② 이 평가를 수업에서 실행하는 방안 2가지[각 1점]	교육평가 ▶ 자기평가
	3. ① 온라인 수업을 위해 추가로 파악하고자 하는 학생 특성[1점], 학습환경[1점]의 구체적인 예 　② 수업에서 토론 게시판을 활용하여 학생을 지원할 수 있는 구체적인 방안 2가지[각 1점]	교육공학 및 교육방법 ▶ 구성주의 교수이론(자원/웹기반학습)
	4. ① 의사결정 모형의 A안의 단점[1점], B안의 단점[1점] 　② B안에 따라 학생들의 요구를 반영하기 위해 제안할 수 있는 구체적인 방안[1점]	교육행정 ▶ 의사결정 이론모형

2020학년도	소주제	출제영역
총평	내용의 단순한 인출 서술뿐만 아니라 내용 지식을 문제에서 요구하는 부분과 연결시킨 서술, 곧 응용력이 필요함	
문항 및 배점 분석	1. 비고츠키 지식론의 명칭[1점], 이 지식론에서 보는 지식의 성격[1점], 교사의 역할[1점], 학생의 역할[1점]	교육심리 ▶ 비고츠키의 인지발달이론
	2. ① 영 교육과정이 교육내용 선정에 주는 시사점[1점] 　② 교육내용 조직방식의 명칭[1점], 이 조직방식이 토의식 수업에서 가지는 장점[1점], 단점[1점]	교육과정 ▶ 영 교육과정
	3. ① 토의식 수업을 설계할 때 활용할 수 있는 정착수업의 원리 2가지[각1점] 　② 위키를 활용할 때 발생할 수 있는 문제점 2가지[각 1점]	교육공학 및 교육방법 ▶ 토의법 ▶ 구성주의 교수이론(정착수업)
	4. 스타인호프와 오웬스가 분류한 학교문화 유형 분류에 따를 때 ① 교사가 우려하는 학교문화 유형의 명칭[1점] 　② 학교 차원에서 그러한 학교문화를 개선하는 방안 2가지[각 1점]	교육행정 ▶ 학교조직 문화

▶ 학년도별 출제경향 세부 분석

2019학년도	소주제	출제영역
총평	이론을 제시한 학자명이 본격적으로 제시됨 각 이론과 관련된 기본 지식뿐만 아니라 내용에 대한 깊이 있는 이해가 필요	
문항 및 배점 분석	1. 가드너의 다중지능이론 관점에서 ① A, B 학생의 공통적 강점으로 파악된 지능의 명칭[1점], 개념[1점] ② C 학생에게 제공할 수 있는 개별 과제[1점], 그 과제가 적절한 이유[1점]	교육심리 ▶ 가드너의 다중지능이론
	2. ① 타일러의 학습경험 선정 원리 중 기회의 원리로 '모둠활동에 적극적으로 참여하지 못한 학생들은 제대로 된 학습 경험을 갖지 못한 것은 아닐까?' 설명[1점]. 만족의 원리로 '자신의 학습경험에 대하여 어떻게 느꼈을까?' 설명[1점] ② 잭슨의 잠재적 교육과정의 개념[1점], 그 개념에 근거하여 '생각지 못했던 결과'의 예[1점]	교육과정 ▶ 교육내용의 선정 ▶ 잠재적 교육과정
	3. ① 정의적 요소와 관련된 진술문에 대한 반응을 등급으로 선택하여 합산하는 척도법의 명칭[1점], 이 방법을 적용하기 위해 진술문을 작성할 때 유의할 점[1점] ② 신뢰도 추정 방법 명칭[1점], 개념[1점]	교육평가 ▶ 정의적 평가 ▶ 평가도구의 양호도(신뢰도)
	4. 바스의 지도성의 명칭[1점], 학교 내에서 동료교사와 함께 이 지도성을 신장할 수 있는 방안 2가지[각 1점]	교육행정 ▶ 변혁적 리더십

2018학년도	소주제	출제영역
총평	평이하게 출제됨. 개념을 정확하게 제시하고, 인출한 내용에 대해 확실한 논리구조를 가지고 답안을 작성하는 것이 관건	
문항 및 배점 분석	1. ① 워커의 교육과정 개발 모형의 명칭[1점], ② 이 모형을 적용하는 이유-3가지[각 1점, 총 3점]	교육과정 ▶ 워커의 교육과정 개발모형
	2. ① 문제중심학습(PBL)에서 학습자의 역할-2가지[각 1점], ② PBL에 적합한 문제의 특성[1점], ③ 그 특성이 주는 학습효과[1점]	교육공학 및 교육방법 ▶ 구성주의 교수이론(문제중심학습)
	3. ① 평가유형의 명칭[1점], ② 이 유형에서 개인차에 대한 교육적 해석[1점], ③ 2가지 평가유형의 개념[각 1점]	교육평가 ▶ 준거참조평가, 능력참조평가, 성장참조평가
	4. 교내장학 유형의 명칭[1점], 개념[1점], 그 활성화 방안 2가지[각 0.5점]	교육행정 ▶ 장학의 유형

2017학년도	소주제	출제영역
총평	제시문과 문제 사이의 연결성 높지 않음 개념/이론 자체에 대한 내용지식만 정확히 갖고 있다면 풀 수 있는 문제	
문항 및 배점 분석	1. 교육기획의 개념[1점], 그 효용성 2가지[각 1점]	교육행정 ▶ 교육기획
	2. 채택하고자 하는 내용조직 원리[2점], 그 외 2가지[각 1점]	교육과정 ▶ 교육내용의 조직
	3. 구성주의 학습 활동을 위한 학습지원 도구·자원 2가지[각 1점], 교수활동 2가지[각 1점]	교육공학 및 교육방법 ▶ 조나센의 구성주의 학습환경 설계모형
	4. 타당도의 유형[1점], 개념[2점]	교육평가 ▶ 평가도구의 양호도(타당도)

2016학년도	소주제	출제영역
총평	제시문에서 별도의 사고/추론 과정 없이도 해당 제시문이 지칭하는 개념을 바로 도출할 수 있음 해당 개념(명칭)의 서술 여부가 배점에 직접적인 영향을 주지 않는 것으로 보임 암기한 내용 지식의 정확한 인출만으로 충분한 점수를 받을 수 있는 문제	
문항 및 배점 분석	1. 교육과정 유형의 장점 2가지[각 1점], 문제점 2가지[각 1점]	교육과정 ▶ 경험중심 교육과정
	2. 평가 유형의 기능 2가지[각 1점], 효과적인 시행전략 2가지[각 1점]	교육평가 ▶ 형성평가
	3. ① 에릭슨 정체성발달이론에 제시된 개념 1가지[2점] ② 반두라 사회인지학습이론에 제시된 개념 1가지[2점]	교육심리 ▶ 성격발달이론(에릭슨) ▶ 반두라의 사회인지 학습이론
	4. 조직 형태가 학교 조직과 구성원에 미치는 순기능 2가지[각 1점], 역기능 2가지[각 1점]	교육행정 ▶ 공식조직과 비공식조직

2015학년도 상반기	소주제	출제영역
총평	교육행정 영역은 첫시험부터 매년 계속해서 출제되고 있으므로 기초적인 내용부터 세부적인 내용까지 꼼꼼히 살펴볼 필요가 있음 한 문제에서 요구하는 바가 4가지이므로 시간을 잘 분배하여 전체 답안을 작성하는 것이 중요	
문항 및 배점 분석	1. 기능론적 관점에서 학교 교육의 선발·배치 기능 2가지[각 1점], 한계 2가지[각 1점]	교육사회학 ▶ 기능이론
	2. ① 학교조직의 관료제적 특징 2가지[각 1점], ② 이완결합체제적 특징 2가지[각 1점]	교육행정 ▶ 전문적 관료제 ▶ 이완결합체제
	3. ① 일반적 교수체제설계에서 분석 과정의 주요 활동 2가지[각 1점], ② 설계 과정의 주요 활동 2가지[각 1점]	교육공학 및 교육방법 ▶ 체제적 교수설계 모형(ADDIE 모형)
	4. 준거지향평가의 개념[1점], 장점 2가지[각 1점]	교육평가 ▶ 준거참조평가

2015학년도	소주제	출제영역
총평	문제에서 이론을 제시해주지 않았으므로 제시문을 통해 수험생이 해당 이론을 유추해야 함 내용이 어렵거나 생소한 것은 아니나 생각의 과정이 한 번 더 추가되므로 시간을 잘 분배해서 쓰는 것이 중요	
문항 및 배점 분석	1. 자유교육 관점에서의 교육 목적[4점]	교육철학 ▶ 자유교육
	2. 교육과정 설계방식 특징 3가지[4점]	교육과정 ▶ 위긴스 & 맥타이의 백워드 모형
	3. 학습동기 향상을 위한 학습과제 제시 방안 3가지[4점]	교육공학 및 교육방법 ▶ 켈러의 동기유발을 위한 ARCS 이론
	4. 학습조직의 구축원리 3가지[4점]	교육행정 ▶ 학습조직

2014학년도 상반기	소주제	출제영역
총평	2014학년도 시험과 마찬가지로 학생의 행동 지도와 수업 지도의 두 부분으로 출제됨 영역별로는 교육과정과 교육사회학, 교육행정학 영역이 연속해서 출제됨	
문항 및 배점 분석	1. ① 차별적 접촉이론 관점에서 부적응행동 원인[1.5점] ② 낙인이론 관점에서 부적응행동 원인[1.5점]	교육사회학 ▶ 차별적 접촉이론 ▶ 낙인이론
	2. ① 행동중심 상담 관점에서 기법[3점] ② 인간중심 상담 관점에서 기법[3점]	생활지도 및 상담 ▶ 행동중심 상담이론 ▶ 인간중심 상담이론
	3. 학문중심 교육과정 이론에 근거한 수업전략[3점]	교육과정 ▶ 학문중심 교육과정
	4. 장학활동[3점]	교육행정 ▶ 장학의 유형

2014학년도	소주제	출제영역
총평	처음 실시된 교육학 논술에서는 각 영역에서 가장 중요하게 다뤄지는 핵심 개념이 출제됨 영역별 핵심 개념을 '학습동기 유발'이라는 주제와 연결시켜 서술하는 능력이 필요	
문항 및 배점 분석	1. 잠재적 교육과정 관점에서 학생의 소극적 행동 진단[3점]	교육과정 ▶ 잠재적 교육과정
	2. 문화실조 관점에서 학생의 소극적 행동 진단[3점]	교육사회학 ▶ 문화실조론
	3. ① 협동학습 실행 측면에서 동기유발 방안[3점]	교수학습이론 및 교육공학 ▶ 협동학습
	② 형성평가 활용 측면에서 동기유발 방안[3점]	교육평가 ▶ 형성평가
	③ 교사지도성 행동 측면에서 동기유발 방안[3점]	교육행정 ▶ 허시 & 블랜차드의 상황적 지도성

BONUS TIP 교육학 논술 작성 만능툴

TIP 1 ▶ '서론/본론/결론'과 같은 논리적 형식에 맞춰 답안 전개

교육학 논술은 복잡하고 고차원적인 추론 능력보다는 문제에서 요구하는 내용을 제시문과의 관련성을 고려하여 명확하게 풀어나갈 수 있어야 한다. 논리적 글쓰기 작성 방법인 '서론/본론/결론'의 형식을 활용한다면, 고득점을 받을 수 있다.

[서론]
현대 사회의 사회문화적 배경과 그러한 시대적 배경에 걸맞은 학교 교육의 역할의 필요성으로 서두를 시작한다.
그리고 전체 주제를 언급한 뒤, 각 소주제의 출제영역을 언급함으로써 글의 구조를 제시하여 응집성을 높인다.

[본론]
- 소주제 1, 2, 3, 4번을 각각 독립된 문단으로 작성한다.
  각 문단의 시작에 해당 소주제를 언급하여 문단의 내용이 드러나도록 한다.
- 문장의 길이는 짧게, 한 문장에 하나의 내용만 들어가도록 명료하게 작성한다.
- 수려한 미사여구보다는 문제에서 묻고자 하는 바를 명확하게 서술하는 데에 중점을 둔다.
  • 문제에서 요구하는 것을 서술할 때에는 되도록 두괄식으로 작성한다. 예를 들면 'A, B 학생의 공통적 강점으로 파악된 지능의 명칭은 ~이다. 그 개념은 ~이다.', '김 교사의 기존 교육과정 운영 관점의 장점은 ~이다. 그 이유는 ~ 때문이다.' 형식으로 작성하는 것이 감점 요인을 최대한 배제하는 데에 도움이 된다.
  • 명칭을 묻는 경우 명칭만, 개념을 묻는 경우 개념만 작성하면 된다. 명칭과 개념을 물었다면 장·단점까지 과하게 서술하지 않아도 된다.
  • 교육적 적용(효과, 운영방안, 개선방안 등)을 묻는다면 답안을 제시문과 연결시켜 작성하는 것이 필요하다. 제시문에 나타난 맥락을 바탕으로 한 교육적 적용력을 알고자 하는 것이다. 이는 한순간에 길러지기보다는 평소에 많은 생각과 연습을 통해 가능하다.

[결론]
전체 주제와 각 소주제를 다시 한번 정리하여 언급하되, 서론부에서 제시한 것보다 조금 더 구체적으로 작성함으로써 글의 내용과 구조를 한눈에 알아볼 수 있도록 한다. 서론부의 사회적 배경과 비슷한 맥락에서 작성하며 교사의 역할과 노력의 필요성을 제언하는 것으로 마무리한다.

TIP 2 ▶ 핵심 내용은 첫 문장에! 두괄식 작성법

두괄식 글쓰기란 말하고자 하는 핵심 내용을 첫 문장으로 작성하는 것을 말한다.
수많은 답안지를 확인하는 채점자에게 나의 정답을 빠르게 어필할 수 있는 장점이 있다.

[예시]
문제에서 요구하는 지도성의 명칭과 개념, 장점을 쓰시오.

- 지도성의 명칭
  첫 문장 교육행정의 측면에서 D 교장이 추구하는 지도성은 분산적 지도성이다.

- 해당 지도성의 개념
  첫 문장 분산적 지도성은 학교 구성원들에게 의사결정권을 포함한 다양한 권한을 위임하고 학교 운영에 구성원들을 적극 참여시키는 지도성을 말한다.

- 해당 지도성의 장점
  첫 문장 교장의 분산적 지도성은 교사들의 권한을 확대하고 교사들이 학교 조직의 다양한 활동에 적극적으로 참여하게 함으로써 교사의 자율성을 증진하여 직무 만족도를 향상하는 데에 기여한다.

BONUS TIP 자주 틀리는 맞춤법

구분	-ㄴ ∨ 데(에)	-ㄴ데
뜻	'데'가 '일, 것, 경우, 곳' 등의 뜻으로 쓰임.	앞의 내용과 뒤의 내용을 연결하는 말. (주로 구어체, 두 내용이 서로 상반되는 내용일 때에 많이 쓰임.)
예문	토의식 수업은 학생들의 비판적 사고력을 기르**는 데에** 도움이 된다.	협동학습법은 그 효과는 좋**은데** 수업 설계가 어렵다.

구분	되어서, 돼서	되서 (X)
뜻	'되(다)' + '-어서', '돼서'는 '되어서'를 줄여 쓴 것.	'되서'라는 말은 없음.
예문	초우량 지도성은 구성원 개개인이 자기 자신의 리더가 **되어서** 스스로 리더십을 발휘하도록 하는 지도성이다.	

구분	든, 든지	던
뜻	선택의 의미	과거의 의미
예문	어떤 수업모형이**든지** 상황맥락과 학습자를 깊이 고려하여 사용해야 한다.	과거의 평가 목적은 학생들을 줄 세우고 선발하기 위한 것이었**던** 데에 비해 최근의 평가는 학생 개개인이 성장하는 것을 목적으로 한다.

구분	(조사) 뿐	(의존명사) 뿐
뜻	명사 뒤에 쓰임. 앞말에 붙여 씀. '밖에'도 마찬가지로 쓰임.	보통 '-을' 뒤에 쓰임. 앞말과 띄어 씀.
예문	교사로서 할 수 있는 일은 끊임없이 노력하는 것**뿐**이다. 노력하는 것**밖에** 없다.	보통 '-을' 뒤에 쓰임. 앞말과 띄어 씀.

구분	-이다 (-입니다)	∨ 이다 (X)
뜻	'이다(입니다)'는 앞말에 붙여 씀.	'∨ 이다'라는 말은 없음.
예문	준거지향평가의 장점은 교수학습의 개선에 도움을 줄 수 있다는 것**이다**.	것 이다. (X)

구분	로서	로써
뜻	지위, 신분, 자격 등의 의미	재료, 수단, 도구 등의 의미
예문	교사**로서** 할 수 있는 일은 끊임없이 노력하는 것뿐이다.	변혁적 지도성을 활용함으**로써** 학생들의 내적 동기를 유발할 수 있다.

구분	맞히다	맞추다
뜻	문제의 답을 틀리지 않게 하는 것.	둘 이상의 대상을 어긋남이 없게 하는 것.
예문	열 문제 중 일곱 문제의 정답을 **맞히면** 선물을 받는다.	시험이 끝난 뒤에 학생들은 서로 답을 **맞추어** 본다.

출제 키워드 마인드맵

> **활용 가이드**

출제 키워드와 출제자의 시선으로 본 주요 키워드를 중심으로 교육학 이론을 구조화함으로써 교육학의 틀을 효율적이고, 확실하게 잡을 수 있습니다.
출제 키워드와 연계된 메가쌤 기출공략서 "인출편", "기출편"을 활용하여 주요 이론과 개념에 대해 인출 연습을 해보고, 메타인지를 통한 자기 주도적 학습을 할 수 있습니다.

CHAPTER 1 교육과정

- **교육과정의 이해**
  - 정의
    - 계획된 교육과정
    - 실행된 교육과정
    - 경험된 교육과정
  - 교육과정 층위
    - 공식적 교육과정
    - 잠재적 교육과정 06 중등, 08 중등, 09 중등, 12 중등, 14 중등(論), 19 중등(論)
    - 실제적 교육과정
    - 영 교육과정 02 중등, 05 중등, 09 중등, 12 중등, 20 중등(論)
  - 교육과정 수준
    - 국가수준 교육과정
    - 지역수준 교육과정 02 중등
    - 학교수준 교육과정

- **교육과정의 역사**
  - 전통주의
  - 개념적 경험주의
  - 재개념주의
    - 파이나(Pinar)의 쿠레레 07 중등, 12 중등
  - 아들러(Adler)의 파이데이아 제안 10 중등

- **교육과정 개발**
  - 개발 유형
    - 중앙집중형 교육과정 개발
    - 학교 중심 교육과정 개발
  - 일반적 원리
    - 교육목표 10 중등
    - 교육내용의 선정 19 중등(論)
    - 교육내용의 조직 04 중등, 06 중등, 09 중등, 11 중등, 17 중등(論), 22 중등(論)

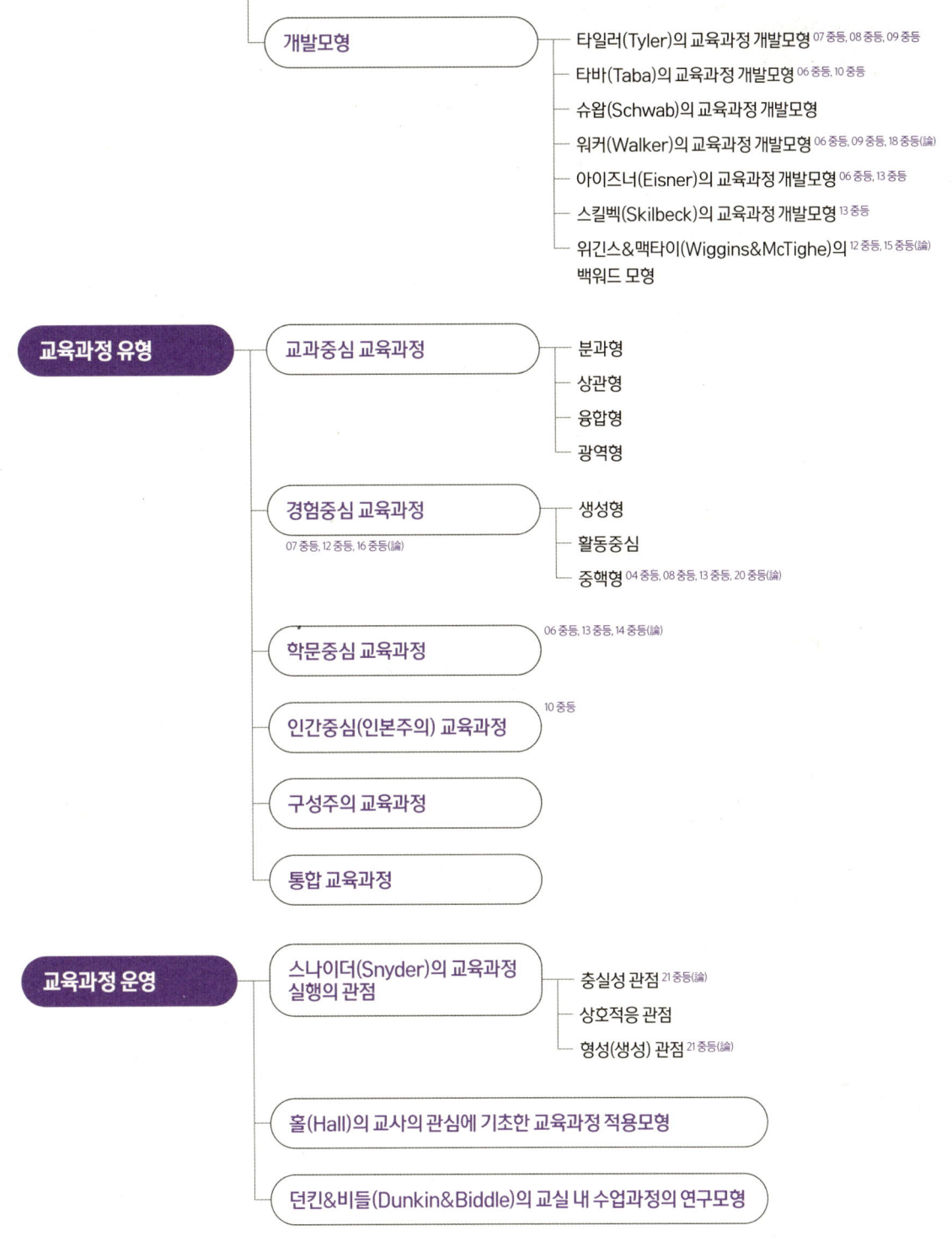

교육과정 평가모형

- **목표지향 평가모형**
  - 타일러(Tyler)의 목표지향모형
  - 프로버스(Provus)의 격차모형
- **판단지향 평가모형**
  - 스크리븐(Scriven)의 탈목표 평가
  - 아이즈너(Eisner)의 감정·비평 모형
- **의사결정모형**
  - 스터플빔(Stufflebeam)의 CIPP 모형
  - 앨킨(Alkin)의 CES 모형
- **자연주의 모형**
  - 팔럿&해밀턴(Parlett&Hamilton)의 조명평가
  - 스테이크(Stake)의 반응평가
  - 구바&링컨(Guba&Lincoln)의 자연주의 평가

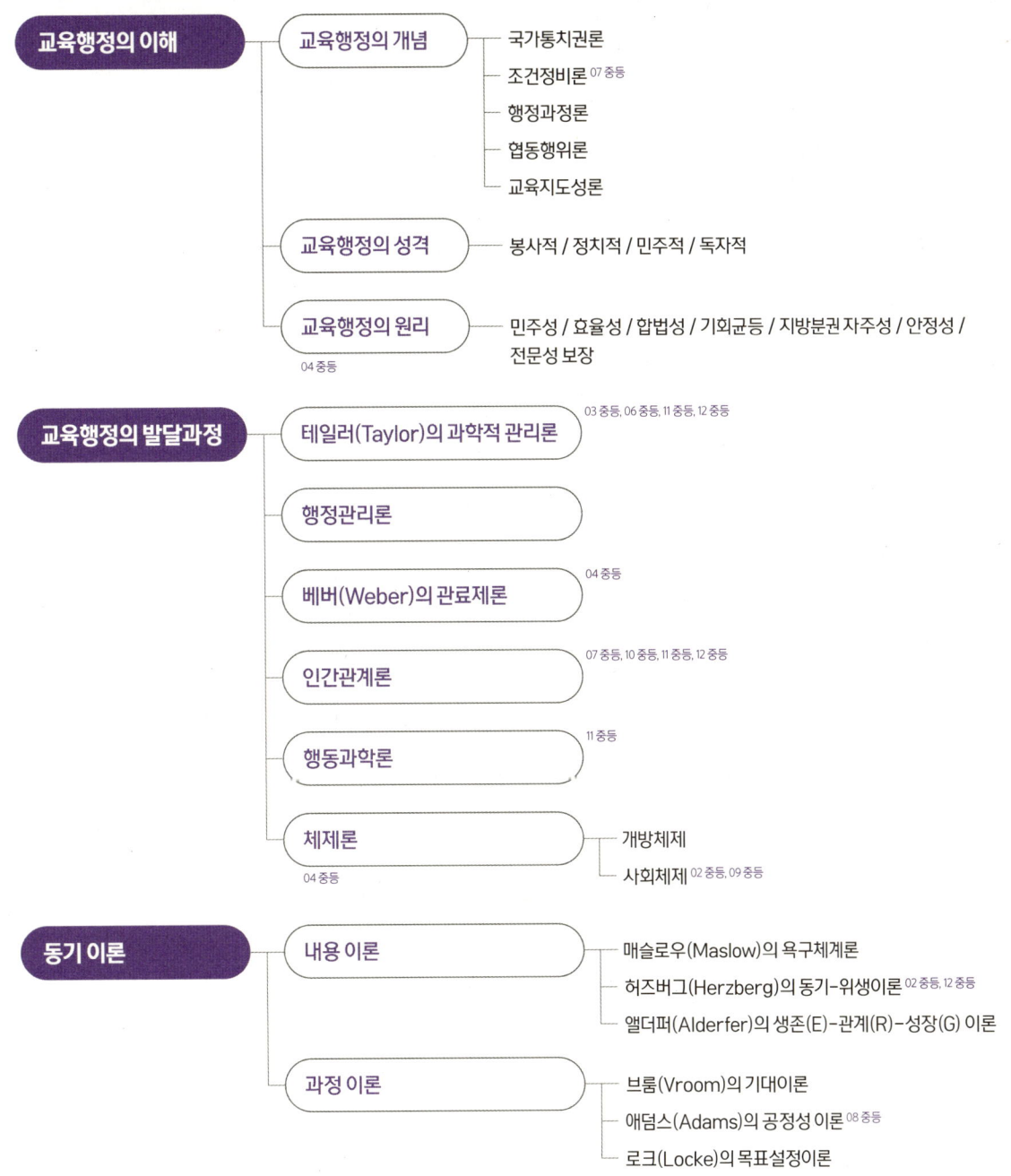

학교조직론

- **조직 원리** — 계층 / 기능적 분업 / 조정 / 적도집권 명령 통일 / 통솔 한계

- **조직 구조**
  - 공식조직 / 비공식조직 16 중등(論)
  - 계선조직 / 참모조직
  - 집권화 조직 / 분권화 조직

- **조직 유형**
  - 파슨스(Parsons)의 사회적 기능 유형 10 중등
  - 블라우&스콧(Blau&Scott)의 1차적 수혜자 유형
  - 칼슨(Carlson)의 봉사조직 유형 03 중등, 11 중등
  - 에치오니(Etzioni)의 순응 유형 10 중등

- **학교조직 성격**
  - 전문적 관료제 02 중등, 03 중등, 04 중등, 10 중등, 15 중등(論)
  - 이완결합체제 07 중등, 10 중등, 15 중등(論)
  - 이중조직
  - 조직화된 무질서 03 중등, 10 중등
  - 학습조직 15 중등(論)
  - 전문적 학습공동체

- **학교조직 문화**
  - 맥그리거(Mcgregor)의 X-Y이론
  - 오우치(Ouchi)의 Z이론
  - 아지리스(Argyris)의 미성숙-성숙 이론
  - 세티아&글리나우(Sethia&Glinow)의 문화유형론
  - 스타인호프&오웬스(Steinhoff&Owens)의 학교문화 유형론 20 중등(論)

- **학교조직 풍토**
  - 핼핀&크로프트(Halpin&Croft)의 학교풍토론 07 중등
  - 호이&미스켈(Hoy&Miskel)의 학교풍토론

- **조직갈등론** — 토머스(Thomas)의 갈등관리 전략

지도성 이론

- **리더십 특성론**

- **리더십 행위론**

- **상황적 리더십 이론**
  - 피들러(Fiedler)의 상황론 13 중등
  - 하우스(House)의 행로-목표이론
  - 레딘(Reddin)의 3차원 지도성 유형
  - 허쉬&블랜차드(Hersey&Blanchard)의 상황적 지도성 08 중등, 14 중등(論)

- **새로운 리더십 이론**
  - 케르&제메르(Kerr&Jermier)의 리더십 대용 상황 모형
  - 변혁적 리더십 05 중등, 12 중등, 19 중등(論)
  - 카리스마적 리더십 12 중등
  - 수퍼 리더십 11 중등, 12 중등
  - 분산적 리더십 12 중등

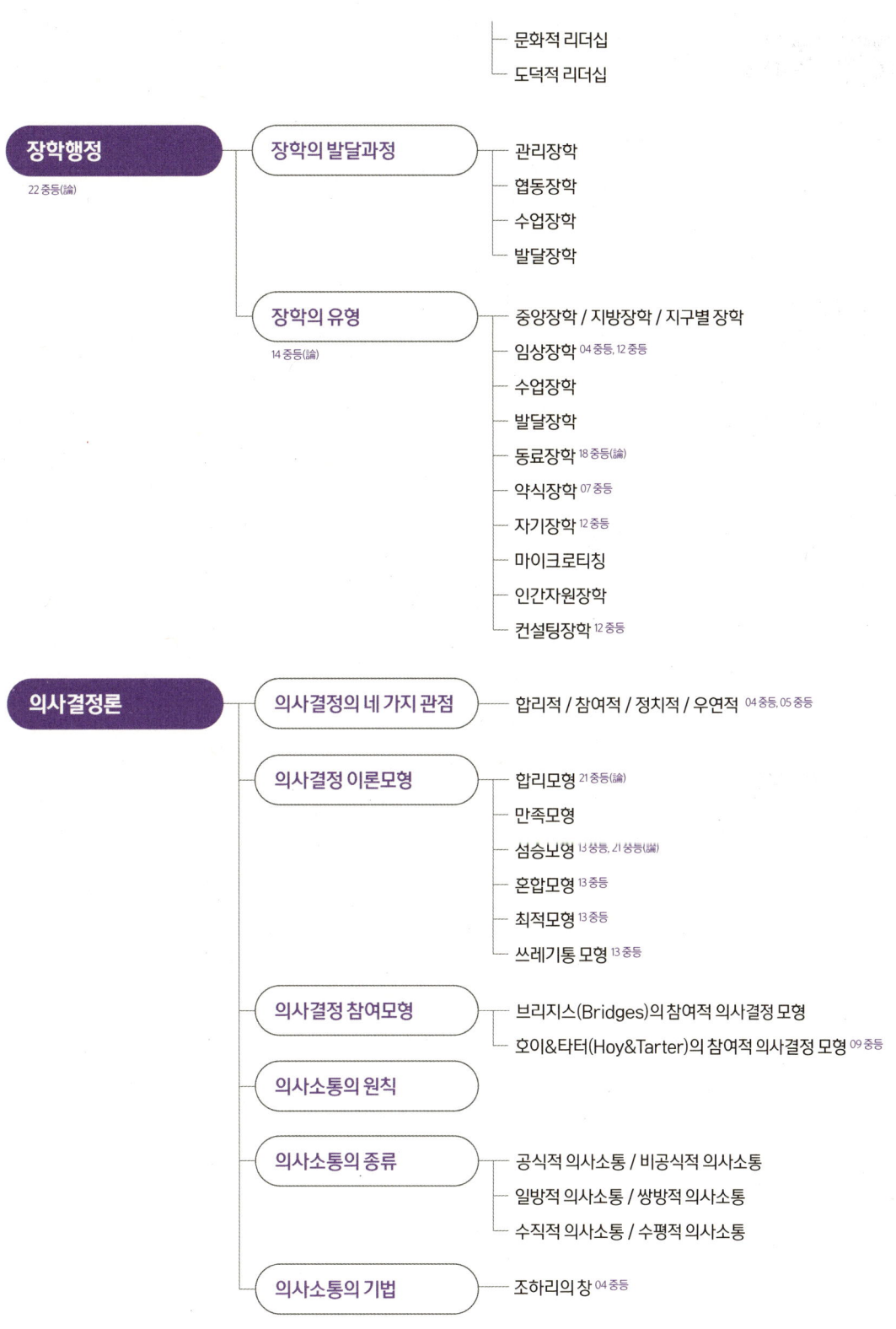

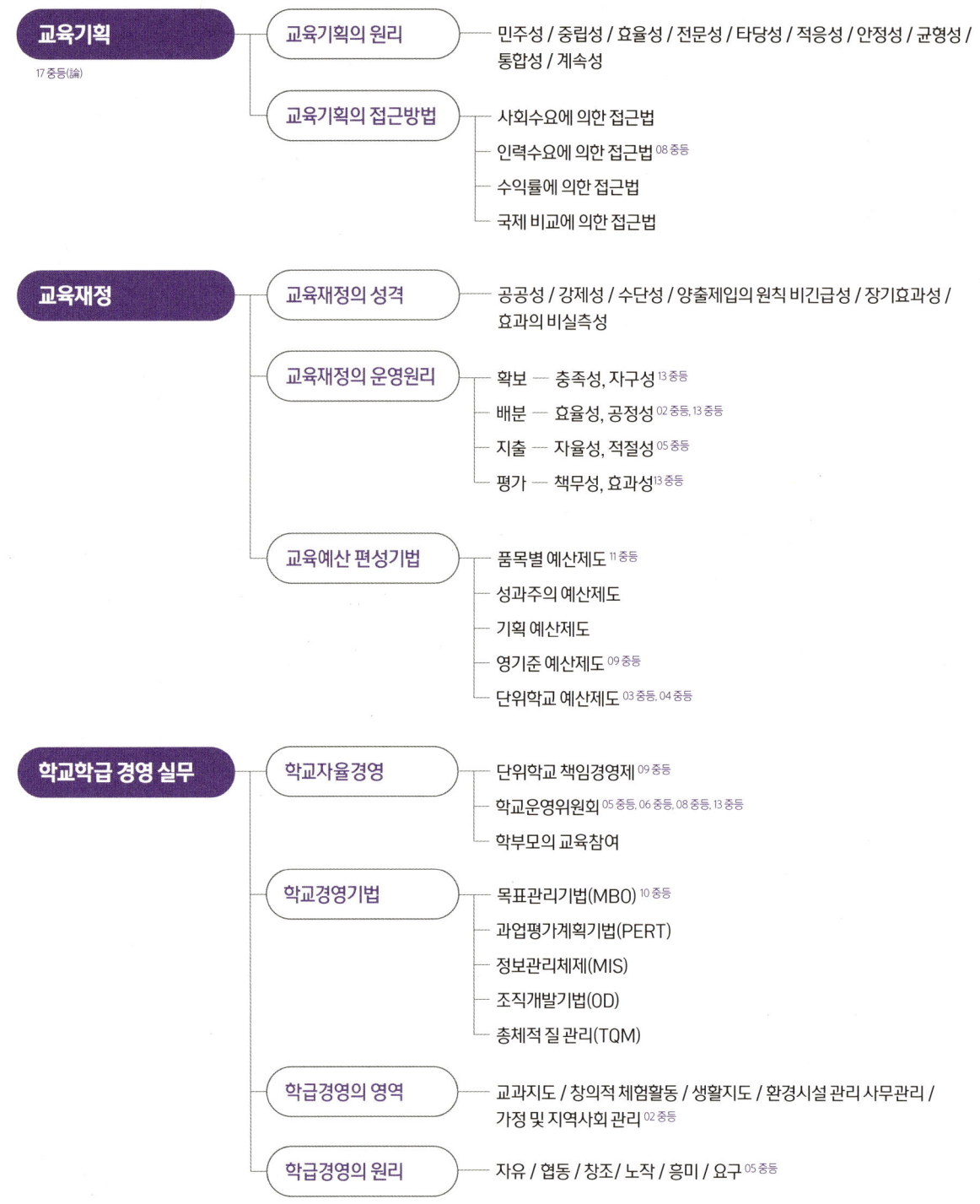

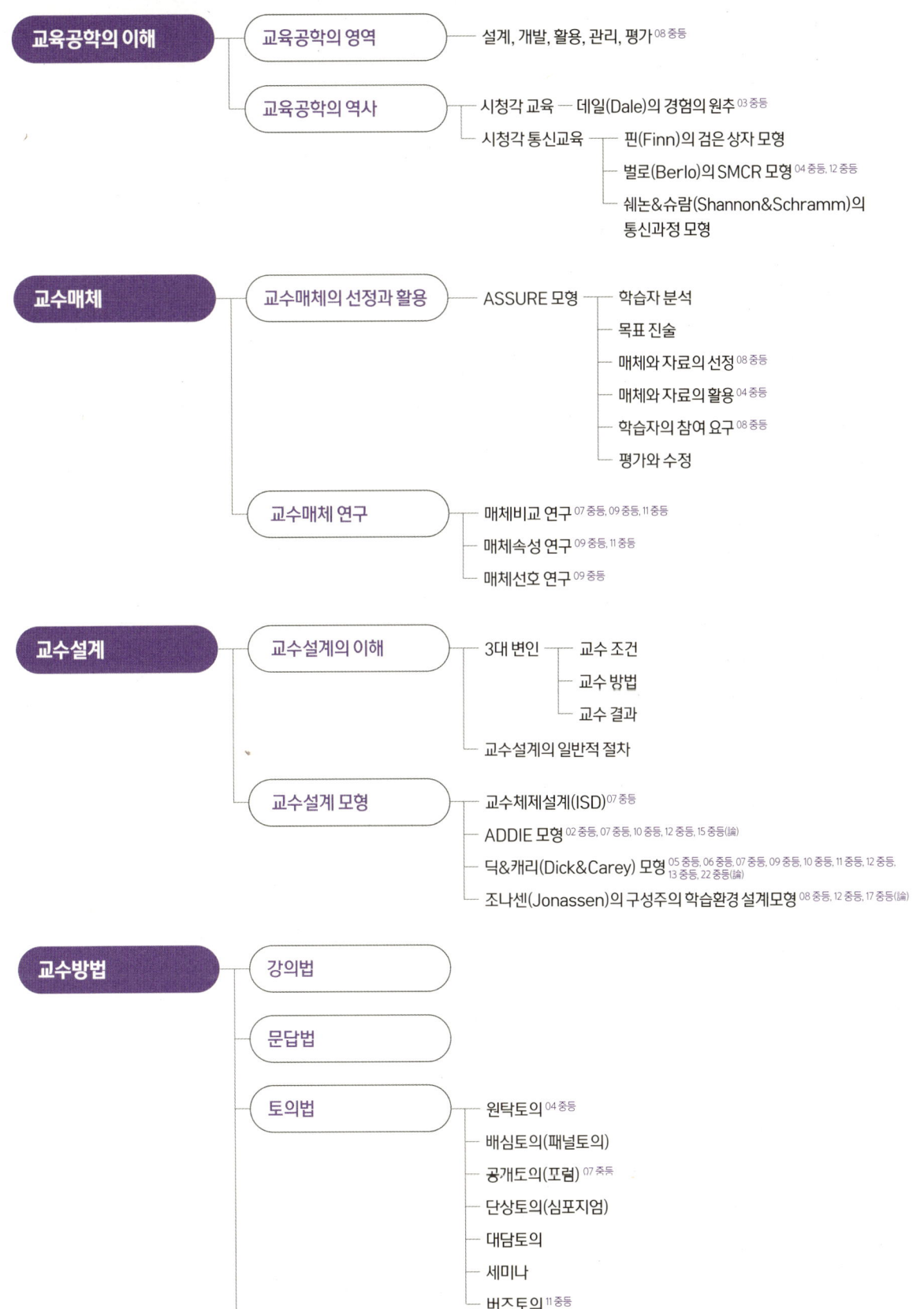

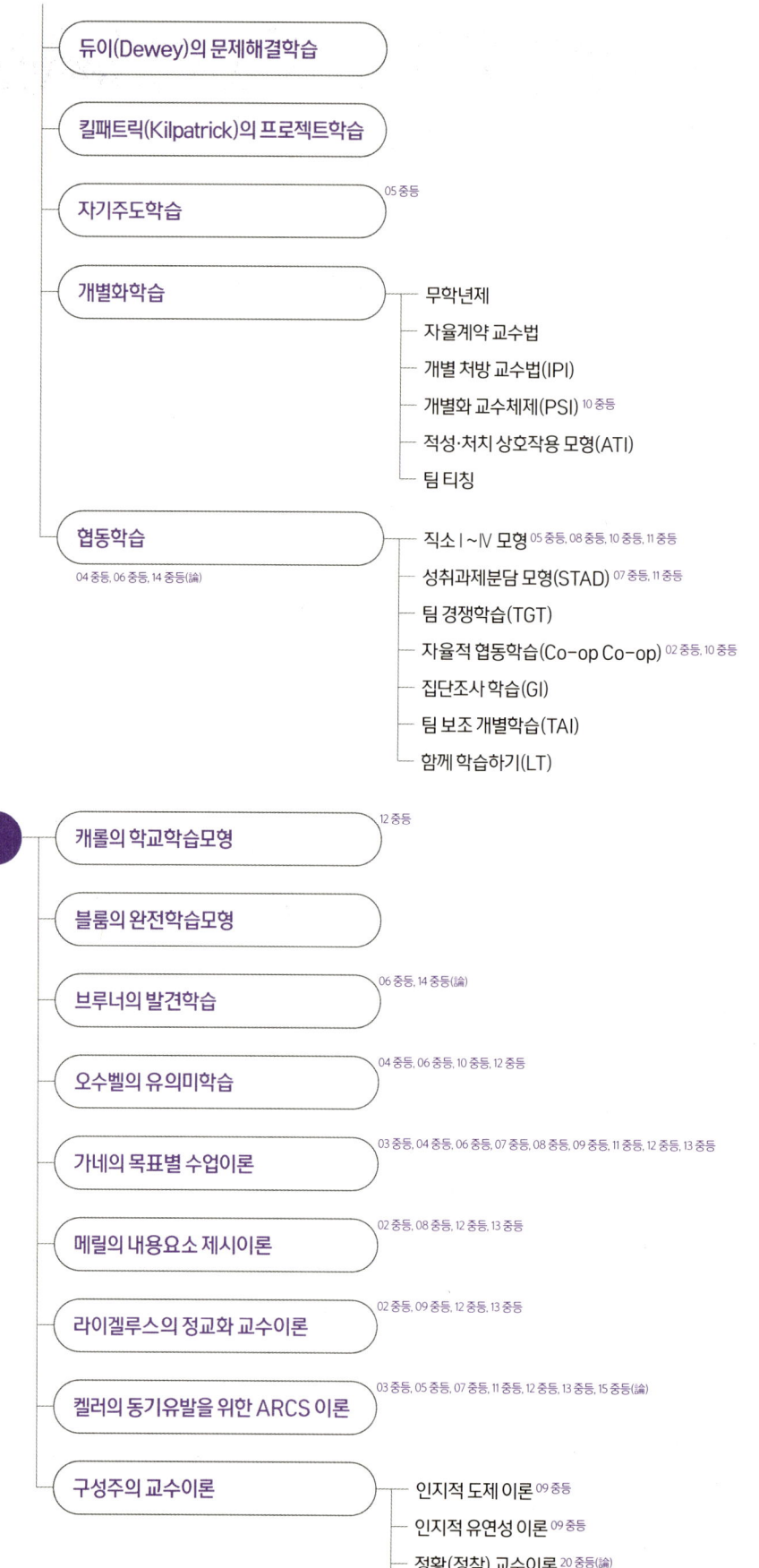

```
                                    ─ 상황학습 이론 07 중등
                                    ─ 문제중심학습 02 중등, 05 중등, 08 중등, 13 중등, 18 중등(論)
                                    ─ 상보적 교수 02 중등, 05 중등, 08 중등, 10 중등
                                    ─ 자원기반학습 11 중등, 21 중등(論)
```

이러닝·온라인 교수-학습 이론
- 컴퓨터 보조수업(CAI) — 02 중등, 05 중등, 06 중등
- 멀티미디어 — 02 중등, 03 중등, 06 중등, 11 중등
- ICT — 05 중등
- 이러닝(e-learning) — 02 중등, 10 중등
- 유비쿼터스 러닝(u-learning)
- 모바일 러닝(m-learning)
- 액션 러닝
- 블렌디드 러닝 — 07 중등
- 플립드 러닝

CHAPTER 4 교육평가

교육평가의 이해
- 교육평가의 기능과 목표
- 교육평가관
  - 측정관
  - 평가관
  - 총평관 22 중등(論)

교육평가의 유형
- 평가 준거에 따른 유형
  - 준거참조평가(절대평가)
  - 규준참조평가(상대평가)
  - 능력참조평가 18 중등(論), 22 중등(論)
  - 성장참조평가 12 중등, 18 중등(論), 22 중등(論)
- 평가 시기에 따른 유형
  - 진단평가 06 중등
  - 형성평가 02 중등, 06 중등, 14 중등(論), 16 중등(論)
  - 총괄평가 06 중등
- 평가 영역에 따른 유형
  - 인지적 평가
  - 정의적 평가 19 중등(論)
- 평가 방법에 따른 유형
  - 양적 평가
  - 질적 평가
- 수행평가 02 중등, 03 중등, 04 중등, 07 중등
- 성취평가제

교육평가 모형
- 타일러(Tyler)의 목표달성모형 05 중등, 13 중등
- 프로버스(Provus)의 괴리(격차)모형
- 스크리븐(Scriven)의 탈목표모형 07 중등
- 스테이크(Stake)의 종합실상모형
- 아이즈너(Eisner)의 예술적 비평모형
- 스터플빔(Stufflebeam)의 CIPP 평가모형 08 중등

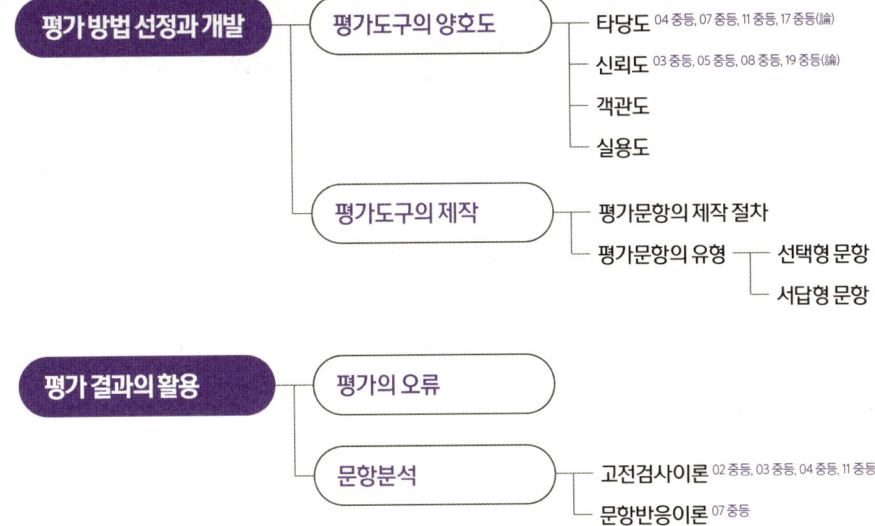

CHAPTER 5 교육심리

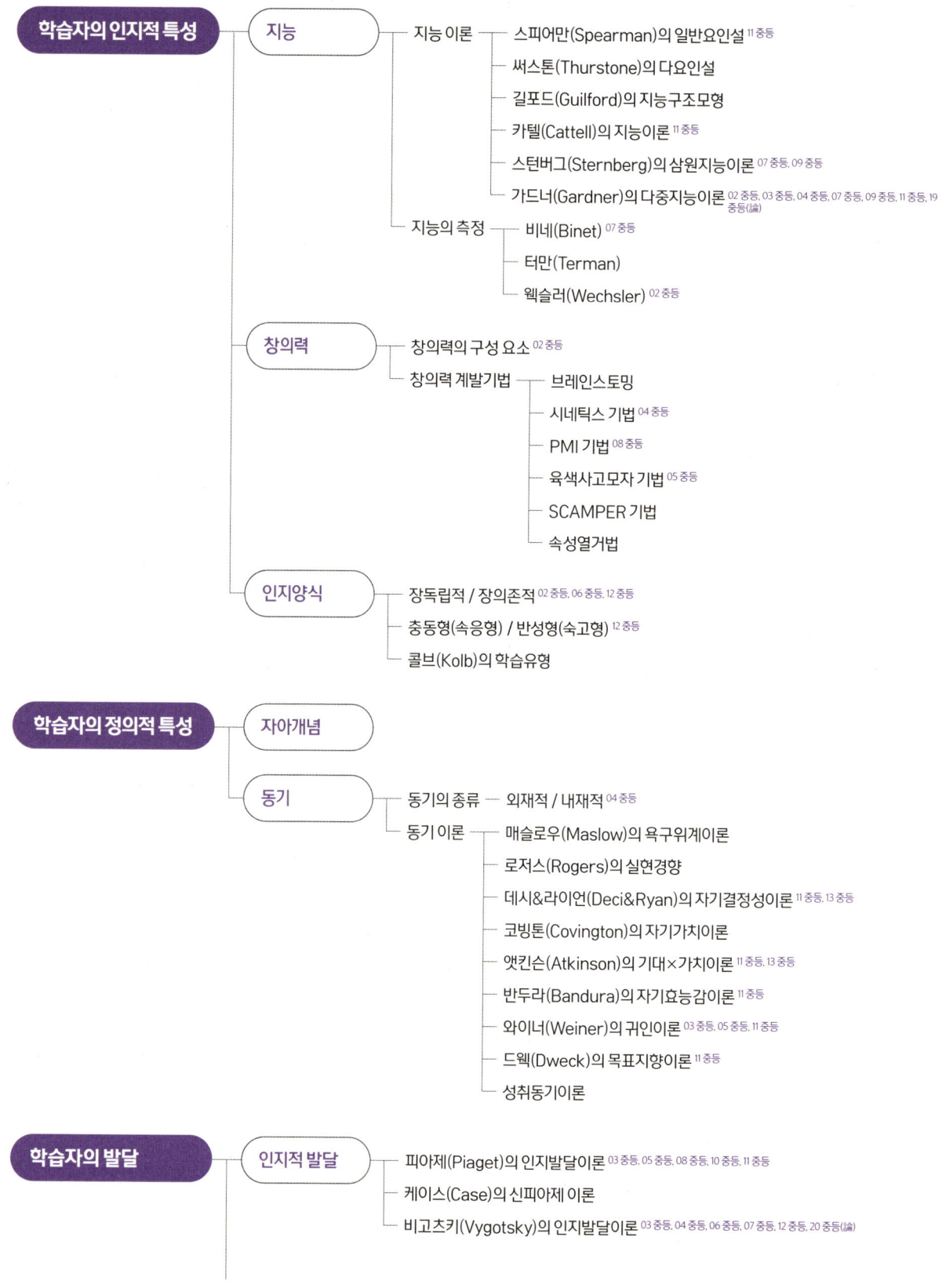

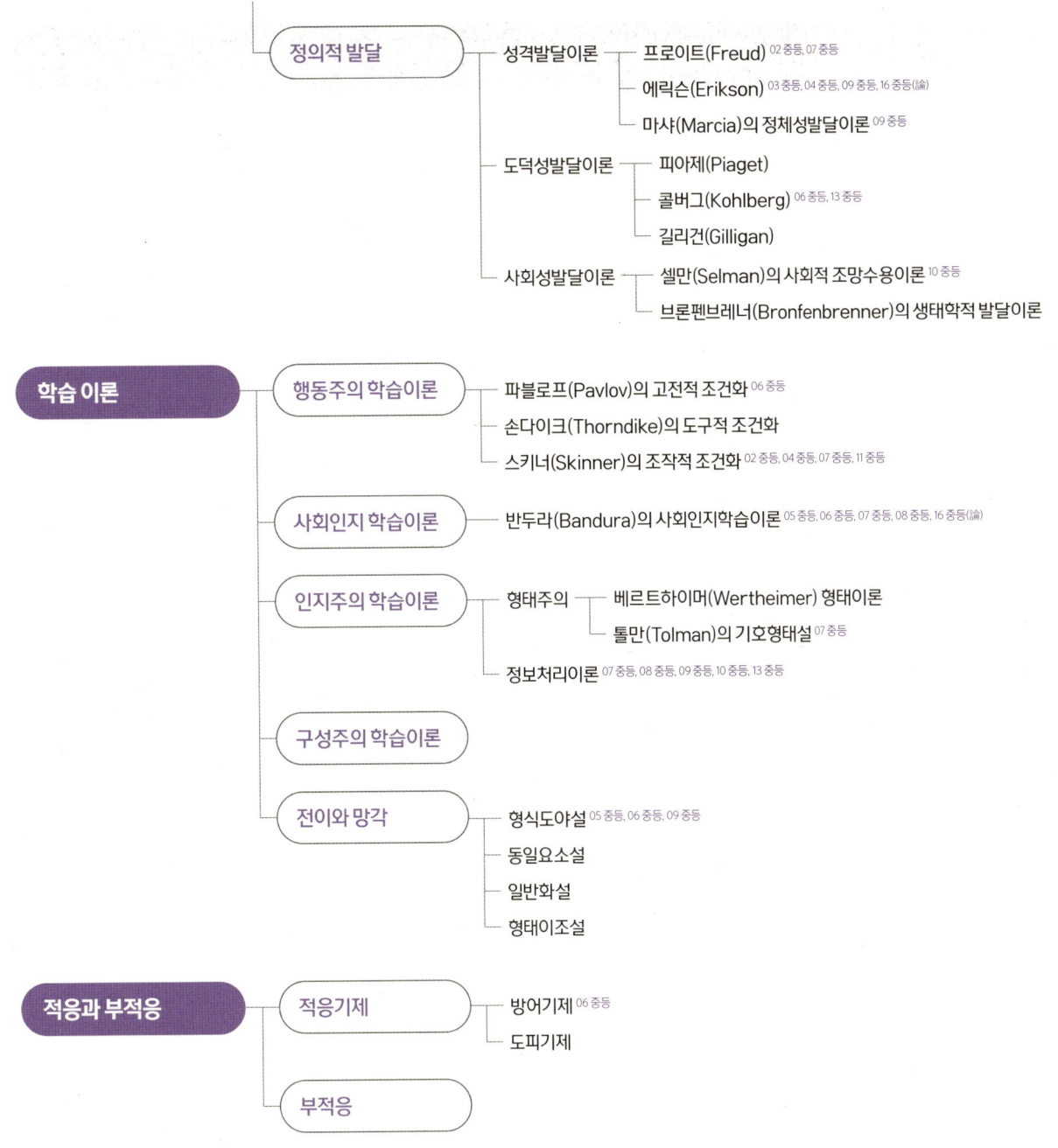

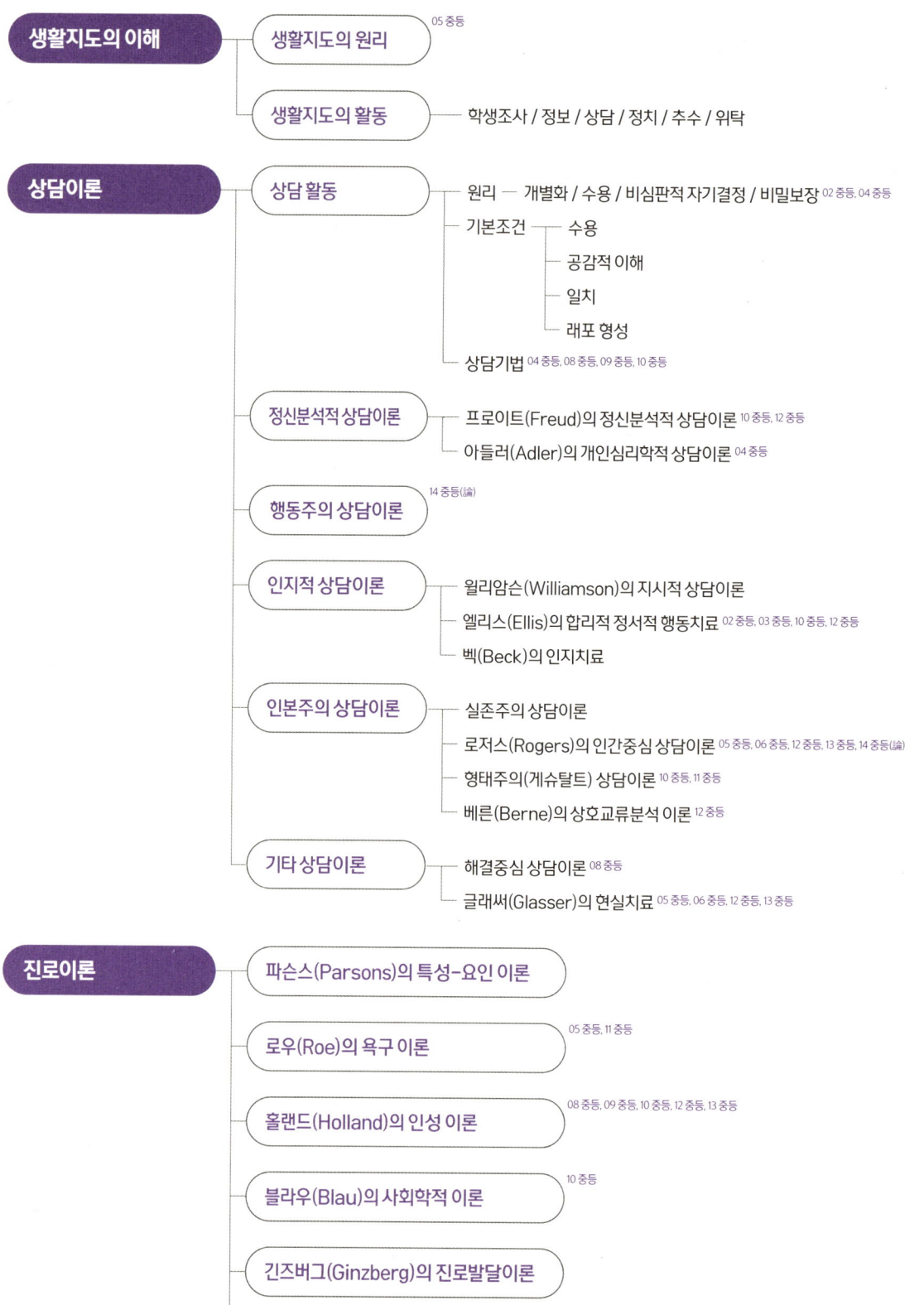

- 수퍼(Super)의 진로발달이론 ⁱ⁰ 중등, 12 중등
- 타이드만&오하라(Tiedeman&O'Hara)의 의사결정이론 ¹² 중등
- 크럼볼츠(Krumboltz)의 사회학습이론

CHAPTER 7 교육사회학

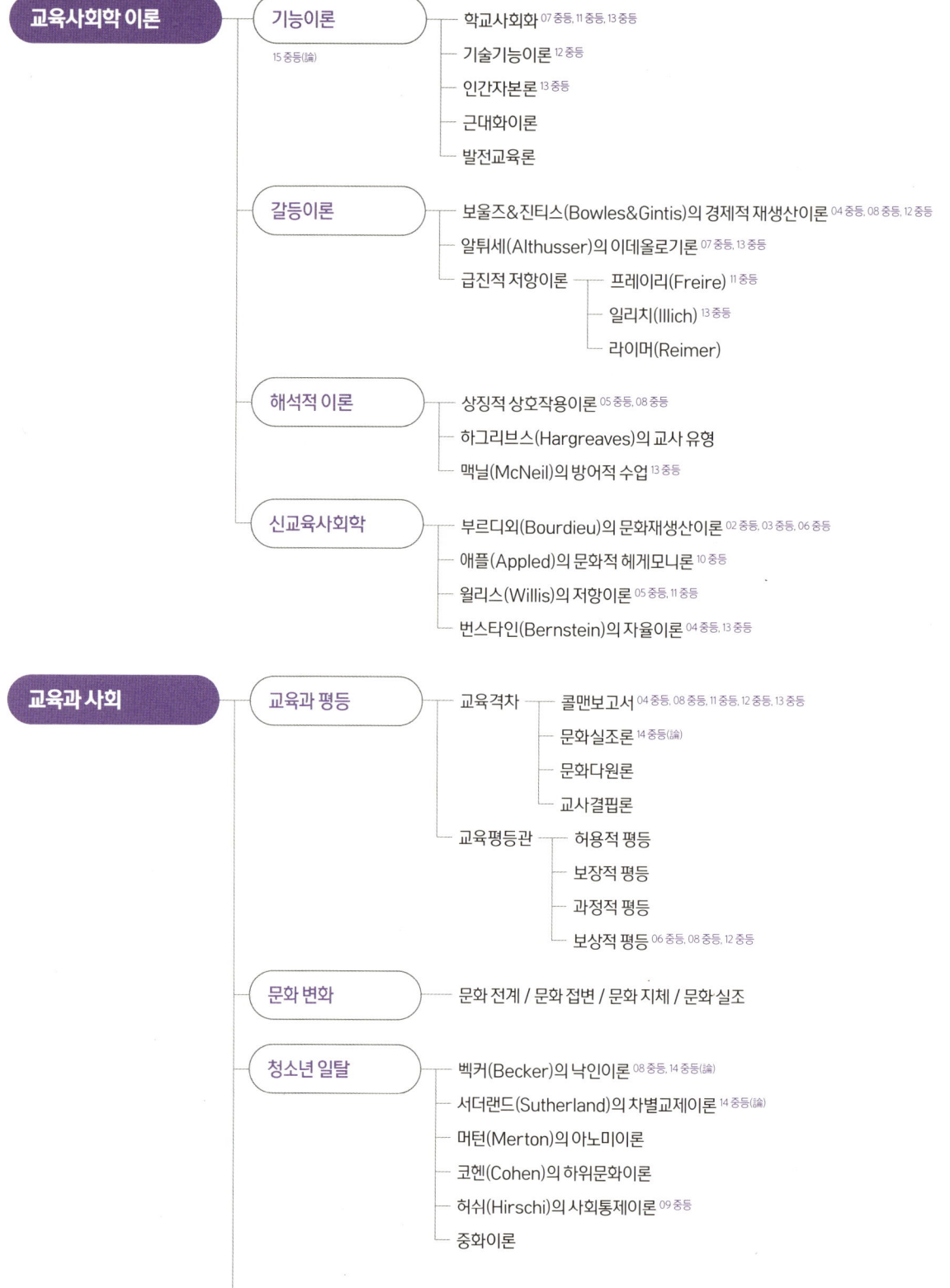

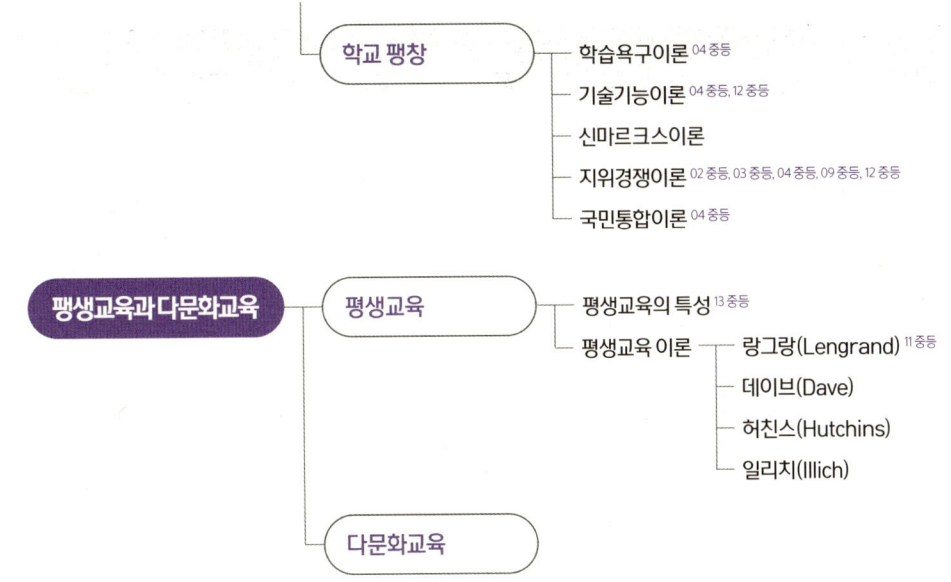

CHAPTER 8 교육사 및 교육철학

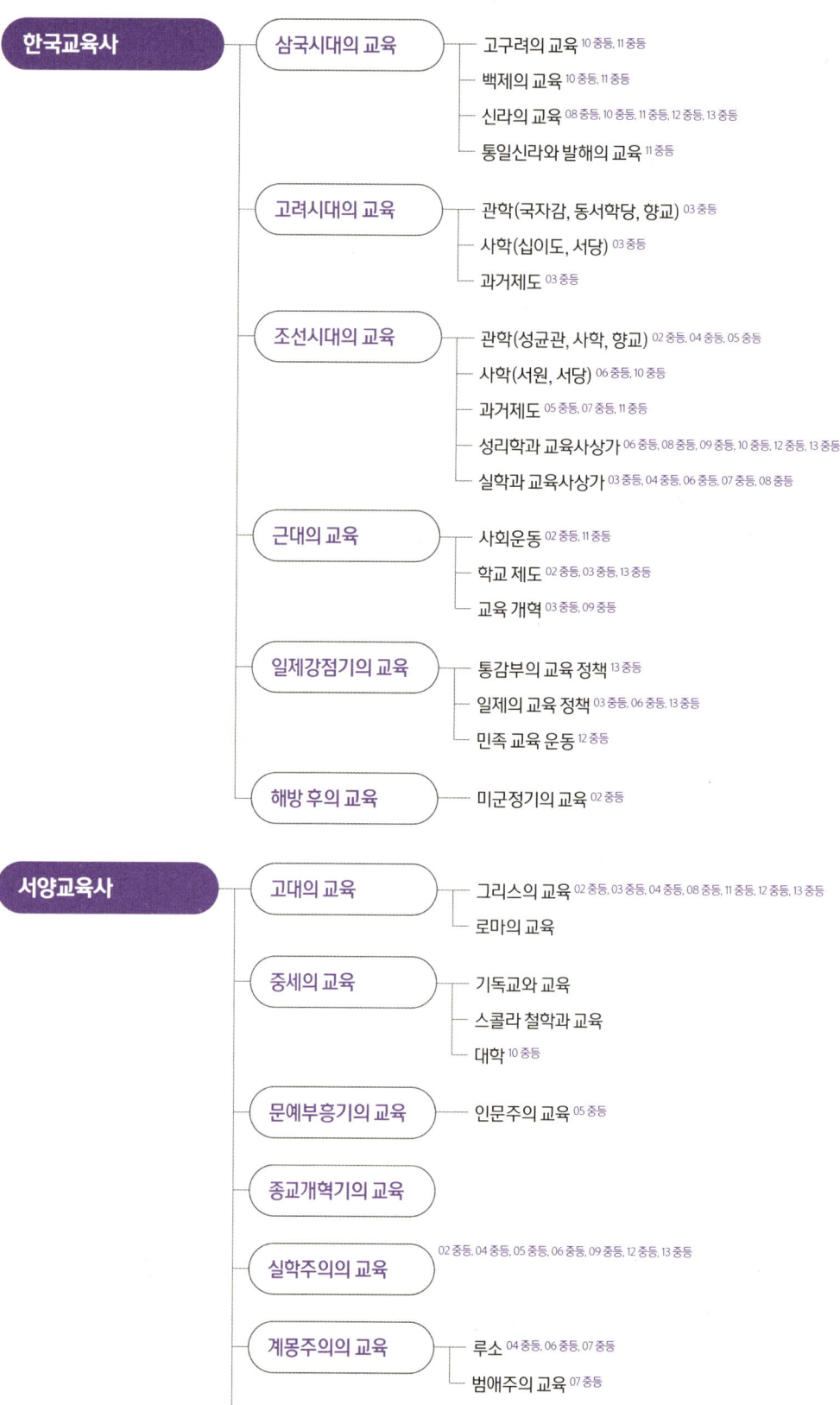

한국교육사
- 삼국시대의 교육
  - 고구려의 교육 10 중등, 11 중등
  - 백제의 교육 10 중등, 11 중등
  - 신라의 교육 08 중등, 10 중등, 11 중등, 12 중등, 13 중등
  - 통일신라와 발해의 교육 11 중등
- 고려시대의 교육
  - 관학(국자감, 동서학당, 향교) 03 중등
  - 사학(십이도, 서당) 03 중등
  - 과거제도 03 중등
- 조선시대의 교육
  - 관학(성균관, 사학, 향교) 02 중등, 04 중등, 05 중등
  - 사학(서원, 서당) 06 중등, 10 중등
  - 과거제도 05 중등, 07 중등, 11 중등
  - 성리학과 교육사상가 06 중등, 08 중등, 09 중등, 10 중등, 12 중등, 13 중등
  - 실학과 교육사상가 03 중등, 04 중등, 06 중등, 07 중등, 08 중등
- 근대의 교육
  - 사회운동 02 중등, 11 중등
  - 학교 제도 02 중등, 03 중등, 13 중등
  - 교육 개혁 03 중등, 09 중등
- 일제강점기의 교육
  - 통감부의 교육 정책 13 중등
  - 일제의 교육 정책 03 중등, 06 중등, 13 중등
  - 민족 교육 운동 12 중등
- 해방 후의 교육
  - 미군정기의 교육 02 중등

서양교육사
- 고대의 교육
  - 그리스의 교육 02 중등, 03 중등, 04 중등, 08 중등, 11 중등, 12 중등, 13 중등
  - 로마의 교육
- 중세의 교육
  - 기독교와 교육
  - 스콜라 철학과 교육
  - 대학 10 중등
- 문예부흥기의 교육
  - 인문주의 교육 05 중등
- 종교개혁기의 교육
- 실학주의의 교육 02 중등, 04 중등, 05 중등, 06 중등, 09 중등, 12 중등, 13 중등
- 계몽주의의 교육
  - 루소 04 중등, 06 중등, 07 중등
  - 범애주의 교육 07 중등

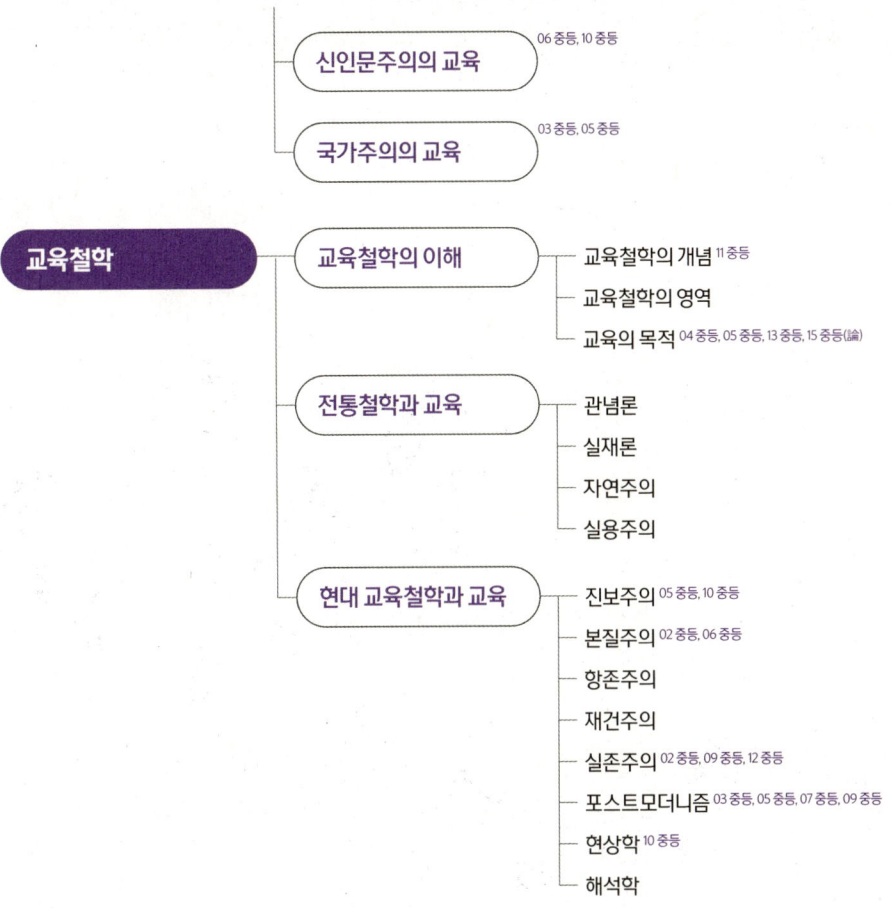

메가쌤 임용 기출공략서

PART

인출편
서술형 & 객관식 문제

CHAPTER 1 교육과정
CHAPTER 2 교육행정
CHAPTER 3 교육공학 및 교육방법
CHAPTER 4 교육평가
CHAPTER 5 교육심리
CHAPTER 6 생활지도 및 상담
CHAPTER 7 교육사회학
CHAPTER 8 교육사 및 교육철학

CHAPTER 1 교육과정

- **교육과정의 이해** 교육과정의 본질과 성격 | 교육과정 수준/유형 1 | 교육과정 수준/유형 2 | 교육과정 이론/관점 | 우리나라 교육과정(변천/현행)
- **교육과정 개발** 교육목표 설정과 진술 | 내용 및 학습경험의 선정/조직 | 교육과정 설계/개발 모형 | 학교 교육과정 개발
- **교육과정 운영** 실행 및 운영관리 | 자율적인 학교 교육과정

01

다음 대화에서 슬기가 교육내용에 부여하는 가치의 유형을 쓰고, 슬기의 학습을 돕기 위한 교육과정 유형과 그 근거를 서술하시오.

> 교사 | 슬기야. 이번 성적은 어떠니?
> 슬기 | 선생님. 이번 성적이 별로 좋지 않아요. 전 학교에서 왜 이런 내용을 배우는지 모르겠어요. 대학 입학에 필요해서 배우는 건가요? 전 대학에 가지 않을 생각이거든요. 그리고 학교에서 배우는 내용은 실생활에서 별 쓸모가 없어요. 공부를 잘한다고 부자가 되는 것도 아니고요.

01A > 2004학년도 3번

다음 대화에서 '슬기'가 교육내용에 부여하는 가치는?

> 보람 | 너 성적 잘 나왔어?
> 슬기 | 아니. 우리가 왜 학교에서 이런 내용을 배우는지 모르겠어. 대학입학에 필요하기는 하지만 실생활에는 별 쓸모가 없지 않아? 공부 잘한다고 꼭 부자가 되는 것도 아니고 말이야.

① 내재적 가치 ② 외재적 가치
③ 보수적 가치 ④ 사회통합적 가치

02

다음의 내용에 가장 부합하는 교육과정 유형의 개념과 특징을 서술하시오.

> 학생들은 학교에서 교사의 희망 때문에 자기 자신의 욕망을 억누르고 또 공동선 때문에 자기의 행동을 조심하는 것을 배운다. 그들을 둘러싸고 있는 규칙·규정 및 관례에 따르는 것을 배운다. 그들은 사소한 좌절감을 극복하고, 권위를 가지고 있는 사람의 계획과 정책이 비합리적이고 불분명할지라도 그것에 따르는 것을 배운다. 다른 사회적 기관의 구성원들과 마찬가지로 학생들도 '세상이 다 그런 거야.'라고 말하는 것을 배운다.
>
> — 잭슨(P. Jackson), 『아동의 교실생활』 —

02A   > 2009학년도 8번

다음은 '학교 교육과정'을 주제로 두 교사가 나눈 대화 내용이다. 밑줄 친 ㉠과 ㉡에 해당하는 교육과정 개념으로 가장 적절한 것은?

김 교사 | 저는 어떤 학교에서든지 그 학교에서 실지로 가르치는 내용은 공식적인 문서나 활동만 보아서는 알 수가 없다고 봐요.

유 교사 | 그렇죠. 학생들은 학교에서 의도하지 않은 것들도 은연중에 많이 배우게 되죠. 거기에는 학부모나 교사의 입장에서는 결코 기대하지 않았던 생각과 행동, 태도들도 많죠.

김 교사 | 그뿐만 아니라 이런 경우도 있어요. 마땅히 가르쳐야 하는데도 불구하고 학교 또는 교사가 의도적으로 가르치지 않아서 학생들이 아예 배우지 못하는 것들도 더러 있죠.

유 교사 | 제가 말한 경우는 ㉠ 학교가 의도하지 않았는데 학생의 학습경험이 생기는 것이라면, 김 선생님이 말한 경우는 ㉡ 당연히 발생해야 할 학습경험이 학교의 의도 때문에 일어나지 않은 것으로 해석할 수도 있겠네요.

	㉠	㉡
①	암시적 교육과정	명시적 교육과정
②	비공식적 교육과정	공식적 교육과정
③	잠재적 교육과정	영(null) 교육과정
④	활동중심 교육과정	교과중심 교육과정
⑤	아동중심 교육과정	교사중심 교육과정

02B   > 2008학년도 9번

<보기> 중 잠재적 교육과정에서 강조하는 사항을 모두 고른 것은?

―보기―

ㄱ. 학생들의 교실생활이나 학교의 문화풍토를 중시한다.
ㄴ. 교육과정을 '의도'나 '계획'의 차원에 한정하지 않는다.
ㄷ. 공식적(formal) 교육과정의 부정적 결과에도 관심을 기울인다.
ㄹ. 교육과정은 교사가 해석하여 교육사태에서 재구성하는 것이다.

① ㄱ, ㄹ ② ㄴ, ㄷ
③ ㄱ, ㄴ, ㄷ ④ ㄱ, ㄷ, ㄹ

03

다음 두 교사의 대화에 나타난 잠재적 교육과정의 원천을 각각 설명하고, 이를 극복하기 위한 공통적인 방안을 한 가지 서술하시오.

김 교사 | 교실에는 다양한 학생들이 모여 있다 보니 아무래도 학생들이 각자 자신의 끼를 발휘하지 못하는 경우가 생기는 것 같아요. 행동을 할 때 다른 친구들의 반응을 살피며 은연중에 자신의 행동을 스스로 통제하는 모습도 보이고요.

최 교사 | 저는 교사의 지위에서 오는 권위를 최대한 내려놓고 학생들을 대하려 노력하는데, 그럼에도 불구하고 학생들은 여전히 저를 어려워하는 것 같아요.

03A > 2006학년도 2번

잠재적 교육과정을 설명하는 사례로 가장 적절한 것은?

① 계발활동에서 문예반을 선택하여 소설을 읽고 현대 소설의 특징을 이해하였다.
② 냉전시대 공산주의 국가에서는 시장 경제 체제의 장점을 제대로 가르치지 않았다.
③ 수업시간에 배운 한자를 30번씩 써 오라는 숙제 때문에 한문을 싫어하게 되었다.
④ 국어시간에 일제 강점기 독립운동에 기여한 문학 작품을 조사하고 각각의 특징을 기술하였다.

04

다음의 내용에 가장 부합하는 교육과정 유형에 대해 서술하시오.

> 왜 대부분의 중등학교에서 영어를 4년, 수학을 2년, 과학을 1~2년, 역사와 사회를 2~3년 동안 의무적으로 가르치는가? 왜 중등학교에서 법학, 경제학, 인류학, 심리학, 무용, 시각예술, 음악은 자주 가르치지 않거나 필수교과로 지정하지 않는가? (중략) 나는 우리가 학교에서 몇몇 교과를 다른 대안적인 교과에 대한 면밀한 검토 없이 그저 전통적으로 가르쳐 온 교과이므로 계속해서 가르치고 있다고 생각한다. 그 과정에서 우리는 종종 학생들에게 매우 유용하다고 입증된 교과를 가르치지 않는다.
>
> — 아이즈너(E. Eisner), 『교육적 상상력』 —

04A > 2012학년도 11번

다음 (가)와 (나)의 내용에 가장 부합하는 교육과정의 유형을 바르게 짝지은 것은?

> (가) 학생들은 학교에서 교사의 희망 때문에 자기 자신의 욕망을 억누르고 또 공동선 때문에 자기의 행동을 조심하는 것을 배운다. 그들을 둘러싸고 있는 규칙·규정 및 관례에 따르는 것을 배운다. 그들은 사소한 좌절감을 극복하고, 권위를 가지고 있는 사람의 계획과 정책이 비합리적이고 불분명할지라도 그것에 따르는 것을 배운다. 다른 사회적 기관의 구성원들과 마찬가지로 학생들도 '세상이 다 그런 거야.'라고 말하는 것을 배운다.
>
> — 잭슨(P. Jackson), 『아동의 교실생활』 —
>
> (나) 왜 대부분의 중등학교에서 영어를 4년, 수학을 2년, 과학을 1~2년, 역사와 사회를 2~3년 동안 의무적으로 가르치는가? 왜 중등학교에서 법학, 경제학, 인류학, 심리학, 무용, 시각예술, 음악은 자주 가르치지 않거나 필수교과로 지정하지 않는가? (중략) 나는 우리가 학교에서 몇몇 교과를 다른 대안적인 교과에 대한 면밀한 검토 없이 그저 전통적으로 가르쳐 온 교과이므로 계속해서 가르치고 있다고 생각한다. 그 과정에서 우리는 종종 학생들에게 매우 유용하다고 입증된 교과를 가르치지 않는다.
>
> — 아이즈너(E. Eisner), 『교육적 상상력』 —

	(가)	(나)
①	영 교육과정	중핵 교육과정
②	영 교육과정	잠재적 교육과정
③	잠재적 교육과정	영 교육과정
④	잠재적 교육과정	중핵 교육과정
⑤	중핵 교육과정	영 교육과정

04B > 2002학년도 15번

다음의 현상을 설명하는 데 가장 적합한 교육과정 유형은?

- 일본의 역사교과서에서 한국 침략 내용을 의도적으로 배제
- 진화론은 가르치나, 성경의 창조론은 배제
- 사회과 교과서에서 사회적 약자에 대한 논의 배제

① 영 교육과정(Null Curriculum)
② 공식적 교육과정(Formal Curriculum)
③ 잠재적 교육과정(Latent Curriculum)
④ 교사배제 교육과정(Teacher-Proof Curriculum)

05
다음의 교육과정이 기반하고 있는 이론적 관점에 대해 서술하시오.

> 인간의 정신은 몇 개의 능력들(faculties)로 이루어져 있고, 이 능력들을 단련하는 데에는 거기에 적합한 교과가 있다. 교과 교육에서 무엇을 기억하고 추리하느냐가 중요한 것이 아니고, 기억되고 추리되는 내용이 무엇이든지 간에 그것을 기억하고 추리한다는 점이 중요하다. 따라서 교과는 인간의 정신을 도야하는 가치에 따라 그 중요성이 결정되며, 정신능력들을 도야하는 데 적합한 교과들을 학교에서 가르쳐야 한다.

05A > 2011학년도 11번
다음의 교육과정 관점에 대한 설명으로 옳지 않은 것은?

> 인간의 정신은 몇 개의 능력들(faculties)로 이루어져 있고, 이 능력들을 단련하는 데에는 거기에 적합한 교과가 있다. 교과 교육에서 무엇을 기억하고 추리하느냐가 중요한 것이 아니고, 기억되고 추리되는 내용이 무엇이든지 간에 그것을 기억하고 추리한다는 점이 중요하다. 따라서 교과는 인간의 정신을 도야하는 가치에 따라 그 중요성이 결정되며, 정신능력들을 도야하는 데 적합한 교과들을 학교에서 가르쳐야 한다.

① 교과 학습에서 흥미가 없는 교과라도 학습자의 노력이 중시된다.
② 교과 내용의 가치를 개인 생활의 의미와 사회적 유용성에서 찾는다.
③ 교과의 중요성은 구체적인 내용에 있기보다는 내용을 담는 형식에 있다.
④ 능력심리학에 근거하여 심근(心筋) 단련을 위한 수단으로 교과를 강조한다.
⑤ 교과를 가르치는 방법으로 훈련과 반복을 강조하고 일반적 전이를 가정한다.

05B > 2009학년도 11번
형식도야(formal discipline) 이론과 지식의 구조(structure of knowledge) 이론에 공통적으로 해당하는 설명은?

① 발견학습의 개념과 밀접히 관련되어 있다.
② 고등 지식과 초보 지식 사이의 간극을 좁힐 수 있다.
③ 교과에서 획득된 지식 또는 능력의 전이를 가정하고 있다.
④ 교육의 목적은 정신적 부소능력(faculties)의 발달에 있다.
⑤ 손다이크(E. Thorndike)와 듀이(J. Dewey)에 의하여 비판되었다.

05C > 2005학년도 10번
<보기>의 형식도야론(Formal Discipline Theory)에 관한 설명 중, 옳은 것끼리 묶인 것은?

―― 보기 ――
ㄱ. 실용적 기능에 의하여 교과의 가치가 판단된다.
ㄴ. 과학적 심리학의 출현으로 그 타당성이 입증되었다.
ㄷ. 능력심리학(faculty psychology)에 이론적 기반을 둔다.
ㄹ. 재미없고 어려운 교과를 힘들여 공부하는 이유를 정당화한다.

① ㄱ, ㄴ ② ㄱ, ㄹ
③ ㄴ, ㄷ ④ ㄷ, ㄹ

06

다음에서 김 교사가 동료 교사들과 개발한 교육과정의 유형이 무엇인지 쓰고, 그렇게 생각한 근거와 관련하여 그 교육과정의 특징을 설명하시오.

> 사회과 김 교사는 남대천이 흐르는 도시의 어느 중학교에서 근무하고 있다. 김 교사, 주민, 그리고 학생들은 지역사회의 가장 큰 문제가 남대천의 잦은 범람이라는 데 생각을 같이하고 있다. 김 교사는 과학과, 기술·가정과 교사와 협력하여 '남대천의 범람'을 주제로 한 교육과정을 개발하여 '창의적 체험활동' 시간에 운영하기로 하였다. 김 교사는 남대천의 범람 원인과 지역사회의 피해 정도를 세부 주제로 그 교육과정 전체의 핵심이 되는 한 개의 과정을 설계하였다. 그리고 과학과 기술·가정과 교사는 지구 온난화가 환경에 미치는 영향, 범람을 막기 위해 실천 가능한 방안과 소요 비용 산출, 방안 실천 시 기술·과학적 고려사항 등을 세부 주제로 '주변 과정' 5가지를 설계하였다.

06A   > 2013학년도 9번

다음에서 김 교사가 동료 교사들과 개발한 교육과정의 유형으로 가장 적절한 것은?

> 사회과 김 교사는 남대천이 흐르는 도시의 어느 중학교에서 근무하고 있다. 김 교사, 주민, 그리고 학생들은 지역사회의 가장 큰 문제가 남대천의 잦은 범람이라는 데 생각을 같이하고 있다. 김 교사는 과학과, 기술·가정과 교사와 협력하여 '남대천의 범람'을 주제로 한 교육과정을 개발하여 '창의적 체험활동' 시간에 운영하기로 하였다. 김 교사는 남대천의 범람 원인과 지역사회의 피해 정도를 세부 주제로 그 교육과정 전체의 핵심이 되는 한 개의 과정을 설계하였다. 그리고 과학과와 기술·가정과 교사는 지구 온난화가 환경에 미치는 영향, 범람을 막기 위해 실천 가능한 방안과 소요 비용 산출, 방안 실천 시 기술·과학적 고려사항 등을 세부 주제로 '주변 과정' 5가지를 설계하였다.

① 분과 교육과정 ② 생성 교육과정
③ 중핵 교육과정 ④ 나선형 교육과정
⑤ 잠재적 교육과정

06B   > 2008학년도 8번

중핵교육과정(core curriculum)의 특징을 가장 잘 나타낸 것은?

① 두 교과 간 내용의 상호 관련성이 약화된다.
② 개별 교과의 기본 논리 혹은 구조를 파악하기에 용이하다.
③ 특정 주제를 중심으로 여러 교과의 내용을 결합할 수 있다.
④ 개별 교과의 특성을 유지하면서 내용을 체계적으로 조직할 수 있다.

06C   > 2004학년도 1번

학생의 흥미나 요구를 중심으로 하여 교육내용을 통합하되 통합 이전 교과의 구분이 완전히 사라진 채 조직되는 통합 유형은?

① 광역형 ② 중핵형
③ 분과형 ④ 상관형

07

다음 내용을 모두 포괄하는 이론에 근거한 교육과정의 장점을 두 가지 서술하시오.

- 성장과 습관의 의미가 교육적 과정으로 해석되어야 한다.
- 교과의 논리와 학습자의 심리가 동시에 고려되어야 한다.
- 계속성과 상호작용의 원리를 강조한다.

07A
> 2005학년도 9번

다음 내용을 모두 포괄하는 이론은?

- 성장과 습관의 의미가 교육적 과정으로 해석되어야 한다.
- 교과의 논리와 학습자의 심리가 동시에 고려되어야 한다.
- 계속성(continuity)과 상호작용(interaction)의 원리를 강조한다.

① 로크(J. Locke)의 경험론(Empiricism)
② 듀이(J. Dewey)의 경험(Experience) 이론
③ 가다머(H.-G. Gadamer)의 해석적 경험(Hermeneutic Experience) 이론
④ 오크쇼트(M. Oakeshott)의 경험의 양상(Experience and Its Modes) 이론

08

학문중심 교육과정에서 말하는 지식의 기본 구조에 대해 설명하고, 학문중심 교육과정에 근거해 교육내용을 조직하는 방법을 쓰시오.

08A
> 2011학년도 8번

다음과 같은 교육과정의 관점을 반영하여 교육내용을 가장 적절하게 조직하는 방법은?

어떤 교과든지 그 교과를 특징적으로 교과답게 해 주는 골간(骨幹)으로서 구조가 있다. 교과의 구조란 각 교과가 모태로 삼고 있는 학문 분야의 기본적인 아이디어나 개념 및 원리를 말한다. 이러한 구조는 기본적이고 일반적이므로 단순하다. 그래서 어린 나이에도 지식의 구조 학습이 가능하며 나아가서는 새로운 문제에 대한 적용 범위도 넓다. 그리고 구조 학습을 통해 초보 수준의 지식과 고등 수준의 지식 간의 간극을 좁힐 수 있다.

① 구안법을 통하여 활동 중심으로 내용을 조직한다.
② 교과의 논리보다 학습자의 심리를 우선하여 조직한다.
③ 작업단원법에 따라 생활 영역을 중심으로 내용을 조직한다.
④ 사회의 주요 문제를 중심으로 핵심 및 주변 과정을 조직한다.
⑤ 기본 개념을 반복하면서 폭과 깊이를 확대·심화시켜 조직한다.

08B
> 2006학년도 1번

<보기>와 같은 특징을 지닌 교육과정은?

보기
- 과학교과에서는 초등학교에서 배운 광합성의 원리를 중등학교에서도 심화·반복한다.
- 경제 단원에서 자원의 희소성, 수요와 공급 등의 기본 개념과 원리를 교과 구조 속에서 강조한다.
- 교사가 결과적 지식을 먼저 제시하기보다 학생들로 하여금 탐구과정을 통해 일반화된 원리를 발견하게 한다.

① 인간중심 교육과정   ② 학문중심 교육과정
③ 생활중심 교육과정   ④ 경험중심 교육과정

09

다음 (가)의 내용이 기반하는 이론을 바탕으로 하는 교육과정 유형의 명칭을 쓰고, 해당 교육과정 유형을 바탕으로 (나)의 강 교사가 고민을 해결할 수 있는 구체적인 방안을 서술하시오.

(가) 물과 알코올을 섞는 실험을 통하여 물체의 분자구조에 따라 부피가 달라지는 현상을 깨닫게 한다.

(나) 강 교사 | 진단평가 결과 이번 1학년은 한 학년 안에서 학생들의 성적 편차가 너무 크게 나타나서 큰일이네. 성취도가 아주 높은 학생부터 기초가 아예 잡혀 있지 않은 학생까지 아주 다양한 학생들이 각 반마다 분포되어 있다. 이대로라면 수업을 준비하기가 너무 어렵고, 심화와 보충 학습지를 제작한다고 해도 수업 효율을 높이기 어렵고, 학생들을 모두 만족시키기도 어려울 것 같아. 어떤 방법이 있을까? 같은 학년에 들어가는 영어 선생님인 김 선생님과 이야기를 해봐야겠어.

09A > 2004학년도 4번

브루너(J. Bruner)의 지식의 구조 이론이 가장 잘 드러나는 사례는?

① 영문법에서 문장 5형식은 기본 원리이므로 암기하도록 한다.
② 자석의 원리에 대하여 설명해 준 다음 자석놀이를 통하여 이해하게 한다.
③ 삼권분립의 원리를 입법부, 사법부, 행정부의 요소별로 구조화하여 가르친다.
④ 물과 알코올을 섞는 실험을 통하여 물체의 분자구조에 따라 부피가 달라지는 현상을 깨닫게 한다.

09B > 2003학년도 14번

제7차 교육과정의 국민공통 기본교과 중, 7학년에서 수준별 교육과정을 단계형으로 운영하는 교과는?

① 국어 ② 영어
③ 사회 ④ 과학

10-1
인간중심 교육과정의 개념과 장단점을 서술하시오.

10A
> 2010학년도 8번

인본주의 교육과정(humanistic curriculum)의 관점과 관련이 깊은 것을 <보기>에서 모두 고른 것은?

> 보기
> ㄱ. 개인의 잠재적 능력 계발과 자아실현을 지향한다.
> ㄴ. 사회가 요구하는 직업 능력을 갖춘 사회 구성원 양성을 주 목적으로 한다.
> ㄷ. 교사와 학습자 간의 관계에서 존중, 수용, 공감적 이해를 중시한다.
> ㄹ. 대표적인 학자로 메이거(R. Mager), 마자노(R. Marzano) 등이 있다.

① ㄱ, ㄷ　　② ㄴ, ㄷ　　③ ㄴ, ㄹ
④ ㄱ, ㄴ, ㄹ　⑤ ㄱ, ㄷ, ㄹ

10-2
다음 박 교장의 교육철학에 부합하는 교육과정 유형의 명칭을 쓰고, 학교 수준에서 해당 교육과정이 실현되기 위해 선행되어야 하는 조건을 서술하시오.

박 교장 | 교육에서 가장 중요한 것은 학생입니다. 우리 교육은 그동안 너무 교과 지식에만 매몰되어 있었습니다. 이제는 교육의 인간화가 필요한 시대입니다. 학교는 이제 단순히 지식교육만 하는 곳이 아니라 전인교육이 이루어지는 공간이 되어야 합니다. 교사는 학생들이 교육을 통해 충분히 자아를 실현할 수 있도록 도와야 합니다. 이를 위해서는 수업에서 학생의 자율성과 선택권을 최대한 보장해야 할 것입니다. 학생이 능동적이고 독립적으로 학습 목표를 달성할 수 있도록 교사는 필요한 지원을 충분히 해주어야 합니다.

11

다음 파이나(W. Pinar)의 쿠레레(currere) 방법 4단계 중 (가)와 (나)의 특징을 서술하시오.

(가) → (나) → 분석 → 종합

11A   > 2012학년도 10번

다음은 파이나(W. Pinar)의 쿠레레(currere) 방법 4단계이다. (가)와 (나)의 특징을 <보기>에서 고른 것은?

(가) → (나) → 분석 → 종합

<보기>
ㄱ. 자유연상을 통해 아직 현실화되지 않은 미래의 모습을 상상한다.
ㄴ. 내면의 목소리에 귀를 기울이고, 자신에게 주어진 현재의 의미를 자문한다.
ㄷ. 과거·미래·현재라는 세 장의 사진을 놓고, 이들 간의 복잡한 관계를 탐구한다.
ㄹ. 자신의 실존적 경험을 회상하면서 기억을 확장하고, 과거의 경험을 상세히 묘사한다.

	(가)	(나)
①	ㄱ	ㄷ
②	ㄴ	ㄱ
③	ㄴ	ㄷ
④	ㄹ	ㄱ
⑤	ㄹ	ㄴ

11B   > 2007학년도 11번

<보기>에서 파이나(W. Pinar)에 의하여 1970년대부터 추진되어 온 교육과정 '재개념화'(reconceptualization)의 특징에 해당되는 사항들로만 묶인 것은?

<보기>
ㄱ. 교육과정의 이해보다 개발의 중요성 강조
ㄴ. 기술공학적 교육과정 연구의 필요성 정당화
ㄷ. 개인적 교육체험의 자서전적 서술 방법 도입
ㄹ. 역사적, 정치적, 심미적 텍스트로서의 교육과정 탐구

① ㄱ, ㄴ   ② ㄱ, ㄹ
③ ㄴ, ㄷ   ④ ㄷ, ㄹ

12

국가 교육과정(국가 수준의 교육과정 기준)의 장점과 단점을 한 가지씩 쓰고, 단위학교 수준에서의 학교 교육과정 편성·운영의 장점을 두 가지 서술하시오.

12A > 2002학년도 12번

제7차 교육과정에서는 단위학교에서 학교 교육과정을 편성·운영하도록 하고 있다. 이에 따라 변화될 학교 교육의 모습으로 가장 적절하지 않은 것은?

① 교육과정 전문가로서 교사의 역할이 강화된다.
② 학교의 특성을 충분히 살려 다양한 교육을 실천할 수 있다.
③ 교사, 교과서 중심의 교육이 학생, 교육과정 중심의 교육으로 전환하게 된다.
④ 학교는 국가 교육과정의 틀과 통제에서 벗어나 교육과정을 자율적으로 운영할 수 있다.

12B > 2002학년도 13번

우리나라에서 '시·도 교육청 교육과정 편성·운영지침' 작성권이 시·도 교육청에 부여된 시기는 언제부터인가?

① 제3차 교육과정기   ② 제4차 교육과정기
③ 제6차 교육과정기   ④ 제7차 교육과정기

12C > 2002학년도 14번

교육과정을 지방 자치적으로 운영하던 나라들이 국가 수준의 교육과정기준(National Standards) 또는 국가 교육과정(National Curriculum)을 채택하게 된 이유와 가장 거리가 먼 것은?

① 교사의 전문성과 자율성을 향상시킬 수 있다.
② 교육의 책무성 강화를 통해 국가 경쟁력을 높일 수 있다.
③ 지역 교육과정 개발을 위한 비용과 시간을 절감할 수 있다.
④ 학생의 거주지 이동에 관계없이 교육의 계속성을 보장할 수 있다.

13

아들러의 파이데이아 제안서(Paideia Proposal)의 등장 배경 및 파이데이아의 목표를 서술하시오.

13A
> 2010학년도 9번

1980년대 미국 교육과정에서 나타난, 주지주의 교육으로의 복고 경향과 관련이 깊은 것을 <보기>에서 모두 고른 것은?

―― 보기 ――
ㄱ. 환경 교육, 소비자 교육, 인권 교육 등의 새 프로그램 개발
ㄴ. 중핵교육과정(core curriculum)의 강조
ㄷ. 파이데이아 제안서(Paideia Proposal)의 발표
ㄹ. 조직화된 지식 습득과 지적 기능 계발의 강조

① ㄱ, ㄴ ② ㄱ, ㄹ ③ ㄷ, ㄹ
④ ㄱ, ㄴ, ㄷ ⑤ ㄴ, ㄷ, ㄹ

14

블룸(B. Bloom)의 인지적 영역 교육목표와 크래쓰월(D. Krathwohl)의 정의적 영역 교육목표의 분류 준거를 각각 쓰고, 인지적 영역이 교육목표 중 분석력과 종합력에 대해 설명하시오.

14A
> 2010학년도 10번

블룸(B. Bloom)의 인지적 영역 교육목표 분류와 크래쓰월(D. Krathwohl) 등의 정의적 영역 교육목표 분류에 대한 설명으로 적절하지 않은 것은?

① 인지적 영역 목표의 분류 준거는 복잡성이다.
② 하위수준의 인지능력은 상위수준의 인지능력을 성취하기 위한 선행조건이다.
③ 정의적 영역 목표는 위계적으로 구성되어 있다.
④ 정의적 영역 목표의 분류 준거는 다양성이다.
⑤ 정의적 영역 목표는 감수, 반응, 가치화, 조직화, 인격화이다.

15

다음은 교사들이 교육과정 설계에 관하여 문제를 제기한 것이다. 이를 해결하기 위해 (가)는 어떤 목표를 설정해야 하는지, (나)와 (다)는 어떤 조직 요소를 고려해야 하는지 쓰시오.

(가) 시 수업에서 학습 목표를 행동목표로 설정하기에는 행동목표가 너무 구체적이고 명세적이어서 문학의 의미를 가르치는 데 한계가 많다.

(나) 중학교 3년 동안 배워야 할 과목 수가 너무 많아 학생들의 학습 부담이 크다.

(다) 중학교 3학년과 고등학교 1학년 간의 교육내용 수준 차가 크다.

15A > 2011학년도 9번

다음은 교사들이 교육과정 설계에 관하여 문제를 제기한 것이다. 이를 해결하기 위한 가장 적합한 전략을 올바르게 짝지은 것은?

> 김 교사 | 시(詩) 수업에서의 행동목표는 너무 구체적이고 명세적이기 때문에 문학의 의미를 가르치는 데 많은 한계가 있다.
> 이 교사 | 중학교 3년 동안 배워야 할 교과목 수가 너무 많아 학생들의 학습 부담이 크다.
> 박 교사 | 어떤 교과목은 중학교 3학년과 고등학교 1학년 간의 교육내용 수준의 차가 크다.
> 최 교사 | 내가 가르치고 있는 교과목의 내용이 너무 분과적이고 중복이 심하다.

	김 교사	이 교사	박 교사	최 교사
①	학습과제 분석	계열(sequence) 조정	연계적 조직	통합
②	표현목표 설정	범위(scope) 조정	연계적 조직	통합
③	표현목표 설정	계열(sequence) 조정	중핵적 조직	압축
④	문제해결 목표설정	범위(scope) 조정	중핵적 조직	통합
⑤	문제해결 목표설정	계열(sequence) 조정	연계적 조직	압축

15B > 2004학년도 2번

관악기의 종류에 관한 음악과 수업계획안을 작성할 때, 범위(scope), 계열성(sequence), 중요성의 원리, 기회의 원리 등의 교육내용 선정·조직 준거 중 '범위'와 가장 관련이 깊은 것은?

① 학습자료들이 구비되어 있는지 확인한다.
② 본시의 수업내용이 전이가치가 높은지 검토한다.
③ 관악기의 종류 가운데 어떤 것까지 다룰 것인지 검토한다.
④ 음 높이의 순서로 제시할 것인지, 크기의 순서로 제시할 것인지 결정한다.

16
교육과정 내용 선정과 조직의 원리 중 '통합성(integration)'에 대해 설명하시오.

16A
> 2009학년도 10번

교육과정 내용 선정과 조직의 원리에서 '수평적 내용 조직'의 특징을 가장 잘 보여주는 것은?

① 고등학교 1학년에서는 국사 교과를, 2학년에서는 세계사 교과를 배울 수 있도록 조직한다.
② 중학교 도덕 교과에서 다루었던 전통 윤리의 내용을 고등학교 전통 윤리 교과에서 반복하여 제시한다.
③ 고등학교 수학 교과에서는 수학과 내용을, 사회 교과에서는 사회과 내용을 각각 독립적으로 다룬다.
④ 중학교 1학년에서 환경을 주제로 과학 교과 내용과 기술·가정 교과 내용을 서로 긴밀히 관련지어 조직한다.
⑤ 중학교 1학년 국어 교과에서 시의 운율을 배운 후에, 2학년에서는 시에서 화자의 역할을 배우도록 배열한다.

16B
> 2006학년도 3번

<보기>는 동물에 관한 학년별 교육내용을 배열한 예이다. 여기에 적용된 내용 조직 원리는?

―― 보기 ――
- 1학년 | 동물
- 2학년 | 포유류, 조류, 양서류, 어류
- 3학년 | 염소의 소화기관, 기러기의 사계절, 개구리의 겨울잠, 연어의 한살이

① 계열성, 계속성   ② 계열성, 의존성
③ 독립성, 계속성   ④ 통합성, 균형성

17

타일러(R. W. Tyler)의 교육과정 개발 모형의 장점과 단점을 두 가지씩 서술하시오.

17A
> 2008학년도 12번

타일러(R. W. Tyler)의 교육과정 개발 모형에 대한 비판으로 볼 수 없는 것은?

① 교육과정 개발을 지나치게 단순화해서 파악한다.
② 교육내용 선정에 대하여 직접적인 답을 제공하지 못한다.
③ 교육과정 개발에 개입되는 정치적 이해관계에 관심을 기울이지 않는다.
④ 학습경험의 조직을 지나치게 강조하여 교육목표의 효율적 달성을 소홀히 다룬다.

17B
> 2007학년도 12번

<보기>의 진술 중, 타일러(R. Tyler)가 『교육과정과 수업의 기본원리』(1949)에서 제시한 교육목표에 관한 주장들로만 묶인 것은?

보기
ㄱ. 교육목표에 기초하여 교육경험(학습경험)을 선정, 조직해야 한다.
ㄴ. 교육목표는 인지적 영역, 정의적 영역, 심동적 영역으로 구분되어야 한다.
ㄷ. 타당한 교육목표 설정을 위해서 계속성, 계열성, 통합성의 원리를 준수해야 한다.
ㄹ. 교육목표에는 학생이 성취해야 할 행동, 그리고 삶의 내용 또는 영역이 포함되어야 한다.

① ㄱ, ㄴ
② ㄱ, ㄹ
③ ㄴ, ㄷ
④ ㄷ, ㄹ

18

워커(D. Walker)의 교육과정 개발 모형에 대한 절차를 쓰고, 그중 두 번째 단계에 대해 설명하시오.

18A
> 2009학년도 9번

타일러(R. Tyler)의 교육과정 개발 모형과 워커(D. Walker)의 교육과정 개발 모형을 각각 가장 적절하게 설명한 것은?

타일러 모형	워커 모형
① 처방을 내리기 전에 교육 현장에 있는 참여자들의 의견을 수렴한다.	참여자들의 의견을 수렴하기 전에 개발의 순서와 절차를 처방한다.
② 사회, 학습자 및 교과의 필요를 계획적으로 조사하여 교육목표를 미리 설정한다.	실제 상황 속에서 참여자들의 논의를 거쳐 최선의 대안을 자연스럽게 구체화한다.
③ 교육과정 개발은 목표 설정에서 결과 도출에 이르기까지 순환하는 공학적 과정이다.	교육과정 개발은 참여자의 교육적 상상력이 발휘되어 의미가 재구성되는 예술적 과정이다.
④ 교육과정 개발은 참여자들의 다양한 이해관계가 교차하는 정치적 과정이다.	교육과정 개발은 현실에 대한 다양한 시각을 표현하는 미학적 과정이다.
⑤ 교육과정 개발의 계획, 과정 및 결과에 도덕적 고려가 포함되어야 한다.	교육과정 개발 과정에서 생길 수 있는 가치 문제를 의도적으로 배제한다.

18B
> 2006학년도 4번

교육과정 학자와 그의 업적이 잘못 연결된 것은?

① 타바(H. Taba): 귀납적 탐구 과정과 교육과정 개발에서 교사의 역할을 강조하였으며, 사회과의 '단원' 구성법을 제시하였다.

② 보빗(F. Bobbitt): 과학적 관리에 기초한 활동 분석법을 활용하여 교육목표를 설정하였고, 전문가에 의한 교육과정 개발을 강조하였다.

③ 워커(D. Walker): 교육 수요자의 요구 분석에 기초하여 교육목표를 설정하고, 체계적 절차를 따르는 교육과정 개발 모형을 제안하였다.

④ 스펜서(H. Spencer): 근대 과학의 연구 성과를 교육과정 논의에 적용하였고, 실생활을 향상시키는 데 기여하는 지식의 우선순위를 정하였다.

19

타바(H. Taba)의 교육과정 개발 모형이 귀납적이고 역동적인 이유를 서술하시오.

19A
> 2010학년도 11번

타바(H. Taba)의 교육과정 개발 모형에 대해 바르게 설명한 것을 <보기>에서 모두 고른 것은?

───── 보기 ─────
ㄱ. 귀납적 접근 방법을 사용하였다.
ㄴ. 요구 진단 단계를 설정하였다.
ㄷ. 내용과 학습경험을 구별하여 개발 단계를 설정하였다.
ㄹ. 반응평가모형을 제안하였다.

① ㄱ, ㄷ   ② ㄱ, ㄹ   ③ ㄴ, ㄹ
④ ㄱ, ㄴ, ㄷ   ⑤ ㄴ, ㄷ, ㄹ

20

위긴스와 맥타이(G. Wiggins & J. McTighe)의 백워드 설계(Backward Design)에서 학교 교육의 목표가 되는 여섯 가지 이해의 측면을 쓰고, 가장 낮은 수준의 이해와 가장 높은 수준의 이해에 대해 설명하시오.

20A
> 2012학년도 9번

<보기>는 위긴스와 맥타이(G. Wiggins & J. McTighe)의 백워드 설계(Backward Design)에서 학교 교육의 목표가 되는 6가지 이해에 관한 진술이다. (가) 가장 낮은 수준의 이해와 (나) 가장 높은 수준의 이해를 바르게 짝지은 것은?

───── 보기 ─────
ㄱ. 비판적이고 통찰력 있는 견해(관점)
ㄴ. 의미를 제공하는 서술이나 번역(해석)
ㄷ. 타인의 감정과 세계관을 수용할 수 있는 능력(공감)
ㄹ. 지식을 새로운 상황이나 다양한 맥락에 효과적으로 사용하는 능력(적용)
ㅁ. 사건과 아이디어들을 '왜' 그리고 '어떻게'를 중심으로 서술하는 능력(설명)
ㅂ. 자신의 무지를 아는 지혜 혹은 자신의 사고와 행위를 반성할 수 있는 능력(자기지식)

	(가)	(나)
①	ㄴ	ㄱ
②	ㄴ	ㄷ
③	ㄹ	ㅂ
④	ㅁ	ㄷ
⑤	ㅁ	ㅂ

21

스킬벡(M. Skilbeck)의 학교중심 교육과정 개발모형(SBCD)의 특징과 개발 단계를 쓰고, 첫 번째 단계에서 하는 일을 서술하시오.

21A
> 2013학년도 10번

다음은 스킬벡(M. Skilbeck)의 모형(SBCD)에 따른 학교 교육과정 개발의 단계와 내용이다. (가)~(다)에 대한 설명으로 옳은 것만을 <보기>에서 있는 대로 고른 것은?

단계	내용
상황 분석	(가)
목표 설정	• 교육과정 운영 목표 설정 - 전년 대비 학업 성취도 2% 향상 (하략)
프로그램 구성	(나)
(다)	• 변화된 교육과정에 따라 야기되는 문제점 예측 - 교과교실제 확대에 따른 교실 2개 부족 (하략)
모니터링, 피드백, 평가, 재구성	• 모니터링 및 평가 체제 설계 - 교육과정 평가 일정 준비 (하략)

─ 보기 ─

ㄱ. (가)에서는 교육정책과 학교풍토에 대한 분석이 이루어진다.
ㄴ. (나)에서는 교수·학습 활동에 대한 설계가 이루어진다.
ㄷ. (나)에서는 교사배제 교육과정(teacher-proof curriculum)의 아이디어를 실현하기 위한 활동이 수행된다.
ㄹ. (다)는 '해석과 실행' 단계에 해당한다.

① ㄱ, ㄴ ② ㄱ, ㄴ ③ ㄴ, ㄹ
④ ㄱ, ㄴ, ㄹ ⑤ ㄴ, ㄷ, ㄹ

CHAPTER 2 교육행정

- **교육행정의 이해**   교육행정의 기초(개념, 성격, 원리) | 교육행정의 발달과정
- **학교조직행동론**   동기이론 | 학교조직론 | 지도성이론
- **중앙 및 지방 교육행정**   교원인사 | 장학 | 교육자치 | 교육기획 | 교육재정 | 교육정책
- **학교학급 경영 실무**   교무분장과 업무 | 학교경영 | 학급경영의 실무
- **교육법**   교사의 자질, 역할, 교직관 | 교원의 권리와 의무 | 학생의 권리와 의무

01
조건정비론에 근거하여 교육과 교육행정의 관계를 설명하시오.

01A
> 2007학년도 45번

<보기>의 진술 내용과 가장 관련이 많은 교육행정에 대한 관점은?

보기
- 교육행정은 교육자와 학생 간에 이루어지는 교육활동을 지원하기 위한 보조적 활동이다.
- 교육행정은 근본적으로 교육의 기본 목표를 보다 능률적으로 달성토록 하기 위한 일련의 지원활동이다.
- 교육행정은 그 자체에 목적이 있는 것이 아니라 교수·학습을 통해 교육목표를 달성하도록 돕는 수단이다.

① 행정과정론   ② 조건정비론
③ 협동행위론   ④ 사회과정론

02
인간관계론에 근거하여 운영되는 학교의 모습을 서술하시오.

02A
> 2010학년도 35번

다음은 어떤 교육행정 이론에 대한 설명이다. 이 이론을 적용한 학교 행정의 특징으로 옳은 것을 <보기>에서 모두 고른 것은?

- 교육행정의 민주화에 공헌하였다.
- 비공식 집단의 중요성을 강조한다.
- 인간은 경제적 유인보다는 사회적·심리적 요인으로 동기 유발된다.

보기
ㄱ. 조직 구성원 간의 권위의 위계가 명확하다.
ㄴ. 동료 교사 간의 인간관계와 교사의 개인적 사정에 대한 배려를 중시한다.
ㄷ. 교사와 행정직원의 역할 구분이 명확하여 교사는 가르치는 일에 전념한다.
ㄹ. 교장은 의사결정 과정에 교사 친목회, 교사 동호회의 의견을 반영한다.
ㅁ. 교원 평가 결과를 바탕으로 성과 상여금을 지급한다.

① ㄱ, ㄷ   ② ㄱ, ㅁ   ③ ㄴ, ㄹ
④ ㄱ, ㄷ, ㄹ   ⑤ ㄴ, ㄹ, ㅁ

03

교육행정 이론에서 과학적 관리론과 인간관계론을 비교하여 서술하시오.

03A
> 2012학년도 38번

교육행정 이론에서 과학적 관리론과 인간관계론의 공통점으로 옳은 것만을 <보기>에서 있는 대로 고른 것은?

― 보기 ―

ㄱ. 공식 조직보다 비공식 조직의 중요성을 더 강조한다.
ㄴ. 조직 외부 환경과의 상호작용보다 조직 내부 문제에 더 관심을 갖는다.
ㄷ. 구성원의 동기 유발을 위해 사회·심리적 보상보다 경제적 보상을 더 강조한다.

① ㄱ　　② ㄴ　　③ ㄱ, ㄷ
④ ㄴ, ㄷ　　⑤ ㄱ, ㄴ, ㄷ

03B
> 2011학년도 35번

<보기>의 내용을 교육행정 이론의 시대적 변천순으로 올바르게 배열한 것은?

― 보기 ―

ㄱ. 효과적인 의사결정을 위해 제한된 합리성을 토대로 하는 행정적 인간형이 필요하다는 주장과 더불어 교육행정의 이론화에 크게 영향을 주었다.
ㄴ. 교직원들의 사회적·심리적 여건과 비공식 집단의 사회 규범이 생산성에 중요하게 영향을 미친다는 주장과 더불어 교육행정의 민주화에 크게 공헌하였다.
ㄷ. 작업 과정의 표준화를 통해 교직원의 작업 능률을 최대한 유지하면서 학교의 비효율과 낭비를 제거하여야 한다는 주장과 더불어 교육행정의 효율화를 극대화하였다.

① ㄱ→ㄴ→ㄷ　　② ㄱ→ㄷ→ㄴ
③ ㄴ→ㄱ→ㄷ　　④ ㄷ→ㄱ→ㄴ
⑤ ㄷ→ㄴ→ㄱ

03C
> 2006학년도 38번

테일러(F. W. Taylor)의 과학적 관리론을 따르거나 중시하는 학교관리자가 취할 가능성이 가장 높은 행동 특성은?

① 학교관리에 있어 비용 – 편익의 효율성을 강조한다.
② 학교 구성원간의 사회·심리적 관계를 우선시한다.
③ 학교운영에 관한 모든 일을 교사 및 학생들과 긴밀하게 협의하여 결정한다.
④ 교사의 교육 전문성을 중시하기 때문에 일반 관리업무와 사무에도 교사를 적극 활용한다.

04
아담스(J. S. Adams)의 공정성 이론에 대해 설명하고, 이 이론에 입각하여 동기 유발 방안을 서술하시오.

04A > 2008학년도 46번
동기부여에 관한 아담스(J. S. Adams)의 '공정성 이론'에서 가장 중시하는 인간의 욕구는?

① 정서적 유대를 위한 소속의 욕구
② 타인과의 비교를 통한 형평의 욕구
③ 기본적 생존을 위한 생물학적 욕구
④ 조직의 목표 설정에 대한 참여의 욕구

05
허즈버그(Herzberg)의 동기위생이론에 입각하여 동기 유발 요인을 직무 만족에 기여하는 요인과 직무 불만족에 기여하는 요인으로 나누어 설명하고, 이 이론에 근거하여 교사의 직무만족감을 증진하는 방안을 서술하시오.

05A > 2012학년도 40번
다음은 어떤 이론을 학교에 적용한 내용이다. 이 내용에 가장 부합하는 (가) 이론과 (나) 제도를 바르게 짝지은 것은?

- 교사가 더 큰 내적 만족을 얻을 수 있도록 직무를 재설계하는 방법을 모색한다.
- 교사의 동기는 보수 수준이나 근무 조건의 개선보다 가르치는 일 그 자체의 성취감 등을 통해 더욱 강화된다.
- 교사에게 직무 수행상의 책임을 증가시키고, 자신의 능력을 발휘할 수 있도록 기회와 재량권을 부여하여 심리적 보상을 얻게 한다.

	(가)	(나)
①	공정성이론	학습연구년제
②	공정성이론	수석교사제
③	목표설정이론	교원성과급제
④	동기위생이론	수석교사제
⑤	동기위생이론	교원성과급제

05B > 2002학년도 52번
허즈버그(Herzberg)의 동기위생이론에 비추어볼 때, 충족되는 경우에 교사의 직무만족감 증진에 가장 크게 기여하는 것은?

① 보수
② 근무조건
③ 학생의 존경
④ 동료와의 관계

06

칼슨(R. Carlson)의 조직 모형에서 조직 유형을 분류하는 기준과 그에 따른 조직 유형 네 가지를 쓰고, 그중 온상조직(사육조직)에 대해 예를 들어 설명하시오.

06A
> 2011학년도 39번

다음의 칼슨(R. Carlson) 모형을 적용할 때, 우리나라 평준화 지역에서의 교육정책 예시 중 Ⅱ 또는 Ⅳ 영역에서 Ⅰ 영역으로 전환한 경우에 해당하는 것은?

	고객의 참여 선택권	
	유	무
조직의 고객 선발권 유	Ⅰ 영역	Ⅲ 영역
조직의 고객 선발권 무	Ⅱ 영역	Ⅳ 영역

① 사립중학교에서 공립중학교로 전환
② 사립중학교에서 사립 일반계고등학교로 전환
③ 특성화고등학교에서 공립 일반계고등학교로 전환
④ 사립 일반계고등학교에서 자립형사립고등학교로 전환
⑤ 사립 일반계고등학교에서 공립 일반계고등학교로 전환

06B
> 2003학년도 56번

고교평준화 지역의 공립 고등학교를 가장 잘 나타내고 있는 칼슨(Carlson)의 조직 유형은?

① 야생 조직(wild organization)
② 강압 조직(coercive organization)
③ 적응 조직(adaptive organization)
④ 온상 조직(domesticated organization)

07

코헨(M. Cohen)의 주장에 근거해 학교조직의 특성을 서술하시오.

07A > 2010학년도 37번

학교조직에 대한 학자들의 설명으로 옳지 않은 것은?

① 코헨(M. Cohen) 등에 의하면, 학교는 구성원들의 참여가 고정적이고 조직의 목표와 기술이 명확한 조직이다.

② 민츠버그(H. Mintzberg)에 의하면, 학교는 전문적 성격이 강하지만 관료적 성격도 동시에 지니는 전문적 관료제 조직이다.

③ 에치오니(A. Etzioni)의 순응에 기반한 조직 분류에 의하면, 학교는 규범적 권력을 사용하여 구성원들의 높은 헌신적 참여를 유도하는 규범 조직이다.

④ 파슨스(T. Parsons)의 사회적 기능에 따른 조직 분류에 의하면, 학교는 유형유지 조직에 속하며 체제의 문화를 유지하고 새롭게 하는 기능을 수행한다.

⑤ 와익(K. Weick)에 의하면, 학교는 조직 구조 연결이 자체의 정체성과 독립성을 가지고 있어서 다른 조직에 비해서 구조적으로 느슨하게 결합되어 있는 조직이다.

07B > 2003학년도 55번

코헨과 마치(Cohen & March)가 주장한 교육조직의 '조직화된 무질서(organized anarchy)'의 특징과 관련이 가장 적은 것은?

① 학교 구성원들의 참여가 유동적이고 간헐적이다.

② 교육조직의 목적은 구체적이지도 명료하지도 않다.

③ 학교의 각 하위 체제들은 수직적인 위계 특성을 지니고 있다.

④ 학교운영 기술뿐만 아니라 교수·학습 기술이 분명하지 않다.

08

학교조직의 이완조직적 특성의 개념을 설명하고 장점을 서술하시오.

08A
> 2007학년도 47번

<보기>에 제시된 특징과 가장 관련이 많은 학교조직에 대한 관점은?

보기
- 학교 구성원들에게 더 많은 자유재량과 자기결정권을 부여한다.
- 각 부서 및 학년 조직의 국지적(局地的) 적응을 허용하고 인정한다.
- 환경 변화에 적응하기 위해 학교조직에서 이질적인 요소들이 공하는 것을 허용한다.

① 관료제(bureaucracy)
② 이완조직(loosely coupled system)
③ 사육조직(domesticated organization)
④ 조직화된 무질서(organized anarchy)

08B
> 2004학년도 52번

학교조직이 관료제적 특성을 지니고 있다는 설명과 가장 거리가 먼 것은?

① 학교조직에는 직제상 명확하고 엄격한 권위의 위계가 있다.
② 학교는 효율적인 교육을 위해 전문화와 분업의 체제를 갖추고 있다.
③ 학교는 독립된 조직단위로 운영되고, 교사의 주요 교육 활동은 교실에서 이루어진다.
④ 학교조직은 교직원의 행동을 일관되게 통제하기 위하여 규칙과 규정을 제정·활용한다.

08C
> 2003학년도 52번

<보기>에서 학교조직의 전문지향적 특성을 모두 고른 것은?

보기

| 가. 계층 구조 | 나. 고객 봉사 |
| 다. 전문적 지식 | 라. 의사결정의 자율성 |

① 가, 나　　　② 나, 다
③ 가, 나, 다　④ 나, 다, 라

08D
> 2002학년도 57번

민츠버그(Mintzberg)의 조직이론에 비추어 볼 때, 다음과 같은 특성을 보이는 학교의 조직 형태는?

학교장은 민주적인 방식으로 학교를 운영하고 있으며, 교직원들은 교육과정 운영 및 제반 학교운영 관련 업무를 권한과 책임을 가지고 처리하고 있다.

① 단순구조　　　② 임시조직
③ 전문적 관료제　④ 기계적 관료제

09

다음 김 교장이 추구하는 학교조직풍토 유형을 핼핀(A. Halpin)과 크로프트(D. Croft)의 관점에서 설명하시오.

> 김 교장 | 새로운 학교에 부임한 지도 어느덧 한 학기가 지났네. 그동안 살펴본 우리 학교의 조직풍토는 전체적으로 무기력하다는 생각이 많이 들어. 과업 수행에 대한 의지가 보이지 않고 구성원들이 목표에 대해 무감각해. 그리고 선생님들끼리 사회적 교류도 많이 없고 서로 친하지 않아 보여. 앞으로 우리 학교의 조직풍토를 어떻게 만들어가면 좋을까? 선생님들이 학교의 목표에 대해서 좀 더 추진력을 가지도록 하고, 선생님들끼리의 친밀성과 인화도 어느 정도 이루어지면 좋겠는데…

09A   > 2007학년도 44번

핼핀(A. Halpin)과 크로프트(D. Croft)는 교장과 교사의 행동 특성을 결합하여 학교조직풍토 유형을 여섯 가지로 제시하였다. 다음은 어느 유형에 가장 가까운 설명인가?

> 교사들의 사기와 교장의 추진력 지수는 높고, 방관(disengagement), 방해(hindrance) 등의 지수는 낮으며, 친밀성과 인화(consideration) 지수는 보통 수준을 유지한다. 교장은 매사에 융통성을 보이며, 교사들이 자발적으로 협동하면서 만족감을 갖고 어려움을 극복하도록 격려한다.

① 개방적 풍토(open climate)
② 친교적 풍토(familiar climate)
③ 친권적 풍토(paternal climate)
④ 자율적 풍토(autonomous climate)

10

다음 송 장학사의 진술에서 피들러(F. Fiedler)의 상황적 지도성 모형에 근거할 때 ㉠, ㉡, ㉢이 각각 어떤 상황 요소에 해당하는지 서술하시오.

> 송 장학사는 A중학교의 학교경영 컨설팅 의뢰에 따라 학교를 방문하여 학교 현장을 분석하고 그 결과를 다음과 같이 진술하였다. A중학교는 ㉠ 교장과 교사가 서로 신뢰하며 존중하고 있었다. 교사들은 교육에 대한 열의가 높았고, 업무 능력도 탁월했다. 또한 교사들의 관계도 좋은 편이었다. ㉡ 교사들이 학교에서 하는 업무들은 구조화, 체계화되어 있었고, ㉢ 교장이 교사들에게 행사할 수 있는 지위권력 수준은 낮은 편이었다.

10A   > 2013학년도 40번

다음 송 장학사의 진술에서 피들러(F. Fiedler)의 상황적 지도성 모형에 근거할 때, '상황' 요소에 해당하는 내용으로 옳은 것만을 있는 대로 고른 것은?

> 송 장학사는 A중학교의 학교경영 컨설팅 의뢰에 따라 학교를 방문하여 학교 현장을 분석하고 그 결과를 다음과 같이 진술하였다. A중학교는 ㉠ 교장과 교사가 서로 신뢰하며 존중하고 있었다. ㉡ 교사들은 교육에 대한 열의가 높았고, 업무능력도 탁월했다. 또한 ㉢ 교사들의 관계도 좋은 편이었다. ㉣ 교사들이 학교에서 하는 업무들은 구조화·체계화되어 있었고, ㉤ 교장이 교사들에게 행사할 수 있는 지위권력 수준은 낮은 편이었다.

① ㉠, ㉣, ㉤
② ㉡, ㉢, ㉣
③ ㉢, ㉣, ㉤
④ ㉠, ㉡, ㉣, ㉤
⑤ ㉠, ㉡, ㉢, ㉤

11

허시(P. Hersey)와 블랜차드(K. H. Blanchard)의 지도성 이론에서 중요하게 생각하는 상황요인이 무엇인지 설명하고, 이 이론에 근거하여 한 학교의 교사들이 능력은 우수하나 직무 동기가 낮은 경우 교장이 어떤 지도성을 발휘해야 하는지 쓰시오.

11A

> 2008학년도 50번

다음은 허시(P. Hersey)와 블랜차드(K. H. Blanchard)의 '상황적 지도성 이론'에 관한 모형이다. 이 모형을 학교의 교원 조직에 적용하여 가장 잘 해석한 것은?

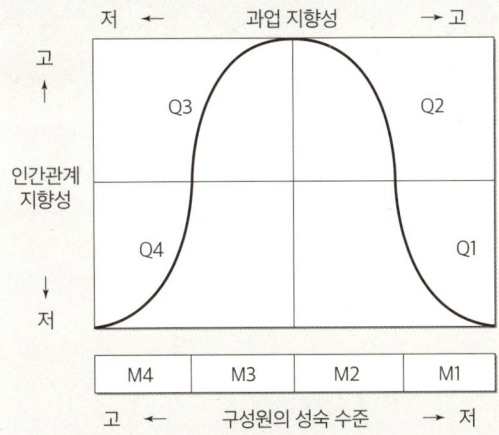

① 교사들의 성숙 수준이 M1이나 M4에 있을 때 교장의 지도력 효과는 가장 낮다.
② 교사들이 의욕과 능력 가운데 어느 하나가 저조하면 교장은 Q1 또는 Q4의 지도력을 보이는 것이 좋다.
③ 교사들의 성숙 수준이 향상될수록 교장은 과업 지향성을 점점 낮추어가는 지도력을 발휘하는 것이 좋다.
④ 교장이 과업 지향성을 중간 정도로, 인간관계 지향성을 최고로 지닐 때, 교사들의 성숙 수준은 정점에 이른다.

12

초우량 지도성의 개념을 설명하고, 초우량 지도성을 발휘하는 학교장의 모습을 서술하시오.

12A

> 2011학년도 40번

다음 특징을 가진 학교장의 지도성 이론으로 가장 적절한 것은?

- 학교조직 내의 모든 교원을 각각 지도자로 성장시킨다.
- 교원들이 자신을 스스로 이끌 수 있는 능력을 개발하도록 한다.
- 교원들이 자율적으로 팀을 형성하고 협력적으로 직무를 수행할 수 있는 조직문화를 만든다.

① 교환적 지도성
② 과업지향 지도성
③ 관계지향 지도성
④ 초우량(super) 지도성
⑤ 카리스마적(charismatic) 지도성

13

변혁적 지도성의 특징을 거래적 지도성과 대비하여 설명하고, 학급 담임의 관점에서 변혁적 지도성을 발휘하는 방법을 서술하시오.

13A
> 2012학년도 36번

지도성 이론에 관한 설명으로 옳지 않은 것은?

① 분산적 지도성(distributed leadership): 인간관계, 동기화 능력 등을 강조하고, 참여적 의사결정을 통해 구성원의 사기를 높인다.

② 변혁적 지도성(transformational leadership): 구성원의 개인적 성장에 관심을 보이며, 비전을 공유하고 지적 자극을 촉진한다.

③ 초우량 지도성(super leadership): 지도자의 특성이나 능력보다 구성원 스스로가 지도자로서의 능력을 계발하고 활용할 수 있도록 한다.

④ 카리스마적 지도성(charismatic leadership): 지도자의 비범한 능력과 개인적 매력 등을 통해 구성원의 헌신적 복종과 충성을 이끌어낸다.

⑤ 문화적 지도성(cultural leadership): 가치와 의미 추구 욕구를 만족시킴으로써 구성원을 조직의 주인으로 만들고 조직의 제도적 통합을 가능하게 한다.

13B
> 2005학년도 44번

다음에 제시된 A교장의 지도성 행위를 가장 잘 설명해 주는 이론은?

- 교사들에게 학교경영의 비전을 제시하고 사명감을 고취시킨다.
- 교사 개인의 능력, 배경, 필요에 대해 민감하고 세심한 관심을 기울인다.
- 일상적 수업, 생활지도, 학급경영의 의미를 새롭게 해석해 보도록 지적으로 자극한다.
- 근무평정과 성과급 등 보상을 통한 교환관계를 초월하여 인격적 감화를 통해 영향력을 행사한다.

① 지도자 특성이론 ② 지도성 행위이론
③ 상황적 지도성이론 ④ 변혁적 지도성이론

14

다음 대화에서 박 교사가 언급하는 장학지도 유형이 무엇인지 쓰고 그 장학 유형의 한계를 쓰시오. 그리고 이 교사가 언급하는 장학지도의 원리를 세 가지 이상 쓰시오.

> 박 교사 | 이 선생님, 저는 이제 중견교사가 되고 보니 그동안의 노력과 경험으로 수업에 대한 자신감이 생기긴 했어요. 그래도 더 좋은 수업을 위해 제가 필요하다고 생각하면 대학원에도 다니고 각종 연수에도 적극 참여하려고 합니다.
>
> 이 교사 | 부족한 부분을 채워야겠다는 자발적 의지가 중요해요. 학교에서 일상적으로 이루어지는 장학 활동보다는 내가 모르는 것을 교내, 외의 유능한 전문가에게 의뢰하고 체계적인 도움을 받았으면 해요. 때로는 누군가가 전문가를 소개해 주었으면 해요.

14A > 2012학년도 37번

다음의 대화에서 세 교사가 언급하고 있는 장학지도 유형을 가장 바르게 짝지은 것은?

> 김 교사 | 금년에 발령받은 최 교사는 수업의 질이 낮아 학생과 학부모의 불만이 많습니다. 그의 수업 전문성을 향상시키기 위해서는 전문성을 갖춘 교내 교원의 개별적 도움이 필요합니다. 최 교사의 수업을 함께 계획하고, 실제 수업을 관찰, 분석, 피드백 해줄 필요가 있습니다.
>
> 박 교사 | 김 선생님, 저도 초임 때는 그런 경험이 있었어요. 이제 중견교사가 되고 보니 그동안의 노력과 경험으로 수업에 대한 자신감이 생기긴 했어요. 그래도 더 좋은 수업을 위해 제가 필요하다고 생각하면 대학원에도 다니고 각종 연수에도 적극 참여하려고 합니다.
>
> 이 교사 | 부족한 부분을 채워야 하겠다는 자발적 의지가 중요해요. 학교에서 일상적으로 이루어지는 장학 활동보다는 내가 모르는 것을 교내·외의 유능한 전문가에게 의뢰하고 체계적인 도움을 받았으면 해요. 때로는 누군가가 전문가를 소개해 주었으면 해요.

	김 교사	박 교사	이 교사
①	동료장학	자기장학	약식장학
②	동료장학	요청장학	컨설팅장학
③	임상장학	자기장학	컨설팅장학
④	임상장학	동료장학	자기장학
⑤	요청장학	약식장학	자기장학

14B > 2007학년도 49번

<보기>의 설명과 가장 가까운 교내자율장학의 유형은?

> 보기
> - 교장이나 교감이 학교 교육 전반의 정보를 파악하는 데에 도움이 된다.
> - 교장이나 교감이 간헐적으로 학급을 순시하거나 수업을 참관하는 것이다.
> - 교장이나 교감이 교사들의 평상시 수업 및 학급경영 활동을 관찰하고 지도·조언한다.

① 약식장학 ② 동료장학
③ 수업장학 ④ 자기장학

14C > 2005학년도 45번

장학에 대한 설명으로 가장 적절한 것은?

① 임상장학은 학교가 직면하고 있는 문제에 대한 전문적 진단과 처방에 초점을 둔다.
② 장학은 크게 보아 관리장학 - 협동장학 - 수업장학 - 발달장학으로 개념이 변해 왔다.
③ 우리나라에서는 장학과업이 수준별로 전문화되어 체계적 장학활동이 이루어지고 있다.
④ 우리나라에서는 엄격한 훈련과 자격제도로 장학 전문직(장학사·장학관 등)을 양성하고 있다.

15

호이와 타터(W. K. Hoy & C. J. Tarter)의 의사결정 모형에 의할 때 다음과 같은 경우 학교장의 역할이 무엇인지 쓰시오.

- 구성원이 관련성과 전문성을 갖춤
- 민주적 상황
- 집단합의에 의한 의사결정 구조

15A

> 2009학년도 39번

다음 그림은 호이와 타터(W. K. Hoy & C. J. Tarter)가 제시한 참여적 의사결정의 규범 모형이다. 이 모형에서 교장은 특정 사안에 대한 교사의 관련성과 전문성을 확인하여 해당 교사가 속한 수용영역(zone of acceptance)을 판단하며, 이에 따라 의사결정에 대한 교사의 참여 정도를 다양하게 결정한다. ㉠, ㉡, ㉢의 경우에 해당하는 학교장의 역할이 바르게 나열된 것은?

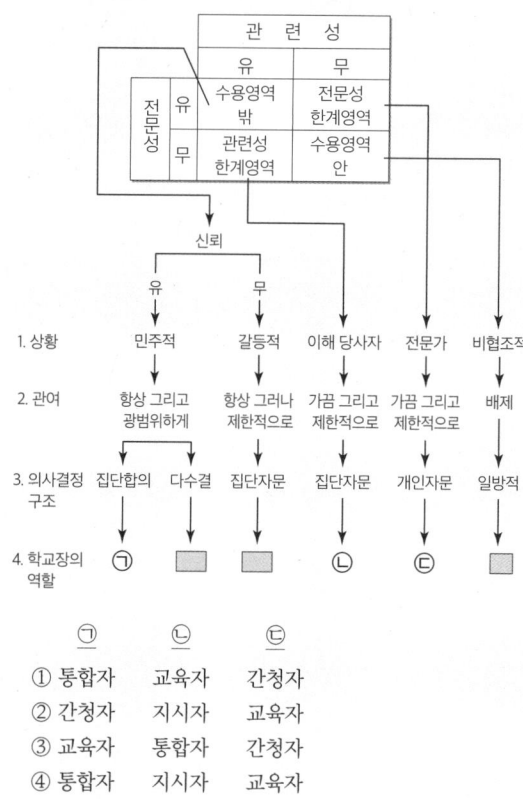

	㉠	㉡	㉢
①	통합자	교육자	간청자
②	간청자	지시자	교육자
③	교육자	통합자	간청자
④	통합자	지시자	교육자
⑤	간청자	통합자	지시자

16

교육정책 결정 모형 중 점증모형과 혼합모형의 개념과 장단점을 설명하시오.

16A > 2013학년도 35번

교육정책 결정 모형에 대한 설명으로 옳은 것만을 <보기>에서 있는 대로 고른 것은?

보기

ㄱ. 쓰레기통모형(garbage-can model)은 조직화된 무질서(organized anarchies) 상태에서 정책 결정이 우발성에 기초하여 이루어지고 있음을 강조한 모형이다.
ㄴ. 점증모형(incremental model)은 합리모형의 비현실성을 극복하기 위해 제안된 것으로, 기존의 정책 틀을 기반으로 하여 현재보다 다소 개선된 수준의 대안을 선택해 나가는 모형이다.
ㄷ. 최적모형(optimal model)은 정책 결정이 합리성에만 근거해서 이루어지는 것은 아니며, 때때로 직관 등 초합리성이 개입되어 이루어짐을 주장한 모형이다.
ㄹ. 혼합모형(mixed-scanning model)은 정책 결정을 기본적인 결정과 세부적인 결정으로 나누고 전자는 합리모형을, 후자는 만족모형을 활용하는 모형이다.

① ㄱ, ㄷ   ② ㄱ, ㄴ, ㄷ   ③ ㄱ, ㄴ, ㄹ
④ ㄴ, ㄷ, ㄹ   ⑤ ㄱ, ㄴ, ㄷ, ㄹ

17

조직화된 무질서 조직의 개념을 설명하고, 조직화된 무질서 조직이라는 학교 특성에서 나타나는 특이한 의사결정 모형의 유형을 설명하시오.

17A
> 2005학년도 50번

다음과 같은 과정을 거쳐 교원양성체제가 개편된다고 가정할 때, 이러한 정책결정과 관련된 설명으로 가장 적절한 것은?

- 사범대 가산점 위헌결정 후속조치 계획수립
- 교원양성체제 개편 추진단 구성 운영
- 정책연구 위탁
- 관련기관 대표 및 외부기관 의견 수렴
- 교원양성체제 개편 방안(시안)의 발표
- 공청회를 통한 여론 수렴
- 최종안 확정

① 정치적 속성보다 비정치적 속성이 강하게 나타난다.
② 문제해결 혹은 타협점을 찾는 과정에서 정책이 형성되는 경향이 있다.
③ 전문가 집단과 다양한 이해집단의 민감한 반응은 정책결정의 합리성 촉진요인이 된다.
④ 사회적으로 민감하고 이해관계가 복잡한 사안은 점증모형보다 합리모형에 의해 정책이 결정될 가능성이 높다.

17B
> 2004학년도 53번

다음에 해당하는 의사결정의 관점으로 가장 적절한 것은?

- 의사결정을 이성적 판단보다는 관련 당사자간의 논의를 통한 합의의 결과로 본다.
- 관료제적 조직보다는 의사결정 관련자의 능력과 자율이 인정되는 전문직 조직에 더 적합하다.

① 우연적 관점　　② 정치적 관점
③ 참여적 관점　　④ 합리적 관점

17C
> 2004학년도 56번

다음은 타인과 의사소통을 할 때 영향을 주는 네 가지 유형의 정보를 나타내는 '조하리 창'(Johari window)이다.

	자신에 관한 정보가 자신에게 알려짐.	자신에 관한 정보가 자신에게 알려지지 않음.
자신에 관한 정보가 타인에게 알려짐.	I 영역	II 영역
자신에 관한 정보가 타인에게 알려지지 않음.	III 영역	IV 영역

'조하리 창'에서 <보기>의 교사가 속한 영역은?

보기
- 자기 이야기는 많이 하면서 상대방의 이야기에는 귀를 기울이지 않는다.
- 인간관계 개선을 위하여 다른 사람들로 하여금 자신에 대한 생각과 감정을 노출시키도록 격려할 필요가 있다.

① I 영역　　② II 영역
③ III 영역　　④ IV 영역

18
다음과 같은 특징을 가지는 제도의 명칭을 쓰시오.

- 시·도 수준의 광역 단위에서 시행된다.
- 교육감은 교육규칙을 제정한다.

18A > 2006학년도 37번
현행 지방교육자치제도의 특징을 기술한 내용으로 적절한 것은?

① 합의제 집행기관으로 교육위원회를 두고 있다.
② 학교자치 차원에서 단위학교 교무회의를 법제화하고 있다.
③ 지방자치와는 달리 시·도 수준의 광역(廣域) 단위에서만 시행하고 있다.
④ 교육감 선거에서는 입후보자의 자격 제한을 두지 않는다.

18B > 2004학년도 57번
현행 지방교육자치제도에 대한 설명으로 옳은 것은?

① 교육감은 교육규칙을 제정한다.
② 시·도와 시·군·구에 교육위원회를 둔다.
③ 교육위원회에서 예산안 및 결산을 최종 심의·의결한다.
④ 교육감은 교육 또는 교육행정 경력이 10년 이상 있는 자이어야 한다.

19
학교단위(단위학교) 책임경영 제도의 개념과 이 제도의 실행 방안에 대해 서술하시오.

19A > 2009학년도 35번
현행 우리나라의 학교단위 책임경영 제도에 대한 설명으로 옳은 것을 <보기>에서 모두 고른 것은?

보기
ㄱ. 단위학교의 자율성·창의성·책무성을 강조한다.
ㄴ. 학교운영위원회를 설치하여 단위학교 내 의사결정의 분권화를 추구하고 있다.
ㄷ. 단위학교 예산은 예산과목인 '장·관·항·세항·목'으로 편성·집행되는 예산방식을 취한다.
ㄹ. 교육청에 의한 규제와 지시 위주의 학교경영 방식을 지양하고, 학교경영에 대한 권한을 단위학교에 부여한다.

① ㄱ, ㄴ   ② ㄱ, ㄷ   ③ ㄷ, ㄹ
④ ㄱ, ㄴ, ㄹ   ⑤ ㄴ, ㄷ, ㄹ

19B > 2005학년도 49번
현재 우리나라 고등학교 운영에 관한 설명으로 옳은 것은?

① 학교운영위원회를 구성·운영하도록 법적으로 의무화하여 학교운영의 자율성을 높이고 있다.
② 국가 수준의 초·중등학교 종합평가제도가 법제화됨으로써 모든 고등학교는 5년마다 평가를 받아야 한다.
③ 실업계 고등학교의 경우 국민공통 기본교육과정이 적용되지 않으므로 전문교과 교육과정의 충실한 운영이 가능하다.
④ 일반계 고등학교의 경우 자율학교, 자립형 사립학교, 특수 목적고, 대안학교, 특성화고교 등 다양한 유형의 학교를 운영하여 학교선택권을 잘 보장해 주고 있다.

20
영 기준 예산제도가 무엇인지 설명하고 장점과 한계를 한 가지씩 서술하시오.

20A　　　　　　　　　　　　　　> 2009학년도 37번
다음의 학교예산 편성 과정에 활용한 예산편성 기법으로 가장 적절한 것은?

> 올해 9월 A 중학교에 부임한 김 교장은 금년도 예산에 구애받지 않고 모든 사업과 활동을 전면적으로 재검토하여 내년도 사업계획안을 마련하였다. 그리고 교직원 회의를 거쳐 사업의 우선순위를 결정한 다음, 김 교장은 이에 근거하여 한정된 예산을 우선순위에 따라 배분하는 내년도 예산안을 편성하여 학교운영위원회의 심의를 거쳐 확정하였다.

① 목표관리 제도　　② 기획 예산제도
③ 품목별 예산제도　④ 영 기준 예산제도
⑤ 성과주의 예산제도

21
학교경영 관리기법 중 목표관리기법의 개념과 특징 두 가지를 서술하시오.

21A　　　　　　　　　　　　　　> 2010학년도 40번
다음에서 공통적으로 설명하고 있는 학교경영 관리 기법은?

> • 드러커(P. Drucker)가 소개하고, 오디온(G. Odiorne)이 체계화 하였다.
> • 조직 구성원의 전체적인 참여와 합의를 중시한다.
> • 활동의 과정과 결과에 대해 평가하며 수시로 피드백 과정을 거친다.
> • 학교운영의 분권화와 참여를 통해 관료화를 방지할 수 있다.

① 델파이기법(Delphi Technique)
② 비용 – 수익분석법(Cost-Benefit Analysis)
③ 목표관리기법(Management by Objectives)
④ 영기준예산제(Zero-Base Budgeting System)
⑤ 정보관리체제(Management Information System)

22
학교내 안전사고에 대한 교사의 책임 범위를 판단하는 데에 적용되는 기준을 두 가지 쓰시오.

22A
> 2002학년도 58번

지금까지의 학교내 안전사고에 대한 판례를 볼 때, 안전사고에 대한 교사의 책임 범위를 판단하는 데 적용한 기준과 가장 거리가 먼 것은?

① 교사의 자기반성
② 사고 발생의 예측성
③ 교육활동과의 밀접성
④ 사고 발생의 구체적 위험성

23
다음과 같이 교육 및 교육행정에서 준수해야 할 원칙/기본정신은 어디에 근거하고 있는가?

① 모든 국민은 능력에 따라 균등하게 교육을 받을 권리를 가진다.
② 모든 국민은 그 보호하는 자녀에게 적어도 초등교육과 법률이 정하는 교육을 받게 할 의무를 진다.
③ 의무교육은 무상으로 한다.
④ 교육의 자주성·전문성·정치적 중립성 및 대학의 자율성은 법률이 정하는 바에 의하여 보장된다.
⑤ 국가는 평생교육을 진흥하여야 한다.
⑥ 학교 교육 및 평생교육을 포함한 교육제도와 그 운영, 교육재정 및 교원의 지위에 관한 기본적인 사항은 법률로 정한다.

23A
> 2006학년도 41번

헌법 제31조의 여섯 개 항은 교육 및 교육행정에서 준수해야 할 원칙 내지 기본정신을 명시하고 있다. 여기에서 언급하고 있지 않은 내용은?

① 교육의 기회균등   ② 의무교육
③ 평생교육의 진흥   ④ 전인교육

CHAPTER 3 교육공학 및 교육방법

- **교육공학의 이해**   교육공학의 정의, 영역, 대표적 기초이론 | 교육공학 이론의 최근 동향 | 교수매체 연구와 활용(변천과정)
- **교수설계**   교수분석 | 수업목표 분석 및 진술 | 교사효과성 | 체제적 수업설계 | 구성주의적 수업설계 | 형성평가/종합평가의 적용을 통한 프로그램의 수정보완
- **교수방법**   교사주도적 수업방법 | 학생중심적 수업방법
- **교수-학습 이론**   체제적 교수학습모형(이론) | 구성주의 교수학습모형(이론)
- **이러닝·온라인 교수학습 이론**   ICT 활용수업/웹기반학습 | 멀티미디어/매체 자료 개발 및 활용 | 미디어 리터러시 등 관련 이론

01

미국교육공학회(AECT)는 1994년에 교육공학(교수공학)의 정의를 내린 바 있다. 이 정의에 포함된 다섯 가지 영역을 쓰시오.

01A   > 2008학년도 20번

미국교육공학회(AECT)는 1994년에 교육공학(교수공학)의 정의를 내린 바 있다. 이 정의에 포함된 영역은?

① 교수, 학습, 통신, 체제, 매체
② 설계, 개발, 활용, 관리, 평가
③ 시각매체, 청각매체, 교육방송, 컴퓨터
④ 교수방법, 교수매체, 학습환경, 학습전략

02

의사소통 모형인 벌로(D. Berlo)의 SMCR 모형의 개념을 설명하고, 해당 모형에 기초하여 김 교사와 학생의 수업과정을 분석할 때 ㉠과 ㉡은 어느 단계의 하위 요소에 해당하는지 쓰시오.

> 김 교사는 학생의 흥미와 수준을 고려하여 ㉠ 가르칠 내용의 순서에 따라 설명하기 때문에 학생도 수업의 흐름을 놓치지 않고 잘 따라온다. 김 교사의 교과와 수업에 대한 열의는 수업시간에 그대로 반영되어, 학생이 교사의 말에 더욱 집중하게 한다. 김 교사의 수업이 쉽고 지루하지 않은 것은 설명이 명확해서이기도 하지만, ㉡ 비언어적 표현, 즉 몸짓, 눈 맞추기, 표정 등을 적절히 활용하기 때문이다. 김 교사가 컴퓨터 활용 수업을 할 때에는 학생이 자료를 읽거나 사용하는 의사소통기술에 어려움이 없도록 지도한다. 전반적으로 김 교사의 수업에서는 학생들이 보고 듣기만 하는 것이 아니라, 만져보고 때로는 냄새를 맡고 맛을 보기도 하는 등 오감각을 통해 보다 풍부한 의사소통을 한다.

02A
> 2012학년도 19번

의사소통 모형인 벌로(D. Berlo)의 SMCR 모형에 기초하여 김 교사와 학생의 수업과정을 분석할 때, M단계의 하위 요소에 해당하는 것으로 옳은 것을 <보기>에서 고른 것은?

─ 보기 ─

> 김 교사는 학생의 흥미와 수준을 고려하여 ㉠ 가르칠 내용의 순서에 따라 설명하기 때문에 학생도 수업의 흐름을 놓치지 않고 잘 따라온다. 김 교사의 ㉡ 교과와 수업에 대한 열의는 수업시간에 그대로 반영되어, 학생이 교사의 말에 더욱 집중하게 한다. 김 교사의 수업이 쉽고 지루하지 않은 것은 설명이 명확에서이기도 하지만, ㉢ 비언어적 표현, 즉 몸짓, 눈 맞추기, 표정 등을 적절히 활용하기 때문이다.
> 김 교사가 컴퓨터 활용 수업을 할 때에는 ㉣ 학생이 자료를 읽거나 사용하는 의사소통기술에 어려움이 없도록 지도한다. 전반적으로 김 교사의 수업에서는 학생들이 ㉤ 보고 듣기만 하는 것이 아니라, 만져보고 때로는 냄새를 맡고 맛을 보기도 하는 등 오감각을 통해 보다 풍부한 의사소통을 한다.

① ㉠, ㉡ ② ㉠, ㉢ ③ ㉡, ㉣
④ ㉢, ㉤ ⑤ ㉣, ㉤

02B
> 2004학년도 27번

벌로(D. Berlo)의 SMCR 모형에 관한 설명으로 옳은 것은?

① 메시지는 내용, 요소, 처리, 해독으로 구성된다.
② 잡음(noise)을 메시지 전달 과정의 중요한 변인으로 고려한다.
③ 송신자의 메시지는 수신자의 시각과 청각에 의해서만 전달된다.
④ 송신자는 통신기술, 지식수준, 사회체제, 문화양식에 의해 영향을 받는다.

03

다음 최 교사의 고민 해결 방안을 서술하시오.

> 최 교사 | 최근 온라인 수업 환경으로 인해 교수매체의 효과적인 활용이 더욱 중요해지고 있는 것 같아. 매체를 효과적으로 활용하는 수업을 하기 위해서 ASSURE 모형을 사용해서 수업을 만들어 봐야겠어. 먼저 학습자에 대해 분석하고, 수업 목표를 진술해야겠지. 그리고 수업 목표를 달성하기에 적합한 매체와 수업 방법을 선택하고…. 그런데 학생들이 직접 매체를 활용하여 과제를 해결할 때 교사는 무엇을 해야 할까? 그리고 과제 해결 과정에서 학생들의 능동적인 참여를 이끌어 내려면 어떻게 해야 할까?

03A > 2007학년도 25번

교수매체의 효과적이고 효율적인 활용 방안을 모색하고자 하는 다양한 연구가 진행되어 왔다. 다음 중 '매체비교연구'에 대한 진술로 옳은 것은?

① 인지주의 패러다임의 영향을 받아서 시작된 연구이다.
② 상이한 매체 유형이 학업성취도에 미치는 효과를 탐색한다.
③ 교수매체에 대한 학습자의 태도, 가치, 신념 등의 정의적 특성 변인들이 학습에 미치는 효과를 탐색한다.
④ 매체가 지닌 속성 자체가 학습자의 인지적 기능을 증진시켜서 학습 효과를 높일 것이라는 가정을 증명하고자 수행된다.

03B > 2005학년도 26번

교육매체에 대한 설명으로 옳은 것을 <보기>에서 모두 고른 것은?

─ 보기 ─
ㄱ. 실물화상기와 빔프로젝터는 투사매체로 분류된다.
ㄴ. 'ASSURE 모형'은 교육매체 활용을 위한 모형이다.
ㄷ. OHP 사용 시 화면왜곡현상(keystoning effect)이 발생할 경우 초점조절나사를 조작한다.

① ㄱ   ② ㄴ
③ ㄱ, ㄴ   ④ ㄱ, ㄴ, ㄷ

03C > 2004학년도 26번

ASSURE 모형을 활용하여 교수매체를 사용하고자 할 때, 다음에 제시된 교사의 활동 단계는?

- 수업자료가 학습자와 학습 목표에 적절한가를 사전에 검토한다.
- 교수매체를 이용할 교실의 주변 환경을 점검한다.
- 학습자에게 학습 준비를 위해 학습내용과 교수매체에 관한 정보를 제공한다.

① 목표 진술   ② 학습자 분석
③ 평가와 수정   ④ 매체와 자료의 활용

04

ASSURE 모형의 각 단계가 무엇인지 쓰고, 그 중 세 번째 및 마지막 단계에 대해 설명하시오.

04A > 2008학년도 24번

<보기>에서 매체 선정 및 활용을 위한 ASSURE 모형에 관한 설명으로 옳은 것끼리 묶인 것은?

― 보기 ―
ㄱ. '요구 사정' 및 '학습양식 분석'을 실시한다.
ㄴ. 학습자가 수업 중에 경험하게 될 일련의 학습활동을 수업목표로 제시한다.
ㄷ. 수업목표 달성을 위한 교수방법과 매체를 선택하고, 그에 따라 구체적인 교수·학습 자료를 선정한다.
ㄹ. 학습자에게 습득한 지식이나 기능을 연습할 기회와 피드백을 제공하여 적극적인 사고활동을 유도한다.

① ㄱ, ㄴ ② ㄱ, ㄹ
③ ㄴ, ㄷ ④ ㄷ, ㄹ

05

체제적 수업설계 과정 중 요구분석의 개념과 요구분석이 필요한 이유를 설명하시오.

05A > 2007학년도 24번

<보기>는 체제적 수업설계 과정 중 요구분석에 대한 진술이다. 옳은 것을 모두 고른 것은?

― 보기 ―
ㄱ. 요구분석은 불확실한 문제의 본질을 규명하고자 실시된다.
ㄴ. 요구분석에서 요구란 최적의 수행수준과 실제 수행수준 사이의 격차(discrepancy)를 뜻한다.
ㄷ. 요구분석은 학습의 결과로 획득되는 능력의 다양한 유형들을 확인하고, 구조화된 학습내용의 요소들이나 단위들을 계열화하는 것이다.

① ㄱ, ㄴ ② ㄱ, ㄷ
③ ㄴ, ㄷ ④ ㄱ, ㄴ, ㄷ

06

딕과 캐리(W. Dick & L. Carey)의 수업체제 설계 모형에 따라 수업을 설계할 때, 다음에 제시된 예가 어떤 절차에 해당하는지 설명하시오.

'학습자는 순환마디로만 이루어진 순환소수를 분수로 변환할 수 있다.'는 수업목표를 '지적 기능'으로 분류한 후, 정보처리 분석과 위계분석을 수행하였다. 다음 그림은 그 결과의 일부이다.

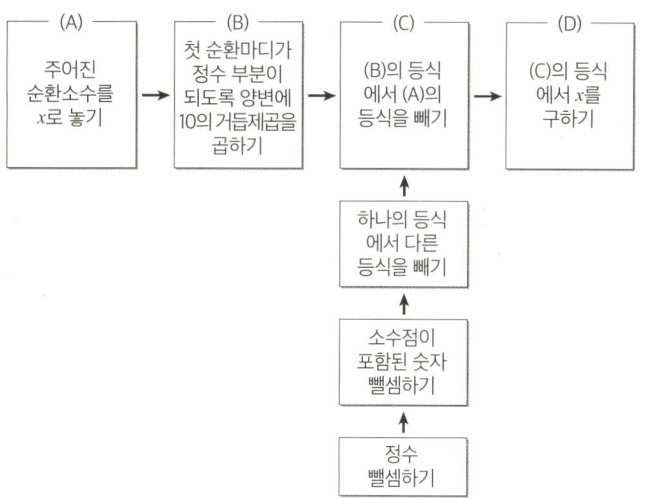

06A > 2013학년도 19번

딕과 캐리(W. Dick & L. Carey)의 수업체제 설계 모형에 따라 수업을 설계할 때, 다음에 제시된 절차에 해당하는 것은?

'학습자는 순환마디로만 이루어진 순환소수를 분수로 변환할 수 있다.'는 수업목표를 '지적 기능'으로 분류한 후, 정보처리 분석과 위계분석을 수행하였다. 다음 그림은 그 결과의 일부이다.

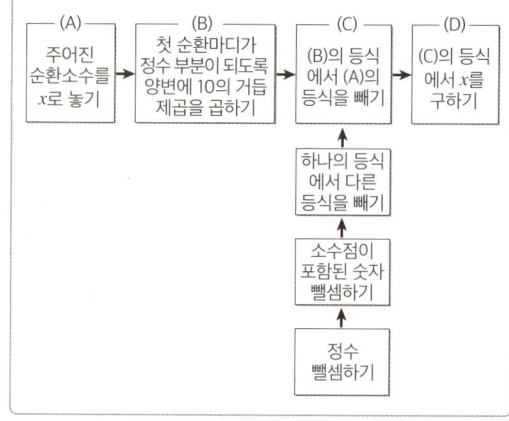

① 교수분석 ② 요구분석 ③ 형성평가
④ 환경분석 ⑤ 학습자분석

07

ADDIE 모형과 딕과 캐리 모형의 공통점을 서술하시오.

07A > 2012학년도 21번

ADDIE 모형, ASSURE 모형, 딕과 캐리 모형(W. Dick, L. Carey, & J. Carey, 2005)에 대한 설명으로 옳은 것만을 <보기>에서 있는 대로 고른 것은?

보기

ㄱ. ASSURE 모형은 학교 수업에 활용하도록 만들어졌으며, 모형 자체에는 과제분석(교수분석) 단계가 포함되지 않는다.
ㄴ. 딕과 캐리 모형에서는 독립된 단계로서의 교수실행이 설정되어 있지 않다.
ㄷ. ADDIE 모형과 딕과 캐리 모형은 모두 형성평가나 파일럿 테스트를 실시하고 교수 프로그램을 수정하도록 한다.
ㄹ. 이들 세 모형은 모두 수행목표 각각에 대응하여 평가 항목을 만들도록 교수전략 개발 단계 이전에 평가도구 개발 단계를 두고 있다.

① ㄱ, ㄴ   ② ㄷ, ㄹ   ③ ㄱ, ㄴ, ㄷ
④ ㄱ, ㄴ, ㄹ   ⑤ ㄴ, ㄷ, ㄹ

08

딕과 캐리(W. Dick, L. Carey & J. Carey)의 교수설계 모형에서 수행목표진술 단계에 대해 서술하시오.

08A > 2011학년도 20번

딕과 캐리(W. Dick, L. Carey & J. Carey)의 교수설계 모형에 대한 설명으로 옳지 않은 것은?

① 교수 프로그램을 설계 및 개발하기 위해 체계적인 접근을 한다.
② 딕과 캐리의 교수설계 모형에는 ADDIE 모형의 실행단계(I)가 생략되어 있다.
③ 교수 프로그램 설계 및 개발 과정을 주도한 교수설계자가 총괄 평가를 실시할 것을 권한다.
④ 수행목표진술 단계에서는 학습이 끝났을 때 학습자가 할 수 있는 것으로 기대되는 목표를 구체적으로 진술한다.
⑤ 교수분석 단계에는 목표를 학습 영역(learning outcomes)에 따라 분류하고 수행 행동의 주요 단계를 파악하는 활동이 포함된다.

08B > 2005학년도 21번

딕과 캐리(Dick & Carey)의 체제적 수업설계 모형 요소의 일부분이다. 순서대로 나열한 것은?

| ㄱ. 수업전략 개발 | ㄴ. 학습과제 분석 |
| ㄷ. 형성평가 실시 | ㄹ. 구체적 행동목표 진술 |

① ㄴ-ㄹ-ㄱ-ㄷ   ② ㄴ-ㄹ-ㄷ-ㄱ
③ ㄹ-ㄴ-ㄱ-ㄷ   ④ ㄹ-ㄴ-ㄷ-ㄱ

09

가네(R. Gagné)가 학습결과 중의 하나로 분류한 문제해결력을 기르기 위한 수업을 딕(W. Dick)과 캐리(L. Carey)의 체제적 교수설계 모형에 따라 설계하고자 한다. 다음 내용에서 옳지 않은 것을 모두 고르고 이유를 설명하시오.

ㄱ. 학습 목표는 '문제해결에 필요한 원리와 법칙을 정확하게 설명할 수 있다.'로 설정한다.
ㄴ. 문제해결력을 육성하는 학습 목표에 관한 교수분석은 문제해결력에서부터 시작하여 하향식 위계분석을 실시한다.
ㄷ. 교수분석과정에서 출발점 행동을 설정하기 위해 해당 학생들이 이수한 교육과정 분석과 학생 관찰 결과를 활용한다.
ㄹ. 문제해결력 학습에 필요한 하위능력은 구체적 개념, 정의된 개념, 변별력, 원리와 법칙의 순서로 가르친다.
ㅁ. 학습 목표에 기술된 조건과 성취행동(또는 수행)에 부합하는 연습 기회와 교정적 피드백을 제공한다.

09A > 2010학년도 20번

가네(R. Gagné)가 학습결과 중의 하나로 분류한 문제해결력을 기르기 위한 수업을 딕(W. Dick)과 캐리(L. Carey)의 체제적 교수설계 모형에 따라 설계하고자 한다. <보기>에서 옳은 것을 고른 것은? (단, 학습과제는 구조화되어 있다고 가정한다.)

―보기―
ㄱ. 학습 목표는 '문제해결에 필요한 원리와 법칙을 정확하게 설명할 수 있다.'로 설정한다.
ㄴ. 문제해결력을 육성하는 학습 목표에 관한 교수분석은 문제해결력에서부터 시작하여 하향식 위계분석을 실시한다.
ㄷ. 교수분석과정에서 출발점 행동을 설정하기 위해 해당 학생들이 이수한 교육과정 분석과 학생 관찰 결과를 활용한다.
ㄹ. 문제해결력 학습에 필요한 하위능력은 구체적 개념, 정의된 개념, 변별력, 원리와 법칙의 순서로 가르친다.
ㅁ. 학습 목표에 기술된 조건과 성취행동(또는 수행)에 부합하는 연습 기회와 교정적 피드백을 제공한다.

① ㄱ, ㄷ, ㄹ   ② ㄱ, ㄷ, ㅁ   ③ ㄴ, ㄷ, ㄹ
④ ㄴ, ㄷ, ㅁ   ⑤ ㄴ, ㄹ, ㅁ

10

딕과 캐리(W. Dick & L. Carey)의 체제적 교수설계의 학습과제 분석에 대해 서술하시오.

10A
> 2009학년도 19번

딕과 캐리(W. Dick & L. Carey)의 체제적 교수설계에서 제시하는 학습과제 분석에 대한 설명으로 옳은 것을 <보기>에서 모두 고른 것은?

---보기---

ㄱ. 최소공배수를 구하는 학습과제는 위계분석을 한다.

ㄴ. 시간을 잘 지키는 태도를 기르는 학습과제는 군집분석을 한다.

ㄷ. 각 나라와 그 수도를 연결하여 암기하는 학습과제는 통합 분석을 한다.

ㄹ. 다항식의 덧셈을 하는 학습과제는 상위목표에서부터 하위목표로 분석해 나간다.

① ㄱ, ㄴ ② ㄱ, ㄹ ③ ㄴ, ㄷ
④ ㄴ, ㄹ ⑤ ㄱ, ㄷ, ㄹ

11

딕(W. Dick)과 캐리(L. Carey)의 체제적 수업설계 모형에서 과제분석의 개념과 중요성에 대해 서술하시오.

11A
> 2006학년도 23번

딕(W. Dick)과 캐리(L. Carey)의 체계적 교수설계 모형에서 학습과제분석(또는 교수과제분석)의 결과와 그 활용에 관한 설명 중 거리가 먼 것은?

① 분석된 모든 목표와 하위기능을 수행목표(또는 성취 목표)로 진술한다.

② 분석된 학습 목표들을 고려하여 연습문제, 형성평가 및 총합평가 도구를 개발한다.

③ 설정된 출발점 행동을 본시수업 초기단계에서 가르치고 형성평가 단계에서는 성취도를 평가한다.

④ 분석결과에 따라 하위기능을 먼저 가르치고, 그 다음 관련된 상위목표를 달성하도록 수업순서를 정한다.

12

딕(W. Dick)과 캐리(L. Carey)의 체제적 수업설계 모형에서 과제분석과 목표 진술, 평가 사이의 관계 및 형성평가의 역할에 대해 서술하시오.

12A > 2007학년도 20번

딕(W. Dick)과 캐리(L. Carey)의 수업설계 모형에서 형성평가에 대한 설명으로 가장 적절한 것은?

① 일대일평가, 소집단평가, 현장평가 등을 실시한다.
② 형성평가의 결과를 바탕으로 총괄평가를 실시한다.
③ 개발된 수업프로그램을 실제 수업에 활용한 후에 실시한다.
④ 개발된 수업프로그램의 계속 사용 여부를 결정하기 위해 실시한다.

13

구성주의적 관점에서의 교수설계를 설명하시오.

13A > 2009학년도 21번

객관주의적 교수설계와 구성주의적 교수설계 활동에 대한 단계별 비교 설명으로 옳은 것을 <보기>에서 고른 것은?

> 보기

	객관주의	구성주의
분석	ㄱ. 수업목표를 사전에 명세화하여 기술한다.	ㄴ. 학습과제의 구조를 상세히 분석하여 계열화한다.
설계	ㄷ. 실제적 문제를 상황맥락적으로 해결할 수 있는 학습자 중심의 학습환경을 설계한다.	ㄹ. 절충(negotiation)과 의미 만들기를 위한 학습환경을 설계한다.
개발 및 구현	ㅁ. 현실의 복잡함을 반영하는 실제 문제를 개발하고, 코칭과 모델링을 위주로 하는 학습환경을 개발한다.	ㅂ. 문제해결에 초점을 맞추어 학습자의 능동적 지식 구성을 촉진하는 학습환경을 개발한다.

① ㄱ, ㄴ, ㄹ   ② ㄱ, ㄹ, ㅂ   ③ ㄱ, ㅁ, ㅂ
④ ㄴ, ㄷ, ㄹ   ⑤ ㄴ, ㅁ, ㅂ

14-1

다음은 조나센(D. Jonassen)의 구성주의 학습환경 설계 모형이다. 네모 안에 들어갈 교수자의 교수 활동에 대해 서술하시오.

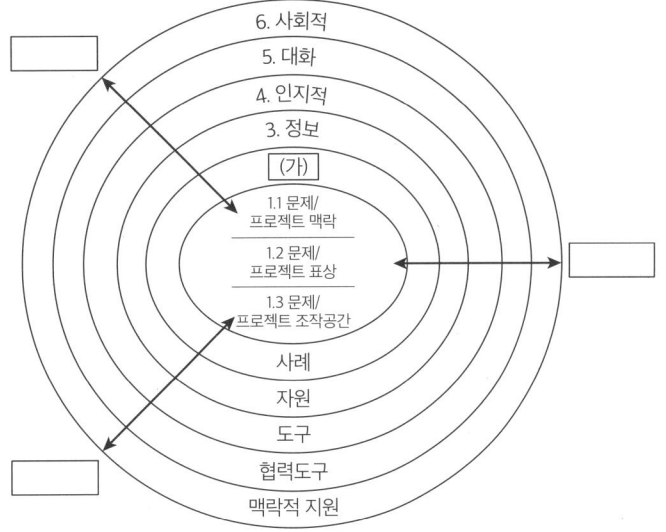

14A > 2012학년도 20번

조나센(D. Jonassen)의 구성주의 학습환경 설계 모형에 근거하여 박 교사가 프로젝트 수업을 위한 웹사이트를 제작하고자 한다. 설계 요소로서 (가)에 가장 적합한 것은?

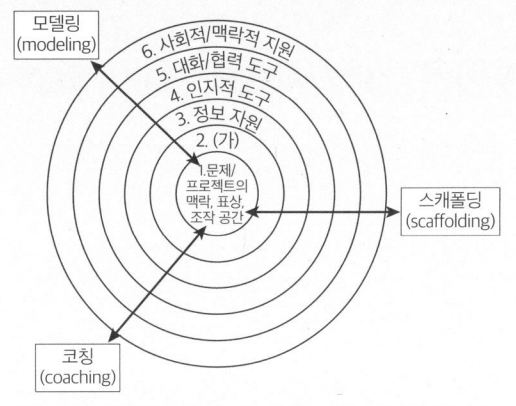

① 용어집
② 학습계획서
③ 성찰하기 도구
④ 개념도 그리기 도구
⑤ 프로젝트와 관련된 사례

14-2

조나센(D. Jonassen)의 구성주의 학습환경 설계 모형에 근거하여 교사가 프로젝트 수업을 위한 웹사이트를 제작하고자 한다. 위 그림의 설계 요소 (가)에 대해 설명하시오.

14B > 2008학년도 27번

다음은 조나센(D. H. Jonassen)의 구성주의 학습환경 설계 모형이다. ☐ 안에 들어갈 교수자의 교수 활동에 해당하지 않는 것은?

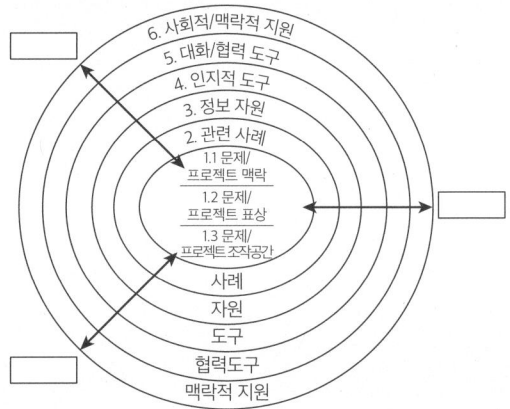

① 코칭(coaching)
② 통찰(insight)
③ 모델링(modeling)
④ 비계설정(scaffolding)

15

협동학습법의 장점을 인지적 영역과 비인지적 영역으로 나누어 한 가지씩 서술하시오.

15A > 2007학년도 21번

<보기>와 같은 방식에 따라 김 교사가 진행한 협동학습 유형으로 가장 적절한 것은?

─── 보기 ───
- 전체 학생들에게 기본적인 학습내용을 설명한 후, 학습능력 등을 고려하여 이질적인 4명씩으로 팀을 구성하였다.
- 팀별로 나누어준 학습지의 문제를 협동학습을 통하여 해결하도록 하였다.
- 팀별 활동이 끝난 후, 모든 학생들에게 퀴즈를 실시하여 개인 점수를 부여하였고, 이를 지난번 퀴즈의 개인 점수와 비교한 개선 점수를 주었다.
- 개선 점수의 합계를 근거로 우수 팀을 선정하였다.

① 집단조사(Group Investigation)
② 팀경쟁학습(Team Games Tournaments)
③ 팀보조 개별학습(Team Assisted Individualization)
④ 성취과제분담학습(Student Teams-Achievement Division)

15B > 2006학년도 20번

<보기>의 특징에 가장 적합한 온라인 교수·학습 방법은?

─── 보기 ───
- 여러 나라의 전통 문화와 예술을 탐구한다.
- 여러 나라에 재학 중인 학생들로 3~4개의 혼합 모둠을 구성한다.
- 모둠별로 탐구할 나라 선정, 탐구주제 결정, 계획 수립 및 탐구활동을 실행한다.
- 모든 수업활동은 인터넷을 통하여 이루어진다.
- 모둠별 탐구 결과를 웹 페이지에 발표하고, 공동으로 평가한다.

① 온라인 소집단 팀티칭
② 온라인 협동적 프로젝트중심학습
③ 온라인 인지적 도제학습(cognitive apprenticeship)
④ 온라인 협동적 정착교수(cooperative anchored instruction)

15C > 2002학년도 28번

다음과 같은 상황에서 학생들의 불만을 해소하면서, 김 교사가 추구했던 목적도 달성할 수 있는 교수·학습 방법으로 가장 적합한 것은?

경쟁의식이 지나쳐 학생들이 학습에 필요한 정보도 서로 교환하지 않는 교실문화에서 김 교사는 학생들의 협동심을 길러주기 위해 소집단 학습을 시도하였다. 그러나 몇몇 성적이 우수한 학생들이 자기 분단에서 열심히 참여하지 않은 학생들이 있음에도 모두 같은 점수를 받는 것이 공정하지 않다고 불만을 털어놓았다.

① 토론   ② 사례분석   ③ 시뮬레이션
④ 자율적 협동학습(Co-op Co-op)

16

Jigsaw II 모형으로 수업하는 방식을 서술하시오.

16A > 2010학년도 18번

(가)와 (나)에 해당하는 협동학습 모형을 바르게 짝지은 것은?

> (가) 교사는 단원을 몇 개의 소주제로 나누어 원집단에 질문의 형식으로 제시한다. 원집단의 구성원들은 소주제를 하나씩 나누어 맡는다. 각 구성원은 원집단에서 나와, 같은 소주제를 맡은 다른 집단의 구성원들과 전문가 집단을 형성하여 맡은 과제를 집중적으로 학습한다. 학습이 끝나면 원집단으로 돌아가 습득한 전문 지식을 다른 구성원에게 가르친다. 마지막으로 단원 전체에 대해 개별 시험을 치른 후, 집단 보상을 받는다.
>
> (나) 교사와 학생들이 토의를 통해서 학습과제를 선택한 후, 이것을 다시 소주제로 분류한다. 학생들은 각자 학습하고 싶은 소주제를 선택하고, 같은 소주제를 선택한 학생들끼리 팀을 구성한다. 팀 구성원들은 소주제를 더 작은 미니 주제들(mini-topics)로 나누어 개별 학습한 후, 그 결과를 팀 내에서 발표한다. 팀 별로 보고서를 작성한 후, 학급 전체에서 발표한다.

① (가) 과제분담학습 II (Jigsaw II)
　(나) 팀경쟁학습(TGT)
② (가) 과제분담학습 II (Jigsaw II)
　(나) 자율적 협동학습(Co-op Co-op)
③ (가) 과제분담학습 II (Jigsaw II)
　(나) 팀보조 개별학습(TAI)
④ (가) 성취-과제분담(STAD)
　(나) 팀경쟁학습(TGT)
⑤ (가) 성취-과제분담(STAD)
　(나) 자율적 협동학습(Co-op Co-op)

17

다음은 토의법과 협동학습에 대한 교사들의 대화이다. 각 교사의 요구에 가장 부합하는 토의법 또는 협동학습 방법을 이유와 함께 서술하시오.

- 이 교사 | 발표자 중심의 교실 전체 토의 수업에서는 나머지 학생들의 참여와 상호작용이 저조한 경우가 많아요. 소집단 토의처럼 학생들이 청중이 아닌 토론의 주체가 되어 활발하게 상호작용하면 좋겠습니다.
- 장 교사 | 저는 협동학습에서 무임승차하는 학생들이 더 문제라고 봅니다. 집단 보상 시에 개인의 성취 결과를 집단 점수에 반영하여 모든 학생들이 책무성을 갖도록 하면 좋겠습니다.

17A > 2011학년도 16번

다음은 토의법과 협동학습에 대한 교사들의 대화이다. 각 교사의 요구에 가장 부합하는 토의법이나 협동학습 방법을 옳게 짝지은 것은?

| 이 교사 | 발표자 중심의 교실 전체 토의수업에서는 나머지 학생들의 참여와 상호작용이 저조한 경우가 많아요. 소집단 토의처럼 학생들이 청중이 아닌 토론의 주체가 되어 활발하게 상호작용하면 좋겠습니다.
| 장 교사 | 저는 협동학습에서 무임승차하는 학생들이 더 문제라고 봅니다. 집단 보상 시에 개인의 성취 결과를 집단 점수에 반영하여 모든 학생들이 책무성을 갖도록 하면 좋겠습니다.
| 김 교사 | 토의법이나 협동학습에서 학생들은 무엇을 어떻게 해야 할지 몰라서 시간을 낭비하는 경우가 종종 있지요. 토의나 협동학습의 주제, 형식과 절차 및 구성원의 역할 분담이 명확하게 제시되면 좋겠습니다.

① 이 교사 : 버즈토의(buzz discussion)
   장 교사 : 함께 학습하기(Learning Together)
   김 교사 : 원탁토의(round table discussion)

② 이 교사 : 버즈토의(buzz discussion)
   장 교사 : 성취-과제분담(STAD)
   김 교사 : 과제분담학습 Ⅱ(Jigsaw Ⅱ)

③ 이 교사 : 배심토의(panel discussion)
   장 교사 : 팀경쟁학습(TGT)
   김 교사 : 집단조사(Group Investigation)

④ 이 교사 : 공개토의(forum discussion)
   장 교사 : 팀경쟁학습(TGT)
   김 교사 : 원탁토의(round table discussion)

⑤ 이 교사 : 배심토의(panel discussion)
   장 교사 : 함께 학습하기(Learning Together)
   김 교사 : 집단조사(Group Investigation)

18
켈러(F. Keller)의 개별화 교수체제(PSI)에서 보조관리자에 대해 설명하시오.

18A
> 2010학년도 19번

다음은 켈러(F. Keller)의 개별화 교수체제(Personalized System of Instruction, 일명 Keller Plan) 모형을 적용하여 e-러닝과 교실 수업을 혼합한 블렌디드 러닝(blended learning)을 설계한 것이다. 밑줄 친 ㈀~㈃ 중 개별화 교수체제 원리를 잘못 적용한 것은?

> 학생들의 수학 교과 기초능력 결손을 보완하기 위해 김 교사는 개별화 교수체제 원리를 토대로 보충수업을 설계하였다. 김 교사는 ㈀ 전체 학습과제를 소단위로 나누어 단계적으로 학습하도록 e-러닝 콘텐츠를 설계하였다. 학생들은 인터넷을 통해 가정에서 ㈁ 자신의 학습속도에 맞게 e-러닝을 진행하였다. 각 소단위 학습을 마치면 곧바로 해당 단위에 대한 온라인 평가가 실시되고, ㈂ 해당 소단위 목표를 달성한 경우에만 다음 단계의 소단위 학습을 할 수 있었다. 소단위 학습 목표 달성에 실패할 때는 해당 단위를 다시 학습하고 평가도 다시 받도록 하였다. e-러닝 시스템은 각 평가문항에 학생이 응답하면 즉시 정답 여부를 알려 주었다. ㈃ 별도의 학습 조력자 없이 학생들이 개별적으로 전체 학습을 진행하도록 하였다. 김 교사는 학생의 개별학습에 개입하는 것을 최소화하기 위해 모든 학습자료와 전달 사항을 인쇄물로 나누어 주었다. ㈄ 김 교사는 학생들에게 학습 동기 유발이나 학습의 전이를 촉진할 필요가 있다고 판단될 때, 이를 위해 교실에서 강의식 수업을 간단하게 실시하였다.

① ㈀   ② ㈁   ③ ㈂
④ ㈃   ⑤ ㈄

19

다음은 캐롤(J. Carroll)의 학교학습모형이다. (가)와 (나)에 들어갈 말을 쓰고, (가)와 (나)를 개선하기 위해 교사가 할 수 있는 것을 한 가지 이상 서술하시오.

> 학습의 정도
> $= f$(학습에 사용한 시간 / 학습에 필요한 시간)
> $= f$(학습기회, (가) / 적성, 수업이해력, (나))

19A > 2012학년도 17번

다음은 캐롤(J. Carroll)의 학교학습모형이다. 김 교사가 캐롤의 모형을 올바르게 이해한 것만을 <보기>에서 있는 대로 고른 것은?

$$\text{학습의 정도} = f\left(\frac{\text{학습에 사용한 시간}}{\text{학습에 필요한 시간}}\right) = f\left(\frac{\text{학습기회, (가)}}{\text{적성, 수업이해력, (나)}}\right)$$

─ 보기 ─

ㄱ. '학습에 사용한 시간'을 계산하기 위해 김 교사는 학생이 학습에 소비한 총 시간과 능동적으로 학습에 몰두한 시간을 구분할 수 있는 수업관찰 기법을 공부하였다.

ㄴ. (가) 를 개선하는 한 방법으로, 김 교사는 우선 학생의 학습동기를 유발하고 유지하는 방법을 집중적으로 다루는 교수설계 기법에 관한 연수를 받았다.

ㄷ. 김 교사는 '수업이해력'이 교사의 일반지능과 언어능력에 의해 결정되지만 일반지능은 개선하기 어렵다고 판단하여 '교사의 수업 중 화법(話法) 개선' 연수에 참여하였다.

ㄹ. (나) 와 관련해서, 김 교사는 학습활동의 계열화, 학습단서의 제공, 피드백과 학습교정 활동 등 수업의 질적 수준 향상을 위해 수업 후 협의회, 마이크로 티칭, 동료장학, 수업 컨설팅 등의 활동에 참여하였다.

① ㄱ, ㄴ   ② ㄱ, ㄷ   ③ ㄷ, ㄹ
④ ㄱ, ㄴ, ㄹ   ⑤ ㄴ, ㄷ, ㄹ

20

브루너(J. Bruner)의 발견학습이론에서 학습경향성의 개념을 설명하고, 교사가 취할 수 있는 수업의 접근 방법과 동기유발 방안을 한 가지씩 서술하시오.

20A > 2006학년도 19번

브루너(J. Bruner)의 발견학습이론에 근거한 교사의 행동으로 가장 거리가 먼 것은?

① 외재적 보상보다 내재적 보상을 강조한다.
② 다양한 학습 자료를 준비하여 제시한다.
③ 어떤 사건의 원인과 결과를 찾도록 한다.
④ 모든 교과 학습에 동일한 탐구 방식을 적용한다.

21

오수벨(D. Ausubel)의 유의미학습 이론(설명식수업 이론)에서 교사가 학습 과제를 제시할 때 유의할 점을 세 가지 서술하시오.

21A
> 2006학년도 17번

<보기>의 내용과 가장 관련이 있는 교수·학습이론은?

───── 보기 ─────
- 새로운 지식이나 정보와 선행 학습내용의 통합을 강조한다.
- 학습자의 인지구조에 알맞게 포섭·동화되도록 학습과제를 제시한다.
- 일반적이고 포괄적인 지식을 먼저 제시하고, 그 다음에 세부적이고 상세한 지식을 제시한다.

① 블룸(B. Bloom)의 완전학습 이론
② 오수벨(D. Ausubel)의 유의미학습 이론
③ 콜린스(A. Collins)의 인지적 도제 이론
④ 스키너(B. Skinner)의 행동주의 학습 이론

21B
> 2004학년도 25번

다음에 제시된 교수·학습 활동과 가장 관련이 있는 이론은?

학습 목표는 "지구의 내부 구조를 이해한다."이다. 교사는 학습내용을 체계적이고 계열적으로, 포괄적인 내용에서 점차 세부적인 내용으로 조직하였다. 먼저 파워포인트를 이용하여 지난 시간에 학습한 지구와 관련된 내용을 요약해 주고, 지구 내부의 구조보다 더 포괄적인 내용을 제시하였다. 학습자의 학습동기 유발을 위해 학습자들이 잘 알고 있는 사례를 활용하였다.

① 마시알라스(B. Massialas)의 탐구학습 이론
② 오수벨(D. Ausubel)의 설명식수업 이론
③ 콜린스(A. Collins)의 인지적도제 이론
④ 스키너(B. Skinner)의 프로그램학습 이론

22

오수벨(D. Ausubel)의 선행조직자에 대해 설명하고, 유의미 수용학습 이론에 따라 수업을 할 때 (가)~(다)에 들어갈 알맞은 말을 쓰시오.

> 박 교사는 학생들에게 먼저 수업목표를 명확히 제시하고, 수업내용을 쉽게 이해하도록 하기 위해 수업내용을 포괄하는 예를 (가)로 제시하였다. 박 교사는 (가)가 학생들의 인지구조 내에서 새로운 학습내용을 (나)하여 의미 있는 수용학습이 이루어지도록 촉진할 것이라고 기대하였다. 그 이유는 수업내용을 학습하기 전에 수업내용에 관한 포괄적인 예를 제시하면 그것이 (다)의 역할을 수행하여 학습의 정교화를 촉진할 것이기 때문이다.

22A > 2010학년도 17번

박 교사는 오수벨(D. Ausubel)의 유의미 수용학습 이론에 따라 수업을 하고자 한다. (가), (나), (다)에 들어갈 내용을 바르게 짝지은 것은?

> 박 교사는 학생들에게 먼저 수업목표를 명확히 제시하고, 수업내용을 쉽게 이해하도록 하기 위해 수업내용을 포괄하는 예를 (가) 로 제시하였다. 박 교사는 (가) 가 학생들의 인지구조 내에서 새로운 학습내용을 (나) 하여 의미 있는 수용학습이 이루어지도록 촉진할 것이라고 기대하였다. 그 이유는 수업내용을 학습하기 전에 수업내용에 관한 포괄적인 예를 제시하면 그것이 (다) 의 역할을 수행하여 학습의 정교화를 촉진할 것이기 때문이다.

	(가)	(나)	(다)
①	비교조직자	대조	정착 아이디어(anchoring ideas)
②	비교조직자	포섭	지식망(knowledge network)
③	설명조직자	대조	정착 아이디어(anchoring ideas)
④	설명조직자	포섭	지식망(knowledge network)
⑤	설명조직자	포섭	정착 아이디어(anchoring ideas)

23

다음은 오수벨(D. Ausubel)의 선행조직자 교수모형이다. (가) 단계가 무엇인지 쓰고, 이 단계에서 교사가 수행하는 교수활동을 서술하시오.

> 선행조직자 제시 → 학습과제와 자료 제시 → (가)

23A > 2012학년도 15번

다음은 오수벨(D. Ausubel)의 선행조직자 교수모형이다. (가) 단계에서 교사가 수행하는 대표적인 교수활동으로 옳은 것을 <보기>에서 고른 것은?

> 선행조직자 제시 → 학습과제와 자료 제시 → (가)

보기

ㄱ. 학습결과를 분석하여 선행조직자의 개선을 위한 자료를 수집한다.
ㄴ. 수업목표를 제시하고 점진적 분화의 원리에 따라 학습자료에 나오는 개념이나 명제를 학습하도록 유도한다.
ㄷ. 학습자가 학습자료의 내용을 다른 시각에서 살펴보거나 숨겨져 있는 가정이나 추론 등에 대해 도전하게 한다.
ㄹ. 학습자료에 제시된 여러 가지 개념이나 명제들 사이의 공통점과 차이점을 학습자의 선행학습 내용에 근거해서 비교·설명하게 한다.

① ㄱ, ㄴ ② ㄱ, ㄷ ③ ㄴ, ㄷ
④ ㄴ, ㄹ ⑤ ㄷ, ㄹ

24

가네(R. Gagné)의 수업모형(위계학습이론)에서 수업사태(교수사태)의 개념을 설명하고, 이 이론에 근거하여 수업의 전개(획득과 수행) 단계에서 교사가 할 수 있는 역할 세 가지를 제시하시오.

24A
> 2007학년도 26번

가네(R. Gagné)가 제시한 인간의 학습된 능력(학습결과: learning outcomes)과 그에 해당하는 사례가 적절하게 연결되지 않은 것은?

① 언어 정보: 중학생인 영훈이는 삼각형의 넓이를 구하는 공식을 회상하여 진술할 수 있다.
② 지적 기능: 초등학생인 민아는 부모님에 대한 고마움을 적절한 비유법에 맞게 글로 표현할 수 있다.
③ 태도: 고등학생인 혜진이는 가족 나들이 중 차 안에서 가족 모두 참여할 수 있는 게임을 창안해 낼 수 있다.
④ 운동 기능: 학령 전 아동인 윤아는 연필을 사용하여 낱글자 쓰기를 포함하여 특정한 종류의 그리기를 할 수 있다.

24B
> 2006학년도 15번

가네(R. Gagné)의 수업모형에서 <보기>에 해당하는 수업사태는?

보기
- 학습내용의 적용 예를 설명한다.
- 학습내용의 핵심 요소를 설명한다.
- 학습내용과 관련된 영상자료를 보여준다.

① 주의 집중 ② 수행 유도
③ 피드백 제공 ④ 자극 자료 제시

24C
> 2004학년도 23번

교수설계 이론에 대한 설명으로 옳은 것은?

① 가네(R. Gagné)는 교수목표에 따라 학습조건은 달라져야 한다고 주장하였다.
② 켈러(J. Keller)는 교수내용의 조직전략, 전달전략, 관리전략에 초점을 두고 있다.
③ 메릴(M. Merrill)은 교수·학습 상황에서 학습동기를 유발하고 유지시키기 위한 동기설계 전략에 초점을 두고 있다.
④ 라이글루스(C. Reigeluth)는 수행-내용 행렬표, 자료제시 형태, 일관성, 적절성을 교수설계의 주요 개념으로 제시하였다.

24D
> 2003학년도 28번

가네(R. Gagné)의 교수사태 중 <보기>에 해당하는 단계는?

보기
- 언어정보: 정보진술의 정확성을 확인한다.
- 지적기능: 규칙이나 개념의 적용에 대한 정확성을 확인한다.
- 인지전략: 문제해결의 독창성을 확인한다.
- 태도: 행위 선택에 대한 직접적 혹은 간접적 강화를 제공한다.

① 수행의 평가
② 피드백의 제공
③ 파지 및 전이의 향상
④ 선수학습 요소의 회상 자극

25
가네(R. Gagné)의 교수·학습 이론 중 학습 영역에 대해 설명하시오.

25A
> 2011학년도 19번

가네(R. Gagné)의 교수·학습이론에 대한 진술로 옳은 것만을 <보기>에서 모두 고른 것은?

보기
ㄱ. 학습을 주관적 경험에 근거한 개인적 의미 창출 과정으로 본다.
ㄴ. 학습 영역(learning outcomes)을 언어 정보, 지적 기능, 운동 기능, 태도, 인지 전략으로 나눈다.
ㄷ. 학습자의 내적 학습 과정을 지원하기 위한 9가지 외적 교수사태(events of instruction)를 제안한다.
ㄹ. 학습 영역(learning outcomes)을 세분화하여 제시한 메릴(M. D. Merrill)의 내용요소 제시 이론(component display theory)의 토대가 되었다.

① ㄱ, ㄹ ② ㄴ, ㄷ ③ ㄱ, ㄴ, ㄷ
④ ㄱ, ㄴ, ㄹ ⑤ ㄴ, ㄷ, ㄹ

26
다음은 가네(R. Gagné)의 수업사태 단계를 고려해 진행한 수업의 사례이다. 빠진 단계가 무엇인지 쓰고, (가)~(나)의 교수활동이 어느 단계에 해당하는지 쓰시오.

홍 교사는 다항식의 덧셈을 가르치려고 한다. 지난 주말 두 가족이 놀이공원 입장표를 사면서 있었던 에피소드로 학생들의 주의를 집중시킨 후, 지난 수업 시간에 가르친 다항식의 개념을 상기해 주면서 다항식의 덧셈 절차를 단계적으로 보여주며 가르친다. (가) 부호화(encoding)를 촉진하기 위해 문자가 같은 항끼리 더하는 데 도움이 되는 그림이나 단서를 제공해 준다. (나) 학생이 다항식 덧셈의 각 단계를 밟아 놀이공원 입장료를 계산하도록 한다. 학생이 입장료를 정확히 계산하면 그 사실을 확인해 주고, 틀리면 교정해 준다. 또 학생이 배운 규칙을 이용하여 다양한 다항식 덧셈 문제를 풀도록 하고 이를 평가한다.

26A
> 2013학년도 15번

다음 (가)~(다)의 교수활동과 가네(R. Gagné)의 수업사태의 단계를 옳게 연결한 것은?

홍 교사는 다항식의 덧셈을 가르치려고 한다. 지난 주말 두 가족이 놀이공원 입장표를 사면서 있었던 에피소드로 학생들의 주의를 집중시킨 후, (3X + 2Y) + (2X + Y)를 예로 들면서, '미지수가 2개인 다항식의 덧셈을 할 수 있다.'라는 수업목표를 알려 준다. 이 수업목표를 달성하기 위해, 홍 교사는 지난 수업 시간에 가르친 다항식의 개념을 상기해 주면서, 다항식의 덧셈 절차를 단계적으로 보여 주며 가르친다. (가) 부호화(encoding)를 촉진하기 위해 문자가 같은 항끼리 더하는 데 도움이 되는 그림이나 단서를 제공해 준다. (나) 학생이 다항식 덧셈의 각 단계를 밟아 놀이공원 입장료를 계산하도록 한다. 학생이 입장료를 정확히 계산하면 그 사실을 확인해 주고, 틀리면 교정해 준다. 또 학생이 배운 규칙을 이용하여 다양한 다항식 덧셈 문제를 풀도록 하고 이를 평가한다. (다) 마지막으로 다항식 덧셈 절차를 노트에 적어 가며 복습하고, 배운 것을 다양한 형태의 다항식 덧셈 문제에 일반화하도록 한다.

① (가): 선수학습 회상하기
  (나): 수행 유도하기
  (다): 파지 및 전이 향상시키기
② (가): 주의 획득하기
  (나): 수행 유도하기
  (다): 파지 및 전략 점검하기
③ (가): 주의 획득하기
  (나): 피드백 제공하기
  (다): 파지 및 전략 점검하기
④ (가): 학습 안내 제시하기
  (나): 수행 유도하기
  (다): 파지 및 전이 향상시키기
⑤ (가): 학습 안내 제시하기
  (나): 피드백 제공하기
  (다): 파지 및 전이 향상시키기

27

다음 가네(R. Gagné)의 9단계 수업사태에서 ㉠~㉢에 해당하는 교사의 수업 활동에 대해 설명하시오.

㉠ → 학습 목표 제시 → ㉡ → 자극 제시 → 학습안내 제공 → 수행 유도 → ㉢ → 수행 평가 → 파지와 전이 증진

27A
> 2009학년도 16번

다음 가네(R. Gagné)의 9단계 수업사태에서 ㉠~㉤에 해당하는 교사의 수업활동에 대한 설명으로 가장 적합한 것은?

단계	교사의 수업활동
㉠ ↓ 학습 목표 제시 ↓ ㉡ ↓ 자극 제시 ↓ ㉢ ↓ 수행 유도 ↓ ㉣ ↓ 수행 평가 ↓ ㉤	① ㉠ 학생들이 내용의 핵심을 선택적으로 지각하여 용이하게 저장할 수 있도록 안내하였다. ② ㉡ 학생들이 유의미한 지식구조를 구축하는 데 초점을 맞추어 필요한 기법을 활용하였다. ③ ㉢ 학생들이 배운 내용을 단기기억에 저장하도록 다양한 흥미 유발 기법을 활용하였다. ④ ㉣ 성공적 수행에 대해서는 강화를 제공하고, 잘못된 수행은 교정할 수 있도록 정보를 제공하였다. ⑤ ㉤ 학생들이 선수학습 점검 질문에 답을 못할 경우, 다시 가르치기보다는 일단 새로운 학습을 진행하였다.

28

다음 설명과 관련되는 이론의 명칭을 쓰시오.

- 인지적 영역의 수업을 설계하는 데 효과적이다.
- 학습 결과의 범주를 수행 범주와 내용 범주로 나누어 목표를 보다 정확하게 분류하고 이에 따른 교수 전략을 구체적으로 처방하는 데 활용할 수 있다.

28A
> 2008학년도 26번

<보기>는 메릴(M. D. Merrill)의 내용요소 제시 이론에 대한 설명이다. 옳은 것을 모두 고른 것은?

―보기―

ㄱ. 인지적 영역의 수업을 설계하는 데 효과적이다.
ㄴ. 목표를 분류하고 이에 따른 교수 전략을 구체적으로 처방하는 데 활용할 수 있다.
ㄷ. 개방적 체제로 구성되어서 지식의 전체적·통합적 이해를 용이하게 하도록 지원한다.

① ㄱ, ㄴ   ② ㄱ, ㄷ
③ ㄴ, ㄷ   ④ ㄱ, ㄴ, ㄷ

29

메릴(M. D. Merrill)의 내용요소 제시 이론에서 내용의 범주에 있는 요소 네 가지와 수행의 범주에 있는 요소 세 가지가 무엇인지 쓰고, 다음 (가)~(다)가 수행·내용 행렬표상에서 어느 범주에 속하는지 쓰시오.

(가) 포유류의 정의를 말할 수 있다.
(나) 현미경을 조작하는 순서를 말할 수 있다.
(다) 암석이 주어지면 그 종류를 분류할 수 있다.

29A > 2013학년도 16번

'학습과제'와 '메릴(M. D. Merrill)의 수행·내용 행렬표 상의 범주'가 옳게 짝지어진 것은?

① 포유류의 정의를 말할 수 있다. – 절차 발견
② 피타고라스 정리를 말할 수 있다. – 사실 활용
③ 현미경을 조작하는 순서를 말할 수 있다. – 절차 기억
④ 암석이 주어지면 그 종류를 분류할 수 있다. – 사실 발견
⑤ 조선의 첫 번째 임금의 이름을 말할 수 있다. – 원리 기억

30

라이겔루스(Reigeluth)의 정교화 이론의 관점에서 교수자가 사용하는 전략요소 중 학습자의 학습을 돕는 구체적인 방안 두 가지를 서술하시오.

30A > 2002학년도 23번

다음 중 라이겔루스(Reigeluth)의 정교화 이론(Elaboration Theory)에 대한 설명으로 틀린 것은?

① 정교화된 계열은 학습자가 사용해야 할 인지전략의 조직이다.
② 정교화에는 개념적 정교화, 절차적 정교화, 이론적 정교화의 세 유형이 있다.
③ 종합자는 아이디어들을 서로 연결시키고 통합시키기 위하여 사용되는 전략요소이다.
④ 요약자는 학습자가 학습한 것을 망각하지 않도록 하기 위해 체계적으로 복습하는 데 사용되는 전략요소이다.

31

라이겔루스의 개념학습은 개념의 제시, 연습, 피드백의 순서로 진행된다. 그 중 제시 단계에 대해 포유류에 대해 학습하는 상황을 예로 들어 서술하시오.

31A
> 2009학년도 20번

라이겔루스(C. Reigeluth)의 개념학습은 개념의 제시, 연습, 피드백의 순서로 진행된다. '제시' 단계에 해당하는 것을 <보기>에서 모두 고른 것은?

―〈 보기 〉―

ㄱ. 칭찬이나 격려를 하거나 오답에 대해 왜 틀렸는지를 설명한다.
ㄴ. 포유류가 아닌 예와 포유류인 예를 동시에 들면서 변별하게 한다.
ㄷ. 다양한 문항을 통하여 이전에 본 적이 없는 사례에 포유류 개념을 적용해 보도록 한다.
ㄹ. 포유류의 정의나 결정적 속성을 가르치거나, 가장 쉽고 전형적인 예를 가지고 설명한다.
ㅁ. 가변적 속성을 지닌 고래, 말, 캥거루 등의 다양한 사례를 통하여 포유류 개념을 일반화하게 한다.
ㅂ. 포유류와 다른 개념들을 비교하여 분석하게 하거나, 포유류의 특성이 환경에 적응하는 데 어떻게 영향을 미치는지 파악하게 한다.

① ㄴ, ㅂ   ② ㄱ, ㄹ, ㅂ   ③ ㄴ, ㄹ, ㅁ
④ ㄱ, ㄴ, ㅁ, ㅂ   ⑤ ㄴ, ㄷ, ㅁ, ㅂ

32

라이겔루스가 교수의 3대 변인 사이의 관계를 도식화한 다음 모형에서 '교수의 방법', '조직전략', '매력성'에 대해 설명하시오.

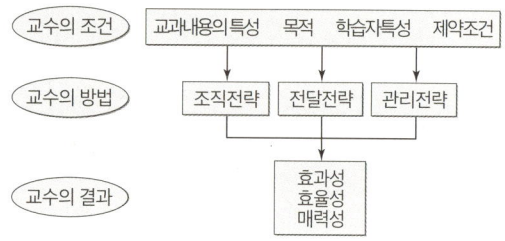

32A
> 2012학년도 18번

라이겔루스(C. Reigeluth)가 교수의 3대 변인 사이의 관계를 도식화한 다음 모형에 대한 설명으로 옳은 것만을 <보기>에서 있는 대로 고른 것은?

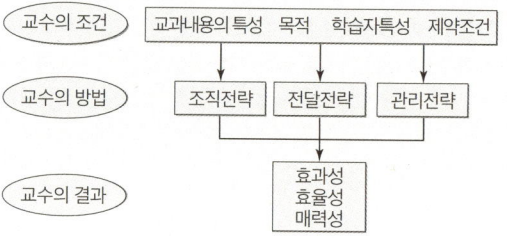

―〈 보기 〉―

ㄱ. '교수의 조건'이란 교수설계자나 교사가 통제할 수 있는 것으로, 가네(R. Gagné)의 학습조건 중 외적 조건과 같은 의미이다.
ㄴ. '교수의 방법'이란 서로 다른 조건 하에서 의도한 학습 결과를 성취하기 위하여 사용되는 다양한 교수전략을 의미한다.
ㄷ. '조직전략'에는 하나의 아이디어를 가르칠 때의 교수전략인 미시적 조직전략과 복합적인 여러 아이디어를 가르칠 때의 교수전략인 거시적 조직전략이 있다.
ㄹ. '교수의 결과' 중 매력성(appeal)이란 학습자가 교수·학습 활동과 학습자료 등에 매력을 느껴 학습을 더 자주 하려 하고, 습득한 지식이나 기능을 사용하려는 성향을 의미한다.

① ㄱ, ㄴ   ② ㄷ, ㄹ   ③ ㄱ, ㄴ, ㄹ
④ ㄱ, ㄷ, ㄹ   ⑤ ㄴ, ㄷ, ㄹ

33

켈러(J. Keller)의 학습동기 설계이론(ARCS)에서 제시하는 학습동기 유발의 네 가지 요소를 쓰고, 정수와 혜민의 말이 그 중 어느 요소에 해당하는지 설명하시오.

> 정수 | 국어 선생님은 우리가 학습 속도를 스스로 조절할 수 있는 기회를 주시고, 평가 기준을 명확히 제시해서 내가 잘할 수 있을 것이라는 기대감이 생겨.
>
> 혜민 | 나는 국어 선생님이 학습 목표에 맞게 가르치고 가르친 대로 시험문제를 출제하시기 때문에 선생님 말씀을 따라서 공부하면 국어 성적이 높아져서 좋아.

33A > 2013학년도 18번

다음에서 켈러(J. Keller)의 학습동기 설계이론(ARCS) 중 '만족감' 요소로 가장 적절한 것은?

> 정수 | 우리 국어 선생님 수업은 재미있지. ㉠ 수업방법이 다양하잖아. 변화가 있어. 그래서 선생님 수업에서 눈을 뗄 수가 없어.
>
> 혜민 | 맞아. 나는 그 수업 시간마다 ㉡ 선생님이 다음에는 무슨 말씀을 하실까 궁금해져. 나는 때로 선생님이 다음에는 이런 말을 하실 것이라고 추측도 해 봐. 내 추측이 맞을 때도 있고 틀릴 때도 있어.
>
> 정수 | 선생님 수업은 귀에 쏙쏙 들어와. ㉢ 선생님은 우리 생활 주변에서 자주 예를 가져오시잖아. 아마 선생님은 좋은 예를 찾기 위해서 우리가 좋아하는 텔레비전 프로그램도 일부러 보시는 것 같아.
>
> 혜민 | 정말 그렇지. ㉣ 선생님이 흥미로운 그림이나 짧은 비디오도 가끔 보여 주시잖아. 난 그것도 재미있어. 무엇보다도 ㉤ 학습 목표에 맞게 가르치고, 가르친 대로 시험 문제도 출제하시기 때문에, 선생님 말씀을 따라서 공부하면 국어 성적이 높아져서 좋아.

① ㉠ ② ㉡ ③ ㉢
④ ㉣ ⑤ ㉤

33B > 2011학년도 21번

켈러(J. Keller)의 학습동기 설계이론에 따라 자신감 범주의 하위 전략을 활용한 것만을 <보기>에서 모두 고른 것은?

> 보기
> ㄱ. 학생에게 학습 속도를 스스로 조절할 수 있는 기회를 제공한다.
> ㄴ. 학생에게 친밀한 예문이나 배경지식을 활용하여 수업내용을 구성한다.
> ㄷ. 학생에게 평가기준을 명확히 제시하여 성공에 대한 긍정적 기대감을 갖도록 한다.
> ㄹ. 학생이 새롭게 습득한 지식이나 기능을 실제 상황에 적용해 볼 수 있는 기회를 제공한다.

① ㄱ, ㄷ ② ㄴ, ㄹ ③ ㄱ, ㄴ, ㄷ
④ ㄱ, ㄷ, ㄹ ⑤ ㄴ, ㄷ, ㄹ

34

다음 김 교사가 사용하고자 하는 전략을 실행할 수 있는 구체적인 방안을 두 가지 서술하시오.

> 김 교사 | 학생들의 학습동기를 유발하고 지속시키기 위해 학습환경의 동기적 측면을 고려하여 수업을 설계해야겠어. 이 모형은 교사주도식 수업뿐만 아니라 최근 온라인 환경에서 대두되는 컴퓨터보조 수업이나 e-러닝 등의 콘텐츠 설계에도 활용이 가능해서 여러모로 도움이 될 것 같아. 특히 우리 학교에는 학업 수준이 낮아 자신감이 떨어져 있는 학생들이 많지. 그런 학생들이 수업을 통해 자신감을 느끼도록 하려면 어떤 전략을 사용해야 할까?

34A   > 2007학년도 23번

켈러(J. Keller)가 제안한 동기설계에 관한 ARCS 모형에 대한 설명으로 적절하지 않은 것은?

① 학습동기 유발을 위한 동기 요소에는 주의집중, 관련성, 자신감, 만족감이 있다.
② 교사주도 수업뿐만 아니라 컴퓨터보조수업이나 e-러닝 콘텐츠 설계에도 활용가능한 모형이다.
③ 학습동기를 유발하고 지속시키기 위하여 학습환경의 동기적 측면을 설계하는 문제해결 접근이다.
④ 학습자의 동기수준을 최대한 높임으로써 학업성취 향상에 직접적인 영향을 미치고자 동기 설계를 하는 모형이다.

34B   > 2005학년도 25번

다음에 제시된 수업전략에 가장 잘 부합되는 것은?

> A교사는 학생들에게 새로운 사례를 제시하여 지적 호기심을 유발한다. 수업내용이 장래 사회생활에 꼭 필요한 것이고, 선생님의 지도에 따라 열심히 노력하면 좋은 성적을 받을 수 있다고 강조한다. 또한 도전감을 느낄 수 있는 문제를 제시하고, 이를 해결했을 때 기분 좋게 느끼도록 한다.

① 벌로(D. Berlo)의 SMCR 모형
② 켈러(J. Keller)의 ARCS 모형
③ 페이비오(A. Paivio)의 이중부호화 이론(Dual-coding Theory)
④ 랜다(L. Landa)의 순차식-발견식 이론(Algo-heuristic Theory)

34C   > 2003학년도 29번

켈러(J. Keller)의 ARCS 이론의 '만족감'(Satisfaction) 증대를 위한 수업전략은?

① 친밀한 인물이나 사건의 활용
② 비일상적인 내용이나 사건의 제시
③ 쉬운 것에서 어려운 것의 순서로 과제 제시
④ 성공적 학습 결과에 대한 긍정적 피드백 제공

35

다음 박 교사가 기반하고 있는 교수학습이론의 명칭과 해당 이론의 지식관을 쓰고, 해당 이론의 관점에서 학생들의 학습을 도울 수 있는 구체적인 방안을 한 가지 서술하시오.

> 박 교사 | 오랫동안 학교 교육은 지식을 일차원적인 개념으로 단순화, 구조화하여 제시했었지. 그러나 이제 시대가 변화하고 있어. 기술의 발달로 인해 언제 어디서든 하이퍼미디어를 활용해서 원하는 정보를 얻을 수 있게 되었잖아. 이런 시대에는 외운 지식을 단순히 기억해내는 것보다 상황 맥락에 맞게 즉각적으로 재구성하는 것이 중요해. 학생들의 지식의 전이력, 재구성 능력을 기르기 위해서는 어떤 방법을 사용할 수 있을까?

35A > 2006학년도 21번

하이퍼미디어(hypermedia) 활용 수업에 관한 설명으로 옳지 않은 것은?

① 학습자가 비선형적(nonlinear)으로 정보를 탐색할 수 있다.
② 학습자가 멀티미디어 요소를 활용하여 지식을 구성할 수 있다.
③ 학습자의 방향감 상실이나 인지 과부하(cognitive overload)를 야기할 수 있다.
④ 비구조화된 내용을 학습할 때 활용하면 학습자의 인지적 유연성을 기르기 어렵다.

35B > 2003학년도 23번

<보기>와 가장 관련 깊은 이론은?

> 보기
> - 대부분의 지식은 복잡하고 다원적인 개념으로 형성되어 있다.
> - 지식을 단순화·구조화하여 제시하는 것은 고차적 지식 습득을 오히려 방해한다.
> - 지식의 전이는 지식을 단순히 기억해내는 것이 아니라 즉각적으로 재구성하는 것이다.
> - 적용 사례들을 제시해 줌으로써 다양한 형태의 지식을 다각도로 체험하게 한다.

① 정교화 이론(Elaboration Theory)
② 신경망 이론(Neural Network Theory)
③ 내용요소 제시 이론(Component Display Theory)
④ 인지적 융통성 이론(Cognitive Flexibility Theory)

36

인지적 도제 모형의 근거가 되는 이론을 서술하고, 이 모형의 단계 중 교수적 도움 단계와 반성적 사고 단계에 대해 논하시오.

36A > 2009학년도 18번

다음은 인지적 도제 모형에 기초한 수업단계의 일부이다. 단계별 수업활동에 관한 설명으로 옳지 않은 것은?

1단계: 실제적인 문제해결 과제 제시
2단계: 시범 제공
3단계: 코칭과 지원 제공
4단계: 동료 학생들과의 협력 지도
5단계: 일반적 원리로 초점을 옮겨 가도록 지도

단계	관련 설명
① 1단계	학생들이 자신의 삶에 활용할 수 있는 지식을 구성해 나가는 데 도움이 되는 실제적인 문제를 제시한다.
② 2단계	학생들이 스스로 문제를 해결하도록 교사는 문제를 풀어 나가는 자신의 사고 과정에 대한 설명 없이 시범을 보인다.
③ 3단계	수업 후반부로 갈수록 도움을 점차 감소시켜 학생들 스스로 과제를 수행하는 능력을 길러 나가도록 한다.
④ 4단계	협력학습의 과정에서 학생들이 해당 분야의 용어와 사고방식에 익숙해지는 문화적 적응의 기회를 갖게 한다.
⑤ 5단계	학생들이 특정 상황을 넘어 관련된 다른 상황에 적용할 수 있는 보편적 지식을 습득하게 한다.

37

문제기반학습의 특징 세 가지를 서술하시오.

37A
> 2013학년도 17번

다음 김 교사가 활용한 교수·학습 유형으로 가장 적절한 것은?

김 교사는 해안가의 한 도시에 있는 학교에 근무하고 있다. 그는 학생들에게 '지역 축산 단지에서 흘려보내는 오·폐수로 인한 환경오염이 지역사회에 미치는 피해를 최소화할 수 있는 방법'을 모색해 보는 과제를 웹에 제시하였다. 이 과제는 지역 농가, 도시 주민, 자치단체의 이해관계가 복잡하게 얽혀 있는 실제적 과제(authentic task)로서 비구조화되어 있다. 이 과제를 해결하기 위해서 학생들은 환경오염의 원인에 대해 다양한 가설을 세우고, 오염물질에 관한 자료를 수집하고 분석하여 그 원인을 추론하였다. 이 과정에서 교사는 촉진자의 역할을 수행하였고 학생들은 주인 의식을 갖고 자기 주도적으로 과제를 해결해 나갔다. 마지막으로 학생들에게 보고서를 웹에 올려 평가받게 함으로써 학습 과정을 성찰(reflection)해 볼 수 있는 기회를 제공하였다.

① 직접교수모형 ② 문제기반학습
③ 완전학습모형 ④ 인지적 도제학습
⑤ 정교화 수업모형

37B
> 2008학년도 19번

<보기>는 문제기반학습에서 교사의 단계별 행동을 진술한 것이다. 순서대로 바르게 나열한 것은?

보기

ㄱ. 학생들에게 자신의 탐구 능력과 사고 과정을 반성하게 하다
ㄴ. 학생들이 문제해결을 위한 연구 과제를 구체적으로 정의하도록 돕는다.
ㄷ. 학생들이 적절한 자료를 수집하고 실험하여 원인과 해결책을 찾도록 지도한다.
ㄹ. 학생들이 보고서, 비디오, 모형 등 적절한 결과물을 만들어서 발표하게 한다.
ㅁ. 학생들에게 탐구할 과제와 그 요건을 설명하고 학생들이 과제를 선택하여 문제해결 활동에 참여하도록 안내한다.

① ㄴ → ㄹ → ㅁ → ㄷ → ㄱ
② ㄴ → ㅁ → ㄹ → ㄷ → ㄱ
③ ㅁ → ㄴ → ㄷ → ㄹ → ㄱ
④ ㅁ → ㄷ → ㄹ → ㄴ → ㄱ

38

구성주의 관점에 기반한 문제해결학습(문제기반학습, PBL)에 대한 다음 설명에서 학습 목표와 교사의 역할을 서술하시오.

문제에 대한 가정	문제의 성격, 문제 표상, 개인차에 따라 문제해결 과정이 다를 수 있다.
학습 목표	
주요 학습과제	학습과제와 관련하여 알려지지 않은 요소가 있을 수 있고, 여러 가지 해결책이 있으며, 학습자의 실생활과 관련한 실제적인 과제이다.
교사의 역할	

38A > 2006학년도 18번

문제해결학습에 대한 정보처리이론과 구성주의 관점을 비교·설명한 것으로 옳지 않은 것은?

	정보처리이론	구성주의
① 문제에 대한 가정	문제의 성격, 문제상황 및 개인차에 관계없이 표준적인 해결 절차가 있다.	문제의 성격, 문제표상, 개인차에 따라 문제해결 과정이 다를 수 있다.
② 학습 목표	정답을 산출하는 문제해결 절차의 학습을 강조한다.	개별적·협동적인 학습 과정을 통해 실제적인 문제해결 경험을 강조한다.
③ 주요 학습 과제	모든 요소가 학습자에게 제시되고, 규칙적이고 구조화된 해결책이 있는 과제이다.	알려지지 않은 요소가 있을 수 있고, 여러 가지 해결책이 있는 실제적인 과제이다.
④ 교사의 역할	학습자가 스스로 문제에 관한 지식베이스(knowledge base)를 구축하도록 지원하고, 메타인지적인 코치(meta-cognitive coaching)를 한다.	광범위하게 적용되는 문제해결 모형을 제시하고, 그 과정에 해당 문제해결 절차를 적용하도록 연습시킨다.

38B > 2005학년도 22번

문제중심학습(problem-based learning)에 대한 설명으로 잘못된 것은?

① 문제는 복잡하고 비구조적이며 실제적인 특성을 지닌다.
② 평가는 과정 중심적이라기보다는 결과 중심적이다.
③ 상대주의적 인식론인 구성주의에 이론적 근거를 둔다.
④ 학습방식은 자기주도적 학습과 협동학습으로 이루어진다.

38C > 2002학년도 22번

다음과 같은 상황에 가장 적절한 교수·학습 방법은?

> 과학을 담당하는 김 교사는 정보화 사회에서 학생들에게 요구되는 종합력, 비판력, 협동력을 길러 줄 수 있는 교수·학습 방법이 무엇일까 고민하게 되었다. 교수·학습과 관련된 자료를 분석한 결과, 이러한 능력을 키워 주기 위해서는 실제 생활 속에서 발생했던 과학 관련 내용과 상황으로 구성된 학습활동을 사용하는 것이 매우 효과적임을 알게 되었다. 또한 교사는 지식 전달자에서 벗어나 학습 지원자(facilitator)의 역할을 하고, 학생은 자기주도적인 성찰을 통해 학습해야 할 필요성을 느꼈다.

① 직소우(Jigsaw)
② 역할놀이(Role Play)
③ 시뮬레이션(Simulation)
④ 문제기반학습(Problem-Based Learning)

39-1
구성주의에서 강조하는 교사의 역할을 서술하시오.

39A > 2010학년도 15번
다음의 교수·학습 방법에서 강조하는 교사의 역할과 가장 거리가 먼 것은?

- 팰린사(A. Palincsar)와 브라운(A. Brown)이 독해력 지도를 위해 제안하였다.
- 교사는 독해력을 지도할 때 질문하기, 요약하기, 명료화하기, 예견하기의 4가지 인지전략을 사용한다.
- 리더 역할은 경우에 따라 교사나 학생이 모두 수행할 수 있다.

① 수업의 처음 단계와 마지막 단계를 교사가 통제한다.
② 학생에게 현재 수준에 맞는 피드백과 조언을 제공한다.
③ 학생이 능동적으로 지식을 구성하도록 교사가 격려한다.
④ 사회적 상호작용을 통해 학생의 사고 발달을 교사가 촉진한다.
⑤ 도입 단계에서 교사는 학생에게 인지전략을 설명하고 시범 보인다.

39-2
다음 내용과 관련이 깊은 교수·학습 방법의 명칭과 목적을 쓰고, 해당 방법에서 강조하는 교사의 역할에 대해 서술하시오.

- 팰린사와 브라운이 독해력 지도를 위해 제안하였다.
- 교사는 독해력을 지도할 때 질문하기, 요약하기, 명료화하기, 예견하기의 네 가지 인시전략을 사용한다.
- 리더 역할은 경우에 따라 교사나 학생이 모두 수행할 수 있다.

40

이러닝(e-learning)의 장점을 두 가지 설명한 뒤, 코로나 19와 같은 팬데믹 상황에서 등교수업이 불가능한 경우 플립드 학습법을 어떻게 활용할 수 있을지 서술하시오.

40A
> 2004학년도 28번

인터넷 활용 수업과 관련된 설명으로 가장 적절한 것은?

① 학습 과정이 아니라 학습 결과만을 평가한다.
② 최신 지식과 정보를 활용한 교수·학습 활동이 가능하다.
③ 학습자는 능동적인 정보처리자가 아니라 수동적인 정보 수용자이다.
④ 오프라인 수업에 비해 학습자가 전문가와 접촉할 수 있는 기회가 적어진다.

40B
> 2003학년도 26번

<보기>는 인터넷을 이용한 원격교육 사례이다. 적용된 학습 유형을 가장 바르게 연결한 것은?

― 보기 ―
학생들은 스스로 탐구할 주제를 찾는다(A). 학생들은 이메일이나 인터넷 토론방을 통해 과학자들로부터 과제에 대한 피드백과 지도를 지속적으로 받으면서 실제적인 과학 탐구 경험을 점차적으로 쌓는다(B). 학생들은 과학자들의 도움을 받아 학습결과물을 산출하며, 과학자들은 그 결과물을 연구자료로 활용한다(C).

	A	B	C
①	탐구학습	인지적 도제학습	협력학습
②	탐구학습	사례중심 학습	순차학습
③	문제해결학습	순차학습	협력학습
④	문제해결학습	발견학습	탐구학습

40C
> 2003학년도 27번

인터넷을 이용한 <보기>와 같은 토론수업의 교육적 기대 효과와 가장 거리가 먼 것은?

― 보기 ―
교사는 '대학 기여 입학제'에 관한 토론 수업을 시도하였다. 먼저 학생들로 하여금 각자 찬반 의견을 인터넷 토론방에 올리도록 하였다. 그리고 동료 학생들의 의견을 읽고 비평하게 하였다. 마지막으로 자신의 의견을 수정하여 다시 올리도록 하였다.

① 의사소통 능력의 향상
② 다양한 사고활동의 촉진
③ 비판적 사고능력의 함양
④ 교사가 의도한 최종 결론의 도출

40D
> 2002학년도 27번

멀티미디어의 교육적 특성과 가장 거리가 먼 것은?

① 컴퓨터와 학습자 간의 상호작용이 매우 높다.
② 학습자는 미리 설계된 경로에 따라 학습하게 된다.
③ 다양한 유형의 교수·학습 환경을 구현하기에 적합하다.
④ 학습자료는 문자, 그래픽, 음성, 영상 등 다양한 매체 형태로 이루어져 있다.

Note

CHAPTER 4 교육평가

- **교육평가의 이해**　교육평가의 기초 | 교육평가의 유형1 | 교육평가의 유형2 | 교육평가관 | 교육평가 모형
- **평가방법 선정과 개발**　평가 제작 계획 | 문항/도구 제작과 활용 | 평가도구의 양호도
- **평가결과의 활용**　평가결과 분석 | 평가결과 활용 | 자료분석 및 기초통계

01
형성평가의 개념을 쓰고, 형성평가의 기능을 교사와 학생 측면에서 한 가지씩 서술하시오.

01A　> 2007학년도 14번
다음은 형성평가를 위해 선택형 문항을 작성할 때 고려해야 할 사항이다. 이 중 학생들의 학습곤란이나 학습결손을 파악하려는 교사의 의도가 가장 잘 반영된 것은?

① 답지가 서로 다른 차원의 내용을 포함하지 않도록 한다.
② 정답이 분명히 드러나지 않도록 오답지의 매력도를 높인다.
③ 추측에 의해 정답을 선택할 가능성이 높아지지 않도록 답지의 수를 늘린다.
④ 학생들이 자주 범할 수 있는 오류의 유형을 확인할 수 있도록 답지를 구성한다.

01B　> 2006학년도 26번
<보기>의 교사 행동을 진단평가, 형성평가, 총합평가와 가장 적절하게 짝지은 것은?

― 보기 ―
ㄱ. 수업 중에 학습 오류 수정을 위하여 쪽지시험을 실시하였다.
ㄴ. 수업계획을 수립하기 위하여 학생의 기초학습능력과 선수학습 정도를 파악하였다.
ㄷ. 기말고사를 실시하여 성적을 부여하였다.

	진단평가	형성평가	총합평가
①	ㄱ	ㄴ	ㄷ
②	ㄴ	ㄱ	ㄷ
③	ㄴ	ㄷ	ㄱ
④	ㄷ	ㄴ	ㄱ

02

다음은 김 교사와 박 교사의 평가 관련 행동을 기술한 것이다. 각 교사의 행동을 가장 잘 설명하는 교육평가 유형을 쓰고 그 개념을 서술하시오.

- 김 교사는 영어 시험에서 T 점수로 40점 미만에 해당하는 학생을 찾아내어 특별보충 학습 프로그램에 참가하도록 하였다.
- 박 교사는 국어 시험에서 학기 초에 83점, 학기 중간에 84점, 학기 말에 85점을 얻은 A 학생보다 학기 초에 60점, 학기 중간에 70점, 학기 말에 80점을 얻은 B 학생이 더 많이 향상되었다는 사실을 고려하여 B 학생을 더 긍정적으로 평가하였다. (단, 국어 시험 점수는 동간성이 있다고 가정한다.)

02A > 2012학년도 13번

다음은 김 교사와 박 교사의 평가 관련 행동을 기술한 것이다. 이들의 행동을 가장 잘 설명해주는 교육평가 유형을 <보기>에서 골라 짝지은 것은?

- 김 교사는 영어 시험에서 T 점수로 40점 미만에 해당하는 학생을 찾아내어 특별보충 학습 프로그램에 참가하도록 하였다.
- 박 교사는 국어 시험에서 학기 초에 83점, 학기 중간에 84점, 학기 말에 85점을 얻은 A 학생보다 학기 초에 60점, 학기 중간에 70점, 학기 말에 80점을 얻은 B 학생이 더 많이 향상되었다는 사실을 고려하여 B 학생을 더 긍정적으로 평가하였다. (단, 국어 시험 점수는 동간성이 있다고 가정한다.)

보기
ㄱ. 규준참조평가   ㄴ. 준거참조평가
ㄷ. 성장참조평가   ㄹ. 능력참조평가

	김 교사	박 교사
①	ㄱ	ㄴ
②	ㄱ	ㄷ
③	ㄱ	ㄹ
④	ㄴ	ㄷ
⑤	ㄴ	ㄹ

03

다음에서 정 교사가 새롭게 시도하려고 하는 평가 유형의 명칭을 쓰고, 해당 평가 유형의 장점을 두 가지 서술하시오.

> 정 교사 | 과거에는 평가를 통해 학생 개인이 전체 집단 내에서 어느 정도 위치에 있는지에 대한 정보를 파악하는 것이 중요했었지. 검사 점수의 정규분포를 기대하고 학생들의 개인차를 정확하게 측정해서 변별하는 것이 필요했어. 하지만 이제는 더 이상 상대적인 서열이 예전만큼은 중요하지 않은 시대가 되었어. 경쟁을 통한 외적 동기 유발만으로는 학생들에게 의미 있는 학습이 일어나지 않고, 상대적 서열을 판단하는 것이 학생의 진정한 학습 정도를 평가할 수 없기 때문인데… 그렇다면 이번 시험에서는 이에 대비되는 새로운 평가 유형을 시도해 보아야겠다.

03A > 2006학년도 24번

규준참조평가(norm-referenced evaluation)에 관한 진술로 가장 거리가 먼 것은?

① 규준이란 교과에서 설정한 학습 목표이다.
② 학생 상호 간의 점수 경쟁을 조장할 수 있다.
③ 개인의 집단 내 상대적 위치에 대한 정보 파악이 용이하다.
④ '수·우·미·양·가'의 평어를 부여할 때는 미리 정해 놓은 각 등급의 배당비율을 따른다.

03B > 2004학년도 6번

규준지향평가와 준거지향평가를 비교한 것으로 적절한 것은?

	규준지향평가	준거지향평가
①	절대평가	상대평가
②	타당도 강조	변별도 강조
③	선발적 교육관	발달적 교육관
④	부적편포 기대	정상분포 기대

04

평정법(rating scale method)에 의해서 학생의 수행을 평가할 때 평정자에 의해 발생할 수 있는 오류 중 논리적 오류, 후광 효과, 집중경향의 오류를 설명하시오.

04A > 2008학년도 17번

<보기>는 평정법(rating scale method)에 의해서 학생의 수행을 평가할 때, 평정자에 의해 발생할 수 있는 오류의 유형을 설명한 것이다. 옳은 것을 모두 고르면?

― 보기 ―
ㄱ. 논리적 오류(logical error)는 전혀 다른 두 가지 행동 특성을 비슷한 것으로 생각해서 평정하는 경향을 말한다.
ㄴ. 후광 효과(halo effect)는 평정대상에 대해 가지고 있는 특정 인상을 토대로 또 다른 특성을 좋게 또는 나쁘게 평정하는 경향을 말한다.
ㄷ. 집중경향의 오류(error of central tendency)는 아주 높은 점수나 낮은 점수는 피하고 평정이 중간 부분에 지나치게 자주 모이는 경향을 말한다.

① ㄱ, ㄴ　　② ㄱ, ㄷ
③ ㄴ, ㄷ　　④ ㄱ, ㄴ, ㄷ

05

다음과 같은 단계로 진행되는 교육 프로그램의 평가 모형의 명칭을 쓰고 개념을 설명한 뒤, 장점과 단점을 한 가지씩 서술하시오.

> 1단계 | 학교의 교육목표를 설정한다.
> 2단계 | 설정된 교육목표를 분류한다.
> 3단계 | 분류된 교육목표를 행동적 용어로 진술한다.
> 4단계 | 교육목표의 달성 여부를 확인할 수 있는 장면이나 조건을 설정한다.
> 5단계 | 측정방법 및 도구를 선정 또는 개발한다.
> 6단계 | 측정을 통하여 자료를 수집한다.
> 7단계 | 수집된 자료를 분석하여 학생의 성취를 행동목표와 비교한다.

05A > 2013학년도 12번

다음과 같은 단계로 진행되는 교육 프로그램 평가 모형으로 가장 적절한 것은?

> • 1단계 | 학교의 교육목표를 설정한다.
> • 2단계 | 설정된 교육목표를 분류한다.
> • 3단계 | 분류된 교육목표를 행동적 용어로 진술한다.
> • 4단계 | 교육목표의 달성여부를 확인할 수 있는 장면이나 조건을 설정한다.
> • 5단계 | 측정방법 및 도구를 선정 또는 개발한다.
> • 6단계 | 측정을 통하여 자료를 수집한다.
> • 7단계 | 수집된 자료를 분석하여 학생의 성취를 행동목표와 비교한다.

① 스테이크(R. Stake)의 반응적 평가(responsive evaluation) 모형
② 타일러(R. Tyler)의 목표중심 평가(objective-oriented evaluation) 모형
③ 스크리븐(M. Scriven)의 탈목표 평가(goal-free evaluation) 모형
④ 구바와 링컨(E. Guba & Y. Lincoln)의 자연주의적 평가(naturalistic evaluation) 모형
⑤ 팔렛과 해밀턴(M. Parlett & D. Hamilton)의 조명적 평가(illuminative evaluation) 모형

05B > 2005학년도 18번

<보기>에서 목표중심 평가의 장점을 골라 바르게 묶은 것은?

> 보기
> ㄱ. 교육목표를 행동적 용어로 진술하여 명확한 평가기준을 제시한다.
> ㄴ. 교육목표, 교육내용, 교육평가 간의 논리적 일관성을 유지해 준다.
> ㄷ. 교육평가에서 평가자와 의사결정자의 역할이 명확하게 구분된다.
> ㄹ. 교육목표로 설정되지 않은 부수적 교육활동에 대한 평가가 용이하다.

① ㄱ, ㄴ ② ㄱ, ㄹ
③ ㄴ, ㄷ ④ ㄷ, ㄹ

06
스터플빔(D. L. Stufflebeam)의 CIPP모형에 대해 서술하시오.

06A > 2008학년도 16번
<보기>에서 스터플빔(D. L. Stufflebeam)의 CIPP모형에 해당하는 설명을 바르게 묶은 것은?

보기
- ㄱ. 평가자의 주관적인 전문성을 가장 중요한 평가 전략으로 간주한다.
- ㄴ. 평가구조의 차원을 수업, 기관, 행동으로 구성된 3차원으로 구분한다.
- ㄷ. 평가자의 역할은 최종적인 가치판단이 아니라, 충분한 정보를 수집·제공하는 것이다.
- ㄹ. 조직의 관리과정 및 의사결정을 중심으로 평가활동을 수행해야 한다는 점을 강조한다.

① ㄱ, ㄴ   ② ㄱ, ㄷ
③ ㄴ, ㄹ   ④ ㄷ, ㄹ

07
프로그램을 평가할 때 스크리븐(M. Scriven)의 판단모형의 장점을 서술하시오.

07A > 2007학년도 13번
김 교사는 스크리븐(M. Scriven)의 판단모형을 활용하여 학교의 '특기적성교육' 프로그램을 평가하고자 한다. 이때 활용할 수 있는 평가 방안으로 적절하지 않은 것은?

① 비교 평가와 비(非)비교 평가
② 경험과학적 평가와 예술비평적 평가
③ 목표중심 평가와 탈목표(goal-free) 평가
④ 내재적 준거에 의한 평가와 외재적 준거에 의한 평가

08-1

다음에서 설명하는 평가의 유형을 구체적으로 쓰고, 해당 평가 유형의 장점을 두 가지 서술하시오.

> - 학생의 지적 능력과 정의적 특성에 대한 평가를 통합하고자 하는 의도로 도입되었다.
> - 학생의 학습활동과 관련된 자료를 장시간에 걸쳐 체계적으로 수집한 모음집이다.

08-2

수행평가의 개념을 쓰고, 수행평가를 실시할 때 교사가 유의해야 할 점을 두 가지 서술하시오.

08A > 2007학년도 15번

수행평가의 도입 배경에는 학생의 지적 능력과 정의적 특성에 대한 평가를 통합하고자 하는 의도가 있다. 이러한 의도를 가장 충실히 반영한 것은?

① 기계모형을 해체하였다가 원상 복구하는 데에 걸리는 시간을 측정하는 평가
② '집합'의 개념을 수학과 생물학의 시각에서 조명하도록 요구한 논술형 평가
③ 최종 정답만이 아니라 문제 풀이 과정까지 드러내도록 요구한 수학의 서답형 평가
④ 모둠의 협동을 요구하는 과학 실험 과제를 제시하고 학생의 행동을 교사가 관찰하여 평정하는 평가

08B > 2004학년도 8번

수행평가를 실시할 때 유의할 사항으로 가장 옳은 것은?

① 신뢰도를 높이기 위해 채점자 사전 교육을 삼가야 한다.
② 타당도를 높이기 위해 간접적인 평가방법을 사용해야 한다.
③ 실용도를 높이기 위해 수행과제의 수를 많이 포함해야 한다.
④ 객관도를 높이기 위해 동일한 문항을 여러 명이 채점하게 한다.

08C > 2003학년도 17번

수행평가의 특징과 관계가 가장 먼 것은?

① 높은 신뢰도
② 높은 타당도
③ 과정(process)에 대한 평가
④ 실제적인 상황에서의 평가

08D > 2002학년도 20번

다음과 같은 자료는 어떤 방법을 사용하여 평가하는 것이 가장 적합한가?

> 일기장, 연습장, 미술작품집, 과제일지

① 논문형 검사
② 포트폴리오법
③ 관찰법
④ 면접법

09

다음은 김 교사가 학기말 시험문제를 출제하는 과정을 진술한 것이다. 김 교사가 출제과정에서 고려한 타당도의 유형을 쓰고 그 개념을 설명하시오.

> 중학교에서 국어를 가르치고 있는 김 교사는 다음과 같은 방법으로 학기말 시험문제를 출제하였다. 우선 이원분류표에 근거하여 수업목표 및 교수·학습 과정에서 중요하게 다루었던 내용들을 확인하였으며, 이것들을 중심으로 학기말 시험문제를 출제하였다. 시험문제를 출제한 후 국어 교과 전문가와 협의하여 자신이 출제한 문항들이 대표성을 가지고 있는 문항표집인지 점검하였다.

09A > 2011학년도 13번

다음은 김 교사가 학기말 시험문제를 출제하는 과정을 진술한 것이다. 김 교사가 출제과정에서 고려한 타당도로 가장 적합한 것은?

> 중학교에서 국어를 가르치고 있는 김 교사는 다음과 같은 방법으로 학기말 시험문제를 출제하였다. 우선 이원분류표에 근거하여 수업목표 및 교수·학습 과정에서 중요하게 다루었던 내용들을 확인하였으며, 이것들을 중심으로 학기말 시험문제를 출제하였다. 시험문제를 출제한 후 국어 교과 전문가와 협의하여 자신이 출제한 문항들이 대표성을 가지고 있는 문항표집인지 점검하였다.

① 내용타당도 ② 안면타당도
③ 공인타당도 ④ 구인타당도
⑤ 예언타당도

10

평가도구의 질을 판단하는 기준 중 신뢰도의 개념을 서술하고, 반분검사 신뢰도의 한계를 서술하시오.

10A > 2008학년도 18번

내적 일관성 신뢰도(internal consistency reliability)에 대한 설명으로 옳지 않은 것은?

① 호이트(Hoyt) 신뢰도는 분산분석 방법을 사용해서 신뢰도를 추정한다.
② 검사를 한 번만 실시하고도 검사의 신뢰도를 추정할 수 있는 방법이다.
③ 반분검사 신뢰도의 경우 검사를 양분하는 방법에 따라 신뢰도 계수가 다르게 추정된다.
④ 스피어만-브라운(Spearman-Brown) 신뢰도는 각각의 문항을 하나의 검사로 간주하여 문항들 간의 유사성을 측정한다.

11

다음은 A, B 두 중학교 2학년의 전국연합모의고사 수학 시험 결과다. 두 학교의 수학 성적이 각각 정상분포를 이루고 있다고 가정할 경우, A 학교에서 70점을 받은 학생의 T 점수를 쓰고, A 학교와 B 학교에서 각각 60점을 받은 학생의 백분위가 어떻게 되는지 비교하시오.

학교 \ 통계값	평균	표준편차
A 학교	65	5
B 학교	70	10

11A > 2011학년도 14번

다음은 A, B 두 중학교 2학년의 전국연합모의고사 수학 시험 결과이다. 두 학교의 수학 성적이 각각 정상분포를 이루고 있다고 가정할 경우, 다음 표에 대한 설명으로 옳지 않은 것은?

학교 \ 통계값	평균	표준편차
A 학교	65	5
B 학교	70	10

① A 학교에서 70점을 받은 학생의 T 점수는 60점이다.
② A 학교에서 60점보다 낮은 점수를 받은 학생들은 약 15.87 %이다.
③ A 학교와 B 학교에서 각각 60점을 받은 학생의 백분위는 동일하다.
④ B 학교에서의 80점을 스테나인 점수로 변환하면 2등급에 해당된다.
⑤ B 학교에서 80점을 받은 학생의 Z 점수는 A 학교에서 75점을 받은 학생의 Z 점수보다 낮다.

12

다음은 10명의 학생들에게 문항당 배점이 1점인 10개의 사지선다형 문항의 시험을 치르게 한 후 답안을 채점한 결과의 일부분이다. 총점을 기준으로 상위 50% 학생들을 상위집단, 하위 50% 학생들을 하위집단이라고 할 때, 고전검사이론에 근거해 변별도 개념을 설명한 후 문항1과 2의 변별도를 평가하고, 문항5의 문제점을 답지의 능률도(답지반응 분포) 측면에서 서술하시오.

문항 학생	1	2	…	5	…	10	총점
A	0	1	…	1	…	1	9
B	0	1	…	1	…	0	8
C	1	1	…	1	…	1	8
D	0	1	…	1	…	1	7
E	1	0	…	1	…	1	7
F	1	1	…	1	…	1	6
G	0	0	…	1	…	0	4
H	1	0	…	1	…	0	3
I	0	0	…	1	…	0	3
J	1	0	…	1	…	0	2

12A > 2011학년도 12번

다음은 10명의 학생들에게 문항당 배점이 1인 10개의 사지선다형 문항의 시험을 치르게 한 후 답안을 채점한 결과의 일부분이다. 총점을 기준으로 상위 50% 학생들을 상위집단, 하위 50% 학생들을 하위집단이라고 할 때, 다음 표에 대한 해석으로 옳지 않은 것은?

문항 학생	1	2	3	4	5	…	9	10	총점
A	0	1	1	1	1	…	1	1	9
B	0	1	1	1	1	…	1	0	8
C	1	1	0	0	1	…	1	1	8
D	0	1	0	0	1	…	1	1	7
E	1	0	0	0	1	…	1	1	7
F	1	1	1	1	1	…	0	1	6
G	0	0	1	1	1	…	0	0	4
H	1	0	0	1	1	…	0	0	3
I	0	0	1	0	1	…	0	0	3
J	1	0	0	0	1	…	0	0	2

① 문항1은 변별도를 고려할 때 수정이나 삭제가 필요하다.
② 문항2는 상위집단과 하위집단을 잘 변별한다.
③ 문항3과 문항4의 변별도 지수는 같다.
④ 문항3과 문항4의 난이도 지수는 다르다.
⑤ 문항5의 오답지 반응비율은 0으로 오답지들이 매력적이지 않다.

CHAPTER 5 교육심리

- **학습자의 인지적 특성**   지능 | 창의성 | 인지양식(학습양식)
- **학습자의 정의적 특성**   동기이론
- **학습자의 발달**   인지발달 | 도덕성발달 | 성격발달
- **학습이론**   행동주의 학습이론 | 인지주의 학습이론 | 구성주의 학습이론
- **적응과 부적응**   적응기제

01

가드너(H. Gardner)의 다중지능이론 특징을 기존의 지능이론과 비교하여 설명하고, 그것이 학생들에게 갖는 의의를 서술하시오.

01A > 2007학년도 30번
지능에 관한 학자들의 업적을 바르게 설명한 것은?

① 비네(A. Binet)는 세계 최초로 지능검사에 지능지수(IQ)를 도입하였다.
② 웩슬러(D. Wechsler)는 정신연령에 기초하여 지능지수(IQ)를 산출하였다.
③ 스턴버그(R. Sternberg)는 분석력, 창의력 등을 포함하는 성공지능이론을 제안하였다.
④ 가드너(H. Gardner)는 창의성의 지적 능력에 해당하는 확산적 사고를 지능의 요인에 추가하였다.

01B > 2007학년도 34번
지능검사 결과를 바르게 해석하고 있는 교사는?

① 집단지능검사 결과 A학생의 IQ는 130으로 나타났다. 김 교사는 A학생을 영재아라고 판단하였다.
② 집단지능검사 결과 B학생의 IQ는 102이고, C학생의 IQ는 98이었다. 이 교사는 B학생이 C학생보다 지적 능력이 우수하다고 판단하였다.
③ K-WISC-Ⅲ 검사 결과 D학생의 전체 IQ는 60으로 나타났다. 박 교사는 D학생이 경미한 수준의 정신지체를 보일 가능성이 있다고 판단하였다.
④ K-WISC-Ⅲ 검사 결과 E학생의 언어성 IQ는 113이고 동작성 IQ는 118이었다. 정 교사는 E학생이 충동적 성향을 보일 가능성이 있다고 판단하였다.

01C > 2003학년도 35번
지능이론에 대한 설명이 바르게 진술된 것은?

① 일반(g)요인설: 지능은 내용, 조작, 산출의 상호결합으로 얻어지는 복합적인 능력이다.
② 지능구조(SOI)모형: 지능은 7개의 기본정신능력으로 형성되며, 측정 가능한 것으로 구성된다.
③ 다중지능(MI)이론: 지능은 언어지능, 음악지능 등 서로 다른 독립적이고 상이한 유형의 능력으로 구성되어 있다.
④ 다요인(PMA)설: 지능은 일반요인과 특수요인으로 이루어지며, 일반요인으로 분류되는 능력은 모든 지적 과제 수행에 관련된다.

02

다음 두 교사의 견해에 근거가 되는 지능이론가를 각각 쓰고, 제시문과 관련하여 각 이론의 차이점을 설명하시오.

> 최 교사 | 우리 반 영철이는 IQ가 높아서인지 공부를 참 잘해요. 과목별 점수로 봐도 영철이가 거의 전교 1, 2등이잖아요. 머리가 좋으니까 나중에 어떤 직업을 갖더라도 잘할 거예요.
>
> 송 교사 | 우리 반 순희는 언어와 수리 교과는 잘하지만, 음악이나 체육은 재능이 없어 보여요. 친구들하고 잘 어울리지도 못해요. 그런 것을 보면 지능이 높다고 뭐든 잘하는 것 같지는 않아요. 그리고 공부뿐만 아니라 인간관계 능력이나 다른 것들도 지적 능력에 포함되는 것이 아닐까요? 결국, 영역별로 지적 능력이 따로 있는 것 같아요.

02A > 2011학년도 23번

다음 세 교사의 견해에 근거가 되는 지능이론가들을 올바르게 짝지은 것은?

> 최 교사 | 우리 반 영철이는 IQ가 높아서인지 공부를 참 잘해요. 과목별 점수로 봐도 영철이가 거의 전교 1, 2등이잖아요. 머리가 좋으니까 나중에 어떤 직업을 갖더라도 잘할 거예요.
>
> 송 교사 | 우리 반 순희는 언어와 수리 교과는 잘하지만, 음악이나 체육은 재능이 없어 보여요. 친구들하고 잘 어울리지도 못해요. 그런 것을 보면 지능이 높다고 뭐든 잘하는 것 같지는 않아요. 그리고 공부뿐만 아니라 인간관계 능력이나 다른 것들도 지적 능력에 포함되는 것이 아닐까요? 결국, 영역별로 지적 능력이 따로 있는 것 같아요.
>
> 강 교사 | 영역별 지능도 중요하지만, 제 생각엔 지능이 한 가지 경로로만 발달하지는 않는 것 같아요. 기억력처럼 뇌 발달과 비례하는 능력들도 있지만, 언어이해력과 같은 것들은 문화적 환경과 경험에 의해 발달하잖아요.

	최 교사	송 교사	강 교사
①	스턴버그 (R. Sternberg)	골만 (D. Goleman)	카텔 (R. Cattell)
②	스피어만 (C. Spearman)	가드너 (H. Gardner)	카텔 (R. Cattell)
③	스피어만 (C. Spearman)	가드너 (H. Gardner)	길포드 (J. Guilford)
④	스턴버그 (R. Sternberg)	가드너 (H. Gardner)	길포드 (J. Guilford)
⑤	스피어만 (C. Spearman)	골만 (D. Goleman)	길포드 (J. Guilford)

03
가드너(H. Gardner)의 다중지능이론과 스턴버그(R. Sternberg)의 성공지능이론의 공통점을 서술하시오.

03A
> 2009학년도 23번

가드너(H. Gardner)의 다중지능이론과 스턴버그(R. Sternberg)의 성공지능이론의 공통점을 <보기>에서 고른 것은?

<보기>
ㄱ. 인간의 지능을 사회·문화적 맥락을 고려하여 이해한다.
ㄴ. 지능의 작용 과정보다는 지능의 독립적 구조를 밝히는 데 주력하고 있다.
ㄷ. 지능의 개념 정의에서 전문성(developing expertise)과 지혜(wisdom)가 중시된다.
ㄹ. 학교 수업과 평가는 학생의 강점 지능을 활용하고 약점지능을 교정·보완하는 데 초점을 맞추어야 한다고 강조한다.

① ㄱ, ㄴ ② ㄱ, ㄹ ③ ㄴ, ㄷ
④ ㄴ, ㄹ ⑤ ㄷ, ㄹ

04
다음에서 설명하는 창의적 사고 기법의 명칭을 쓰고, 그 개념을 서술하시오.

- '내가 만일 새롭게 고안된 병따개라면 어떤 모양이 되고 싶은가?'와 같이 사람이 문제의 일부분이 되어 봄으로써 새로운 관점을 창출한다.
- 동식물이 스스로를 보호하고 있는 방법에서 아이디어를 얻어 신변 안전 장치를 개발할 수도 있다.

04A
> 2004학년도 15번

다음에서 설명하고 있는 창의적 사고 기법은?

- 고든(W. Gordon) 등에 의해 제안되었으며, 창의적인 사람들이 무의식적으로 사용하는 전략들을 활용하는 것이다.
- 당연한 것으로 받아들이던 대상이나 요소에 대해 의문을 가져본다.
- '내가 만일 새롭게 고안된 병따개라면 어떤 모양이 되고 싶은가?'와 같이 사람이 문제의 일부분이 되어 봄으로써 새로운 관점을 창출한다.
- 동식물이 스스로를 보호하고 있는 방법에서 아이디어를 얻어 신변 안전 장치를 개발할 수도 있다.

① 스캠퍼(SCAMPER)
② 시넥틱스(synectics)
③ 속성열거(attribute listing)
④ 브레인스토밍(brainstorming)

05

다음 박 교사가 수업 상황에서 사용한 활동이 학생의 인지적 발달 중 어떤 영역의 발달을 위한 활동인지 쓰고, 그 영역을 구성하는 요소 세 가지를 길포드의 관점에서 서술하시오.

- 일상적, 보편적 아이디어를 새롭게 변형하고 조합하여 개선시키도록 한다.
- 변형, 조합, 은유, 유추적 결합 등의 방식을 활용한다.
- 기본적 원리를 새로운 상황과 장면에 적용시키도록 한다.
- 지속적인 반복 연습이나 암기 학습은 지양한다.

05A > 2003학년도 38번

창의성을 기르기 위한 수업 상황에서 교사가 사용할 수 있는 활동들을 <보기>에서 모두 고른 것은?

---보기---

가. 브레인스토밍을 통하여 논리적 판단력과 비판력을 기른다.
나. 일상적, 보편적 아이디어를 새롭게 변형, 조합, 개선시킨다.
다. 지속적인 반복 연습과 암기 학습으로 창의적 능력을 강화한다.
라. 변형, 조합, 은유, 유추적 결합 등으로 창의적 사고의 의미를 알게 한다.

① 가, 나 ② 가, 다
③ 나, 라 ④ 다, 라

05B > 2002학년도 31번

창의성과 관련한 다음 진술 중 가장 적절한 것은?

① 유창성은 창의성의 주요 요소이다.
② 창의성은 학교 학업 성적에 영향을 주지 않는다.
③ 창의성이 높은 학생일수록 자신을 개방하려는 경향이 적다.
④ 지능이 높을수록 창의성이 높으며 그 상관계수는 약 .80 정도이다.

06

창의성 개발 기법 중 드 보노(E. de Bono)의 PMI 기법에 대해 서술하시오.

06A > 2008학년도 29번

다음에서 설명하는 창의성 개발 기법은?

- 아이디어, 건의, 제안 등을 처리하는 창의적인 기법으로 사용된다.
- 학생들은 단순히 어떤 아이디어를 좋아하거나 좋아하지 않는다고 판단하지 않는다.
- 학생들에게 어떤 아이디어에 대하여 먼저 좋은 점을 생각하고, 다음에는 나쁜 점을 생각하며, 마지막으로 좋지도 나쁘지도 않지만 주목할 만한 가치가 있다고 생각되는 점을 살펴보도록 하여 사고의 방향을 안내한다.

① 드 보노(E. de Bono)의 PMI
② 오스본(A. F. Osborn)의 CPS
③ 에벌리(B. Eberle)의 SCAMPER
④ 브랜스포드(J. D. Bransford)의 IDEAL

07

인지양식(학습양식)의 개념을 서술하고, 장독립적 학습자와 장의존적 학습자의 특성을 학습과제 자체의 측면과 상황을 지각하는 방식의 측면에서 비교하여 설명하시오.

07A
> 2006학년도 10번

장독립적 학습자와 비교할 때 장의존적 학습자의 특성으로 거리가 먼 것은?

① 실제 상황이 함께 제시되는 학습과제를 잘 해결한다.
② 요소들 간의 관계가 분명한 학습내용을 잘 이해한다.
③ 분석력과 추리력이 요구되는 학습과제를 잘 해결한다.
④ 학습상황을 부분으로 나누기보다는 전체로 지각한다.

08

다음 사례를 읽고 밑줄 친 부분의 원인을 학습동기의 측면에서 설명하고, 이와 같은 학습동기 유형의 학습자를 위한 지도 방법을 세 가지 서술하시오.

> 우희는 컴퓨터 게임을 하면서 '30분만 더하고 공부를 해야겠다'고 결심하였다. 그리고 30분이 지난 뒤 책꽂이에서 책을 꺼내 공부를 시작하려고 하는데, 갑자기 밖에서 "우희야, 게임 그만하고 공부하면 용돈 줄게."라는 어머니의 말씀이 들렸다. 이 말을 듣고 <u>우희는 공부할 의욕이 사라졌다.</u>

08A
> 2006학년도 8번

학습동기 측면에서 <보기>와 같은 상황을 가장 경계하는 학습이론은?

― 보기 ―
우희는 컴퓨터 게임을 마친 후, '이제 공부 좀 해야겠다'고 결심하였다. 그리고 책꽂이에서 책을 꺼내 공부하려고 하는데, 갑자기 밖에서 "얘, 공부 좀 해!"라는 어머니의 말씀을 듣고 공부할 의욕이 사라졌다.

① 사회적 학습이론　② 인본주의 학습이론
③ 정보처리 학습이론　④ 행동주의 학습이론

08B
> 2004학년도 13번

내재적 동기 수준이 높은 학습자를 위한 지도 방법으로 적절하지 않은 것은?

① 학습의 과정보다 결과의 중요성을 강조한다.
② 학습과제에 대한 기대와 호기심을 갖게 한다.
③ 과제 선택의 기회를 주어 자기주도적 학습 환경을 제공한다.
④ 학습자의 수준보다 약간 높은 수준의 곤란도를 가진 학습 과제를 제시하여 도전감을 유발한다.

09

와이너(B. Weiner)의 귀인이론(attribution theory)의 개념과 네 가지 귀인 유형을 설명하고, 다음의 네 학생의 귀인 유형이 어디에 해당하는지 서술하시오.

㉠ "난 역시 머리가 좋아."
㉡ "이번엔 운이 안 좋았어."
㉢ "이번 시험에서는 공부를 너무 안 했어."
㉣ "이번 시험은 너무 어려웠어."

09A > 2005학년도 29번

다음은 시험이 끝난 직후 4명의 학생이 한 말이다. 이를 와이너(B. Weiner)의 귀인이론(attribution theory)에 적용해 볼 때, 아래 그림에서 A, B 유형에 해당되는 학생을 바르게 나열한 것은?

ㄱ. "난 역시 똑똑해!"
ㄴ. "이번엔 운이 없었어!"
ㄷ. "이번엔 공부를 너무 안 했어!"
ㄹ. "이번 시험은 너무 어려웠어!"

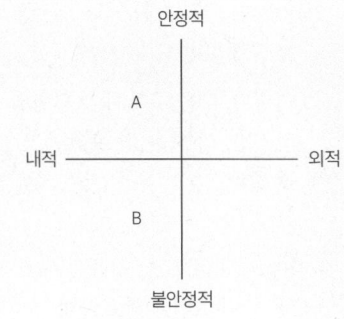

	A	B
①	ㄱ	ㄴ
②	ㄱ	ㄷ
③	ㄴ	ㄹ
④	ㄹ	ㄴ

09B > 2003학년도 39번

정의적 특성과 학습의 관계에 대한 설명 중 옳은 것은?

① 도전적 과제의 성취동기 수준과 연령 간에는 정적 상관이 있다.
② 최상의 학습효과를 위해서는 불안 수준을 최대한 낮춰야 한다.
③ 내재적 동기보다 외재적 동기에 의해 수행되는 학습이 더 지속적이다.
④ 실패의 원인을 능력보다 노력 부족에 돌리는 학생은 다음 시험을 위해 더 노력한다.

10

다음 (가)와 (나)의 대화에서 최 교사가 활용하고 있는 동기 유발 활동에 부합하는 동기이론을 쓰고, 각 이론이 어떻게 적용되어 있는지 서술하시오.

(가) 은 미 | 선생님, 처음에는 역사가 재미있어서 열심히 했는데, 요즘에 배우는 고려 시대 내용은 재미도 없고 너무 어려워요.
최 교사 | 그래? 그런데 내가 생각하기로는 잘하고 있는 것으로 보여. 그리고 너는 고고학자가 꿈이잖아. 아마 지금 배우고 있는 고려 시대 내용은 너에게 중요하고 앞으로 도움이 많이 될 거야.

(나) 최 교사 | 미영아, 다음 주에 배울 단원의 주제들이 조금 어렵긴 하지만, 이 중 어떤 주제를 언제 발표할지 정해서 알려 줄래?
미 영 | 맞아요. 6단원 내용이 어려워요. 하지만 해 볼 만한 것 같아요. 저는 '조선 시대의 통치 체제'에 대해 준비해서 다음 주 수요일에 발표할게요.

10A > 2013학년도 24번

다음 (가)와 (나)의 대화에서 최 교사가 활용하고 있는 동기 유발 활동에 부합하는 동기이론으로 가장 적절한 것은?

(가) 은 미 | 선생님, 처음에는 역사가 재미있어서 열심히 했는데, 요즘에 배우는 고려 시대 내용은 재미도 없고 너무 어려운 것 같아요.
최 교사 | 그래? 그런데 내가 생각하기로는 잘하고 있는 것으로 보이는데……. 그리고 너는 고고학자가 꿈이잖아. 아마 지금 배우고 있는 고려 시대 내용은 너에게 중요하고 앞으로 도움이 많이 될 거야.

(나) 최 교사 | 미영아, 다음 주에 배울 6단원의 주제들이 조금 어렵긴 하지만, 이 중 어떤 주제를 언제 발표할지 정해서 알려 줄래?
미 영 | 맞아요. 6단원 내용이 어려운 것 같아요. 하지만 해 볼 만한 것 같아요. 저는 6단원 중에서 '조선 시대의 통치 체제'에 대해 준비해서 발표할게요. 발표는 다음 주 수요일에 할게요.

	(가)	(나)
①	귀인이론	욕구위계이론
②	귀인이론	자기결정성이론
③	기대-가치이론	강화이론
④	기대-가치이론	욕구위계이론
⑤	기대-가치이론	자기결정성이론

11

다음의 내용을 설명하는 동기이론이 무엇인지 쓰고, 영희가 보여주는 목표지향성의 특성을 서술하시오.

영희는 자신의 능력이 다른 사람의 능력과 어떻게 비교되느냐에 주된 관심을 갖고 있고, 학교에서 높은 성적을 받아 자신의 능력이 뛰어나다는 것을 보여주기 위해 공부한다.

11A > 2012학년도 25번

학습동기의 성취목표 이론에 근거할 때, 영희가 보여주는 목표지향성의 특성에 부합하는 것을 <보기>에서 고른 것은?

영희는 자신의 능력이 다른 사람의 능력과 어떻게 비교되느냐에 주된 관심을 갖고, 학교에서 높은 성적을 받아 자신의 능력이 뛰어나다는 것을 보여주기 위해 공부한다.

보기
ㄱ. 개인의 지적 능력은 변하지 않는다는 관점을 갖기 쉽다.
ㄴ. 학습과제를 선택할 때 도전적이고 새로운 과제를 선호한다.
ㄷ. 성공은 '내적이고 통제 가능한 원인'에서 비롯된다고 지각한다.
ㄹ. '우리 반 광수보다 더 높은 점수 받기'와 같은 목표를 설정한다.

① ㄱ, ㄴ   ② ㄱ, ㄹ   ③ ㄴ, ㄷ
④ ㄴ, ㄹ   ⑤ ㄷ, ㄹ

12

다음 글의 (가)와 (나)에 나타난 학생의 동기 상태를 각각 귀인이론과 목표지향성 이론을 활용해 설명하시오.

> 오늘 중간고사 성적표가 나왔다. 과학과 영어가 생각보다 성적이 많이 올라 기분이 좋다. 게임시간을 줄이면서 (가) 게으름 피우지 않고 꾸준히 열심히 한 덕분이겠지! 지금 수학 성적이 좀 낮긴 하지만 초등학교 때는 학교 대표로 수학경시대회에 나갈 정도였으니 앞으로는 성적이 점점 오르겠지? (나) 선생님과 친구들에게 확실하게 인정받으려면 기말고사는 전교 5등 안에 들 수 있도록 더욱 열심히 공부해야겠다.

12A > 2011학년도 25번

다음 글의 (가)~(마)에 나타난 학생의 동기 상태를 설명한 것 중 옳은 것은?

> 오늘 중간고사 성적표가 나왔다. 과학과 영어가 생각보다 성적이 많이 올라 기분이 좋다. 게임시간을 줄이면서 (가) 게으름 피우지 않고 꾸준히 열심히 한 덕분이겠지! 1학년 때도 공부를 안 한 것은 아니다. (나) 별 생각 없이 친구들이 다니는 학원을 따라 다니며 공부했다. 그런데 지금 생각하면 목표도 없이 시간 낭비만 한 꼴이다. 2학년이 되면서 '내가 왜 공부를 해야 하는가?'에 대해 생각을 하고 하나씩 답을 찾아가니 성적도 오르고 더 열심히 하고 싶어졌다. (다) 기상관측과 관련된 직업을 갖고 싶다고 마음먹으니 과학 과목이 매우 중요하게 여겨졌고, 영어는 다른 나라의 문화를 알게 되니 재미있어서 더 열심히 하게 되었다. 지금 수학 성적이 좀 낮긴 하지만 (라) 초등학교는 학교 대표로 수학경시대회에 나갈 정도였으니 앞으로는 성적이 점점 오르겠지……. (마) 선생님과 친구들에게 확실하게 인정받으려면 기말고사는 전교 5등 안에 들 수 있도록 더욱 열심히 공부해야겠다.

① (가) : 성적 향상의 원인을 외적 소재로 귀인하고 있다.
② (나) : 내적 조절 단계에서 자기결정성 동기를 발현시켰다.
③ (다) : 기대-가치이론 중 가치 요인으로 동기를 증진시키고 있다.
④ (라) : 자신의 정서를 긍정적으로 평가함으로써 자기효능감을 높이고 있다.
⑤ (마) : 수행목표 지향적이기보다 숙달목표 지향적이다.

13

피아제(J. Piaget)의 인지발달이론에 근거하여 다음 현아의 사례에서 드러나는 인지발달 기제의 개념을 두 가지 설명하시오.

> 현아는 학습과제를 위해 학교의 디지털 카메라를 작동시켜 보았다. 낯선 제품이었지만 평소 자기의 카메라를 다루던 방식으로 전원 스위치를 눌렀더니 작동이 되었다. 그러나 풍경 모드로 전환하는 방식이 자기 것과는 달라 당황하였다. 현아는 기능 버튼을 이리저리 눌러 보고 새로운 카메라의 사용 방법을 익혔다. 그 결과 카메라를 자유로이 다룰 수 있게 되었다.

13A > 2005학년도 28번

다음은 피아제(J. Piaget) 이론의 인지발달 기제와 관련된 예화이다. ㉠, ㉡, ㉢에 해당되는 개념을 바르게 나열한 것은?

> 현아는 모둠 학습과제를 위해 디지털 카메라를 꺼내어 작동시켜 보았더니 고장이 나 있었다. 그래서 어머니께서 빌려다 주신 것을 사용하게 되었다. ㉠ 낯선 제품이었지만 평소 자기의 카메라를 다루던 방식으로 전원 스위치를 눌렀더니 작동이 되었다. 그러나 ㉡ 풍경모드로 전환하는 방식이 예전의 자기 것과는 달라 당황스러웠다. 현아는 ㉢ 기능 버튼을 이리저리 눌러 보고 새로운 제품의 사용방법을 익혔다. 그 결과 그 제품을 자유로이 다룰 수 있게 되었다.

	㉠	㉡	㉢
①	도식	조절	동화
②	조절	동화	도식
③	동화	비평형화	조절
④	조절	비평형화	동화

14
피아제(J. Piaget)의 인지발달이론에 근거해 '불평형'과 학습의 관련성에 대해 설명하시오.

14A
> 2011학년도 24번

피아제(J. Piaget)의 인지발달이론에 근거할 때, 빈칸에 공통으로 들어갈 용어로 적절한 것은?

- ☐ 은/는 오류가 생기는 상황에 직면할 때 일어난다.
- ☐ 은/는 인지적 성장을 고무하기에 알맞은 정도로 유지되어야 한다. 그 이유는 문제가 너무 단순해서 학생들이 지루해해서도 안 되고, 교수내용을 이해할 수 없어서 뒤처져서도 안 되기 때문이다.
- 주먹만 한 스티로폼과 손톱만 한 유리구슬을 물속에 담그기 전과 후를 학생들에게 보여주었을 때, 학생들은 그 상황에서 '일어나야 한다고 생각하는 일'과 '실제로 일어나는 일' 사이의 ☐ 을/를 경험한다.

① 동화(assimilation)
② 보존(conservation)
③ 가역성(reversibility)
④ 불평형(disequilibrium)
⑤ 자기중심화(egocentering)

15
다음은 피아제(J. Piaget) 인지발달이론의 형식적 조작 단계에서 나타나는 사고의 특징을 설명한 것이다. 이를 가장 잘 나타내는 개념은?

- 구체적인 경험과 관찰의 한계를 넘어서, 제시된 정보에 기초해서 내적으로 추리한다.
- 사고에 대한 사고, 즉 메타사고의 과정을 통해 자신의 사고 내용에 대해 숙고하는 과정이다.
- 문제를 해결하는 과정에서 기존의 지식을 새로운 장면에 쉽게 적용하거나 새로운 지식을 창조하는 일에 깊이 관여한다.
- '할아버지와 할머니의 관계는 아버지와 어머니의 관계에 해당한다.'와 같이 대상들 간의 관계를 유추하는 과정에서 작용한다.

15A
> 2010학년도 24번

다음은 피아제(J. Piaget) 인지발달이론의 형식적 조작 단계에서 나타나는 사고의 특징을 설명한 것이다. 이를 가장 잘 나타내는 개념은?

- 구체적인 경험과 관찰의 한계를 넘어서, 제시된 정보에 기초해서 내적으로 추리한다.
- 사고에 대한 사고, 즉 메타사고(meta-thinking)의 과정을 통해 자신의 사고 내용에 대해 숙고하는 과정이다.
- 문제를 해결하는 과정에서 기존의 지식을 새로운 장면에 쉽게 적용하거나 새로운 지식을 창조하는 일에 깊이 관여한다.
- '할아버지와 할머니의 관계는 아버지와 어머니의 관계에 해당한다.'와 같이 대상들 간의 관계를 유추하는 과정에서 작용한다.

① 자동화(automatization)
② 탈중심화(decentration)
③ 명제적 사고(propositional thinking)
④ 반성적 추상화(reflective abstraction)
⑤ 가설연역적 추론(hypothetic-deductive reasoning)

16

피아제(J. Piaget)와 비고츠키(L. Vygotsky)의 인지발달에 대한 관점을 지식 구성 방식과 교사의 역할 측면에서 비교하여 설명하시오.

16A
> 2007학년도 28번

<보기>는 인지발달에 관한 피아제(J. Piaget)와 비고츠키(L. Vygotsky)의 관점을 비교한 것이다. 옳은 진술을 모두 고른 것은?

― 보기 ―

ㄱ. 피아제는 개인 내부에서 새로운 지식이 어떻게 구성되는가에 관심을 두었으나, 비고츠키는 문화의 맥락 안에서 정신적 도구가 어떻게 매개되는가에 관심을 두었다.

ㄴ. 피아제는 사회적 상호작용이 언어를 습득하고 생각을 교환하는 수단이라고 보았으나, 비고츠키는 사회적 상호작용이 인지구조를 검증하고 확인하는 수단이라고 보았다.

ㄷ. 피아제는 교사가 아동의 평형화를 깨뜨리는 경험을 제공해야 한다는 점을 시사하였으나, 비고츠키는 교사가 아동에게 발판을 제공하고 상호작용을 안내해야 한다는 점을 시사하였다.

① ㄱ, ㄴ ② ㄱ, ㄷ
③ ㄴ, ㄷ ④ ㄱ, ㄴ, ㄷ

17

다음 수진이의 사례를 설명할 수 있는 인지발달이론의 명칭을 쓰고, 해당 이론의 관점에서 **수진이의 발달을 해석**하시오.

> 유치원생인 수진이는 퍼즐 문제를 해결하면서 "아니야, 이것은 맞지 않아. 이렇게 하면 어떨까? 여기로? 아니. 차라리 저기가 어떨까? 그 다음에는 어떻게 하지?"라고 혼잣말을 하면서 문제를 조금씩 해결해나갔다.

17A
> 2006학년도 6번

유치원생인 수진이는 퍼즐 문제를 해결하면서 "아니야, 그것은 맞지 않아, 이렇게 하면 어떨까? 여기로? 아니다. 차라리 저기가 어떨까? 그 다음에는 어떻게 하지?"라고 혼잣말을 하였다. 수진이의 행동을 비고츠키(L. Vygotsky)의 견해에 비추어 해석할 때 가장 적절한 것은?

① 자기중심적 사고를 반영하고 있다.
② 언어가 사고로 내면화되는 과정이다.
③ 사고과정에 비계를 적극적으로 활용하고 있다.
④ 자기조절 및 인지적 통제가 불가능함을 반영하고 있다.

18
비고츠키(L. Vygotsky)의 인지발달에 대한 견해에서 언어와 발달의 관계를 서술하고, 근접발달영역의 개념과 교육적 의미를 서술하시오.

18A
> 2004학년도 16번

비고츠키(L. Vygotsky)의 인지발달에 관한 견해와 거리가 먼 것은?

① 인지발달은 사회문화적 맥락의 영향을 받는다.
② 인지발달은 변증법적 교류에 의해 이루어진다.
③ 근접발달영역은 잠재적(potential) 발달 수준과 실제적(actual) 발달 수준 사이의 영역을 의미한다.
④ 실제적 발달수준은 부모나 교사의 도움을 받아 과제를 해결할 수 있는 능력 수준을 의미한다.

18B
> 2003학년도 37번

비고츠키(L. Vygotsky)의 언어와 사고 발달에 대한 설명으로 옳지 않은 것은?

① 어려운 문제를 해결할 때, 내적 언어의 사용 빈도가 증가한다.
② 아동의 지적 발달은 내적 언어와 사회적 언어 모두에 영향을 받는다.
③ 2세경이 되면 사고와 언어가 결합되어, 언어는 점차 합리적으로 표현된다.
④ 사고는 언어에 선행하므로, 인지발달이 적절한 수준에 이르지 못하면 언어 학습의 효과가 없다.

19
콜버그(L. Kohlberg)의 도덕성 발달수준 중 인습 수준의 특징을 서술하시오.

19A
> 2013학년도 23번

다음 밑줄 친 '콜버그(L. Kohlberg)의 도덕성 발달수준'에 대한 설명으로 옳은 것을 <보기>에서 고른 것은?

> 콜비(A. Colby) 등(1983)의 연구 결과에 의하면, 청소년기 초기에는 전인습 수준의 비율이 급격하게 감소하고, 17세 이후에는 대부분이 <u>인습 수준</u>에 도달하는 것으로 나타났다.

―보기―

ㄱ. 자신의 욕구나 다른 사람의 욕구를 충족하는 것이 옳은 행위라고 판단한다.
ㄴ. 법이나 규칙을 준수하고 사회 질서를 유지하는 행위를 옳은 행위라고 판단한다.
ㄷ. 벌을 피할 수 있거나 힘 있는 사람에게 복종하는 것 자체가 도덕적 가치를 갖는 것으로 본다.
ㄹ. 다른 사람을 도와주고 기쁘게 해주며, 다른 사람으로부터 인정받는 것을 도덕적 판단의 기초로 삼는다.
ㅁ. 법이나 규칙을 융통성 있는 도구로 생각하며, 개인의 권리를 존중하고 사회 전체가 인정하는 기준을 준수하는 것이 옳은 행위라고 판단한다.

① ㄱ, ㄴ ② ㄱ, ㄷ ③ ㄴ, ㄹ
④ ㄷ, ㅁ ⑤ ㄹ, ㅁ

20

청소년 시기에 해당하는 아동의 발달 단계의 특징을 프로이트(S. Freud)와 에릭슨(E. Erikson)의 발달이론의 관점에서 각각 서술하고, 원만한 성격 발달을 위해 성장 과정에서 해야 하는 경험 중 두 이론에서 공통적으로 주장하는 것을 설명하시오.

20A   > 2004학년도 17번

에릭슨(E. Erikson)의 자아 정체감(ego-identity) 발달에 관한 견해 중 옳은 것은?

① 정체감 확립은 아동기의 중요한 발달과업이다.
② 정체감은 삶을 완성하고 회고하는 단계에서 확립될 수 있다.
③ 심리적 유예기는 정체감 형성을 위해 대안적인 탐색을 계속 진행하는 시기이다.
④ 정체감 확립은 부모나 교사의 권유에 따라 자신의 진로나 역할 방향을 성급히 선택한 상태이다.

20B   > 2003학년도 32번

에릭슨(Erikson)의 심리사회적 발달이론 중, 각 단계에서 직면하는 위기와 단계별로 획득해야 할 기본 덕목이 올바르게 연결된 것은?

발달 단계	위기 (적응적·부적응적 대처양식)	기본 덕목
① 영아기	주도성 대 죄책감	능력
② 유(幼)아기	신뢰감 대 불신감	의지력
③ 청년기	자아정체감 대 역할혼미	충성심
④ 성인기	생산성 대 자아통정	지혜

20C   > 2002학년도 36번

프로이트(S. Freud)의 심리성적(心理性的) 발달이론과 에릭슨(E. Erikson)의 심리사회적(心理社會的) 발달이론에서는 원만한 성격 발달을 위하여 성장과정에서 어떤 경험을 많이 해야 한다고 보는가?

① 여러 가지 욕구가 적절하게 충족되어야 한다.
② 무엇이든 스스로 할 기회를 많이 가져야 한다.
③ 유아기 때부터 생활 습관이 잘 형성되어야 한다.
④ 좋지 못한 행동을 했을 때에는 벌을 받아야 한다.

21

마샤(J. Marcia)의 정체감 지위 이론을 간략히 설명하고 정체감 유예의 특징을 서술하시오.

21A
> 2009학년도 26번

마샤(J. Marcia)가 구분한 정체감 지위(identity status) 중 다음의 ⓒ에 해당하는 정체감 지위의 특징을 가장 잘 설명한 것은?

- 마샤의 정체감 지위 이론을 확인하기 위하여 메일만(P. Meilman)이 수행한 횡단 연구 결과이다.
- 각 연령별로 연구대상이 네 가지 정체감 지위(혼미, 유실, 유예, 확립)에서 차지하는 비율을 다음의 그래프로 제시하였다.

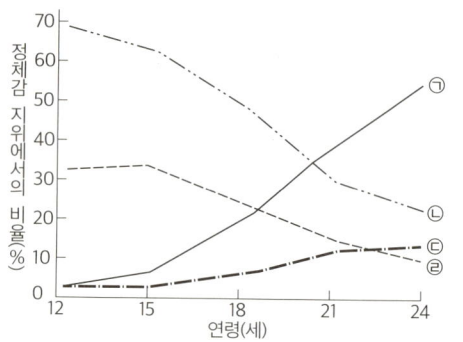

- 이 결과에 대해 메일만은 "청소년 후기가 되어야 대부분의 청소년들이 정체감을 확립한다."라고 주장하였다.
- ㉠은 각 연령별로 정체감을 확립한 청소년들의 비율 변화를 나타내는 그래프이다. ㉡, ㉢, ㉣ 역시 각 연령별로 특정 정체감 지위에서 차지하는 비율의 변화를 나타낸 것이다.

① 정체감을 탐색하는 과정에서 가장 위험한 상태로, 이 상태가 지속되면 부정적 정체감을 지니게 될 가능성이 있다.
② 정체감 위기를 경험하지 않고서도 정체감이 확립된 것처럼 행세하며, 부모가 기대하거나 선택해 준 생애과업을 그대로 수용한다.
③ 정체감 위기를 경험하지 못하였으며, 삶의 목표와 가치를 탐색하려는 시도조차 하지 않고 삶을 계획하려는 욕구도 부족한 상태이다.
④ 정체감 위기를 겪고 난 다음, 자기 삶의 가치 혹은 목표를 확고하게 정한 상태이지만, 나중에 타인의 기대를 충족시켜 주기 위하여 자신의 정체감을 포기하기도 한다.
⑤ 정체감 위기를 겪고 난 다음, 특정 역할이나 과업에 몰두하지 못하는 상태이며, 정체감 확립에 도달하기 위한 과도기적 단계로 적극적으로 정체감을 탐색하려고 한다.

22

조작적 조건형성 원리의 개념을 설명하고, 해당 원리에 기초하여 현수의 부적응 행동을 교정하기 위해 다음의 관찰 이후 김 교사가 실행할 수 있는 조치를 세 단계로 서술하시오.

> 김 교사는 일정 기간 동안 현수의 행동을 관찰하여 여러 가지 부적응 행동 중 '욕하기', '수업시간에 자리에서 이탈하기', '친구와 다투기'의 세 가지 표적행동을 수정하기로 설정하였다. 그리고 현수의 부적응 행동의 기초선 자료를 수집하였다. 표적행동의 하루 발생 빈도는 '욕하기' 20회, '수업시간에 자리에서 이탈하기' 10회, '친구와 다투기' 2회로 나타났다.

22A
> 2007학년도 36번

<보기>는 조작적 조건형성의 원리에 기초하여 현수의 부적응 행동을 교정하기 위해 김 교사가 실행한 조치들이다. 순서가 바르게 제시된 것은?

보기

ㄱ. 김 교사는 '욕하기', '자리에서 이탈하기', '친구와 사이좋게 지내기' 등 3개의 표적행동을 설정하였다.

ㄴ. 김 교사는 현수가 이탈하는 행동에 대한 추가적 개입을 계획하였다. 즉 그는 별도의 장소를 지정하여 현수가 자리를 뜨고 싶을 때 갈 수 있도록 허용하였다.

ㄷ. 김 교사는 배려와 칭찬을 일차적 강화인으로 사용하였으며, 바람직하지 않은 행동이 줄어들지 않을 경우에는 처벌하였다. 또한 현수에게 자신의 행동을 스스로 점검하게 하였다.

ㄹ. 김 교사는 일정 기간 현수의 행동을 관찰하여 기초선 자료를 수집하였다. 행동의 발생 빈도는 '욕하기' 20회, '자리에서 이탈하기' 15회, '친구와 사이좋게 지내기' 2회로 나타났다.

ㅁ. 김 교사는 강화와 처벌 그리고 자기 점검의 효과를 알아보기 위해 행동의 변화를 측정하였다. 그 결과 2주 후에는 '욕하기'가 13회로 감소하였으며, 또한 '자리에서 이탈하기'를 제외한 나머지 행동에서 긍정적 효과를 보였다.

① ㄱ-ㄴ-ㄷ-ㄹ-ㅁ
② ㄱ-ㄴ-ㄹ-ㄷ-ㅁ
③ ㄱ-ㄹ-ㄴ-ㄷ-ㅁ
④ ㄱ-ㄹ-ㄷ-ㅁ-ㄴ

23

프리맥(Premack) 원리를 설명하고, 해당 원리에 따라 다음 사례에서 김 교사가 민지에게 적용할 수 있는 교육적 조치를 구체적으로 서술하시오.

> 민지는 컴퓨터 게임을 좋아하고 수학 문제 푸는 것을 싫어한다. 이에 김 교사는 민지의 컴퓨터 게임 시간을 줄이고 수학 문제 푸는 시간을 늘리기 위한 교육적 조치를 실행하고자 한다.

23A
> 2006학년도 7번

놀기를 좋아하고 수학 공부를 싫어하는 민지에게 어머니께서는 "수학 공부를 2시간 하면, 1시간 놀 수 있도록 해주겠다."고 말씀하셨다. 민지의 어머니가 적용한 강화 기법은?

① 비율 강화
② 사회적 강화
③ 행동 연쇄법
④ 프리맥(Premack) 원리

24
아래 박 교사가 사용한 강화계획 유형의 명칭과 개념을 서술하시오.

> 박 교사는 수업 시간에 학습활동을 열심히 수행한 학생들에게 도장을 찍어주고, 도장을 열 개 모을 때마다 상품을 제공하기로 하였다.

24A
> 2004학년도 11번

다음과 같은 강화계획의 유형은?

> 스티커 10장을 모으면 '환경왕' 메달을 수여하기로 하고, 교실 바닥의 쓰레기를 줍거나 거울을 닦는 등 환경 미화를 위한 바람직한 행동을 한 번 할 때마다 스티커를 하나씩 주었다.

① 고정비율　　② 고정간격
③ 변동간격　　④ 변동비율

24B
> 2003학년도 33번

조건화 이론에 따른, 행동 형성을 위한 교수 활동이 <u>아닌</u> 것은?

① 이타적 행동 형성을 위하여 봉사활동 5회당 3점의 가산점을 사회 과목에 부여한다.
② 학습동기 유발을 위하여 쪽지 시험의 결과에 따라 다양한 스티커를 붙여준다.
③ 소극적인 학생의 발표력 향상을 위하여 학생이 정답을 말할 기회를 주고 칭찬한다.
④ 새로운 학습을 위하여 사전 학습내용을 활성화시키고 인지도(cognitive map)를 그리게 한다.

24C
> 2002학년도 33번

다음 중 인지주의 학습 원리를 가장 잘 적용한 교사는?

① 좋지 못한 학습태도를 보일 때마다 꾸중을 하였다.
② 영어 시간에 학생들에게 문장을 열 번씩 쓰게 하였다.
③ 학생에게 질문을 한 뒤 생각할 시간을 충분히 주었다.
④ 학생이 바람직한 행동을 보일 때마다 칭찬을 해주었다.

25

다음 가영이의 사례를 고전적 조건화 이론의 요소로 설명하시오.

> 가영이의 중학교 1학년 담임선생님인 국어 선생님은 학생들에게 칭찬을 아끼지 않고 늘 친절한 태도로 격려와 응원을 아끼지 않던 선생님이었다. 가영이는 담임선생님 덕분에 즐거운 중학교 1학년 생활을 보냈고, 성적도 향상되었다. 이후 가영이는 국어 선생님을 만날 때마다 중학교 1학년 때의 담임선생님이 떠올라 기분이 좋아졌다.

25A > 2006학년도 9번

<보기>의 조건화 과정에서 무조건자극, 중립자극 및 조건자극에 해당하는 요소들을 바르게 짝지은 것은?

보기

> 1995년에 가영이는 A중학교에 입학하였다. 그곳에서 가영이는 담임선생님의 칭찬을 받으면서 즐거운 학교 생활을 보냈고, 성적도 향상되었다. 3년이 경과한 1998년에 가영이는 고등학교에 진학하였는데, 등하교 시 전에 다녔던 A중학교를 지날 때마다 그 학교에서의 좋은 일들이 떠올라 유쾌해졌다.

	무조건자극	중립자극	조건자극
①	칭찬	A중학교(1998년)	A중학교(입학 시)
②	A중학교(입학 시)	A중학교(1998년)	칭찬
③	칭찬	A중학교(입학 시)	A중학교(1998년)
④	A중학교(1998년)	A중학교(입학 시)	칭찬

25B > 2002학년도 32번

다음은 4명의 학생에게 총 10차례의 시험에서 성적이 우수한 경우에 각각 적용한 칭찬방식을 나타낸 것이다. 누구에게 칭찬의 효과가 가장 오래 지속되겠는가?

구분	1차	2차	3차	4차	5차	6차	7차	8차	9차	10차
A학생	●	○	●		○	●	○	●	○	●
B학생	●		●	●			●		●	
C학생	●	○	○	○	○	○		●	○	○
D학생	●	○	●	●	○		○	●	○	●

● : 시험을 잘 본 것에 칭찬을 함
○ : 시험을 잘 보았으나 칭찬을 하지 않음

① A학생 ② B학생
③ C학생 ④ D학생

26

강화의 개념을 쓰고, 다음과 같은 상황에서 책상 앞에 앉아 공부하는 습관을 들이도록 행동조성을 하고자 할 때 '차별적 강화'와 '간헐적 강화'를 어떻게 적용할 수 있는지 서술하시오.

목표행동	책상 앞에 앉아 90분 이상 공부하는 습관을 들이도록 한다.
기저선	학교에서 돌아온 후 책상 앞에 앉아 공부하는 시간은 평균 20분 정도였다.
강화물	자유 시간을 준다.
목표행동 세분화	책상 앞에 앉아 공부하는 시간을 30분, 60분, 90분으로 세분화하였다.

26A > 2012학년도 27번

다음 세 명의 교사가 학생의 행동 특성을 변화시키기 위해 제안한 상담기법으로 가장 적절하게 연결된 것은?

> 김 교사 | 명수는 숙제를 해오지 않는 경우가 많습니다. 이 문제를 해결하기 위해 부모님과 의논해서, 숙제를 모두 마치면 명수가 좋아하는 인터넷 게임을 할 수 있도록 해주는 것이 좋을 것 같습니다.
>
> 박 교사 | 영수는 교사의 지속적인 칭찬이 있을 때에는 주의집중하거나 과제물을 챙겨오는 등 긍정적 행동변화를 보이지만, 그 행동이 계속 유지되지 못하는 경향이 있습니다. 긍정적 행동변화를 지속시키기 위해 매번 칭찬하기보다는 가끔씩 하는 것이 좋을 것 같습니다.
>
> 서 교사 | 진수는 학교에서 당번이 되어 화장실 청소하는 것을 매우 싫어합니다. 그리고 과제물을 챙겨 오지 않는 경우가 빈번하여 학습에 지장을 초래하곤 합니다. 진수가 과제물을 잘 챙겨 오도록 하기 위해, 과제물을 챙겨 올 경우 화장실 청소를 면제해 주는 방법이 좋을 것 같습니다.

	김 교사	박 교사	서 교사
①	정적강화	체계적 둔감화	부적강화
②	정적강화	간헐적강화	타임아웃
③	행동조성	자기조절	모방학습
④	프리맥의 강화원리	간헐적강화	부적강화
⑤	프리맥의 강화원리	간헐적강화	타임아웃

27

다음은 반두라(A. Bandura)의 관찰학습 과정을 나타낸 모형도이다. 학생들이 교사의 행동을 모방하게 되는 과정에 적용할 때, A 단계에 해당하는 명칭을 쓰고 그 특징을 서술하시오.

27A > 2007학년도 35번

다음 김 교사의 학급행동 관리 전략을 뒷받침하는 가장 적절한 이론은?

> 김 교사는 학생들에게 수업 중에 질문이나 대답을 할 때는 손을 들어 허락을 받은 후 발표를 하도록 규칙을 정하였다. 그는 수업 첫날에 질문하고 대답하는 요령에 대해 적절한 시범을 보이고, 질문이나 대답을 할 때 손을 드는 학생들을 적극적으로 칭찬하였다. 그러자 1주일 후에는 학급의 모든 학생들이 이 규칙을 따르기 시작하였다.

① 조건반사이론
② 통찰학습이론
③ 사회학습이론
④ 정보처리이론

27B > 2006학년도 16번

<보기>에 해당하는 반두라(A. Bandura)의 관찰학습 과정의 단계는?

보기
- 인지적 내적 시연(rehearsal)이 이루어진다.
- 관찰된 모델의 행동이 시각적이거나 언어적인 형태로 부호화된다.
- 관찰된 모델의 행동에 따라 자신이 행동하는 것을 마음 속으로 상상해 본다.

① 파지
② 일반화
③ 주의 집중
④ 동기유발

27C > 2005학년도 30번

다음은 반두라(A. Bandura)의 관찰학습 과정에 관한 모형도이다. 이를 한 학생이 연예인의 행동을 모방하게 되는 과정에 적용해 볼 때, B단계에 해당되는 설명은?

모방 대상 → A → B → C → D → 수행

① 연예인의 행동을 상징적 기호로 저장한다.
② 연예인의 독특하고 재미있는 표정이나 몸짓에 주의를 기울인다.
③ 연예인의 행동과 같아지기 위해 연습을 반복하고, 자기의 행동을 스스로 관찰한다.
④ 관찰을 통해 기억된 연예인의 행동을 친구들 앞에서 해 본 후 칭찬을 받는다.

28

반두라(A. Bandura)의 관찰학습이론을 사회학습이론(social learning theory) 이라고 하는 이유를 서술하시오.

28A
> 2008학년도 30번

<보기>에서 사회학습이론(social learning theory)에 기초한 것끼리 묶인 것은?

보기
- ㄱ. 통찰학습(insight learning)
- ㄴ. 관찰학습(observational learning)
- ㄷ. 프로그램학습(programmed learning)
- ㄹ. 자기조절학습(self-regulated learning)

① ㄱ, ㄴ ② ㄴ, ㄷ
③ ㄴ, ㄹ ④ ㄷ, ㄹ

29

다음 영수와 은미의 고민에 대한 원인을 정보처리과정 모형에 근거하여 설명하고, 학생들의 고민을 해결하기 위해 교사가 취할 수 있는 교육적 조치를 한 가지씩 서술하시오.

> 영수 | 선생님, 저는 공부를 열심히 하는데 왜 성적이 좋지 않을까요? 수업시간에 선생님들께서 질문을 하시거나 시험을 볼 때면 열심히 외운 내용도 생각이 날 듯 말 듯 혀끝에서 맴돌면서 기억이 나질 않아요.
>
> 은미 | 선생님, 저는 수업시간에 배우는 내용이 저에게는 너무 많게 느껴져요. 시험 준비를 하다 보면 여러 번 외우려고 해도 잘 외워지지 않고 머릿속에서 정리가 안 되고 다 엉켜버린 느낌이에요.

29A
> 2007학년도 32번

다음 인간정보처리모형에서 기억장치 (나)의 특징에 대한 설명으로 옳은 것은?

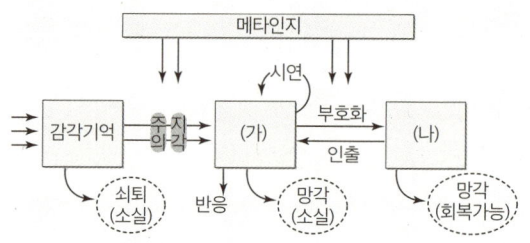

① 지속 기간이 비교적 짧고 시연하지 않으면 1분 이상 유지하기 어렵다.
② 많은 양의 정보를 처리하는 경우 기억의 병목현상이 발생할 우려가 크다.
③ 명제와 산출 등에 기초한 다양한 형태의 정보망과 도식적 지식으로 이루어져 있다.
④ 기억 용량에는 거의 제한이 없으나 처리가 곧바로 이루어 지지 않으면 기억의 흔적이 사라진다.

29B
> 2004학년도 14번

다음은 학습자의 정보처리과정에 관한 모형이다. ㉠과 관련된 설명으로 옳은 것은?

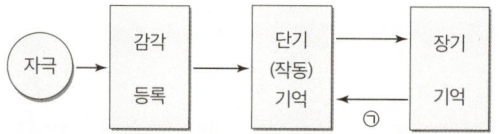

① 정보를 부호화(encoding)한다.
② 정보를 반복해서 읽고 암기한다.
③ 외부에서 유입된 정보를 일시적으로 보유한다.
④ 생각이 날 듯 말 듯 혀끝에서 맴도는 현상이 발생할 수 있다.

30
다음의 사례에서 현아가 활용한 전략을 설명하시오.

현아는 갑자기 자신이 읽고 있는 자료를 이해하지 못하고 있다는 막연한 느낌을 받았다. 그리고 무엇이 잘못되었는지를 확실하게 파악하기 위해 어떻게 해야 할지 방법을 생각해보기 시작했다. 그래서 현아는 자료를 꼼꼼히 다시 읽으며 살펴보았다. 그 후 자신이 왜 그 글을 읽는지, 왜 개념파악이 잘 되지 않았는지를 생각해보고 부분 부분을 다시 끊어 읽어보기 시작하였다.

30A > 2003학년도 36번
<보기>의 학습자 활동을 바르게 연결한 것은?

> **보기**
>
> 현아는 갑자기 자신이 읽고 있는 자료를 이해하지 못하고 있다는 막연한 느낌을 가졌다(A). 그리고 무엇이 잘못되었는지를 확실히 파악하기 위해 어떻게 해야 할지 방법을 생각했다(B). 그래서 현아는 자료를 꼼꼼히 읽으며 살펴보았다(C). 그 후 자신이 왜 글을 읽는지, 개념파악이 잘 되지 않았는지를 다시 생각해 보고(D), 부분 부분을 읽어보기 시작하였다(E).

	A	B	C	D	E
①	초인지	초인지	인지	초인지	인지
②	인지	인지	초인지	인지	초인지
③	초인지	인지	초인지	초인지	초인지
④	인지	인지	인지	초인지	인지

31
앳킨슨과 쉬프린(R. Atkinson & R. Shiffrin)의 정보처리 모형에 근거해 학생들의 부호화를 촉진하기 위한 교사의 교수활동 중 조직화 전략이 무엇인지 설명하고, 이 전략을 수업에서 어떻게 적용할 수 있을지 구체적인 예를 드시오.

31A > 2012학년도 23번
앳킨슨과 쉬프린(R. Atkinson & R. Shiffrin)의 정보처리 모형에 근거할 때, 학생들의 부호화를 촉진하기 위한 교사의 교수활동 중 조직화 전략에 해당되는 것을 <보기>에서 고른 것은?

> **보기**
>
> ㄱ. 인체의 순환기 체계에 대한 학습을 촉진하고자 순환기 체계와 유사한 펌프 체계에 연결하여 설명하였다.
>
> ㄴ. 우리나라의 주요 하천에 대한 학습을 촉진하고자 하천의 흐르는 방향, 특징 등의 범주로 묶은 도표를 제시하면서 설명하였다.
>
> ㄷ. 우리 주변의 여러 가지 힘 중 마찰력에 대한 학습을 촉진하고자 등산화 밑창, 체인을 감은 자동차 바퀴 등을 사례로 제시하면서 설명하였다.
>
> ㄹ. 식물에 대한 학습을 촉진하고자 식물을 크게 종자식물과 포자식물로, 다시 종자식물을 속씨식물과 겉씨식물로 구분한 위계도(位階圖)를 사용하여 설명하였다.

① ㄱ, ㄴ ② ㄱ, ㄷ ③ ㄴ, ㄷ
④ ㄴ, ㄹ ⑤ ㄷ, ㄹ

32

다음과 같이 음식 만들기 수업을 할 때 교사가 사용한 기법과 전략을 서술하고, 해당 수업과 관련이 깊은 이론을 서술하시오.

> 자료를 제시하고 요리법을 설명하면서 중요한 부분에 밑줄을 그어 집중하게 하였다. 그리고 나서 음식을 만드는 데 필요한 재료 목록을 유사한 항목끼리 묶어 제시했다.

32A > 2010학년도 16번

음식 만들기 수업에 교사가 적용한 교수 기법 중 정보처리이론과 관련이 깊은 것을 <보기>에서 모두 고른 것은?

【보기】
ㄱ. 자료를 제시하고 요리법을 설명하면서 중요한 부분에 밑줄을 그어 주의를 유도하였다.
ㄴ. 음식을 만드는 데 필요한 재료 목록을 제시하고 유사한 항목끼리 묶어 기억하도록 하였다.
ㄷ. 음식을 만드는 주요 과정을 랩 가사로 만든 후 학생이 익숙한 노래가락에 맞추어 부르게 하였다.
ㄹ. 음식 만들기를 성공적으로 수행한 학생에게는 자신이 평소 하고 싶었던 게임을 하도록 허용하였다.

① ㄱ, ㄴ   ② ㄴ, ㄹ   ③ ㄷ, ㄹ
④ ㄱ, ㄴ, ㄷ   ⑤ ㄱ, ㄷ, ㄹ

33

다음 실험 결과들에 공통적으로 관계되는 인지학습이론에 대해 서술하시오.

- 피험자들에게 'O-O'와 같은 모호한 형태의 그림을 보여주면서 '안경과 비슷하다.'라는 말을 했을 때, 피험자들은 회상 검사에서 안경을 닮은 그림을 더 많이 그렸다.
- 두 집단의 피험자에게 '집에 관한 글'을 제시하고 각각 '주택 구입자'의 관점과 '좀도둑'의 관점에서 읽도록 했을 때, 두 집단의 피험자가 기억한 내용은 서로 달랐다.
- 음악 전공 학생들과 체육 전공 학생들에게 '카드 게임'이나 '즉흥 재즈 연주'로 해석할 수 있는 이야기를 들려주었을 때, 음악 전공 학생들은 즉흥 재즈 연주로 이해한 반면에 체육 전공 학생들은 카드 게임으로 이해했다.

33A > 2010학년도 26번

다음 실험 결과들에 공통적으로 관계되는 인지학습이론은?

- 피험자들에게 'O-O'와 같은 모호한 형태의 그림을 보여주면서 '안경과 비슷하다.'라는 말을 했을 때, 피험자들은 회상 검사에서 안경을 닮은 그림을 더 많이 그렸다.
- 두 집단의 피험자에게 '집에 관한 글'을 제시하고 각각 '주택 구입자'의 관점과 '좀도둑'의 관점에서 읽도록 했을 때, 두 집단의 피험자가 기억한 내용은 서로 달랐다.
- 음악 전공 학생들과 체육 전공 학생들에게 '카드 게임'이나 '즉흥 재즈 연주'로 해석할 수 있는 이야기를 들려주었을 때, 음악 전공 학생들은 즉흥 재즈 연주로 이해한 반면에 체육 전공 학생들은 카드 게임으로 이해했다.

① 통찰이론(insight theory)
② 도식이론(schema theory)
③ 초인지이론(metacognition theory)
④ 신경망이론(neural network theory)
⑤ 이중부호화이론(dual coding theory)

34

인지 전략 또는 초인지 전략을 활용하여 수업을 하고자 할 때, '발췌', '인지적 점검', '조직화', '정교화' 전략에 알맞은 수업 활동의 예를 각각 서술하시오.

34A > 2009학년도 14번

인지 전략 또는 초인지 전략과 이를 활용한 수업방법의 연결이 옳지 않은 것은?

① 전략 : 발췌(abstracting)
　수업방법 : 배운 내용을 적은 공책에 학습 자료에서 찾은 예나 삽화 등을 추가하여 정리하도록 하였다.

② 전략 : 도식화(schematizing)
　수업방법 : 학습 자료에서 주요 개념들을 찾아 개념도를 그려 보게 하였다.

③ 전략 : 인지적 점검(monitoring)
　수업방법 : 오답 공책을 만들어 자신의 부족한 부분에 대해 확인하고 그 원인을 분석하도록 하였다.

④ 전략 : 조직화(organizing)
　수업방법 : 책의 목차를 훑어보면서 앞으로 배우게 될 내용의 위계를 파악하도록 하였다.

⑤ 전략 : 정교화(elaborating)
　수업방법 : 배운 개념을 학생 스스로 비유적으로 표현하거나 자신의 언어로 말해 보게 하였다.

35

다음의 수업 활동에서 활용하고 있는 심리학적 개념에 대해 쓰시오.

언어적 설명에 의존하여 수업을 하는 과학과 윤 교사는 수업시간에 학생들 대부분이 자신의 수업을 이해하지 못해 고개를 갸우뚱거리는 모습이 마음에 걸렸다. 다음 날 윤 교사는 식물의 뿌리와 관련된 수업을 할 때, 곧은뿌리와 수염뿌리에 대해 언어로 설명하면서 동시에 배추와 마늘의 뿌리가 있는 사진을 보여 주는 방식으로 학생들의 이해를 도와주었다.

35A > 2013학년도 25번

다음 (가)와 (나)의 수업활동에서 활용하고 있는 심리학적 개념으로 가장 적절한 것은?

(가) 수업이 시작되어도 학생들이 수업에 주의를 기울이지 않아 항상 고민이던 사회과 강 교사는 다음 날 몽골 문화를 주제로 하는 수업을 위해 몽골인 복장을 하고 교실로 들어갔다. 그러자 어수선하고 소란스럽던 학생들이 강 교사에게 집중하기 시작했다.

(나) 언어적 설명에 의존하여 수업을 하는 과학과 윤 교사는 수업시간에 학생들 대부분이 자신의 수업을 이해하지 못해 고개를 갸우뚱 거리는 모습이 마음에 걸렸다. 다음 날 윤 교사는 식물의 뿌리와 관련된 수업을 할 때, 곧은뿌리와 수염뿌리에 대해 언어로 설명하면서 동시에 배추와 마늘의 뿌리가 있는 사진을 보여 주는 방식으로 학생들의 이해를 도와주었다.

	(가)	(나)
①	플린 효과 (Flynn effect)	자동화 (automatization)
②	플린 효과 (Flynn effect)	이중처리 (dual processing)
③	칵테일파티 효과 (cocktail party effect)	청킹 (chunking)
④	칵테일파티 효과 (cocktail party effect)	자동화 (automatization)
⑤	칵테일파티 효과 (cocktail party effect)	이중처리 (dual processing)

36

다음 사례에서 서진이가 사용한 방어기제의 명칭과 개념을 프로이트의 관점에서 설명하시오.

경쟁심리가 강한 서진이는 시험에서 부정행위를 저지르고 좋은 점수를 받았다. 부정행위를 한 사실이 발각되어 아버지에게 꾸중을 듣게 되자 서진이는 '내가 이런 행동을 하게 된 것은 다 아버지 때문이야. 아버지는 끊임없이 다른 사람들과 비교하고 경쟁시키고, 결과가 좋지 않으면 나를 사랑해주지 않았지. 아버지가 나를 진심으로 사랑해준 적이 없기 때문에 아버지에게 인정받고 싶고 잘 보이려다 보니 내가 이렇게 된 거야. 내가 잘못한 건 없어.'라고 생각했다.

36A > 2006학년도 13번

<보기>의 사례에 해당하는 프로이트(S. Freud)의 방어기제는?

보기

외아들인 기수는 형제가 있는 친구들을 볼 때마다 매우 부러워했다. 특히 학교를 가지 않는 날이면 외롭고 쓸쓸하였다. 그래서 기수는 시(市)에서 운영하는 청소년 단체에 가입해서 나이가 서로 다른 사람들과 어울림으로써 외로움을 많이 달랬고, 그 결과 사교성도 발달하였다.

① 승화 ② 투사
③ 치환 ④ 합리화

Note

CHAPTER 6 생활지도 및 상담

- **생활지도의 이해** 생활지도의 원리
- **상담이론** 상담의 원리 | 정신분석 상담이론 | 행동주의 상담이론 | 인지적 상담이론 | 인본주의 상담이론
- **진로이론** 로우의 욕구이론 | 홀랜드의 진로이론 | 크럼볼츠의 진로이론 | 블로의 진로이론

01
<보기>의 (가), (나) 사례에 해당하는 생활지도의 실천원리 2가지를 각각 설명하시오.

(가) A교사는 담임 학급의 학생들에게 학교 폭력 예방을 위한 집단 활동을 전개하였다.

(나) B교사는 진학지도를 위해 학생들의 적성검사와 학업성취도검사 결과를 활용하였다.

01A
> 2005학년도 33번

<보기>에서 생활지도의 원리를 바르게 실천하고 있는 예를 모두 고른 것은?

―보기―
ㄱ. A교사는 담임 학급의 학생들에게 학교폭력예방을 위한 집단활동을 전개하였다.
ㄴ. B교사는 진학지도를 위해 학생들의 적성검사와 학업성취 검사결과를 활용하였다.
ㄷ. C교사는 학생 개개인의 개성이나 권리보다는 학급 전체 구성원들의 집단역동에 더 많은 관심을 집중하였다.
ㄹ. D교사는 이번 학기 들어 우울증으로 자살을 시도해 온 학생을 외부에 의뢰하지 않고 직접 지도하였다.

① ㄱ, ㄴ   ② ㄷ, ㄹ
③ ㄱ, ㄴ, ㄷ ④ ㄴ, ㄷ, ㄹ

02
상담의 최종 목적을 서술하시오.

02A
> 2002학년도 39번

다음은 교사와 학생과의 상담과정에서 일어날 수 있는 대화의 일부이다. 가장 바람직하지 않은 것은?

① "안녕하세요? 무슨 일로 찾아 왔나요? 무슨 걱정이라도 있나요?"
② "오늘 상담은 오후 3시까지 약 50분간 합니다."
③ "내가 도움을 줄 수는 있지만, 최종적인 문제해결은 학생 스스로가 해야 합니다."
④ "너무 걱정하지 말아요. 솔직하게 말해주기만 하면 내가 해결해줄 겁니다."

03

상담의 기본원칙 중 김 교사의 진술에 부합하는 원칙을 쓰고, 해당 원칙의 예외적 사례 2가지를 구체적으로 서술하시오.

> 김 교사 | 상담은 사적으로 이루어집니다. 내담자와 상담자 간의 심리적 편안함 없이는 내담자의 문제를 솔직하게 표현할 수 없습니다. 타인에게 상담 내용이 알려지지 않는다는 내담자의 믿음 형성이 무엇보다 중요합니다.

03A > 2004학년도 18번

교사는 상담을 통해 알게 된 학생에 관한 사적인 정보를 원칙적으로 유출해서는 안 되지만 예외적인 경우가 있다. <보기>에서 비밀보장의 원칙을 파기할 수 있는 상황을 모두 고른 것은?

― 보기 ―
ㄱ. 법정의 요구가 있을 때
ㄴ. 내담 학생이 성 학대받은 사실을 알게 되었을 때
ㄷ. 내담 학생이 스스로에게 해를 입히려는 의도를 밝혔을 때
ㄹ. 내담 학생이 부모에게 상습적으로 매를 맞는다는 사실을 알게 되었을 때

① ㄱ
② ㄴ, ㄹ
③ ㄴ, ㄷ, ㄹ
④ ㄱ, ㄴ, ㄷ, ㄹ

04

다음 ⊙과 ⓒ에 알맞은 말을 쓰시오.

> 아들러의 개인심리학에 따르면 인간은 (⊙)을(를) 극복하고, 자아실현을 위해 (ⓒ)을(를) 추구해야 한다.

04A > 2004학년도 20번

다음은 교칙을 위반한 학생의 문제행동의 원인에 대해 설명한 상담기록의 일부이다. 여기에 적용된 상담 접근방법은?

> 상습적으로 다른 학생들에게 폭력을 휘두르는 영철이의 행동은 자신의 열등감을 극복하고 우월해지고자 하는 동기가 표출된 결과이다. 이러한 행동은 자신을 알아주지 않는 주위 사람들에 대해 공격성을 나타냄으로써 자신도 중요한 사람이 될 수 있을 것으로 여기는 문제행동으로 볼 수 있다.

① 행동주의적 접근
② 인간중심적 접근
③ 개인심리학적 접근
④ 인지행동주의적 접근

05
정신분석 상담이론의 방어기제인 합리화에 대해 구체적 예를 들어 설명하시오.

05A > 2005학년도 32번
다음의 사례에서 보람이가 사용한 방어기제는?

> 보람이는 학급 임원으로 선출되기를 기대했다. 그러나 아무도 추천하지 않아 후보에도 오르지 못했다. 선거가 끝난 후 보람이는 스스로에게 다음과 같이 말하였다. "임원이 되면 공부할 시간이 없을 텐데, 잘된 거야."

① 투사(projection)
② 동일시(identification)
③ 합리화(rationalization)
④ 반동형성(reaction formation)

06
종합적 학교상담 모형의 특성을 설명하시오.

06A > 2005학년도 34번
<보기>의 종합적 학교상담 모형의 특성에 관한 설명 중, 옳은 것끼리 묶인 것은?

> 보기
> ㄱ. '전(全) 교사의 상담교사화'를 지향한다.
> ㄴ. 프로그램 중심의 접근방법을 강조한다.
> ㄷ. 교육발달, 진로발달, 인성·사회성 발달 영역으로 구성된다.
> ㄹ. 모든 학생들의 발달을 촉진하는 일련의 서비스 제공을 목적으로 한다.

① ㄱ, ㄴ
② ㄱ, ㄷ, ㄹ
③ ㄴ, ㄷ, ㄹ
④ ㄱ, ㄴ, ㄷ, ㄹ

07

다음 철수의 고민을 합리적·정서적·행동적 상담이론에 근거하여 상담할 때, 교사가 할 수 있는 상담적 지도를 서술하시오.

> 철수 | 저는 항상 남보다 공부를 잘하고 선생님으로부터 인정받아야 한다고 생각해요. 그래서 성적이 떨어지거나 선생님으로부터 지적을 받으면 심하게 좌절을 하고 우울해져요.

07A > 2003학년도 40번

<보기> 가~사의 상황과 엘리스(Ellis)의 합리-정서치료(RET) 요소가 바르게 연결된 것은?

【 보기 】

가. 나는 입학 시험에 떨어졌다.
나. 부모님께 죄책감이 들고 자신에게 절망감이 들었다.
다. 방 안에서만 지내면서 아무도 만나지 않았다.
라. 입학 시험에 떨어진 것은 곧 파멸이라 생각했기 때문이었다.
마. "떨어진 아이들도 많은데 유독 너만 파멸이라고 생각하면 되겠느냐"라는 어머니의 말씀을 듣고, "나는 왜 시험에 떨어지면 파멸이라고 생각했지?"라고 스스로 반문했다.
바. 시험에 떨어진 것이 자랑은 아니지만, 그것이 곧 파멸은 아니라는 생각이 들었다.
사. 시험에 떨어진 것이 불쾌하지만 절망하지는 않게 되면서, 내 실력에 맞는 다른 학교를 알아보게 되었다.

A : 선행사건　　　*irB* : 비합리적 신념
rB : 합리적 신념　*C* : 결과
D : 논박　　　　　*E* : 효과

	가	나	다	라	마	바	사
①	A	C	C	irB	D	rB	E
②	A	irB	D	rB	rB	irB	C
③	A	C	E	rB	D	E	C
④	A	irB	C	rB	D	rB	E

07B > 2002학년도 38번

다음 내용에 따르면 김 교사는 어느 이론의 입장에서 상담하고 있는가?

- 철수는 항상 남보다 공부를 잘하고 선생님으로부터 인정받아야 한다고 생각하고 있다.
- 그래서 철수는 성적이 떨어지거나 선생님으로부터 꾸중을 들으면 심하게 좌절을 한다.
- 교사는 상담과정에서 철수가 가지고 있는 신념은 현실성이 없음을 깨우치려고 노력하고 있다.
- 교사는 철수에게 '남으로부터 항상 인정받고 있는 사람'이 있으면 예를 들어 보라고 말하기도 한다.

① 행동주의적 상담이론
② 정신분석적 상담이론
③ 형태주의적 상담이론
④ 합리적·정서적·행동적 상담이론

08
상담기법 중 행동시연, 체계적 둔감법, 논박하기의 개념을 각각 서술하시오.

08A
> 2011학년도(1차) 28번

다음 글의 (가)~(다)에서 김 교사가 학생들의 문제를 해결하기 위해 활용한 상담기법을 올바르게 짝지은 것은?

> (가) 기훈이는 공부한 만큼 성적이 나오지 않는 편이라 공부 방법을 개선하고 싶어 한다. 김 교사는 기훈이가 효과적인 공부 방법을 사용할 수 있을 때까지 적절한 공부 방법을 알려주고 사용해 보도록 한 후, 피드백을 제공하였다.
>
> (나) 수정이는 시험 때가 되면 너무 예민해지고 압박감을 많이 느낀다. 김 교사는 이완훈련과 불안위계를 사용하여 수정이의 시험불안을 줄이고자 하였다.
>
> (다) 철수는 기말고사를 앞두고 '이번 시험은 틀림없이 망칠 것이고, 난 결국 인생의 실패자가 될 거야'라고 생각하고 있다. 김 교사는 철수에게 왜 이번 시험을 망칠 것이라고 확신하는지, 또 시험에 한두 번 실패 안 해 본 사람이 어디 있으며, 설령 시험성적이 원하는 만큼 나오지 않는다고 해도 그것이 어떻게 인생의 실패와 관련되는지를 생각해 보도록 하여 합리적인 신념을 갖게 하고자 하였다.

	(가)	(나)	(다)
①	행동시연	체계적 둔감법	역설적 기법
②	행동시연	체계적 둔감법	논박하기
③	행동시연	용암법(fading)	논박하기
④	자극포화법	용암법(fading)	역설적 기법
⑤	자극포화법	용암법(fading)	논박하기

09
행동주의 상담기법 중 행동조성(behavior shaping)의 개념을 서술하시오.

09A
> 2009학년도 28번

책상 앞에 앉아 공부하는 습관을 들이도록 다음과 같은 행동조성(behavior shaping) 절차를 적용하였다. 여기에서 사용되지 않은 기법은?

목표행동	책상 앞에 앉아 90분 이상 공부하는 습관을 들이도록 한다.
기저선	학교에서 돌아온 후 책상 앞에 앉아 공부하는 시간은 평균 20분 정도였다.
강화물	자유 시간을 준다.
목표행동 세분화	책상 앞에 앉아 공부하는 시간을 30분, 60분, 90분으로 세분화하였다.
강화계획 1	처음 1주일 동안에는 30분 이상 책상 앞에 앉아 공부한 날에만 자유 시간 30분을 주었다.
강화계획 2	2주일째부터는 60분 이상 책상 앞에 앉아 공부한 날에만 자유 시간 30분을 주었다.
강화계획 3	3주일째부터는 90분 이상 책상 앞에 앉아 공부한 날에만 자유 시간 60분을 주었다.
강화계획 4	4주일째부터는 90분 이상 책상 앞에 앉아 공부한 날이라도 어떤 날은 자유 시간 60분을 주고, 어떤 날은 자유 시간을 주지 않았다.

① 간헐적 강화 ② 점진적 접근
③ 차별적 강화 ④ 연속적 강화
⑤ 대리적 강화

10

해결중심 상담이론에 기반하여 다음 김 교사의 문제점을 서술하시오.

> 철 수 | 인터넷 게임을 너무 많이 하고 지각을 자주 하니까 성적이 말이 아니에요.
>
> 김 교사 | 그래, 인터넷 게임 시간을 줄이고 지각을 하지 않았으면 좋겠단 말이지? 그런데 게임을 많이 하는 원인이 뭐라고 생각하니?
>
> 철 수 | 인터넷 게임만큼 재미있는 게 없는 것 같아요.
>
> 김 교사 | 그동안 하루에 몇 시간씩 했니?
>
> 철 수 | 시간을 재보지는 않았지만 밤을 새면서 하기도 했어요.

10A

> 2008학년도 35번

다음 대화에서 김 교사가 적용한 상담이론은?

> 철 수 | 인터넷 게임을 너무 많이 하고 지각을 자주 하니까 성적이 말이 아니에요.
>
> 김 교사 | 그래, 인터넷 게임 시간을 줄이고 지각을 하지 않았으면 좋겠단 말이지? 그런데 게임 시간과 지각을 줄일 자신이 있니? 완전히 줄일 수 있는 것을 100점으로 하면 몇 점을 줄 수 있어?
>
> 철 수 | 인터넷 게임 줄이기는 80점 정도 자신 있고요, 지각 안 하기는 95점 정도 자신 있어요.
>
> 김 교사 | 철수야, 네가 원하는 대로 이루어진다면 너에게 어떤 일이 일어날 것 같아?
>
> 철 수 | 당연히 성적이 오르겠죠. 부모님이 제일 좋아하실 것 같아요. 요즘 집안 분위기가 별로 안 좋아요. 그런데 제가 성적이 오르고, 게임도 덜 하고, 부모님이 기뻐하실 것 같아요.

① 인지치료 상담　　② 해결중심 상담
③ 현실요법 상담　　④ 합리적·정서적 행동 상담

11

형태주의 상담이론의 주요 개념 중 '미해결사태'에 대해 설명하고, 형태주의 상담이론에 따른 상담목표를 서술하시오.

11A
> 2008학년도 34번

게슈탈트(Gestalt) 상담이론의 특징은?

① 자유와 책임, 삶의 의미, 죽음과 비존재, 진실성을 강조한다.
② 미해결사태를 해결하기 위해 전경과 배경의 자연스러운 교체를 강조한다.
③ 개인의 사회적 관심과 생활양식에 초점을 두고, 열등감의 극복을 강조한다.
④ 자아 상태를 부모 자아, 성인 자아, 어린이 자아로 나누고, 세 가지 자아 상태의 균형을 강조한다.

11B
> 2011학년도(1차) 27번

다음 대화에서 최 교사가 활용하고 있는 상담기법과 가장 밀접한 상담이론에 대한 설명으로 옳은 것은?

> 민 영 | 요즘 영주가 저를 멀리하는데, 저를 정말 싫어하는 것 같지 않으세요?
> 최 교사 | 나한테 질문하지 말고 네가 영주에 대해 어떻게 느끼는지 말해 보렴.
> 민 영 | 예전에는 정말 친했는데 요즘은 영주를 보면 섭섭한 마음이 들어요.
> 최 교사 | 요즘 영주와 얘기를 잘 안 하는 이유가 뭐니? 여기 의자가 두 개 있는데 먼저 네가 앉고 싶은 곳에 앉고, 나머지 의자에는 영주가 앉아 있다고 상상해 보렴. 자, 지금부터 네가 영주에게 원하는 것이 무엇이고, 어떤 감정을 느끼고 있는지 영주에게 직접 얘기해 보겠니?
> 민 영 | 무엇을 말해야 할지 모르겠어요.
> 최 교사 | 그럼 '내가 너에게 무엇부터 말해야 할지 잘 모르겠어'라고 말해 보렴.
> 민 영 | 영주야. 무슨 말부터 해야 할지 잘 모르겠지만……. 난 너와 계속 좋은 친구로 지내면 좋겠어. 그런데 요즘 넌 나한테 신경을 너무 안 쓰는 것 같아. 내가 말을 걸면 대꾸도 잘 안 해서 너무 속상해.
> 최 교사 | 그럼 이제 의자를 바꾸고, 네가 영주의 입장이 되어 민영이에게 얘기해 보겠니?
> 민 영 | 난 여전히 너를 가장 친한 친구로 생각하고 있어. 그런데 내가 공부에 열중하고 있을 때 네가 말을 걸면 짜증날 때가 많았어. 중학교에 오면서 공부할 게 많아져서 부담스러웠고, 그래서 너한테 신경을 많이 못 썼던 것 같아.
> 최 교사 | 민영아, 지금 기분이 어떠니?

① 미해결 과제는 현재에 대한 자각(awareness)을 방해한다고 본다.
② 상담자의 진솔성, 무조건적인 긍정적 존중, 공감적 이해를 강조한다.
③ 자아가 무의식적 충동을 조절하기 위해 방어기제를 사용한다는 점을 강조한다.
④ 3R(책임감, 현실, 옳고 그름)을 강조하며, 책임감 있는 사람이 정신적으로 건강하다고 본다.
⑤ 상담자로 하여금 내담자가 최종목표행동에 도달하도록 행동조형(shaping)을 사용할 것을 강조한다.

12

로저스(C.Rogers)의 인간중심 상담이론에서 내담자의 자아실현을 위해 상담자가 갖추어야 할 조건 3가지를 설명하시오.

12A
> 2010학년도 27번

상담이론에 대한 설명으로 옳은 것을 <보기>에서 고른 것은?

―― 보기 ――

ㄱ. 합리적 정서적 행동치료(REBT)에서는 정서적 문제를 유발하는 원인이 사건 자체가 아니라 그 사건에 대한 비합리적인 신념 때문이라고 본다.
ㄴ. 인간중심 상담이론에서는 성장을 위한 적절한 조건이 갖추어지면 누구나 자아실현을 이룰 수 있다고 본다.
ㄷ. 정신분석 상담이론에서는 '지금-여기'에 초점을 두며 접촉을 통한 자각으로 통합을 이루게 된다고 본다.
ㄹ. 게슈탈트 상담이론에서는 죽음과 비존재, 실존적 불안, 삶의 의미를 강조한다.

① ㄱ, ㄴ   ② ㄱ, ㄹ   ③ ㄴ, ㄷ
④ ㄴ, ㄹ   ⑤ ㄷ, ㄹ

12B
> 2013학년도 26번

로저스(C. Rogers)의 인간중심 상담이론에 따른 상담자의 태도로서 공감(empathy), 수용(unconditional positive regard), 진정성(genuineness)에 관한 설명으로 옳지 않은 것은?

① 진정성은 자신의 감정과 경험을 주관적으로 표현하는 것이다.
② 공감, 수용, 진정성을 내담자에게 얼마나 잘 지각하게 하느냐가 중요하다.
③ 공감은 객관적인 현실보다 내담자가 지각한 현실에 초점을 두는 것이다
④ 공감, 수용, 진정성은 함께 행해지는 것보다 각각 행해질 때에 더 효과적이다.
⑤ 수용은 내담자의 '자기실현 경향성(self-actualization tendency)'을 인정하고 신뢰하는 것이다.

13

다음 상담이론에서 강조하는 행동 평가 기준의 3R을 설명하시오.

- 인간은 5가지 기본 욕구인 소속의 욕구, 힘의 욕구, 즐거움의 욕구, 자유의 욕구, 생존의 욕구를 가지고 태어난다.
- 인간은 자신의 기본 욕구를 충족하기 위해 자신의 행동을 통제하고 선택한다.
- 인간의 전행동(total behavavior) 중 활동과 생각은 통제할 수 있으나, 느낌과 신체반응은 통제하기 어렵다.

13A > 2005학년도 35번

다음은 교사가 파악한 어떤 학생의 문제이다.

> 우수한 학업성적으로 주위로부터 인정을 받아왔던 철수는 최근 여자 친구와 헤어지게 되면서 학업성적이 크게 떨어졌고, 동료학생들과 다투는 등의 부적응 행동으로 교무실에 불려오는 일이 잦아졌다. 그는 누구든 가치 있는 사람이 되려면 반드시 유능해야 하고, 모든 영역에 걸쳐 완벽하게 일을 성취해야 한다고 믿고 있었다. 그러나 철수는 그렇지 못해 너무나도 무능하고 무가치한 사람이라고 자신을 비하하였다.

<보기>에서 현실요법을 적용하여 이 학생을 상담하고자 하는 상담교사의 접근으로 옳은 것을 모두 고른 것은?

― 보기 ―

ㄱ. 현재를 중시하면서 철수의 감정이나 태도보다 행동에 초점을 맞춘다.
ㄴ. 철수의 비합리적 신념에 대한 근거와 타당성을 입증하도록 논박하여 합리적인 신념을 갖게 한다.
ㄷ. 철수의 욕구충족을 위해 선택한 행동의 효과성을 평가하면서, 새롭고 합당한 방법을 찾도록 돕는다.
ㄹ. '지금 여기'에서 철수의 현재 감정에 초점을 맞추어 반영하고, 그에게 주는 의미를 자각할 수 있도록 돕는다.

① ㄱ, ㄷ
② ㄴ, ㄹ
③ ㄱ, ㄷ, ㄹ
④ ㄴ, ㄷ, ㄹ

13B > 2006학년도 14번

<보기>와 같은 절차에 따라 상담을 실시한 김 교사의 상담 기법은?

― 보기 ―

단계1 | 김 교사는 내담자인 선미가 무엇을 원하는지 그리고 상담을 통하여 무엇을 기대하는지를 물었다. 이에 선미는 급우들의 따돌림에서 벗어나 좋은 관계를 맺고 싶다고 답하였다.
단계2 | 김 교사는 선미가 급우들에게 무슨 행동을 어떻게 하고 있는지를 탐색하였다.
단계3 | 김 교사는 선미에게 급우관계를 개선하기 위해 얼마나 노력했는지, 급우를 대하는 자신의 행동이 얼마나 적절했는지 등을 스스로 평가해 보도록 도왔다.
단계4 | 김 교사는 선미의 급우관계를 개선하기 위해 선미가 앞으로 실천해야 할 구체적 방안과 계획을 수립하도록 도왔다.

① 현실요법
② 행동수정요법
③ 인간중심요법
④ 합리·정서 행동 요법

14

글래서(W. Glasser)와 우볼딩(R. Wubbolding)의 현실주의 상담의 4단계 상담과정을 설명하시오.

14A
> 2013학년도 27번

글래서(W. Glasser)와 우볼딩(R. Wubbolding)의 현실주의 상담에서 사용되는 <보기>의 4단계 상담과정을 순서대로 옳게 배열한 것은?

보기

ㄱ. 내담자의 책임 있는 행동 계획하기
ㄴ. 내담자의 욕구 파악하기
ㄷ. 내담자의 현재행동 탐색하기
ㄹ. 내담자 자신의 행동 평가하기

① ㄱ-ㄴ-ㄷ-ㄹ ② ㄱ-ㄷ-ㄴ-ㄹ
③ ㄱ-ㄹ-ㄷ-ㄴ ④ ㄴ-ㄷ-ㄹ-ㄱ
⑤ ㄴ-ㄹ-ㄷ-ㄱ

15

상담기법 중 반영, 해석, 행동실험에 대해 각각 설명하시오.

15A
> 2009학년도 27번

다음 대화의 ㉠, ㉡, ㉢에서 김 교사가 활용하고 있는 상담기법으로 가장 적절한 것은?

철 수 | 친구들이 모두 저를 싫어하는 것 같아요. 저한테는 아무도 말을 걸지 않아요.

김 교사 | ㉠ 친구들과 친하게 지내고 싶은데 철수에게 말을 거는 친구가 없어 속상한가 보구나.

철 수 | 네.

김 교사 | 그런데 친구들이 철수를 싫어한다는 것은 어떻게 알게 되었지?

철 수 | 그냥 알아요. 직접 듣지는 않았지만 느낌으로 알아요.

김 교사 | ㉡ 철수 얘기를 들어보니 선생님 생각에는 그것이 사실이라기보다 철수 혼자서 그럴 거라고 짐작하고 있는 것 같구나.

철 수 | 아니에요. 진짜 싫어해요.

김 교사 | 그렇다면 철수 생각이 맞는지 우리 한번 확인해 보면 어떨까?

철 수 | 어떻게요?

김 교사 | 혹시 철수가 친구들한테 먼저 말을 걸어본 적 있니?

철 수 | 아니요.

김 교사 | 이번에는 철수가 친구들한테 먼저 말을 걸어 보면 어떨까? 만약 다섯 명의 친구들에게 말을 건다면 몇 명이나 대답을 할 것 같아?

철 수 | 아마 한 명도 없을 걸요?

김 교사 | ㉢ 그럼 내일 다섯 명의 친구들에게 말을 걸어 보고, 친구들이 한 명도 대답을 하지 않을 거라는 철수의 생각이 맞는지 확인해 보자. 그리고 방과 후에 나랑 만나서 결과를 살펴보고 다음 단계를 의논해 보는 거야. 할 수 있겠니?

철 수 | 한번 해 볼게요. 그런데 무슨 말을 하죠?

김 교사 | 아무 말이라도 좋아. 지우개를 빌려 달라고 해도 좋고 말이야.

	㉠	㉡	㉢
①	반영	직면	행동수정
②	재진술	해석	행동실험
③	반영	직면	문제해결
④	반영	해석	행동실험
⑤	재진술	해석	행동수정

16
상담기법 중 '빈의자 기법'의 사용 목적을 서술하시오.

16A
> 2007학년도 33번

다음 진술의 내용과 관련된 상담이론에서 주로 적용하는 상담 기법은?

> 상담은 내담자가 알아차림(awareness)을 통해 '지금-여기'의 감정에 충실하거나 미해결 과제를 자각하고 표현하게 하여 비효율적인 감정의 고리에서 벗어나도록 돕는 것을 목표로 삼는다.

① 빈의자 기법　　　② 자유연상
③ 합리적 논박　　　④ 체계적 둔감법

17
번(E. Berne)의 교류분석 상담이론에서 강조하는 3가지 자아상태를 각각 설명하시오.

17A
> 2012학년도 26번

상담이론에 대한 설명 중 옳은 것을 <보기>에서 고른 것은?

보기

ㄱ. 프로이드(S. Freud)의 정신분석 상담이론은 집단 무의식을 강조하며, 주요한 상담기법 중의 하나로 자유연상을 사용한다.
ㄴ. 엘리스(A. Ellis)의 합리·정서·행동 상담이론(REBT)은 신념 체계를 강조하며, 주요한 상담기법 중의 하나로 논박을 사용한다.
ㄷ. 번(E. Berne)의 교류분석 상담이론은 세 가지 자아상태(부모, 성인, 아동)를 강조하며, 주요한 상담기법 중의 하나로 구조분석을 사용한다.
ㄹ. 글래서(W. Glasser)의 현실주 상담이론은 인간의 5가지 기본 욕구(소속감, 힘, 즐거움, 자유, 생존)를 강조하며, 주요한 상담기법 중의 하나로 생활양식을 분석한다.

① ㄱ, ㄴ　　② ㄱ, ㄷ　　③ ㄴ, ㄷ
④ ㄴ, ㄹ　　⑤ ㄷ, ㄹ

18

로우(A. Roe)의 욕구이론에 따라 (가)~(다)의 심리적 양육 환경 명칭과 그에 따른 2가지 직업 경로를 서술하시오.

> (가) 자녀에 대해 애정을 보이지만, 자녀를 과잉보호하고, 자녀에게 높은 목표를 요구한다.
>
> (나) 자녀에게 애정 없이 냉담하고, 생존할 수 있는 최소한의 신체적 배려만 제공한다.
>
> (다) 벌이나 규칙보다 이성으로 독립심을 길러주고, 강요 없이 적절한 애정과 관심을 보인다.

18A > 2005학년도 36번

다음은 교사가 학생들에게 진로지도 활동을 시작하면서 소개한 내용의 일부이다. 이 내용에 가장 적합한 진로 이론은?

> 인생 초기에 어떤 방식으로 양육되었고, 어떤 경험을 했느냐는 여러분이 장차 어떤 직업을 택하게 되는가에 중요한 영향을 미칩니다. 부모가 자녀를 대하는 양상에 따라 세 가지 심리적 환경이 조성됩니다. 냉담한(cold) 가정분위기, 온정적 또는 냉담한(warm or cold) 가정분위기, 온정적(warm) 가정분위기가 그것들입니다.
>
> - <중략> -
>
> 수용이나 거부 또는 과잉보호나 과잉요구에 대한 여러분의 감정이 인간지향적이거나 비인간지향적인 생활양식을 발전시키게 됩니다. 이는 결국 여러분들로 하여금 특정한 직업을 선택하도록 하는 진로지향성을 형성하도록 합니다.

① 수퍼(D. Super)의 발달이론
② 홀랜드(J. Holland)의 성격이론
③ 로우(A. Roe)의 욕구이론
④ 파슨스(F. Parsons)의 특성요인 이론

18B > 2011학년도 26번

로우(A. Roe)의 욕구이론에 관한 설명으로 옳은 것을 <보기>에서 고른 것은?

> 보기
>
> ㄱ. 개인의 직업적 성격유형을 직업 환경과 연결시킨 육각형 모양에 기반하고 있다.
> ㄴ. 부모와 자녀의 관계에 따라 자녀의 성격이 형성되고, 이는 직업선택에 영향을 준다고 본다.
> ㄷ. 냉담한 양육 환경에서 성장한 사람은 인간 지향적인(person-oriented) 직업을 선택하게 된다고 본다.
> ㄹ. 새로운 직업분류체계를 개발함으로써 직업선호도검사, 직업흥미검사, 직업명 사전 개발에 영향을 주었다.

① ㄱ, ㄴ ② ㄱ, ㄷ ③ ㄴ, ㄷ
④ ㄴ, ㄹ ⑤ ㄷ, ㄹ

19

홀랜드(J. Holland)의 직업적 성격 유형인 실재형, 탐구형, 예술형, 사회형, 설득형, 관습형을 각각 설명하시오.

19A > 2009학년도 30번

최 교사는 학생들의 진로지도를 위하여 홀랜드(J. Holland)의 진로탐색검사를 실시하였다. 검사 결과, 영철이의 직업적 성격 유형은 다음 그림의 ㉠과 ㉡에 해당되는 것으로 나타났다. 영철이의 직업적 성격 특성을 가장 잘 설명하는 것은?

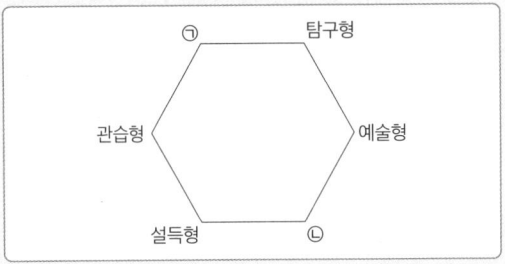

	㉠	㉡
①	다른 사람들과 어울리는 것을 좋아하고, 다른 사람들을 도와주는 활동을 선호한다.	계획에 따라 일하기를 좋아하며, 계산적인 능력을 발휘하는 활동을 선호한다.
②	지도력과 통솔력이 있으며, 말을 잘하고 다른 사람들을 관리하는 활동을 선호한다.	기계를 만지거나 조작하는 것을 좋아하며, 몸을 움직이는 활동을 선호한다.
③	정확하고 분석적이며, 지적 호기심이 많고 체계적인 활동을 선호한다.	변화와 다양성을 좋아하고, 자유롭고 창의적인 활동을 선호한다.
④	계획에 따라 일하기를 좋아하며, 계산적인 능력을 발휘하는 활동을 선호한다.	지도력과 통솔력이 있으며, 말을 잘하고 다른 사람들을 관리하는 활동을 선호한다.
⑤	기계를 만지거나 조작하는 것을 좋아하며, 몸을 움직이는 활동을 선호한다.	다른 사람들과 어울리는 것을 좋아하고, 다른 사람들을 도와주는 활동을 선호한다.

19B > 2013학년도 28번

홀랜드(J. Holland)의 진로이론에 관한 설명으로 옳은 것만을 <보기>에서 있는 대로 고른 것은?

보기
ㄱ. 직업적 행동은 성격과 환경의 상호작용의 결과이다.
ㄴ. 직업을 선택할 때 자신의 태도와 가치관에 맞는 직업환경을 선호한다.
ㄷ. 직업적 성격유형 중 실재형(realistic type)에 해당하는 사람이 선택하는 대표적인 직업으로는 정치가, 판사, 관리자 등이 있다.
ㄹ. 직업환경을 실재적(realistic), 탐구적(investigative), 예술적(artistic), 사회적(social), 설득적(enterprising), 관습적(conventional) 환경으로 분류한다.

① ㄱ, ㄷ   ② ㄴ, ㄹ   ③ ㄱ, ㄴ, ㄹ
④ ㄴ, ㄷ, ㄹ   ⑤ ㄱ, ㄴ, ㄷ, ㄹ

20

크럼볼츠(J. D. Krumboltz)의 사회학습이론에 근거하여 진로결정요인 4가지를 서술하시오.

20A
> 2008학년도 36번

진로상담에 관련된 설명으로 옳지 않은 것은?

① 진로를 결정한 학생도 진로상담의 대상이다.
② 누구에게나 한 가지 이상의 직업적성과 직업흥미가 있다.
③ 홀랜드(J. L. Holland)는 진로발달에서 자아개념을 가장 중시하였다.
④ 크럼볼츠(J. D. Krumboltz)는 진로의사결정에 영향을 미치는 요인들의 상호작용을 중시하였다.

21

A교사가 근거하고 있는 진로이론의 직업발달 개념과 직업 자아정체감의 성숙에 대해 서술하시오.

A교사는 현장연수에서 진로지도에 대해 다음과 같이 말하였다. "진로지도는 일시에 끝나는 것이 아닙니다. 개인이 마주하는 환경마다 문제의 양상이 달라집니다. 그 과정에서 개인은 욕구를 경험하고, 어떻게 할 것인지 결정하는 과정이 이루어집니다. 이때 의사결정이 일어납니다. 이 과정은 크게는 3단계를 거쳐 나타나고 각 단계에서는 4가지 단계가 있습니다. 이 특성을 참고하지 않은 진로지도는 지나치게 광범위해서 명료성이 떨어집니다. 그리고 개인과 다양한 상황이 가진 역동적인 상호작용을 간과할 수 있습니다."

21A
> 2012학년도 28번

진로이론에 대한 설명 중 옳은 것을 <보기>에서 고른 것은?

보기

ㄱ. 홀랜드(J. Holland)의 진로이론: 성격 유형과 환경 유형을 각각 6가지로 구분하고, 책무성 수준에 따라 직업 분류 체계를 만들었다.
ㄴ. 로우(A. Roe)의 진로이론: 흥미에 기초해서 직업분야를 8개의 군집으로 나누고, 직업군의 선택은 부모-자녀 관계 속에서 형성된 도구적 학습경험에 의해서 결정된다.
ㄷ. 수퍼(D. Super)의 진로이론: 진로발달은 인간의 전 생애에 걸쳐서 이루어지며, 15~17세 시기는 자신의 욕구, 흥미, 능력 등을 고려하여 잠정적인 진로를 선택하는 탐색기에 해당된다.
ㄹ. 티이드만과 오하라(D. Tiedeman & R. O'Hara)의 진로이론: 직업발달이란 직업 자아정체감을 형성해 나가는 계속적 과정이며, 직업 자아정체감은 의사결정을 되풀이 하는 과정에서 성숙된다.

① ㄱ, ㄴ   ② ㄱ, ㄷ   ③ ㄴ, ㄷ
④ ㄴ, ㄹ   ⑤ ㄷ, ㄹ

22

블로(P. Blau)의 진로이론에서 제시하는 직업선택의 주요 요인을 서술하시오.

22A
> 2010학년도 28번

진로이론에 대한 설명 중 옳은 것을 <보기>에서 고른 것은?

<보기>
ㄱ. 수퍼(D. Super)의 발달이론에서는 직업 선택이 부모-자녀 관계에서 형성된 개인의 성격과 욕구구조에 의해서 결정된다고 본다.
ㄴ. 홀랜드(J. Holland)의 인성이론에서는 성격유형과 직업환경을 각각 6가지로 분류하고, 개인의 성격유형에 맞는 직업환경을 찾아야 한다고 본다.
ㄷ. 파슨스(F. Parsons)의 특성요인이론에서는 자아개념을 중요시하며, 진로선택을 타협과 선택이 상호작용하는 적응 과정으로 본다.
ㄹ. 블로(P. Blau)의 사회학적 이론에 따르면 가정, 학교, 지역 사회 등의 사회적 요인이 직업 선택에 큰 영향을 미친다.

① ㄱ, ㄴ ② ㄱ, ㄷ ③ ㄴ, ㄷ
④ ㄴ, ㄹ ⑤ ㄷ, ㄹ

CHAPTER 7 교육사회학

- **교육사회학 이론** 기능이론(거시적 관점) | 갈등이론(거시적 관점) | 해석적 이론(미시적 관점) | 신교육사회학
- **교육과 사회** 교육과 평등 | 문화 변화 | 청소년 일탈 | 학교팽창
- **평생교육과 다문화교육** 평생교육

01-1
기능이론의 관점에서 학교 교육의 기능을 네 가지 서술하시오.

01A
> 2006학년도 34번

<보기>에서 뒤르껨(E. Durkheim)의 교육론에 부합하는 것끼리 묶은 것은?

―― 보기 ――
ㄱ. 교육은 사회화의 기능을 수행한다.
ㄴ. 교사의 권위를 세우기 위해서 체벌은 불가피하다.
ㄷ. 학교 교육은 사회적 기능을 수행하기 때문에 국가가 관여해야 한다.
ㄹ. 시대가 바뀌더라도 도덕교육의 내용은 변하지 않는다.

① ㄱ, ㄷ　　② ㄱ, ㄹ
③ ㄴ, ㄷ　　④ ㄴ, ㄹ

01B
> 2005학년도 37번

"학교 교육이 사회평등에 기여한다."는 입장을 뒷받침하는 것으로 가장 적절한 것은?

① 교육수익률이 높을 때는 경제적 상류층이 학교 교육을 받는다.
② 부모의 사회경제적 지위는 학교 교육을 매개로 하여 학생에게 대물림된다.
③ 고용주가 노동자보다 학교 교육 연한에 따른 수입 증가의 비율이 더 높다.
④ 경제적으로 상·하층인 학생들 간의 성적 차가 수업 기간 중에는 커지지 않는 반면, 방학 기간 중에는 커지는 경향이 있다.

01-2
기능이론의 관점에서 학교의 교육 내용이 어떻게 선정되는지 서술하시오.

01C
> 2004학년도 41번

기능주의 교육관과 거리가 먼 것은?

① 학교는 교육기회의 균등을 통해 공정한 사회이동을 촉진한다.
② 학교는 사회 문제의 해결과 사회 발전을 도모하는 제도적 수단이다.
③ 학교는 지배집단 문화를 전수하는 기관으로 사회 안정화를 도모한다.
④ 학교의 교과내용은 보편적 가치와 사회 구성원의 합의에 의해 이루어진다.

01D
> 2003학년도 44번

집단 간 학업성취 수준의 차이에 대한 <보기>의 설명 중 기능론적 입장에 해당하는 것은?

보기
가. 능력별 수업을 통해 집단 간 학업성취 수준의 차이를 감소시킬 수 있다.
나. 우수한 교사를 농촌 지역에 배치하면, 지역적 학업성취의 차이를 감소시킬 수 있다.
다. 학업성취 수준의 차이는 학교 교육에 지배집단의 문화가 반영된 결과이다.
라. 사회 계층의 차이에 따른 독특한 언어와 사고 양식은 학업성취 수준의 차이를 가져온다.

① 가, 나
② 가, 다
③ 나, 다
④ 나, 라

02

다음은 학교 교육의 사회적 기능에 대한 관점 중 하나와 관련된 내용이다. 이 관점에서 학교 교육의 주요 기능을 설명하시오.

> 사회를 구성하고 있는 각 요소는 전체의 존속에 공헌한다. 각 구성 요소들은 서로 영향을 미치는 상호의존적 관계에 있으며, 전체적으로 조화롭게 통합되어 있다. 지각, 정서, 가치관, 신념 체계의 주요 부분에 대해서 사회 구성원들 사이에 합의가 이루어져 있다.

02A

> 2011학년도 30번

다음은 학교 교육의 사회적 기능에 대한 관점 중 하나이다. 이 관점에 대한 설명으로 옳지 않은 것은?

> 사회를 구성하고 있는 각 요소는 전체의 존속에 공헌한다. 각 구성요소들은 서로 영향을 미치는 상호의존적 관계에 있으며, 전체적으로 조화롭게 통합되어 있다. 지각·정서·가치관·신념 체계의 주요 부분에 대해서 사회 구성원들 사이에 합의가 이루어져 있다. 교육은 전체 사회의 한 구성요소이며, 전체 사회의 존속과 유지에 공헌한다.

① 학교 교육의 주요 기능은 사회화에 있다.
② 사회체제 존속에 필요한 규범교육을 강조한다.
③ 학교 교육은 업적주의 사회 기반을 공고히 한다.
④ 대표적 이론가로 뒤르켐(E. Durkheim)과 파슨스(T. Parsons)가 있다.
⑤ 교육을 둘러싼 집단 간의 이해관계를 분석하는 데 주안점을 둔다.

02B

> 2007학년도 39번

<보기>에서 학교 교육과 사회의 관계에 관한 기능론적 설명으로만 묶인 것은?

보기
ㄱ. 학교 교육은 중요한 사회적 선발 장치이다.
ㄴ. 학교의 교육과정을 통해 지배집단의 문화가 재생산된다.
ㄷ. 학교는 개인의 사회적 지위 획득을 위한 집단 간 지위 경쟁의 장이다.
ㄹ. 학교의 교육내용은 보편적 가치와 사회 구성원의 합의에 기초하여 선정되는 것이다.

① ㄱ, ㄷ
② ㄱ, ㄹ
③ ㄴ, ㄷ
④ ㄴ, ㄹ

03

드리븐(R. Dreeben)의 학교사회화 내용 중 특정성의 개념을 서술하시오.

03A
> 2007학년도 37번

드리븐(R. Dreeben)의 학교사회화 내용 중 다음의 ( )에 해당하는 것은?

> ( )은 학년이 높아짐에 따라 흥미와 적성에 맞는 분야의 교육에 집중함으로써 학생들이 학습하게 되는 것이다.

① 독립성 ② 특정성
③ 보편성 ④ 성취성

03B
> 2006학년도 30번

기능론적 관점에서 학교 교육을 설명한 것으로 가장 적절한 것은?

① 학교는 이데올로기적 국가기구이다.
② 학교 시험은 지배적 문화와 가치관을 주입시키는 도구이다.
③ 학교는 자본주의 사회의 생산관계를 재생산하는 데 기여한다.
④ 학교는 사회생활에 필요한 보편적 가치를 어린 세대에게 가르친다.

04

슐츠(T. Schultz)의 주장을 고려하여 빈칸에 알맞은 말을 쓰시오.

더 많은 학교 교육 → 더 많은 지식과 기술 습득 → ( ) → ( )

04A > 2013학년도 29번

학교 교육의 사회적 기능에 관한 세 교사의 견해에 부합하는 이론을 주장한 학자로 옳은 것은?

> 김 교사 | 저는 현대 사회에서 학교 교육은 매우 중요한 사회적 기능을 하고 있다고 생각합니다. 학생들에게 한 사회가 축적한 규범과 가치를 내면화시키고, 장차 일하게 될 직업 세계에 필요한 지식과 기술을 가르쳐 주거든요.
> 이 교사 | 그렇지요. 게다가 학교 교육을 많이 받게 되면 더 많은 지식과 기술을 습득하게 되고 업무 생산성도 향상되잖아요. 이런 생산성의 향상이 결국 소득 증대로 이어진다고 봐야죠.
> 박 교사 | 그 말은 학교 교육이 사회평등에 기여할 수 있다는 얘기처럼 들리는데, 저는 그렇게 생각하지 않습니다. 학교는 이데올로기적 국가기구로서 불평등한 계급관계를 재생산하고 있다고 봅니다.

	김 교사	이 교사	박 교사
①	그람시 (A. Gramsci)	애플 (M. Apple)	마르크스 (K. Marx)
②	뒤르케임 (E. Durkheim)	애플 (M. Apple)	알튀세 (L. Althusser)
③	뒤르케임 (E. Durkheim)	슐츠 (T. Schultz)	알튀세 (L. Althusser)
④	파슨스 (T. Parsons)	슐츠 (T. Schultz)	베커 (G. Becker)
⑤	파슨스 (T. Parsons)	콜린스 (R. Collins)	베커 (G. Becker)

05

사회적 기구로서 학교가 수행하는 기능을 알튀세(L. Althusser)의 관점에서 서술하고, 그러한 점에서 학교가 어떠한 방식으로 영향력을 행하는지를 서술하시오. (단, 학교와 유사한 기능을 하는 사례를 한 가지 들 것)

05A > 2007학년도 42번

다음의 (가)와 (나)에 들어갈 가장 적합한 용어는?

> 알튀세(L. Althusser)는 학교가 이데올로기적 국가기구로서 사회적 기능을 수행한다고 보았다. 이데올로기적 국가기구로서 학교가 억압적 국가기구와는 달리 가족이나 언론 매체와 유사한 기능을 수행하는 것은, (가)보다는 (나)을(를) 통해 그 구성원들에게 영향력을 행사한다는 것을 의미한다.

	(가)	(나)
①	교화	학습
②	공권력	관리
③	강제력	동의
④	이념	설득

06-1
학교의 사회적 역할과 기능을 대응이론 입장에서 설명하시오.

06A
> 2012학년도 30번

다음은 학교의 사회적 역할과 기능에 대한 학자들의 주장이다. (가)와 (나)가 나타내는 개념은?

> (가) 학교에서 교장과 교사, 교사와 학생, 학생과 학생, 학생과 학업 사이의 관계는 위계적 노동 분업을 그대로 본뜨고 있다. 자본주의 기업체의 노동 분업처럼 학교제도도 정교하게 구분된 위계적 권위와 통제 체제를 가지고 있으며, 경쟁과 외적인 보상체계가 참여자들의 관계를 지배한다.
>
> (나) 자본주의 사회는 생산 관계의 재생산을 통해 유지된다. 이는 가족, 교회, 학교, 언론, 문학, 미디어 등에 의해 자본주의적 생산 관계의 유지에 필요한 지식, 기술, 태도, 가치 등이 전달되기 때문에 가능하다. 특히 학교는 자본주의 사회에 복종하는 순치된 노동력을 재생산하는 핵심 장치이다.

	(가)	(나)
①	대응원리	이데올로기적 국가기구
②	대응원리	억압적 국가기구
③	헤게모니	관료주의적 국가기구
④	아비투스(habitus)	억압적 국가기구
⑤	아비투스(habitus)	관료주의적 국가기구

06-2
'이데올로기적 국가기구'와 관련하여 학교의 사회적 역할과 기능을 설명하시오.

06B
> 2008학년도 40번

보울스(S. Bowles)와 긴티스(H. Gintis)의 대응이론(correspondence theory)에서 바라본 교육과 노동의 사회적 관계에 대한 설명으로 옳지 않은 것은?

① 학생과 노동자는 각각 학습과 노동으로부터 소외되어 있다.
② 학교에서의 성적 등급은 작업장에서의 보상 체제와 일치한다.
③ 작업장에서의 사회적 관계는 학교에서의 사회적 관계에 그대로 반영되어 있다.
④ 지식의 단편화와 분업을 통해서 학생과 노동자의 임무가 효율적으로 확장된다.

07
윌리스(P. Willis)의 저항이론 입장에서 계급이 세습되는 원인을 설명하시오.

07A
> 2011학년도 29번

교사가 회고하는 다음 학생의 삶을 가장 잘 설명하는 이론은?

> 그 학생은 학창 시절 말썽을 많이 피웠지. 비슷한 또래들과 몰려다니면서 싸움도 자주 하고, 각종 교칙을 밥 먹듯이 위반했어. 수업을 시시하다고 하면서 방해하기도 하고, 공부 잘하는 애들을 계집애 같다고 놀려 대기도 했어. 반면에 자기 부류의 애들은 사내답다며 우쭐댔지. 자기는 육체노동직에 종사하는 아버지처럼 사나이답게 살고 싶다고 했지. 나중에 보니 그 학생은 스스로 진학을 포기하고 자기 아버지와 같이 육체노동직을 선택하더라고.

① 저항이론   ② 헤게모니이론
③ 문화재생산론   ④ 경제재생산론
⑤ 상징적 상호작용론

07B
> 2005학년도 41번

윌리스(P. Willis)의 저항이론에서 노동자 계급의 자녀가 다시 노동자계급이 되는 이유는?

① 공부를 잘하면 계층이동할 수 있다고 착각하기 때문에
② 모범생들로부터 주도권을 완전히 장악하지 못하기 때문에
③ 학교의 권위에 대항할 만한 반학교문화를 만들지 못하기 때문에
④ 남성우월주의적인 육체노동문화를 자신의 이상적 가치관으로 받아들이기 때문에

08
프레이리(P. Freire)의 문제제기식 교육에서 추구하는 바와 지양하는 바를 쓰시오.

08A
> 2011학년도 32번

프레이리(P. Freire)의 문제제기식 교육에 대한 설명으로 옳지 않은 것은?

① 학생은 비판적으로 사고하는 사람으로 육성되어야 한다고 하였다.
② 학생의 탐구를 막는 것은 마치 폭력을 행사하는 것과 같다고 본다.
③ 학생에게 지식을 수동적으로 축적하게 하는 교육 방식을 비판하였다.
④ 학교에서는 경쟁을 통해 사회 적응력을 키우는 교육을 해야 한다고 본다.
⑤ 학생이 역사적 맥락에서 자신의 삶을 파악할 수 있게 교육하는 것이 중요하다고 본다.

09

헤게모니(hegemony)의 개념을 '지배력 행사'와 관련하여 설명하시오.

09A > 2010학년도 30번

다음 내용과 공통적으로 관련된 개념은?

- 애플(M. Apple)이 교육사회학 이론에 활용한 그람시(A. Gramsci)의 개념이다.
- 학교는 지배 이데올로기를 정당화하는 역할을 한다.
- '학교 교육이 교육의 기회를 공정하게 제공하고 능력에 따라 사회계층을 결정하게 한다.'고 믿게 하는 지배력 행사 방식이다.

① 프락시스(praxis)
② 아비투스(habitus)
③ 문화적응(accommodation)
④ 모순간파(penetration)
⑤ 헤게모니(hegemony)

10

부르디외(P. Bourdieu)의 문화자본론(문화재생산론)의 개념을 서술하고, 해당 이론의 관점에서 '상징적 폭력'의 개념을 활용하여 다음 현상이 발생하는 이유를 설명하시오.

> 학교 음악시간에는 대중음악보다 고전음악을 주로 가르친다. 부유한 집안에서 태어나 고전음악에 익숙한 영훈이는 음악시간이 즐겁고 성적도 좋지만, 그렇지 못한 철수는 음악시간이 지루하고 성적도 좋지 못하다.

10A > 2006학년도 36번

다음의 가상적 사례를 가장 잘 설명해 주는 이론은?

> 가난한 집안에서 태어난 철수는 대중음악을 즐겨 들으며 성장하였고, 부유한 집안에서 태어난 영훈이는 고전음악을 즐겨 들으며 성장하였다. 그런데 학교 음악시간에는 대중음악보다 고전음악을 주로 가르친다. 고전음악에 익숙한 영훈이는 음악시간이 즐겁고 성적도 좋지만, 그렇지 못한 철수는 음악시간이 지루하고 성적도 좋지 못하다.

① 파슨스(T. Parsons)의 학교사회화론
② 부르디외(P. Bourdieu)의 문화자본론
③ 하그리브스(D. Hargreaves)의 상호작용론
④ 보울즈와 긴티스(S. Bowles & H. Gintis)의 대응이론

10B > 2005학년도 38번

갈등이론과 관련된 진술로 옳은 것은?

① 학교 교육이 기존의 계급구조를 재생산한다고 본다.
② 아동에 대한 교육적 관심이나 유대감을 문화적 자본이라고 한다.
③ 학교에서 체벌을 사용하여 지식을 가르치는 것을 상징적 폭력이라고 한다.
④ 보울즈와 긴티스(S. Bowles & H. Gintis)는 학교와 공장에서 다루는 지식의 내용이 동일하다고 본다.

10C > 2003학년도 45번

부르디외(P. Bourdieu)의 문화적 재생산론(Cultural Reproduction Theory)의 관점에 해당하는 것은?

① 문화는 사회계급 구조와 관련이 없다.
② 현대사회는 대중문화에 의해 지배받고 있다.
③ 상징적 폭력을 통해 학교 교육이 사회적으로 정당화된다.
④ 학교는 보편적이고 중립적인 문화적 가치를 전수하는 기관이다.

10D > 2002학년도 47번

다음의 현상을 설명하는 데 가장 적합한 교육이론은?

> - 사회계층별로 독특한 문화를 가지고 있다.
> - 학교 교육과정을 하류계층보다 중상류계층의 문화를 더 많이 반영하고 있다.
> - 예컨대, 학교에서는 대중음악보다 고전음악을 중시하는데, 고전음악은 하류계층보다 중상류계층이 더 많이 향유한다.
> - 따라서, 중상류계층 학생의 학업성취가 하류계층 학생보다 더 높다.

① 저항이론 ② 발전교육론
③ 문화재생산론 ④ 상징적상호작용론

11

보울스와 긴티스(S. Bowls & H. Gintis)의 경제적 재생산론의 관점에서 학교 교육의 역할을 설명하시오.

11A
> 2004학년도 42번

보울스와 긴티스(S. Bowles & H. Gintis)의 경제적 재생산론에 나타난 학교 교육관을 바르게 설명한 것은?

① 학교 교육은 하위 계급의 학생에게 비판적 의식을 심어 주고 있다.
② 학교 교육은 능력주의(meritocracy) 이념을 통해 계급적 모순을 은폐하고 있다.
③ 학교 교육은 사회 불평등을 해소하고 있다.
④ 학교 교육은 학생을 능동적이며, 인격적 존재로 대우하고 있다.

12

맥닐(L. McNeil)의 수업 전략 중 '방어적 단순화'를 사용하는 상황, 전략의 특징, 구체적 수업 방식에 대해 설명하시오.

12A
> 2013학년도 30번

다음은 맥닐(L. McNeil)의 연구결과에서 설명하고 있는 수업전략 중 하나이다. 이 수업전략에 해당하는 것은?

> 사회과 교사가 학생들의 능력이나 수업에 대한 관심이 부족하다고 생각할 때 즐겨 사용하는 수업전략이다. 이것의 주요 특징은 교사가 수업 시간에 정치적으로 덜 민감하거나 논쟁의 여지가 적은 주제를 선택한다는 점이다. 이 수업전략을 사용할 때, 교사는 학생들에게 '빈 칸 채우기' 형태의 연습문제를 풀게 하거나 주제의 개요만을 말해 주는 방식을 취한다. 이러한 과정을 통해 교사가 중요한 주제를 수업 시간에 다루었다고 학생들이 느끼게 한다.

① 사회화(socialization)
② 식민화(colonization)
③ 신비화(mystification)
④ 도구적 순응(instrumental conformity)
⑤ 방어적 단순화(defensive simplification)

13
상호작용론적 입장에서 학생이 학업에 전념하도록 하기 위해 교사가 할 일을 서술하시오.

13A
> 2008학년도 37번

다음 내용에 나타난 교육사회학적 관점은?

> 교육은 기계에 맞는 톱니바퀴를 만드는 것이 아닙니다. 삶의 방식은 개인의 선택에 따르는 것으로 매우 다양합니다. 성적이 부진하더라도 그것을 중요한 문제로 삼을지 여부는 학생의 인식에 달려 있습니다. 학생이 학업성적의 가치를 높게 인식하면 열심히 공부할 것이고, 그렇지 않다면 다른 가치 있는 활동에 전념할 것입니다. 교사가 할 일은 학생 자신이 상황을 어떻게 인식하는가에 따라서 사회적 현실이 달라진다는 생각을 갖게 하고, 그에 대한 책임을 다하도록 학생을 격려하는 것입니다.

① 갈등론적 관점 ② 급진론적 관점
③ 구조기능론적 관점 ④ 상호작용론적 관점

13B
> 2005학년도 39번

다음 학생의 진술을 설명하는 가장 적합한 이론은?

> 우리 담임선생님은 '화끈한 선생님'이다. 놀 때 놀게 하고 공부할 때 공부하게 한다. 인기가 정말 좋다. 담당 과목이 어려운 수학이지만 모두들 열심히 공부한다. 하지만 옆 반 선생님은 정말 종잡을 수 없다. 애들이 '이상한 선생님'이라고 부른다. 언제 야단칠지 도무지 알 수 없고, 언제 조용히 해야 하는지 알 수 없기 때문에 모두들 선생님의 눈치를 살피게 된다.

① 종속이론 ② 인간자본론
③ 문화적 재생산론 ④ 상징적 상호작용론

14
학생들의 집단 따돌림 현상에 관한 문화기술연구(ethnography)를 수행할 때, 연구 수행 방법과 유념해야 할 사항을 각각 한 가지씩 서술하시오.

14A
> 2007학년도 40번

학생들의 놀이에 관한 문화기술연구(ethnography)를 수행할 때, 연구활동으로 가장 적절하지 않은 것은?

① 놀이가 학생들의 일상생활과 어떻게 연결되어 있는지 그 맥락을 총체적으로 규명한다.
② 학생들이 선호하고 자주 실현하는 놀이의 방식과 종류를 학생들이 어떻게 분류하는지를 분석한다.
③ 쉬는 시간이나 청소시간에 학생들과 함께 지내면서 놀이가 학생들에게 어떤 의미를 주는지 추론한다.
④ 청소년 문화연구 및 심리학의 이론적 근거로 가설을 설정하고 놀이 관련 변인들을 조작적으로 규정한다.

14B
> 2004학년도 46번

문화기술지(ethnography)라는 연구방법을 적용하여 학교에서의 '집단 따돌림' 현상을 연구하고자 한다. 유념해야 할 사항으로 가장 적절한 것은?

① 연역적 접근이 이루어지도록 한다.
② 자료의 수집은 주로 설문조사를 활용한다.
③ 학생의 입장에서 현실 상황을 이해하도록 노력한다.
④ 전체적인 상황을 거시적으로 파악하는 데 역점을 둔다.

15

번스타인(B. Bernstein)의 교육과정사회학 이론에 근거하여, ○○고등학교 교육과정 운영의 특성을 설명하시오.

> ○○고등학교에서는 A, B, C 과목의 경계가 뚜렷하게 구분되지 않아서 이 교과를 담당하는 세 명의 교사는 담당 교과에 얽매이지 않고 자유롭게 상호 교류한다. 또한 세 명의 교사는 차시마다 가르칠 내용을 정하지 않고 학생들의 흥미나 수업상황에 따라 융통성 있게 조정한다. 수업에서 다루는 주제에 대한 시간 배정도 엄격하지 않다.

15A > 2013학년도 32번

번스타인(B. Bernstein)의 교육과정사회학 이론에 근거하여, ○○고등학교 교육과정 운영의 특성을 설명한 것으로 옳은 것은?

> ○○고등학교에서는 A, B, C 과목의 경계가 뚜렷하게 구분되지 않아서 이 교과를 담당하는 세 명의 교사는 담당 교과에 얽매이지 않고 자유롭게 상호 교류한다. 또한 세 명의 교사는 차시마다 가르칠 내용을 정하지 않고 학생들의 흥미나 수업상황에 따라 융통성 있게 조정한다. 수업에서 다루는 주제에 대한 시간 배정도 엄격하지 않다.

① 강한 분류(classification)와 강한 구조(frame)의 집합형 교육 과정을 운영하고 있다.
② 강한 분류(classification)와 약한 구조(frame)의 집합형 교육 과정을 운영하고 있다.
③ 약한 분류(classification)와 강한 구조(frame)의 통합형 교육 과정을 운영하고 있다.
④ 약한 분류(classification)와 약한 구조(frame)의 집합형 교육 과정을 운영하고 있다.
⑤ 약한 분류(classification)와 약한 구조(frame)의 통합형 교육 과정을 운영하고 있다.

16

다음 내용에서 두 학생의 학업 성적이 차이 나는 이유를 번스타인(B. Bernstein)의 문화전수이론의 관점에서 설명하시오.

> 진수는 경제적으로 부유한 집안에서 자랐다. 진수는 대화할 때 논리적이며 추상적인 단어를 많이 사용하며 문법을 정확하게 지켜 문장을 구사한다. 이와 달리 철호는 가정 형편이 어려운 집안에서 자랐다. 철호는 문법 규칙이 부정확하고 의미가 분명하지 않은 문장을 구사한다. 진수는 철호보다 학업 성적이 우수하다.

16A > 2004학년도 44번

다음의 내용과 관련 깊은 학자는?

> 진석은 대화할 때, 논리적이며 추상적이고 문법과 문장 규칙이 정확한 정교화된 언어를 구사하고 있다. 이와 달리 철수는 문법과 문장이 부정확하고 의미가 분명하지 않은 제한된 언어를 사용하고 있다. 이러한 언어 능력 차이로 인해 학교에서 진석은 철수보다 학업 성적이 우수한 것으로 나타났다.

① 영(M. F. D. Young)
② 애플(M. Apple)
③ 번스틴(B. Bernstein)
④ 콜린스(R. Collins)

17

다음과 같은 문제를 제기하는 교육과정사회학이론의 명칭을 쓰고, 해당 이론에 근거하여 설명하시오.

> 교과서에 등장하는 주요 인물은 여성보다 남성이 많다. 또한 미술 교과서에는 아시아미술보다 유럽미술이, 음악교과서에는 국악보다 양악이 중심적 위치를 차지하고 있다.

17A > 2006학년도 32번

네 명의 교사들이 국사 교과서에 대하여 대화를 나누고 있다. 교과서 내용에 대한 비판적 교육과정사회학자들의 관점과 가장 가까운 관점을 가진 교사들을 바르게 짝지은 것은?

> 김 교사 | 우리나라 국사 교과서는 너무 지배층의 관점에 치우쳐 서술되어 있어요. 예를 들면 '만적의 난'과 같은 용어는 지배층의 관점을 단적으로 드러내 주고 있거든요.
>
> 박 교사 | 국사 교과서는 엄선된 필자에 의하여 역사적 사실과 학계의 공통된 견해에 기초하여 집필되었기 때문에 그렇게 편향되었다고 볼 수는 없어요.
>
> 이 교사 | 아니에요. 필자가 남자로 구성되어 있어서 여성의 역사적 활동에 대한 서술이 적고, 그것도 현모양처의 모델을 제시하는 데 중점을 두고 있어서 남성 편향적 역사관을 반영하고 있다고 할 수 있어요.
>
> 최 교사 | 교과서에서 현모양처의 전형을 주로 소개하는 것은 일반 여성의 보편적 역할 모델을 보여 주는 것으로 크게 문제될 것은 없다고 봅니다.

① 김 교사 - 최 교사 ② 박 교사 - 이 교사
③ 김 교사 - 이 교사 ④ 박 교사 - 최 교사

17B > 2003학년도 48번

신교육사회학(New Sociology of Education)의 지식관에 해당하지 않는 것은?

① 지식은 사회적으로 구성된다.
② 지식의 가치는 사회적으로 위계화되어 있다.
③ 지식의 본질은 사회적·역사적으로 변화되지 않는다.
④ 학교지식은 특정 집단의 이해관계를 반영하고 있다.

17C > 2002학년도 41번

다음은 어떤 이론적 관점에서 분석한 내용인가?

> - 교과서에 등장하는 인물 중에 여성보다 남성이 많다.
> - 미술 교과서에 한국 미술이 아닌 서양 미술이, 음악 교과서에 국악이 아닌 양악이 중심적 위치를 차지하고 있다.

① 경제재생산론 ② 구조기능이론
③ 근대화교육론 ④ 신교육사회학이론

18

가정을 중심으로 콜맨(J. Coleman)의 사회적 자본의 정의를 좁은 의미와 넓은 의미에서 서술하시오.

18A > 2012학년도 29번

다음은 사회적 자본에 대한 콜맨(J. Coleman)의 설명이다. (가)에 들어갈 것으로 적합하지 <u>않은</u> 것은?

> 사회적 자본은 사람들 사이의 사회적 관계에서 형성된다. 가정을 중심으로 사회적 자본을 정의한다면, 좁게는 가정 내 부모와 자녀의 관계이고, 넓게는 부모가 가정 밖에서 맺고 있는 사회적 관계의 전체이다. 실증연구를 수행하고자 할 때, 가정의 사회적 자본은 (가) 과(와) 같은 변인을 통하여 측정될 수 있다.

① 부모의 문화 취향
② 부모의 친구 관계
③ 어머니의 취업 여부
④ 자녀 교육에 대한 기대 수준
⑤ 이웃과의 교육정보 교류 정도

19-1
콜만 보고서(Coleman Report, 1966)의 연구 결과에 근거해 학업성취에 영향을 미치는 요인과 그 상관관계를 서술하시오.

19A
> 2013학년도 31번

다음 (가)와 (나)에 제시된 학업성취 결정요인의 관점에 대한 설명으로 옳지 않은 것은?

> (가) 학업성취는 학생의 가정배경에 달려 있다. 부모의 사회·경제적 지위가 높은 학생일수록 더욱 우수한 능력을 갖춘 상태에서 학교에 입학한다. 또한 학교교육의 과정에서도 부모의 사회·경제적 지위가 높은 학생일수록 높은 학업성취를 나타내며, 그 지위가 낮은 학생일수록 낮은 학업성취를 나타낸다.
>
> (나) 교사가 학생을 어떻게 범주화하느냐가 학생의 성적에 영향을 준다. 교사는 대개 학생을 우수 학생, 중간 학생, 열등 학생으로 구분하고 집단별로 상이한 관심과 기대를 드러낸다. 교사가 성적이 향상될 것으로 기대한 학생의 성적은 실제로 향상되는 경향이 있으며, 이 기대효과는 저학년과 하위계층 출신 학생들에게 더 뚜렷하게 나타난다.

① (가)는 헤드스타트 프로그램(Head Start Program)과 같은 보상교육의 필요성에 대한 근거가 된다.
② (가)는 학생의 가정배경과 학업성취의 관계에 관한 콜만 보고서(Coleman Report, 1966)의 연구결과와 일치한다.
③ (가)는 학교 교육을 통해 독립성, 성취성, 보편성, 특정성의 규범을 습득할 수 있다는 드리븐(R. Dreeben)의 학교사회화 이론의 배경이 된다.
④ (나)는 교사의 기대가 학생들에게 자성예언(self-fulfilling prophecy)으로 작용함을 보여 준다.
⑤ (나)는 학생에 대한 교사의 범주화 방식이 교사와 학생 간 상호 작용에 영향을 주었음을 시사한다.

19-2
로젠탈과 제이콥슨에 의하면 무엇이 학생의 학업성취에 영향을 주는지 서술하시오.

20

콜만(J. S. Coleman)의 사회자본(social capital)과 인적 자본(human capital)에 대해 서술하고, 다음의 상황을 이 개념에 기초하여 설명하시오.

> 철수는 서울 중심지의 작은 셋집에서 다섯 식구와 함께 살고 있는 중학교 2학년 학생이다. 부모님의 학력은 중졸이고 수입은 넉넉하지 않지만 화목한 가족 관계는 이웃의 모범이 될 정도다. 철수는 반에서 1등을 놓친 적이 없으며, 작년에는 전국 수학경시대회에서 금상의 영예를 안았다.

20A > 2008학년도 38번

콜만(J. S. Coleman)의 사회자본(social capital)과 인적 자본(human capital)의 개념에 기초하여, 철수네 가정의 인적자본과 사회자본의 강약 정도를 바르게 제시한 것은?

> 철수는 서울 중심지의 작은 셋집에서 다섯 식구와 함께 살고 있는 중학교 2학년생이다. 부모님의 학력은 중졸이고 수입은 넉넉하지 않지만 화목한 가족 관계는 이웃의 모범이 될 정도이다. 철수는 반에서 1등을 놓친 적이 없으며, 작년에는 전국 수학경시대회에서 금상의 영예를 안았다.

① 인적자본과 사회자본이 모두 강하다.
② 인적자본과 사회자본이 모두 약하다.
③ 인적자본은 약하지만 사회자본은 강하다.
④ 인적자본은 강하지만 사회자본은 약하다.

21

학업성취 결정요인 중 하나인 가정배경은 경제자본, 문화자본, 사회자본, 인간자본 등으로 구성된다. 예시를 활용하여 각각의 개념을 설명하시오.

21A > 2004학년도 43번

학업성취 결정요인 중 하나인 가정배경은 경제자본, 문화자본, 사회자본, 인간자본 등으로 구성된다. 이 가운데 사회자본의 예로 가장 적절한 것은?

① 부모의 경제적 지원 능력
② 부모의 지적 능력 또는 교육 수준
③ 가정에서 형성된 취향이나 심미적 태도
④ 부모와 자녀 사이의 상호 신뢰와 유대감

22
교육복지우선지원사업에 나타나는 평등관과 사업의 목적에 대해 설명하시오.

22A
> 2012학년도 33번

다음에서 공통적으로 설명하고 있는 '이것'은?

- 이것은 보상적 평등관에 입각해 있다.
- 이것의 목적은 소득분배 구조 악화, 빈곤층 비중 확대, 지역별 계층 분화 현상 등이 심화됨에 따라, 경제적 취약 집단을 비롯한 교육취약 아동·청소년의 교육적 성취를 제고하는 데 있다.
- 이것의 내용에는 저소득층 학생이 취약한 환경에서 비롯된 어려움을 극복할 수 있도록 학습, 문화·체험, 심리·정서, 복지 등과 같은 영역의 프로그램이 포함된다.

① 고교선택제 ② 복선형 학교제도
③ 고교다양화 정책 ④ 교육복지우선지원사업
⑤ 농어촌학생특별전형제

23
블라우와 던컨(P. Blau & O. Duncan)의 지위획득 모형과 카노이(M. Carnoy)의 연구 결과에서 교육과 사회 평등의 관계가 어떻게 다르게 설명되는지 서술하시오.

23A
> 2012학년도 34번

다음은 교육과 사회 평등의 관계에 대한 세 교사의 대화이다. 이들 교사의 관점에 대한 설명으로 옳지 않은 것은?

(가) 박 교사 | 교육은 사람들의 직업 능력을 향상시켜 줍니다. 실제로 개인의 교육 수준이 직업을 획득하는 데 결정적인 역할을 하고 있기 때문이죠. 그러므로 교육을 통해 지위 이동이 가능하고 사회가 평등해질 수 있습니다.

(나) 이 교사 | 교육은 사회 평등을 실현하기보다는 오히려 사회 불평등을 유지한다고 생각합니다. 단적으로, 교육 기회는 모든 사람에게 공평하게 분배되기보다는 상위계층 자녀에게 유리하게 제공되고 있죠. 교육은 계층구조를 유지하는 데 결정적 역할을 하고 있습니다.

(다) 최 교사 | 교육은 사회 평등의 문제와는 관계가 없는 것 같아요. 설령 관계가 있다고 하더라도 무시할 정도가 아닐까요? 사회 평등 또는 불평등은 교육이 아닌 다른 요인의 영향을 받는 것 같습니다.

① (가)의 관점은 블라우와 던컨(P. Blau & O. Duncan)의 지위획득모형에 반영되어 있다.
② (가)의 관점은 누구나 자신의 재능과 노력에 따라 상급 학교에 진학할 수 있고, 원하는 직업을 획득할 수 있다는 주장과 상통한다.
③ (나)의 관점은 교육이 자본주의 체제 내의 계층 간 불평등을 정당화하는 기제에 불과하다는 주장과 유사하다.
④ (나)의 관점은 교육수익률이 높을 때에는 교육 기회의 제한과 치열한 경쟁으로 인해 중상위 계층만이 교육을 통해 이익을 누리게 된다는 카노이(M. Carnoy)의 연구 결과와 일치한다.
⑤ (다)의 관점은 교육수익률이 고용주, 관리자, 노동자의 순서로 높게 나타나는 현상에 적용해 볼 수 있다.

24
보상적 평등관의 개념을 설명하고, 이 관점에 기반하여 학교의 역할을 예를 들어 서술하시오.

24A
> 2008학년도 39번

다음은 미국 존슨 대통령이 하워드 대학에서 한 연설의 일부이다. 이 연설의 취지에 부합하는 교육정책은?

> 오랫동안 쇠사슬에 묶였던 사람들을 갑자기 풀어 준 뒤, '맘대로 뛰어 보라.'며 달리기 출발선에 세운다면 그것은 공정한 교육정책이 아니다.

① 대학의 기여입학제 허용
② 협약학교(charter school) 도입
③ 농어촌 자녀 특별전형제도 확대
④ 지방교육자치제도 실시 범위 확대

24B
> 2006학년도 35번

교육에서 보상적(補償的) 평등관에 관한 설명으로 가장 적절한 것은?

① 개인의 능력주의에 기초한 평등관이다.
② 교육을 시장 원리로 접근하려는 평등관이다.
③ 누구에게나 취학기회를 개방해야 한다는 평등관이다.
④ 사회경제적 지위가 낮은 집단의 교육적 결손을 해소하려는 평등관이다.

25
문화결핍이론(문화실조론)에서 학업 성취에 영향을 미치는 요인은 무엇이라고 보는지 쓰고, 이 관점에서 학업성취가 낮은 학생에게 교사가 취할 수 있는 조치를 서술하시오.

25A
> 2003학년도 47번

문화결핍 이론에 대한 설명으로 가장 타당한 것은?

① 보상교육의 필요성을 강조한다.
② 문화를 고급문화와 하급문화로 구분한다.
③ 가정의 사회계층이 학업 성취에 미치는 영향을 무시한다.
④ 교육 현상을 설명하는 데 문화는 중요한 요인이 아니라고 본다.

25B
> 2002학년도 48번

학습부진 학생을 위해 별도의 교재를 만들어 방과 후 보충지도를 하는 것은 어떤 교육평등관을 실현하기 위한 것인가?

① 보상적 평등관
② 허용적 평등관
③ 보수주의 평등관
④ 자유주의 평등관

26

다음 두 교사의 대화에 나타나는 고민과 가장 관련 깊은 연구가 무엇인지 쓰고 그 연구에서 학업 성취에 영향을 미치는 요인을 무엇으로 보는지 서술하시오.

> 김 교사 | 우리 반에는 부모님이 안 계셔서 할머니와 아주 어렵게 사는 학생이 있는데, 문화적으로 결핍된 부분이 많아요. 가정에서 적절한 학습지원을 못 받아서인지, 공부에 대한 의욕도 없고 교과 내용에 대한 기초 지식도 부족해요.
>
> 박 교사 | 우리 반에도 결혼이민자가정 학생이 몇 명 있는데, 학생들의 언어 환경이 열악한 것 같아요. 그래서인지 기본적인 읽기, 쓰기가 되지 않고 수업에서도 잘 알아듣지 못해요. 이런 학생들의 학력을 어떻게 높여야 할지 걱정입니다.

26A > 2011학년도 31번

다음 대화에서 두 교사의 견해와 가장 관련이 깊은 이론에 대한 설명으로 옳지 않은 것은?

> 김 교사 | 우리 반에는 부모님이 안 계셔서 할머니와 아주 어렵게 사는 학생이 있는데, 문화적으로 결핍된 부분이 많아요. 가정에서 적절한 학습지원을 못 받아서인지, 공부에 대한 의욕도 없고 교과내용에 대한 기초 지식도 부족해요.
>
> 박 교사 | 우리 반에도 결혼이민자가정 학생이 몇 명 있는데, 학생들의 언어 환경이 열악한 것 같아요. 그래서인지 기본적인 읽기, 쓰기가 되지 않고 수업에서도 잘 알아듣지 못해요. 이런 학생들의 학력(學力)을 어떻게 높여야 할지 걱정입니다.

① 취학 이전의 학생의 경험이 학업 성취에 중요하게 작용한다고 본다.
② 헤드스타트(Head Start) 프로그램은 이 이론과 관련된 보상정책 중 하나이다.
③ 이 이론을 지지하는 연구로 젠크스(C. Jencks)와 번스타인(B. Bernstein)의 연구가 있다.
④ 가정의 문화적 자원 및 활동이 부족하면 학교에서 학습하는 데 필요한 소양을 갖추기 힘들다고 본다.
⑤ 학교 시설과 교사의 질과 같은 학교 교육환경의 차이로 인해 학생의 학업성취 격차가 발생한다고 본다.

27
한 학생이 같은 반의 말썽을 피우는 학생들과 달리 문제행동을 일으키지 않는다면 그 이유가 무엇일지 사회 통제 이론의 입장에서 서술하시오.

27A > 2009학년도 29번
다음 사례의 박 교사와 같이 청소년 비행에 접근하는 이론으로 가장 적절한 것은?

> A 중학교에서 박 교사가 맡고 있는 반의 많은 학생들은 지각과 무단결석을 일삼고 학교폭력을 비롯한 크고 작은 말썽을 피웠다. 문제의 원인을 찾던 박 교사는 다른 아이들과는 달리 문제행동을 일으키지 않는 재민이를 주목하였다. 관찰 결과 박 교사는 재민이가 교우관계가 좋고 부모와의 관계도 친밀할 뿐만 아니라 이웃과도 사이좋게 지낸다는 것을 알게 되었다. 이에 박 교사는 재민이 주변에 있는 좋은 친구와 부모, 이웃이 재민이가 문제행동을 자제하도록 하는 데 중요한 역할을 하고 있다고 생각하게 되었다.

① 낙인 이론(labelling theory)
② 편류 이론(drift theory)
③ 아노미 이론(anomie theory)
④ 문화 일탈 이론(cultural departure theory)
⑤ 사회 통제 이론(social control theory)

28
학교에서 일어나는 낙인의 주요 요인에 무엇이 있는지 쓰고, 낙인의 과정과 영향력, 낙인이론의 효용에 대해 서술하시오.

28A > 2008학년도 41번
낙인이론(labelling theory)에 관한 설명 중 옳지 않은 것은?

① 낙인은 추측 → 고정화 → 정교화의 순서로 이루어진다.
② 낙인의 주요 요인에는 성, 인종, 외모, 경제적 배경 등이 있다.
③ 낙인에 따른 교사의 차별적인 기대는 학생의 자기지각에 영향을 준다.
④ 낙인이론은 학교에서 교사와 학생 간의 상호작용을 연구하는 데 활용된다.

29
학력이 계속 상승하는 원인을 콜린스의 계층경쟁론에 입각하여 설명하시오.

29A
> 2009학년도 32번

콜린스(R. Collins)의 계층경쟁론에 대한 설명으로 옳은 것을 <보기>에서 고른 것은?

보기
ㄱ. 교육팽창의 주된 원인을 개인의 경제적 동기에서 찾고자 한다.
ㄴ. '학교 교육 → 생산성 향상 → 소득 증대'라는 합리적 인과관계를 주장한다.
ㄷ. 학력 상승의 원인에 대한 기술기능이론의 설명에 들어 있는 모순 및 한계점을 비판한다.
ㄹ. 고등교육의 팽창 등 학력 인플레이션이나 과잉교육 현상의 원인을 설명하는 데 관심이 많다.

① ㄱ, ㄴ ② ㄱ, ㄹ ③ ㄴ, ㄷ
④ ㄴ, ㄹ ⑤ ㄷ, ㄹ

30
학력 상승 현상의 원인을 기술기능이론과 지위경쟁이론의 관점에서 비교하여 서술하시오.

30A
> 2012학년도 31번

다음은 학력(學歷) 상승의 원인에 대한 두 교사의 대화이다. 각 교사의 설명에 부합하는 학력상승이론을 바르게 짝지은 것은?

강 교사 | 학교는 산업사회를 지탱하는 핵심 장치입니다. 사람들의 학력이 높아지는 원인은 직종이 다양해지고 각 직업에서 요구하는 지식의 수준이 높아지는 데 있어요. 우리 시대가 유능한 인재를 요구하고 있으니, 학교는 인재 양성에 매진해야 합니다.

정 교사 | 저는 그렇게 생각하지 않습니다. 직업구조의 변화가 학력 상승을 유발하기는 하지만 그것만으로는 충분한 설명이 되지 못합니다. 남보다 한 단계라도 높은 학력을 가지고 있는 것이 좋은 직업 획득에 도움이 되는 상황을 생각해 보세요. 학력 상승은 그 결과로 발생하는 현상입니다.

	강 교사	정 교사
①	마르크스이론	지위경쟁이론
②	기술기능이론	마르크스이론
③	기술기능이론	지위경쟁이론
④	지위경쟁이론	기술기능이론
⑤	지위경쟁이론	학습욕구이론

31
학교 교육의 팽창을 설명하는 다음 이론의 명칭을 각각 쓰시오.

> ㉠ 국민에게 요구되는 국민적 정체성을 고취시킬 목적으로 초등교육의 교육기회를 크게 확대함.
> ㉡ 농경사회에서 산업사회로 이행됨에 따라 중등교육과 고등교육에 대한 수요가 증가함.
> ㉢ 학력을 특권적 직업이나 정치적 권력의 획득을 위한 수단으로 간주함에 따라 고등교육에 대한 수요가 더욱 증가함.
> ㉣ 최근 대학 졸업자가 산업계에서 요구하는 수준 이상으로 늘어나 과거에는 고졸 이하 학력 소지자가 취업하던 직종에 대학 졸업자가 취업하는 현상이 나타나고 있음.

31A > 2004학년도 47번
밑줄 친 ㉠~㉢과 같은 배경에서 진행된 학교 교육의 팽창을 설명해 줄 수 있는 이론으로 가장 거리가 먼 것은?

> 가상의 나라 에듀니아는 제2차 세계대전 종전과 함께 식민통치에서 벗어나면서, ㉠ 신생 독립국가의 국민에게 요구되는 정체성을 고취시킬 목적으로 초등교육을 중심으로 교육기회를 크게 확대하였다. 그리고 경제개발이 본격화되어 ㉡ 농경사회에서 산업사회로 이행되면서 중등교육과 고등교육에 대한 수요도 자연스럽게 증가하였다. 특히 전통적으로 이 나라 국민들이 학력(學歷)을 ㉢ 특권적 직업이나 정치적 권력의 획득을 위한 수단으로 간주해 왔기 때문에, 시간이 지날수록 고등교육에 대한 수요는 더욱 크게 증가하였다.
> 한편 이 사회에서는 학력이 일반적 잠재능력을 대변한다는 인식이 팽배해 있어, 학생들이 대학 입학을 위해서는 면학에 정진하지만 일단 대학에 진학한 이후에는 학업을 소홀히 하는 폐단이 나타나고 있다. 그런데 지식기반사회의 도래에 따라 대학교육의 질 개선을 통한 국가경쟁력의 제고가 중요한 현안으로 부각되면서 앞에서 말한 문제점은 더 이상 방치할 수 없게 되었다. 이에 에듀니아 정부는 학력이 개인의 실제적 능력과 생산성의 지표가 되는 교육을 실현하기 위한 정책방안을 마련하는 데 노심초사하고 있다.

① 학습욕구이론 ② 기술기능이론
③ 지위경쟁이론 ④ 국민통합이론

32
다음을 읽고, 영희의 어머니가 영희를 대학에 진학시키고자 하는 이유를 갈등론적 입장에서 설명하시오.

> 가정 형편이 넉넉하지 못한 영희는 학업성취 수준이 비교적 낮은 학생이다. 영희의 어머니는 영희가 나중에 성공적인 삶을 살도록 하기 위해서 경제적 형편이 어려움에도 불구하고 무리해서 사교육비를 지출하면서까지 영희를 대학에 진학시키고자 한다.

32A > 2003학년도 46번
<보기>의 내용을 설명하는데 가장 적합한 이론은?

> **보기**
> 가정 형편이 넉넉하지 못한 영희는 학업성취 수준이 비교적 낮았다. 그래서 영희의 어머니는 성공적인 삶을 살도록 하기 위해서 경제적 형편이 어렵지만 무리하여 사교육비를 지출하면서까지 영희를 대학에 진학시키고자 하였다.

① 지위경쟁이론 ② 예견적 사회화
③ 상징적 상호작용론 ④ 기술기능주의이론

32B > 2002학년도 43번
최근 대학 졸업자가 산업계에서 요구하는 수준 이상으로 늘어나 과거에는 고졸 이하 학력 소지자가 취업하던 직종으로 이동하는 현상이 나타나고 있다. 이런 현상을 설명하는 데 가장 적합한 이론은?

① 인간자본론 ② 지위경쟁이론
③ 정치통합이론 ④ 기술기능이론

33

다음은 평생교육의 발전에 공헌한 학자들의 주장이다. (가)~(다)에 들어갈 말을 올바르게 쓰시오.

- 랑그랑(P. Lengrand): 『평생교육』(1965)을 통해 평생교육은 학습자가 필요로 할 때 언제든지 접근할 수 있어야 하며, (가)이 통합된 학습을 지원하는 것을 강조하였다. 이를 위해 분절되었던 각 교육제도들을 연계하고 통합하는 사회적 시스템의 필요성을 역설하였다.
- 포르(E. Faure): 『존재를 위한 학습』(1972)을 통해 새 시대 교육제도의 개혁방향으로 '(나) 건설'을 제안하였다. 이 보고서는 초, 중등 및 고등교육 제도와 교육의 틀을 개혁함으로써 교육의 지평을 넓힐 것을 강조하였다.
- 들로어(J. Delors): 『학습: 그 안에 담긴 보물』(1996)을 통해 21세기를 준비하는 네 개의 학습 기둥을 제시했다. 네 개의 학습 기둥은 알기 위한 학습, 행동하기 위한 학습, 존재하기 위한 학습, (다) 위한 학습이다.

33A > 2011학년도 33번

다음은 평생교육의 발전에 공헌한 학자들의 주장이다. (가)~(다)에 들어갈 말을 올바르게 짝지은 것은?

- 랑그랑(P.Lengrand): 『평생교육(L'éducation permanente)』(1965)을 통해 평생교육은 학습자가 필요로 할 때 언제든지 접근할 수 있어야 하며, (가) 이 통합된 학습을 지원하는 것을 강조하였다. 이를 위해 분절되었던 각 교육제도들을 연계하고 통합하는 사회적 시스템의 필요성을 역설하였다.
- 포르(E. Faure): 『존재를 위한 학습(Learning To Be)』(1972)을 통해 새 시대 교육제도의 개혁방향으로 '(나) 건설'을 제안하였다. 이 보고서는 초·중등 및 고등교육 제도와 교육의 틀을 개혁함으로써 교육의 지평을 넓힐 것을 강조하였다.
- 들로어(J. Delors): 『학습: 그 안에 담긴 보물(Learning : The Treasure Within)』(1996)을 통해 21세기를 준비하는 네 개의 학습 기둥을 제시했다. 네 개의 학습 기둥은 알기 위한 학습, 행동하기 위한 학습, 존재하기 위한 학습, (다) 위한 학습이다.

	(가)	(나)	(다)
①	앎과 삶	학습사회	함께 살기
②	여가와 노동	학습사회	성찰하기
③	여가와 노동	민주사회	함께 살기
④	여가와 노동	민주사회	성찰하기
⑤	앎과 삶	학습사회	성찰하기

33B > 2005학년도 42번

랑그랑(P.Lengrand)의 평생교육에 관한 견해에 부합하지 <u>않은</u> 것은?

① 계획적·의도적인 학습뿐만 아니라 우발적인 학습도 중시한다.
② 교사의 권위에 의존하기보다는 학생의 주도성을 중시한다.
③ 전통문화의 전달보다는 끊임없는 자기발전을 중시한다.
④ 학교 교육과는 분리된 형태의 성인교육을 중시한다.

33C > 2002학년도 42번

평생학습사회가 지향하는 바를 가장 잘 나타낸 것은?

① 전통문화의 고수
② 자기주도적 학습력 신장
③ 전문가에 의한 평가 중시
④ 개인의 경제력에 따른 교육기회 분배

34
다음과 관련 있는 평생학습 제도는?

- 국가의 총체적인 인적자원 관리를 위한 장치
- 국민의 개인적 학습 경험을 종합적으로 집중 관리하는 제도
- 모든 성인의 다양한 교육과 학습 활동을 누적·기록하는 '종합교육·학습기록부'

34A > 2009학년도 33번
다음에 해당하는 평생학습 제도는?

- 국가의 총체적인 인적자원 관리를 위한 장치
- 국민의 개인적 학습 경험을 종합적으로 집중 관리하는 제도
- 모든 성인의 다양한 교육과 학습 활동을 누적·기록하는 '종합교육·학습기록부'

① 학습계좌제
② 학점은행제
③ 전문인력정보은행제
④ 문하생 학점·학력인정제도
⑤ 독학에 의한 학위취득제도

35
다음 내용을 공통으로 포함하는 개념과 그 개념을 제안한 학자를 쓰시오.

- 학습자가 학습에 필요한 자료에 쉽게 접근할 수 있도록 한다.
- 함께 학습하기를 원하는 학습동료를 쉽게 찾을 수 있도록 지원한다.
- 학습자가 원하는 전문가, 준전문가, 프리랜서 등 교육자들의 인명록을 갖추어 놓는다.
- 기능을 가지고 있는 사람들의 인명록을 비치하여 기능 교환이 이루어질 수 있도록 한다.

35A > 2013학년도 34번
다음 내용을 공통으로 포함하는 개념과 그 개념을 제안한 학자로 옳은 것은?

- 학습자가 학습에 필요한 자료에 쉽게 접근할 수 있도록 한다.
- 함께 학습하기를 원하는 학습동료를 쉽게 찾을 수 있도록 지원한다.
- 학습자가 원하는 전문가, 준전문가, 프리랜서 등 교육자들의 인명록을 갖추어 놓는다.
- 기능을 가지고 있는 사람들의 인명록을 비치하여 기능 교환이 이루어질 수 있도록 한다.

	개념	학자
①	학습망(learning webs)	일리치(I. Illich)
②	학습망(learning webs)	프레이리(P. Freire)
③	학습망(learning webs)	허친스(R. Hutchins)
④	학습공동체(learning community)	프레이리(P. Freire)
⑤	학습공동체(learning community)	허친스(R. Hutchins)

36
신자유주의 관점에 기초해 교육개혁을 서술하시오.

36A > 2010학년도 31번
신자유주의 관점에 기초한 교육개혁과 관련성이 가장 적은 것은?

① 교육복지정책을 확대하려고 한다.
② 교육에 대한 국가 역할을 축소하려고 한다.
③ 공교육 유지를 위한 비용의 한계에서 비롯되었다.
④ 학교 민영화를 통해 비효율적 요소를 개혁하려고 한다.
⑤ 학교 선택권 확대를 통해 교육 경쟁력을 제고하려고 한다.

CHAPTER 8 교육사 및 교육철학

- **교육사**　한국교육사　　중세 및 근세 교육 | 개화기 이후의 교육
　　　　　서양교육사　　고대 그리스/로마시대의 교육 | 중세 및 종교개혁기의 교육 |
　　　　　　　　　　　　실학주의/계몽주의 시대의 교육 | 신인문주의 이후의 교육
- **교육철학**　교육철학의 이해　인식론 | 존재론 | 가치론 | 사회철학
　　　　　　교육철학 사조　　미국 교육사조 | 유럽 교육사조 | 현대 교육사조

01

다음 교육사상과 실천에 관련이 깊은 조선 시대 16세기 사림파의 대표 선비와 이들이 학파 수립의 기반을 마련한 방식을 쓰시오.

- '경(敬)', '의(義)', '성(誠)'과 같은 개념을 학문과 실천의 중심 사상으로 삼았다.
- 저술이나 상소 등을 통하여 군주를 성군으로 만들려고 하였다.

01A
> 2012학년도 5번

조선 시대 16세기 사림파 선비를 대표하는 이황, 조식, 이이의 교육사상과 실천에 해당되는 것을 <보기>에서 고른 것은?

보기
ㄱ. 북학의 수용을 통한 교육개혁론을 주장하였다.
ㄴ. 위인지학(爲人之學)을 위기지학(爲己之學)보다 중시하였다.
ㄷ. '경(敬)', '의(義)', '성(誠)'과 같은 개념을 학문과 실천의 중심 사상으로 삼았다.
ㄹ. 저술이나 상소 등을 통하여 군주를 성군(聖君)으로 만들려고 하였다.
ㅁ. 향촌에 생활 근거지를 두면서 제자 양성을 통해 학파 수립의 기반을 마련하였다.

① ㄱ, ㄴ, ㄷ　　② ㄱ, ㄴ, ㄹ　　③ ㄱ, ㄷ, ㅁ
④ ㄴ, ㄷ, ㅁ　　⑤ ㄷ, ㄹ, ㅁ

02
퇴계 이황의 '거경궁리'와 '위기지학'에 대해 서술하시오.

02A
> 2008학년도 3번

조선 시대 성리학자 이황의 교육 사상을 설명한 것으로 옳지 않은 것은?

① '마음공부[거경(居敬)]'와 '이치탐구[궁리(窮理)]'를 최상의 공부 방법으로 간주하였다.
② '위인지학(爲人之學)'을 일삼는 세태를 개탄하면서 '위기지학(爲己之學)'을 강조하였다.
③ 이(理)는 형체도 없고 작용도 없지만, 기(氣)는 형체와 작용이 있기 때문에 '기가 우위에 선다'고 주장하였다.
④ 순전히 선(善)한 도심(道心)과는 달리 인심(人心)은 선과 불선(不善)이 공존하는 상태에 놓여 있기 때문에 '인욕을 경계하라'고 가르쳤다.

02B
> 2003학년도 2번

<보기>는 조선 시대 유학자 이황(李滉, 1501-1570)의 교육관에 대한 설명이다. (가)와 (나)에 들어갈 말로 가장 적합한 것은?

---보기---
이황은 학문과 수양의 방법으로 (가)을/를, 목적으로 (나)을/를 중시하였다.

	(가)	(나)
①	격물(格物)	위인지학(爲人之學)
②	입신(立身)	천인합일(天人合一)
③	거경(居敬)	위기지학(爲己之學)
④	박학(博學)	효제충신(孝悌忠信)

03
주자(朱子)가 주장한 교육과정을 쓰고 동양 교육에서 주자의 의의를 두 가지 이상 쓰시오.

03A > 2010학년도 6번
주자학(朱子學)에서 제시하는 바람직한 공부의 모습과 거리가 먼 것은?

① 위기지학(爲己之學)을 통한 참된 본성의 실현을 지향한다.
② 공부의 전(全) 과정에서 경(敬)의 자세가 근간이 된다.
③ 소학(小學)에서 대학(大學)으로 이어지는 단계를 밟는다.
④ 지(知)와 행(行)이 서로를 밝히고[相發] 함께 진전한다[竝進].
⑤ 독서 공부는 순서상 역사서를 두루 읽은 후 사서(四書)로 나아간다.

03B > 2006학년도 47번
주자(朱子)의 교육관에 대한 설명으로 옳지 않은 것은?

① 교재로 사서(四書)의 활용을 강조하였다.
② 교육내용으로 사장학(詞章學)을 중시하였다.
③ 교육목적으로 기질(氣質)의 변화를 주장하였다.
④ 교육방법으로 거경(居敬)과 궁리(窮理)를 강조하였다.

04
노장사상의 교육적 주장과 가치관을 논하시오.

04A > 2012학년도 6번
다음과 같은 교육적 주장과 가치관을 내세우는 사상은?

- 세속의 쓸모보다는 '쓸모없음의 쓰임[無用之用]'을 주목한다.
- 세속적 배움을 끊는 것이 오히려 근심을 없애는 길이다[絶學無憂].
- 언어나 문자에 의존한 교육은 한계에 직면할 수밖에 없기에 '말없음의 가르침[不信之敎]'을 중시한다.

① 노장사상   ② 동학사상   ③ 묵가사상
④ 실학사상   ⑤ 법가사상

05

실학주의(realism) 교육에서 이전 교육과 달리 강조한 것을 서술하고, 과학적 실학주의와 사회적 실학주의에 대해 설명하시오.

05A
> 2013학년도 1번

17세기 서양의 실학주의(realism) 교육사조에 해당하는 것만을 <보기>에서 있는 대로 고른 것은?

보기
ㄱ. 현학적인 교양인을 기르는 데 목적을 두었다.
ㄴ. 구체적 사물에 대한 직접적 경험을 강조하였다.
ㄷ. 현실 생활에 대한 이해와 교육의 현실적 적합성을 중시하였다.
ㄹ. 이성에 의해 모든 것을 판단하는 합리적 인간을 이상적 인간상으로 보았다.
ㅁ. 모든 사람이 교육받아야 하며 국가가 교육을 관장해야 한다는 새로운 교육적 이상을 제시하였다.

① ㄴ, ㄷ ② ㄴ, ㅁ ③ ㄱ, ㄷ, ㅁ
④ ㄱ, ㄹ, ㅁ ⑤ ㄴ, ㄷ, ㄹ

05B
> 2009학년도 4번

교육에 대한 다음과 같은 관점을 가장 잘 담고 있는 서양 교육사조는?

- 세상은 가장 훌륭한 교과서이다.
- 감각적 경험이 올바른 지식을 획득하는 통로이다.
- 고전 공부의 진정한 목적은 현학적 지식의 습득이 아니라 인간의 삶에 대한 이해를 통하여 교육의 현실적 적합성을 추구하는 것이다.
- 삶의 지혜와 학문적 지식은 구분되어야 하며, 아이에게 실제적 지혜의 기초가 충분히 다져지기 전까지는 학문적 지식에 대한 공부를 보류해야 한다.

① 실학주의(Realism)
② 인문주의(Humanism)
③ 계몽주의(Enlightenment)
④ 자연주의(Naturalism)
⑤ 신인문주의(Neo-humanism)

05C
> 2006학년도 45번

<보기>의 조선 후기 실학자들의 교육사상에 대한 설명으로 옳은 것끼리 묶은 것은?

보기
ㄱ. 최한기는 교육내용으로 수학의 중요성을 강조하였다.
ㄴ. 유형원은 교육방법으로 일신전공(日新全功)을 주장하였다.
ㄷ. 김정희는 교육제도개혁으로 과거제 폐지와 공거제(貢擧制) 시행을 주장하였다.
ㄹ. 정약용은 교육덕목으로 효(孝)·제(悌)·자(慈)를 주장하였다.

① ㄱ, ㄴ ② ㄴ, ㄷ
③ ㄷ, ㄹ ④ ㄱ, ㄹ

06

소크라테스(Socrates)의 대화법과 산파술을 설명하시오. 그리고 소크라테스가 일방적 지식 전수 대신 문답법을 사용하며 '학습은 지식을 상기하는 것'이라고 주장한 것을 근거로 학습자의 존재를 어떻게 이해할 수 있는지 서술하시오.

06A > 2008학년도 1번

다음은 소크라테스(Socrates)에 관한 진술이다. 이것으로부터 추론할 수 있는 학습자에 대한 이해로 옳은 것은?

- 일방적인 지식 전수 대신에 문답법을 사용했다.
- "학습은 지식을 상기(想起)하는 것이다."라고 주장했다.

① 학습자는 신의 형상을 닮은 존재이다.
② 학습자는 탐구하는 능력을 지닌 존재이다.
③ 학습자의 내면은 창이 없는 소우주와 같다.
④ 학습자의 내면은 무엇이든지 다 쓸 수 있는 백지와 같다.

07

이소크라테스(Isocrates)가 생각한 교육의 목적이 무엇인지 플라톤(Platon)과 비교하여 쓰시오.

07A > 2013학년도 4번

고대 그리스 시대의 이소크라테스(Isocrates) 교육사상에 대한 진술로 옳지 않은 것은?

① 수사학을 통해서 덕을 함양하고 영혼을 고상하게 만들 수 있다고 보았다.
② 공공의 선과 행복에 기여하는 훌륭한 웅변가를 양성하는 데 주요 목적을 두었다.
③ 최상의 행복은 이성을 계발함으로써 사물의 본질을 관조하는 데서 찾을 수 있다고 보았다.
④ 철학자 양성에 주요 목적을 둔 플라톤의 아카데미아 교육에 대해 비판적인 입장을 취하였다.
⑤ 웅변가가 되기 위해서는 수사학의 원리와 기술뿐만 아니라 문학, 논리학, 역사 등 일반적인 지식도 갖추어야 한다고 보았다.

07B > 2012학년도 1번

고대 그리스 시대의 교육사상에 대한 설명으로 옳지 않은 것은?

① 소크라테스(Socrates)는 교수방법으로서 반어법과 문답법을 활용하였다.
② 플라톤(Platon)은 웅변가를 이상적으로 교육받은 인간상으로 간주하였다.
③ 이소크라테스(Isocrates)는 논증과 변론을 통한 수사학 교육을 강조하였다.
④ 프로타고라스(Protagoras)는 모든 가치의 기준이 개인에 따라 상대적이라고 주장하였다.
⑤ 아리스토텔레스(Aristoteles)는 최고선으로서의 행복을 추구하기 위해 지성적 삶과 습관 형성을 중시하였다.

07C > 2004학년도 32번

플라톤의 교육사상에 대한 설명으로 옳은 것은?

① 교육의 초기 단계에서는 변증법을 공부한다.
② 교육의 최종 단계는 선의 이데아를 획득하는 것이다.
③ 학문을 탐구하는 목적은 변화의 모습을 파악하는 데 있다.
④ 계층에 관계없이 모든 사람에게 동일한 교육을 실시한다.

07D > 2002학년도 9번

그리스시대의 교육사상가 이소크라테스(Isokrates)에 대한 설명 중 맞는 것은?

① 철학적 문답법을 통해 정치가를 양성하였다.
② 양심의 각성을 통한 언행일치의 교육을 강조하였다.
③ 수사학적 인간도야를 주장하고 수사학교를 설립하였다.
④ 실천철학과 심리학에 근거하는 교육이론을 제시하였다.

08

다음 설명에 해당하는 교육이론을 제시한 사람의 이름을 쓰고, 그 사람의 입장에서 중등교육의 초점을 서술하시오.

- 인간의 영혼은 신체적 힘의 총화로서 신체가 없이는 존재할 수 없다.
- 교육은 참된 윤리적 생활을 가능하게 하는 것으로 정치적 문제와 관련되어 있다.
- 본성, 습관, 이성이 함께해야 교육이 가능하다.

08A > 2011학년도 5번

다음 대화에 나타난 교사의 견해를 뒷받침하는 고대 그리스 철학자는?

> 학생 | 선생님, 아는 것과 행동하는 것이 반드시 일치하지는 않는 것 같습니다.
> 교사 | 그 둘 사이의 불일치 문제는 고대 그리스어 아크라시아(akrasia)에 해당하는데, 이 단어는 본래 자제력이 없다는 의미를 가진단다.
> 학생 | 자제력은 어디서 오는 것인가요?
> 교사 | 자제력은 앎에서 오는 것이 아니라, 감정이나 정서에서 오는 것이지.
> 학생 | 그럼 도덕이 합리성에만 의존하는 것은 아니네요?
> 교사 | 그렇지. 도덕성은 합리성 그 이상을 의미하고, 거기엔 정서의 문제가 함께 자리하는 셈이지.

① 플라톤(Platon)
② 고르기아스(Gorgias)
③ 소크라테스(Socrates)
④ 이소크라테스(Isocrates)
⑤ 아리스토텔레스(Aristoteles)

08B > 2002학년도 8번

다음의 설명에 해당하는 교육이론을 제시한 사람은?

- 인간의 영혼은 신체적 힘의 총화로서 신체가 없이는 존재할 수 없다.
- 교육은 참된 윤리적 생활을 가능하게 하는 것으로 정치적 문제와 관련되어 있다.
- 본성, 습관, 이성이 함께 해야 교육이 가능하다.

① 에라스무스   ② 소크라테스
③ 플라톤   ④ 아리스토텔레스

09

아리스토텔레스(Aristoteles)의 교육론과 로크(J. Locke)의 교육론의 공통점을 서술하시오.

09A
> 2008학년도 2번

고대 아리스토텔레스(Aristoteles)의 교육론과 근대 로크(J. Locke)의 교육론에서 찾을 수 있는 공통점이 <u>아닌</u> 것은?

① 체육, 덕육, 지육의 통합적인 교육을 주장한다.
② 교육목적으로 관조적인 삶의 실현을 내세운다.
③ 인간은 정치적(사회적) 존재라는 것을 전제로 한다.
④ 학습뿐만 아니라 훈련과 습관의 중요성도 함께 강조한다.

10

그리스의 자유교육(liberal education) 목적을 서술하시오.

10A
> 2009학년도 2번

서양의 자유교육(liberal education) 전통에 관한 설명으로 옳은 것을 <보기>에서 모두 고른 것은?

<보기>
ㄱ. 자유교육은 이론적 지식보다는 실제적 지식을 추구한다.
ㄴ. 현대의 자유교육론은 마음과 지식의 논리적 관계에 토대를 두고 있다.
ㄷ. 영국의 서머힐(Summerhill) 학교는 자유교육의 이상을 실현할 목적으로 설립되었다.
ㄹ. 고대 로마나 중세 유럽의 자유교육은 7자유학과를 가르치는 프로그램으로서의 자유교육을 강조하는 경향이 있었다.
ㅁ. 자유교육의 출발점은 이소크라테스(Isocrates)의 사상에서 찾기도 하나, 아리스토텔레스의 사상에서 비롯되었다고 보는 것이 일반적이다.

① ㄱ, ㄷ   ② ㄱ, ㄴ, ㄹ   ③ ㄴ, ㄷ, ㅁ
④ ㄴ, ㄹ, ㅁ   ⑤ ㄱ, ㄷ, ㄹ, ㅁ

11

다음에서 설명하는 교육사상가의 교육학적 의의와 한계를 서술하시오.

> 그의 교육방법이 기반이 되고 있는 철학이 루터의 개신교 신학과 유사한 요소를 갖고 있지만, 직접 루터의 신학에서 도출된 것은 아니다. 오히려 그의 철학은 개신교의 정신을 과학과 철학에 투입하여 새로운 진리를 찾고자 했던 당대 사상가들의 견해에서 온 것이다. (중략) 베이컨의 관심이 주로 자연적 사실에 있었던 반면에, 그는 자연적, 초월적 지식을 망라하는 전반적인 지식의 체계를 수립하고자 하였다.

11A > 2012학년도 2번

다음에서 설명하고 있는 교육사상가는?

> 그의 교육방법의 기반이 되고 있는 철학이 루터(M.Luther)의 개신교 신학과 유사한 요소를 갖고 있지만, 직접 루터의 신학에서 도출된 것은 아니다. 오히려 그의 철학은 개신교의 정신을 과학과 철학에 투입하여 새로운 진리를 찾고자 했던 당대 사상가들의 견해에서 온 것이다. 그의 사상이 영국의 프란시스 베이컨(F. Bacon)에 의존하고 있다는 사실은, 경험을 중시하고 특수적 사실과의 접촉이 일반적 규칙에 관한 지식에 선행한다는 것을 역설한 점과, 확실한 근거에 입각한 보편적 지식의 이상을 학문의 목적으로 삼은 점으로 보아 명백하다. (중략) 베이컨의 관심이 주로 자연적 사실에 있었던 반면에, 그는 자연적, 초월적 지식을 망라하는 전반적인 지식의 체계를 수립하고자 하였다.
>
> — 보이드(W. Boyd), 『서양교육사』—

① 코메니우스(J. Comenius)
② 라블레(F. Rabelais)
③ 페스탈로치(J. Pestalozzi)
④ 에라스무스(D. Erasmus)
⑤ 몽테뉴(M. de Montaigne)

11B > 2002학년도 4번

코메니우스(Comenius)의 저서 『대교수학(Didactica magna)』에서 다루어지지 않은 내용은?

① 학교 교육의 필요성과 일반원리
② 인간교육을 위한 5단계 교수법
③ 아동 이해에 기초한 교육의 목적
④ 교수 - 학습 방법 및 언어·도덕·신앙 교수법

12

계몽주의적 관점에서 교육한다면 어디에 초점을 맞추게 될지 서술하시오.

12A > 2011학년도 6번

18세기 서양 계몽주의 교육사상에 관한 설명으로 옳은 것은?

① 예술적 능력의 배양을 주요 교육목표로 삼았다.
② 아동이 갖고 태어나는 신성(神性)의 발현을 강조하였다.
③ 감정이나 종교적 계시보다 합리성을 기르는 데 초점을 두었다.
④ 참다운 인간성을 고대 그리스 문학과 예술에서 찾고자 하였다.
⑤ 역사와 민족성을 근거로 하여 국민적 자각을 강조하는 경향이 있었다.

13
다음을 주장한 사람의 이름을 쓰고, 그 사람의 교육사상에 대해 서술하시오.

> 창조주의 손에서 나올 때 만물은 선하나 인간의 손에 들어오면서 만물은 타락하기 시작한다. 인간은 무엇 하나 원래의 자연 상태 그대로 놓아두는 것을 좋아하지 않는다. 우리 인간은 연약한 상태에서 태어난다. 그러므로 강한 인간이 되기 위해 그리고 태어날 때에 가지지 못한 재능을 갖추기 위해 교육을 필요로 한다.

13A > 2007학년도 5번
<보기>에서 루소(J. Rousseau)의 교육관에서 강조되는 사항들로만 묶인 것은?

보기
ㄱ. 발달단계론
ㄴ. 고상한 야인(noble savage)
ㄷ. 소극교육론
ㄹ. 삼육(三育)의 조화적 발전
ㅁ. 남녀별학(男女別學)
ㅂ. 완전한 생활교육

① ㄱ, ㄴ, ㄷ, ㅁ   ② ㄱ, ㄴ, ㄹ, ㅂ
③ ㄱ, ㄷ, ㅁ, ㅂ   ④ ㄴ, ㄷ, ㄹ, ㅂ

13B > 2006학년도 48번
서양교육에서 전체주의 교육과 대비되는 인간중심주의 교육의 성격을 지닌 것으로 가장 적절한 것은?

① 파시즘 교육   ② 스파르타 교육
③ 자연주의 교육   ④ 국가주의 교육

13C > 2004학년도 34번
다음은 루소의 『에밀』에서 발췌한 내용이다. ( )에 들어갈 단어가 바르게 연결된 것은?

> 창조주의 손에서 나올 때 만물은 신하나 인간의 손에 들어오면서 만물은 타락하기 시작한다. 인간은 무엇 하나 원래의 자연 상태 그대로 놓아두는 것을 좋아하지 않는다. 우리 인간은 연약한 상태에서 태어난다. 그러므로 강한 인간이 되기 위해 그리고 태어날 때에 가지지 못한 능력을 갖추기 위해 교육을 필요로 한다. 우리는 세 종류의 교사를 통해 교육을 받는다. 세 교사의 가르침이 일치하고 같은 목표를 향하여 나아갈 때에 사람은 올바른 인간이 될 수 있다. 그런데 (㉠)의 교육은 전혀 우리가 어떻게 할 수 있는 것이 아니다. (㉡)의 교육은 몇 가지 점에서만 우리가 어떻게 할 수 있다. (㉢)의 교육만이 우리가 마음대로 할 수 있는 교육이기는 하지만 그것도 그렇게 마음대로 할 수 있는 것은 아니다.

	㉠	㉡	㉢
①	신	자연	인간
②	신	자연	문화
③	자연	사물	인간
④	본성	인간	자연

14
헤르바르트(J. Herbart)의 교수 4단계를 설명하시오.

14A
> 2010학년도 1번

김 교사는 헤르바르트(J. Herbart)의 '교수 단계론'을 현대적 관점에서 해석하여 자신의 국어 수업에 적용해 보았다. <보기>에 기술된 김 교사의 교수행위를 헤르바르트의 '교수 단계론'에 따라 순서대로 배열한 것은?

보기

ㄱ. '시(詩)의 구조'를 학생들이 이미 배운 시에 관한 지식과 관련지어 설명하였다.

ㄴ. 이번 시간에 배운 '시의 구조' 개념을 새로운 시에 적용하여 해석할 수 있도록 설명하였다.

ㄷ. '시의 구조' 개념과 관련된 내용 요소를 세분하여 학생들에게 명료하게 설명하였다.

ㄹ. '시의 구조'를 구성하고 있는 지식들 사이에 체계적인 질서가 있음을 설명하였다.

① ㄱ-ㄴ-ㄷ-ㄹ   ② ㄱ-ㄷ-ㄹ-ㄴ
③ ㄴ-ㄱ-ㄷ-ㄹ   ④ ㄷ-ㄱ-ㄹ-ㄴ
⑤ ㄷ-ㄴ-ㄱ-ㄹ

15
페스탈로찌(J. Pestalozzi) 교육사상의 인간관과 교육목적, 교육방법을 설명하시오.

15A
> 2006학년도 49번

<보기>의 내용과 가장 관련이 있는 교육사상가는?

보기

- 아동의 흥미와 노력을 중시한다.
- 교육방법은 직관의 원리에 따른다.
- 아동을 성인의 축소판으로 보지 않는다.
- 교육목적을 지식·도덕·기능의 조화로운 발달에 둔다.

① 페스탈로찌(J. Pestalozzi)
② 에라스무스(D. Erasmus)
③ 루터(M. Luther)
④ 로크(J. Locke)

16
피터스(R. S. Peters)가 제시한 '선험적 정당화(transcendental justification)' 개념을 설명하시오.

16A
> 2008학년도 11번

피터스(R. S. Peters)가 제시한 교과의 '선험적 정당화(transcendental justification)'에 관한 설명으로 옳지 <u>않은</u> 것은?

① 사회적 필요에 의하여 교과의 가치를 확립한다.
② 교과를 배우지 않은 사람은 정당화 문제를 제기할 수 없다.
③ 공적 전통에의 입문이라는 개념과 밀접한 관련을 맺게 된다.
④ 교과의 정당화를 요청한 사람에게 요청의 논리적 가정을 밝혀준다.

17
교육과 관련된 푸코(M. Foucault)의 주장을 교육내용 측면과 교육방식 측면으로 나누어 서술하시오.

17A
> 2007학년도 6번

교육과 관련된 푸코(M. Foucault)의 주장이 <u>아닌</u> 것은?

① 다양한 기법과 전술을 통한 몸길들이기를 훈육(discipline)이라고 한다.
② 권력의 힘과 지식의 힘은 동일하며, 그 관계를 '지식-권력'으로 표현한다.
③ 학교의 각종 검사와 시험은 드러나지 않는 방식으로 규율적 권력을 행사한다.
④ 파놉티콘(panopticon)으로서의 학교구조의 훈육기능은 근본적으로 감옥구조의 그것과 다르다.

18

다음 김 교사와 최 교사의 교육관에 가장 가까운 교육철학 사조의 명칭을 각각 쓰시오.

> 김 교사 | 학생들이 공부를 많이 어려워하는 것 같아. 배우는 일은 본래 쉽지 않기 때문에 학생들이 더 열심히 노력을 해야 할 텐데. 그럼 내가 이끄는 대로 학생들이 잘 따라올 수 있도록 교과와 교재의 논리적 체계를 완벽하게 분석하고 그에 따라 가르쳐야겠다. 그리고 교육에는 반복학습과 암기가 매우 중요하기 때문에 학생들에게 반복연습하고 암기할 수 있는 시간을 주어야겠어.
>
> 최 교사 | 이 교재는 민족적 경험이 엄선되어 체계화된 것이기 때문에 좋은 교재라고 할 수 있겠어. 이 교재를 가지고 교사중심의 수업을 어떻게 잘 할 수 있을까? 수업을 통해 학생이 미래준비를 위한 훈련을 할 수 있도록 내가 잘 이끌어 나가야겠어.

18A > 2006학년도 50번

<보기>에 나타난 최 교사의 교육관을 가장 잘 설명할 수 있는 교육철학은?

> **보기**
>
> 최 교사는 민족적 경험이 엄선되어 체계화되었다고 생각하는 교재를 사용하여 교사중심의 수업을 실시한다. 그리고 수업의 주안점을 학생의 미래준비를 위한 훈련에 둔다.

① 진보주의　　② 실존주의
③ 본질주의　　④ 분석철학

18B > 2004학년도 40번

다음의 경우에 적용된 철학적 탐구방법으로 가장 적절한 것은?

> '똑똑하다'는 말은 여러 가지 의미로 사용될 수 있다. 이 말은 경우에 따라서 학교성적이 우수하다는 뜻으로, 실생활에서 부딪히는 문제를 잘 처리한다는 뜻으로 사용될 수 있다. 심지어는 영악하다는 뜻으로도 사용될 수 있다. 그러므로 '똑똑하다'는 말을 들었을 때에 우리는 그 말이 어떤 뜻으로 사용되는 것인가 하는 의문을 가질 수 있으며, 똑똑하다는 것은 과연 무엇인가 하는 의문을 가질 수도 있다. 나아가 우리는 '똑똑하다'는 말이 '영리하다', '뛰어나다' 라는 것과 같은 유사한 다른 말과 의미상의 차이는 무엇인지 궁금해할 수 있다.

① 분석적 방법　　② 실증적 방법
③ 사변적 방법　　④ 평가적 방법

18C > 2002학년도 1번

김 교사는 다음과 같은 교육관을 가지고 있다. 그의 교육관에 가장 가까운 교육철학 사조는?

> - 배우는 일은 본래 쉽지 않기 때문에 열심히 노력해야 한다.
> - 교사가 이끄는 대로 배우는 것이 중요하다.
> - 반복학습과 암기가 매우 중요하다.
> - 교과 및 교재의 논리적 체계에 따라 가르쳐야 한다.

① 계몽주의　　② 이상주의
③ 본질주의　　④ 재건주의

19

교육의 본질적 기능과 수단적 기능을 설명하고, 듀이(J. Dewey)가 추구하는 교육의 목적을 서술한 뒤, 듀이의 교육목적이 교육의 어떤 기능과 연결되는지 서술하시오.

19A > 2005학년도 1번

<보기>는 교사 A, B, C의 교육관을 나타낸 것이다. 진보주의 교육관을 가진 교사를 모두 고른 것은?

> 보기
> A: 교육의 출발점은 아동이어야 한다. 따라서 모든 교육 활동은 아동의 필요와 흥미를 중심으로 이루어져야 한다.
> B: 교육은 아동의 경험을 토대로 하는 활동이다. 따라서 교사는 아동의 경험이 확장되도록 교육의 과정을 주도해야 한다.
> C: 교육에서 경쟁은 아동을 동기화시키는 중요한 수단이라고 생각한다. 그러므로 교사는 경쟁을 적절히 활용할 필요가 있다.

① A
② B
③ A, C
④ A, B, C

19B > 2005학년도 2번

빈칸 (A)와 (B)에 들어갈 말을 바르게 나열한 것은?

> 교육의 기능은 크게 두 가지로 나누어 설명할 수 있다. 첫째는 교육이라는 개념에 함의된 기능, 즉 인간을 가르치고 기르는 기능이다. 둘째는 교육 이외의 바람직한 결과를 가져오는 기능이다. 교육을 통한 경제 발전이 그 예이다. 이 중 전자를 교육의 (A) 기능이라 하고, 후자를 (B) 기능이라 부른다.

	A	B
①	실용적	장식적
②	본질적	수단적
③	자연적	인위적
④	외재적	내재적

19C > 2004학년도 35번

교육의 내재적 목적에 대한 설명으로 옳은 것은?

① 노작교육을 통한 실천적 인간 양성 강조
② 지식교육을 통한 합리적 마음의 계발 강조
③ 직업교육을 통한 전문적 직업인 육성 강조
④ 교양교육과 실용적 교육의 조화 강조

19D > 2003학년도 10번

듀이(J. Dewey)의 교육관으로 가장 적합한 것은?

① 교육은 삶의 본질인 성장(成長)과 동일하며, 교육 그 자체 이외의 다른 목적을 가지지 않는다.
② 자연은 단지 교육의 효소(酵素)만을 제공해 주며 그것을 발달시키고 완성시키는 것은 교육의 일이다.
③ 교육은 개인의 천부적인 적성을 발견하여 그것을 사회에 유용하도록 훈련시키는 것을 과제로 삼아야 한다.
④ 진정한 교육은 아동의 타고난 본성의 보존과 발달을 의미하며 그를 위해 무엇보다 아동의 연구가 중요하다.

20
듀이(J. Dewey)가 제시한 '흥미' 개념을 설명하시오.

20A
> 2010학년도 4번

다음은 듀이(J. Dewey)의 『민주주의와 교육』의 내용을 서술한 것이다. (A) 에 공통적으로 들어갈 말은?

(A) 은/는 어원적으로 볼 때 '사이에 있는 것', 즉 거리가 있는 두 사물을 관련짓는 것을 뜻한다. 교육의 경우에, 두 사물 사이의 메워야 할 거리는 시간적인 것으로 생각할 수 있다. 어떤 것이 발달하는 데 시간이 걸린다는 것은 너무도 자명하다. 그래서 성장에는 시작 단계가 있고 완성단계가 있으며 그 사이에 밟아야 할 과정, 즉 중간 과정이 있다. 학습의 경우에, 학생이 현재 갖고 있는 능력과 성향이 학습의 출발 단계가 되며, 교사는 최종적으로 도달하게 될 교육목표를 설정한다. 이 두 가지 사이에 있는 (A) 이/가 바로 수단(means)인데, 그것은 학생이 어떤 사물에 몰입하는 상태이다. 이 수단을 통해서만 애초에 시작한 교육활동이 만족스러운 최종 결과에 도달하게 된다.

① 경험 ② 흥미 ③ 지력
④ 도야 ⑤ 구성

21
교육에 대한 객관주의적 관점의 지식관을 서술하시오.

21A
> 2007학년도 7번

<보기>는 교과서에 포함될 지식의 성격에 관한 최 교사의 주장이다. 이러한 주장을 뒷받침하는 인식론은?

―― 보기 ――
- 오류가 없는 표준적, 보편적 진리이어야 한다.
- 교과서를 구성하는 언어는 세계의 실재와 대응관계를 유지해야 한다.
- 과학 교과서의 지식은 과학의 발전 과정보다는 공인된 이론이어야 한다.

① 객관주의(objectivism)
② 구성주의(constructivism)
③ 상대주의(relativism)
④ 도구주의(instrumentalism)

21B
> 2004학년도 31번

20세기 후반에 유행했던 서양의 교육철학 사조에 대한 설명으로 옳은 것은?

① 실존주의 교육철학은 실학주의 교육사조를 현대화시켰다.
② 비판주의 교육철학은 교육철학의 과학화 운동을 주도하였다.
③ 구성주의 교육철학은 전통철학의 인식론을 계승·발전시켰다.
④ 분석주의 교육철학은 교육철학의 학문적 객관성을 추구하였다.

22
실존주의 교육사상의 인간관에 대해 서술하시오.

22A
> 2012학년도 3번

다음과 같은 교육관이 기초하고 있는 현대 교육철학 사조는?

- 학생 개인의 독자적인 삶과 자유를 존중한다.
- 추상적이고 보편적인 인간을 지향하는 교육목표를 비판한다.
- 관념적인 지식 위주 교육을 비판하고 학생 스스로 각성하여 자아를 발견하는 것을 중시한다.
- 철저한 신념과 확신으로 뭉친 책임감을 지닌 실천가와 개성을 가진 인간을 양성하는 것을 추구한다.

① 항존주의 ② 구조주의 ③ 실존주의
④ 재건주의 ⑤ 본질주의

22B
> 2007학년도 4번

실존주의 교육에서 강조되지 <u>않은</u> 것은?

① 교육방법의 체계화
② '나 – 너'의 인격적 만남
③ 인문학 및 예술 영역의 교과
④ 인간의 비연속적 형성 가능성

22C
> 2002학년도 6번

교육현상을 보는 여러 철학적 관점에 대한 설명 중 맞는 것은?

① 인간학적 관점은 가치중립적으로 학생을 고찰한다.
② 실증주의적 관점은 개인의 주관적 경험을 중시한다.
③ 변증법적 관점은 이분법적 사고로 문제에 접근한다.
④ 실존주의적 관점은 인간을 자유로운 존재로 고찰한다.

23

현상학에서 '앎'이 어떻게 이루어진다고 보는지를 생활세계의 중요성과 관련해 설명하시오.

23A
> 2010학년도 3번

다음과 같은 교육학 연구에 공통적으로 영향을 끼친 철학 사조는?

- 아이즈너(E. Eisner)의 교육과정 이론
- 반 마넨(M. van Manen)의 체험적 글쓰기
- 스프래들리(J. Spradley)의 문화기술 연구
- 랑에펠트(M. Langeveld)의 아동의 인간학
- 마이어-드라베(K. Meyer-Drawe)의 학습이론

① 구조주의 ② 실존주의
③ 비판철학 ④ 포스트모더니즘
⑤ 현상학

24

비판이론이 교육에 미친 영향을 서술하시오.

24A
> 2011학년도 7번

다음 내용에 공통적으로 영향을 끼친 현대철학 사조는?

- 특정 사회의 정치·경제 구조가 교육에 미치는 영향에 관한 분석
- 교육에서 발생하는 억압 관계와 인간 소외 문제를 개선하는 방안 마련
- 교육의 과정에서 왜곡된 의사소통을 합리적인 의사소통으로 전환시키려는 시도
- 교육이념의 사회적 발생 조건을 학문적으로 밝히고 그 잘못된 영향을 드러내려는 시도

① 현상학 ② 비판이론 ③ 분석철학
④ 생태주의 ⑤ 실존주의

24B
> 2008학년도 4번

다음 명제들을 가장 충실하게 따르는 교육철학은?

- 철학은 사변적인 학문인 동시에 실천적인 학문이다.
- 철학의 핵심 과제는 인식과 행위의 가능성과 한계를 엄격하게 따지는 것이다.
- 교육철학은 교육이론과 교육실천에 숨어 있는 이데올로기적 전제를 드러냄으로써 교육의 자율성을 추구한다.

① 비판적 교육철학 ② 실존주의 교육철학
③ 현상학적 교육철학 ④ 해석학적 교육철학

25
허스트(P. H. Hirst)가 제시한 '사회적 실제'의 입문 개념을 서술하시오.

25A
> 2009학년도 1번

다음은 어느 교육학자와 한 가상 인터뷰의 일부이다. 이 내용과 가장 관계가 깊은 학자는?

> 저는 지난 20년 남짓 동안 교육은 합리적 마음을 계발하기 위해 학생을 '지식의 형식'(forms of knowledge)에 입문시키는 일이라고 생각하여 왔습니다. 그러나 저는 이론적 지식이 훌륭한 삶을 결정하는 유일한 논리적 토대라고 보는 중대한 오류를 범하였습니다. 지금 저의 입장은 교육이 '지식의 형식'에의 입문이라기보다는 '사회적 실제'(social practices)에의 입문이어야 한다는 것입니다. 저의 변화된 교육 개념은 좀 더 체계적으로 가다듬어야 할 필요가 있고, 종전 견해와의 관련성에 대해서도 더 논의가 필요합니다. 그럼에도 불구하고, 저는 교육이 근본적인 면에서 '사회적 실제'에 학생을 입문시키는 일이어야 한다는 주장에는 주저함이 없습니다.

① 듀이(J. Dewey)
② 피터스(R. S. Peters)
③ 허스트(P. H. Hirst)
④ 화이트(J. P. White)
⑤ 오크쇼트(M. Oakeshott)

26

포스트모더니즘(postmodernism)의 반정초주의와 다원주의에 대해 서술하시오.

26A
> 2009학년도 3번

현대 교육철학의 특징에 관한 설명으로 옳지 않은 것은?

① 분석적 교육철학은 교육의 주요 개념 및 용어에 대한 철학적 분석을 강조한다.
② 실존주의 교육철학은 인간의 본질이 실존에 우선한다고 보고, 인간의 본질을 탐구한다.
③ 포스트모더니즘 교육철학은 진리의 상대성을 주장하며, 다원주의적 입장에 서 있다.
④ 페미니즘 교육철학은 교육에서 상대적으로 소외되어 온 가정의 삶 영역과 여성의 가치 회복을 중시한다.
⑤ 비판적 교육철학은 현대사회의 학교 교육에서 나타나는 교육의 불평등과 부정의(不正義)를 드러내는 데 관심이 있다.

26B
> 2007학년도 8번

<보기>에서 포스트모더니즘의 주요한 특징으로만 묶인 것은?

보기
ㄱ. 다원주의
ㄴ. 반정초주의(anti-foundationalism)
ㄷ. 인간해방
ㄹ. 소서사(little narrative)의 정당화
ㅁ. 몸의 경시
ㅂ. 보편주의

① ㄱ, ㄴ, ㄹ   ② ㄱ, ㄹ, ㅂ
③ ㄴ, ㄷ, ㅁ   ④ ㄷ, ㅁ, ㅂ

26C
> 2003학년도 11번

포스트모더니즘(postmodernism)의 입장에 가장 가까운 것은?

① 지식의 구조와 학문적 성과의 전달을 중시한다.
② 인류의 고전적 문화 유산의 계승 전달을 추구한다.
③ 보편적 지식의 전달보다 국지적 지식의 이해를 더 중시한다.
④ 거대 서사(grand narratives)의 체계적 지식 전달을 지향한다.

Note

메가쌤 임용 기출공략서

PART

실전편
논술형 문제

연습문제
기출문제(2014~2022학년도 수록)

연습문제 1

| 중등학교교사 임용후보자 선정경쟁시험 |

교육학

다음은 A 중학교의 초임 교사인 박 교사와 경력 교사인 김 교사의 대화 내용이다. 이 내용을 읽고 '학습자를 위한 교육과정의 계획과 실행방안'이라는 주제로 교육과정, 교수설계, 교육평가, 교육행정에 대한 내용을 구성요소로 하여 서론, 본론, 결론을 갖추어 논하시오. [20점]

박 교사: 선생님, 공식적 교육과정의 경우 성취 목표에 따른 학습 결과를 사전에 알 수 있어 교육 내용을 계획하는 데 많은 도움이 됩니다. 그런데 실제 학교 현장에서의 교육 내용은 공식적 교육과정에서 제시하고 있는 것과 다소 차이가 있는 것 같습니다.

김 교사: 그렇죠. 공식적 교육과정은 실제 학교 현장이 고려되지 않은 교육과정이므로 교사는 여러 가지 상황을 고려하여 실제적인 교육과정을 계획해야 합니다. 다양한 측면에서의 실제적 교육과정을 계획한다면, 이를 바탕으로 교수학습 방법과 평가의 방향도 결정할 수 있습니다. 선생님께서는 이번 학기의 수업을 어떻게 설계하실 생각이신가요?

박 교사: 네, 안 그래도 수업을 어떻게 진행해야 할지 고민이 많이 됩니다. 수업 설계와 관련하여 교육학 이론을 찾아보고는 있는데, 어떻게 적용해야 할지 잘 모르겠습니다.

김 교사: 수업 설계를 위해서는 우선 교수 조건과 방법, 결과의 3가지 변인을 이해해야 합니다. 공식적 교육과정에서 제시하고 있는 교과 목표나 학생들의 특성을 잘 파악하고, 이에 적절한 교수전략을 사용한다면 좋은 결과를 도출할 수 있을 것입니다. 결국 수업 설계에 있어서 교수전략이 가장 중요하다고 볼 수 있겠죠.

박 교사: 네, 선생님. 그렇다면 저는 복잡한 학습 내용을 학생들에게 어떤 순서로 가르칠 것인지를 우선 고민해봐야 할 것 같습니다. 그런데 학습 결과를 평가함에 있어서 실제적 교육과정의 측면을 고려한다면 결과 중심의 평가보다 학생들의 성장과 발달과정을 나타내는 데 중점을 두어야 할 것 같습니다.

김 교사: 교수전략뿐만 아니라 구체적인 평가 방법까지도 고민하시는군요. 선생님께서 치열하게 고민한 만큼 좋은 결과가 있을 것 같습니다. 나중에 얼마나 효과가 있었는지 알려주세요.

박 교사: 네, 선생님. 새 학기를 맞이하여 새롭게 시작될 교육과정이 더욱 기대가 됩니다. 참! 이번에 우리 학교에 교장 선생님께서 새로 부임하신다고 하던데, 어떤 분이실지 궁금합니다. 우리 학교의 조직문화를 잘 이해하셔서 저희를 좋은 방향으로 이끌어주셨으면 좋겠습니다. 선생님께서는 우리 학교 선생님들의 교수학습 방법 개선과 학생들의 학업성취도 향상에 기여할 수 있는 지도성이 무엇이라고 생각하십니까?

김 교사: 그동안 우리 학교에서 근무하면서 살펴본 바, 우리 학교의 교사들은 교육과정에 따라 수업을 운영하면서도 학생들과 상호작용하며 함께하는 수업을 만들어가고 있습니다. 이러한 우리 학교조직의 특성을 고려하면 조직문화의 변화를 수용함으로써 조직의 효과성을 높여나가는 지도성이 필요한 것 같습니다.

〔 배 점 〕

- **논술의 내용 [총 15점]**
  - Glatthorn의 실제적 교육과정의 등장 배경과 학습자 측면과 교사 측면에서의 의의를 각각 1가지, 단점 1가지 제시 [4점]
  - 라이겔루스의 교수설계이론에서 제시하는 조직전략 2가지, 김 교사가 활용할 수 있는 구체적인 교수전략 2가지 제시 [4점]
  - 박 교사가 언급한 평가 관점에 따른 구체적 평가 방법 2가지, 평가 결과에 대한 피드백 시 교사가 지켜야 할 태도 2가지 제시 [4점]
  - 김 교사가 언급한 지도성의 명칭과 지도성을 실행하기 위한 구체적 방안 2가지 제시 [3점]

- **논술의 구성 및 표현 [총 5점]**
  - 논술의 내용과 '학습자를 위한 교육과정의 계획과 실행방안'의 연계 및 논리적 형식 [3점]
  - 표현의 적절성 [2점]

연습문제 2

| 중등학교교사 임용후보자 선정경쟁시험 |

교육학

다음은 ○○ 중학교에 재직 중인 김 교사가 작성한 자기개발계획서이다. 자기개발계획서를 읽고 예비교사 입장에서 '교사가 갖추어야 할 역량'이라는 주제로 학습 이론, 진로 지도, 평가, 학교 조직의 특성에 대한 내용을 구성요소로 하여 서론, 본론, 결론의 형식을 갖추어 논하시오. [20점]

개선 영역	개선 사항
학습 이론	○ 사람의 인지 과정이 컴퓨터의 정보처리 과정과 같다는 정보처리이론에 따라 학생들에게 인지 과정에 대한 지식과 인지 과정을 어떻게 조절하고 통제할 수 있는지에 관한 사고 방법을 알려주어야겠어.
진로 지도	○ 학생들은 주로 자신의 욕구를 충족시키기 위한 직업을 선택하므로 평소 학생의 욕구가 무엇인지 파악하는 것이 중요하겠어. 일단, 학생과의 진로 상담 이전에 학부모와의 면담을 통해서 평소 자녀와의 관계를 파악해보는 것이 좋겠어.
평가 계획	○ 동료 선생님은 중간고사나 기말고사 점수로 학생들의 학습 정도를 평가하신다던데, 오히려 수업을 진행하면서 쪽지 시험이나 간단한 퀴즈 게임을 통해 학생들의 학습 정도를 평가하면 좋을 것 같다.
학교 조직	○ 교장 선생님께서 학교 전체의 성적을 높여야 한다고 말씀하셨지만, 개인적으로는 개별 학생의 학업 성취도 향상이 더욱 중요한 것 같다. 수업은 교사의 고유한 영역이므로 교장 선생님께서도 이해해주실 것이다.

―(배 점)―

- **논술의 내용 [총 15점]**
  - '학습 이론'에 나타난 사고가 학업성취에 영향을 미치는 이유 2가지와 관련 이론에 근거한 교사의 역할 2가지 제시 [4점]
  - '진로 지도'에 나타난 진로상담이론의 명칭, 부모-자녀와의 관계에 따른 직업 선호 유형 2가지, 진로 지도 시 한계 1가지 제시 [4점]
  - '평가 계획'에 나타난 동료 교사의 평가 방법에 대한 문제점 1가지, 김 교사가 사용하려는 평가 방법의 기능을 학생과 교사 측면에서 각각 1가지, 김 교사가 효과적인 평가를 시행하기 위한 전략 1가지 제시 [4점]
  - '학교 조직'과 관련하여 Weick가 주장한 학교 조직의 명칭, 장점과 한계 각각 1가지 제시 [3점]
- **논술의 구성 및 표현 [총 5점]**
  - 논술의 내용과 '교사가 갖추어야 할 역량'의 연계 및 논리적 형식 [3점]
  - 표현의 적절성 [2점]

연습문제 3

| 중등학교교사 임용후보자 선정경쟁시험 |

교육학

다음은 A 중학교 교사인 김 교사가 작성한 성찰 일지의 일부이다. 일지 내용을 바탕으로 '개인의 특성을 고려한 교육'이라는 주제로 교육 사회학적 분석, 교육평가, 교수 방법, 인지 양식을 구성요소로 하여 서론, 본론, 결론을 갖추어 논하시오. [20점]

1학기가 끝났다. 방학 동안 1학기 수업을 되돌아보고 2학기 수업을 준비하려고 하는데, 지난 학기를 떠올리면 학업성취가 낮은 학생들의 언어 사용이 생각난다. 평소 수업 참여도와 형성평가 결과, 관찰한 내용 등을 종합해 볼 때 학업성취가 낮은 학생들이 유사한 언어를 사용했는데, 담임 선생님과 상담해 보니 이 학생들은 가정에서의 언어 환경이 열악해서 특정한 상황에 얽매여 있는 제한된 언어방식을 사용하는 듯했다. 이 학생들은 수업 중에 기본적인 읽기, 쓰기가 되지 않고 수업 이해도가 낮아 집중도 잘 못하고 학습에서 자꾸 뒤처졌다.

이 문제를 해결하기 위해 우선 2학기 때에는 수업 시작 전에 학생들의 상태를 파악하는 평가를 해야겠다. 그러면 구체적으로 개별적인 특성을 고려해 그에 알맞은 도움을 제공할 수 있겠지? 그리고 읽기가 많이 어려운 몇 명의 학생들과는 보충학습을 하면 좋을 것 같다. 읽기 능력을 향상하기 위해 학습 방법으로는 상보적 교수를 활용하는 것이 어떨까?

지난 학기에 학생들이 과제를 수행하는 과정을 관찰한 결과, 언어 사용뿐만 아니라 과제를 해결할 때 학생들이 과제를 인지하는 방식에서도 차이가 드러나는 것을 확인할 수 있었다. 예를 들어 수진이가 사물을 지각할 때 그 주변의 영향을 많이 받았던 반면 준우는 주변의 영향을 적게 받았다. 수진이 같은 학생들과 준우 같은 학생들에게 내가 주어야 하는 도움의 내용과 적합한 교수 방법이 달라야 할 것 같다. 2학기 수업을 준비하며 이런 것도 고려해 보아야지.

(배 점)

- **논술의 내용 [총 15점]**
  - 1학기 때 학업성취가 낮았던 학생들의 언어 사용에 대해 번스타인(B. Bernstein)의 관점에서 설명할 때 이 학생들이 사용한 언어의 특징 2가지, 이 언어 사용이 학업성취에 영향을 미치는 이유 [4점]
  - 김 교사가 2학기 수업 시작 전 실행하려는 평가의 명칭, 평가 요소 3가지 [4점]
  - 김 교사가 활용하고자 하는 상보적 교수의 목적 1가지, 독해전략 및 그 전략을 활용한 수업 진행 방식 [3점]
  - 위트킨(Witkin) 이론에 입각해 수진이와 준우의 각 인지양식에 알맞은 목표 설정 방식, 각 양식에 필요한 교사의 도움 1가지씩 [4점]
- **논술의 구성 및 표현 [총 5점]**
  - 논술의 내용과 '개인의 특성을 고려한 교육'의 연계 및 논리적 형식 [3점]
  - 표현의 적절성 [2점]

연습문제 4

| 중등학교교사 임용후보자 선정경쟁시험 |

교육학

다음은 A 중학교에서 수업 개선 방안을 주제로 한 워크숍에서 나온 내용의 일부이다. 워크숍 내용을 바탕으로 '학교 수업 개선'이라는 주제로 교육과정, 평가, 수업 기법, 지도성을 구성요소로 하여 서론, 본론, 결론을 갖추어 논하시오. [20점]

구분	개선 방안
교육과정	○ 인본주의적이고 심미적인 관점에서 교육과정 개발에 접근할 필요가 있음 ○ 과목의 특성에 따라서 명백한 교육목표뿐만 아니라 잘 정의되지 않는 교육목표도 고려해야 함 ○ 수업은 복잡하고 역동적 과정을 거쳐 진행되는 것이므로 수업이 끝난 후 학생들에게 나타날 수 있는 모든 것을 수업 시작 전에 미리 구체화하여 진술하는 것으로는 부족할 수 있음
평가	○ 과정 중심 평가가 강조되고 있으므로 수행평가 비율을 확대하고자 함 ○ 예를 들어 학생 개인이 수행한 학습의 과정이 드러나게 포트폴리오를 제작하거나 구술시험을 볼 수 있음 ○ 공정하고 유의미한 평가가 될 수 있도록 유의해야 함
수업 기법	○ 정보처리이론에 주목해 학생들의 학습을 돕는 전략을 활용함 ○ 인지 처리 과정을 고려할 때, 부호화가 일어나게 해야 함 ○ 구체적인 방법으로 정교화와 조직화가 언급됨
지도성	○ 기존에 대부분의 교사들이 교실에서 보인 지도성은 교환적, 거래적 지도성임 ○ 단순히 보상을 주고 원하는 결과를 얻기보다 학생들의 잠재력을 일깨워 보다 훌륭한 사람으로 향상시키는 지도성이 필요하다고 판단함

─────(배 점)─────

- 논술의 내용 [총 15점]
  - '교육과정 개선 방안'을 고려할 때 전통적 행동 목표 외에 고려해야 할 것 2가지, 교육적 감식안 및 교육 비평에 대한 설명 [4점]
  - 수행평가를 확대해 실시할 경우 기대할 수 있는 교육적 효과 2가지, 타당도와 신뢰도 측면에서 유의사항 각각 1가지 [4점]
  - 부호화의 개념 설명, 부호화의 하위 전략인 정교화와 조직화를 수업에서 활용하는 예시 각각 1가지 [3점]
  - '지도성 개선 방안'에서 추구하는 지도성에서 지도자의 특징 4가지 [4점]
- 논술의 구성 및 표현 [총 5점]
  - 논술의 내용과 '학교 수업 개선'의 연계 및 논리적 형식 [3점]
  - 표현의 적절성 [2점]

연습문제 5

| 중등학교교사 임용후보자 선정경쟁시험 |

교육학

다음은 A 중학교 교사인 황 교사와 전 교사의 대화다. 대화 내용을 바탕으로 '구성원의 참여를 중시하는 학교 교육'이라는 주제로 교육과정, 동기이론, 의사결정, 교수학습 이론을 구성요소로 하여 서론, 본론, 결론을 갖추어 논하시오. [20점]

황 교사: 저는 요즘 더 많은 학생들이 적극적으로 참여하는 수업을 설계하는 것에 고민이 많아요. 학생들 이야기를 들어 보니 어떨 때는 초등학교에서 배운 것과 비슷해서 집중이 안 되기도 하고, 또 어떨 때는 안 배웠거나 기억이 안 나는 내용을 안다는 전제하에 수업을 해서 포기하고 딴 생각을 하게 된다고 하더군요.

전 교사: 맞아요. 그래서 저도 전에 배운 내용과 이후에 배울 내용이 잘 맞물리게 수업 내용을 조직하는 것이 중요하다고 느껴요. 그리고 설명식 위주의 수업보다 학생들이 직접 탐구하고 발견하는 방식의 수업을 하면 학생들의 집중도가 높아질 겁니다.

황 교사: 그렇군요. 곧 문법 단원을 들어가는데 탐구학습으로 설계를 해 봐야겠어요. 최근에 효과가 있었던 또 다른 방법은 학생들에게 결정권을 주는 것이었어요. 저번에 세 번의 퀴즈를 풀고 그중 본인이 선택한 하나는 제외할 수 있게 하니 대체로 동기가 올라가더라고요.

전 교사: 정말 좋은 방법이네요. 저도 적용해 볼게요. 교장 선생님도 요즘 선생님들께 의견을 자주 물어보시고 의사결정에 적극적으로 참여하기를 독려하시는 것 같았어요. 선생님들이 학교 일에 직접 관련이 되기도 하고 전문적 지식도 갖추셔서 더 그렇겠지요?

황 교사: 맞아요. 저도 느꼈답니다. 참, 전 선생님은 수업 진행을 어떻게 하시나요? 제가 저번 수업 때 학습을 준비하는 단계에서 학생들에게 이전에 배운 내용을 회상하도록 한 후에 학습 내용을 제시하기 시작했는데 학생들이 갈피를 못 잡는 것 같아 보였어요. 혹시 학습 준비 단계에서 무엇이 빠진 걸까요?

배 점

- **논술의 내용 [총 15점]**
  - 전 교사가 언급하는 교육과정의 명칭, 특징 1가지, 교육적 효과 2가지 [4점]
  - 황 교사가 언급하는 동기이론 명칭, 이 이론에서 동기를 증진시키기 위해 교사가 조성해야 할 교육적 환경, 자율성 욕구 증진 방안 2가지 [4점]
  - 브리지스의 참여적 의사결정 모형에서 구성원의 참여 여부를 결정하는 기준, 그 기준을 판단하는 요소 2가지, A 중학교 교장의 역할 [4점]
  - 가네의 교수학습 이론에 근거해 황 교사의 수업에서 학습 준비 단계에 빠진 활동 2가지, 학습 준비 단계에서 선수학습 회상 자극이 필요한 이유 [3점]

- **논술의 구성 및 표현 [총 5점]**
  - 논술의 내용과 '구성원의 참여를 중시하는 학교 교육'의 연계 및 논리적 형식 [3점]
  - 표현의 적절성 [2점]

연습문제 6

| 중등학교교사 임용후보자 선정경쟁시험 |

교육학

다음은 A 중학교의 학교 발전을 위한 토의에서 교사들의 분임 토의 결과를 교감이 발표한 내용이다. 이 내용을 바탕으로 '구성원이 만족하는 학교'라는 주제로 교육과정 개발, 교수-학습, 학생 동기, 교사 동기를 구성요소로 하여 서론, 본론, 결론을 갖추어 논하시오. [20점]

이번 토의는 한 해 동안 우리 학교 교육을 되돌아보며 보완할 것을 확인하고, 개선 방안을 고민하는 방식으로 진행되었습니다. 주요 내용을 정리하면 다음과 같습니다.

먼저 교육과정 개발과 관련해 기존의 방식이 결정에 있어 학교 구성원인 교사, 학생, 학부모, 지역 공동체가 참여하지 못해 아쉽다는 의견이 있었습니다. 우리는 오늘날 중앙 집중적인 통제가 점차 쇠퇴하는 추세를 경험하고 있습니다. 교육과정 개발에서도 이러한 흐름이 던지는 시사점을 놓치지 말아야 할 것입니다. 학교는 학교를 둘러싼 환경과 적극적으로 상호작용해야 하는 사회 기관입니다. 학생을 위한 교육과정은 학교가 가장 잘 설계할 수 있을 것입니다.

다음으로 수업과 관련하여 나온 내용입니다. 많은 학생들이 새로운 학습과제를 맹목적으로 단지 암기하려 하고 선행지식과 관련시키지 않아 기계적인 학습이 일어난다는 점을 언급해 주셨습니다. 학생들이 학습과제를 자신이 알고 있는 것에 결부시켜 의미 있게 그것을 기억하려 할 때에 의미 있는 학습이 일어날 것임을 교사인 우리가 먼저 기억하고 이 부분에 좀 더 초점을 맞춰 수업을 해야겠습니다.

세 번째 역시 수업 중 학생들의 모습을 보고 말해주신 내용입니다. 학생들의 학습동기를 높이는 것이 중요합니다. 우리 학교의 경우 많은 학생들이 자신은 할 수 없다고 부정적으로 생각하여 동기가 저하된 상태임을 확인했습니다. 이 점을 감안하여 학생들 동기 증진에 힘써야 할 것입니다.

마지막으로는 교장 선생님의 말씀을 전합니다. 관리자로서 선생님들 동기를 높이는 것도 중요시했습니다만, 지금까지는 주로 직무만족을 높이기보다 직무 불만족을 주지 않기 위해 노력했던 것 같습니다. 예를 들어 화장실을 개선하는 것이요. 그러나 선생님들 이야기를 듣고 우리 선생님들은 직무 자체에 만족을 느끼시길 원함을 깨달았습니다. 내년부터는 좀 더 직무에 만족을 느끼실 수 있도록 선생님들을 지원하는 데 초점을 맞추고자 합니다.

배 점

- 논술의 내용 [총 15점]
  - 스킬벡의 학교중심 교육과정 개발의 의의를 학교 측면과 교사 측면에서 각각 1가지, 중앙 집중적 교육과정과의 관계 [3점]
  - 기계적 학습과 대치되는 학습의 명칭, 이 학습이 이루어지기 위해 교사가 할 일 3가지 [4점]
  - A 중학교에서 학생 동기를 증진하기 위해 참고할 반두라의 동기 개념 명칭, 개념에 대한 설명, 이것이 학업성취와 관련해 가지는 교육적 의미 [4점]
  - 동기위생이론 관점에 근거해 A 중학교 관리자가 기존에 중요하게 생각한 요인 명칭, 수행했던 역할, 이 학교 교사들의 특성 2가지 [4점]
- 논술의 구성 및 표현 [총 5점]
  - 논술의 내용과 '구성원이 만족하는 학교'의 연계 및 논리적 형식 [3점]
  - 표현의 적절성 [2점]

연습문제 7

| 중등학교교사 임용후보자 선정경쟁시험 |

교육학

다음은 A 중학교에 재직하고 있는 두 교사가 나눈 대화의 일부다. 대화의 내용은 수업, 교사 지도성, 학교 교육의 역할, 교육평등관에 관한 것이다. 대화의 내용을 활용하여 '학생의 요구에 반응하는 교육'이라는 주제로 서론, 본론, 결론을 갖추어 논하시오. [20점]

김 교사: 선생님, 요즘 수업 어떻게 하고 계세요? 저는 학생들이 실생활과 동떨어진 지식만을 배우는 것을 지양하고 싶습니다. 그래서 실제적인 상황 맥락 속에서 지식이 적용되고 활용되는 방식을 학생들이 직접 경험하고 능동적으로 참여하며 지식을 형성해가는 수업을 하려고 노력하는데 쉽지가 않습니다.

박 교사: 그렇습니다. 기존의 전통적인 방식으로 수업을 하는 것은 익숙하고 편하죠. 하지만 교육의 패러다임이 변화했다는 것을 인식하고 그에 맞는 수업을 하는 것은 많은 노력이 듭니다.

김 교사: 그렇습니다. 학급 운영의 관점도 변화가 필요할 것 같습니다. 저는 학생들의 자율성과 재량권을 최대한 살리는 지도성을 발휘하려고 합니다. 학급의 주인은 학생들이고, 학생들의 잠재능력을 일깨워 스스로 능동적으로 학급 활동을 하는 것이 미래 사회를 살아갈 학생들에게 도움이 된다고 생각하기 때문이에요.

박 교사: 좋은 생각입니다.

김 교사: 그리고 요즘 같은 시대에 학교 교육의 역할에 대해서도 많은 고민을 하고 있습니다. 선생님의 생각은 어떠신가요?

박 교사: 저는 학교 교육이 평등한 사회를 만드는 데에 상당 부분 기여할 것이라고 봅니다. 학교는 모든 학생들에게 균등한 교육기회를 제공하고, 학생들이 각자 자신의 능력을 발휘해서 그 능력에 맞게 사회적 이동을 할 수도 있죠. '계층 사다리'나 '개천에서 용 난다'는 말도 있잖아요.

김 교사: 그렇다면 학기 중과 방학기간에 경제적 상위계층과 하위계층 학생들의 성적이 어떻게 달라질 것이라고 보시나요?

박 교사: _____(A)_____.

김 교사: 그렇군요. 그렇다면 교육평등의 관점에서 방학기간이나 요즘과 같이 학교에 나와서 수업을 들을 수 없는 시기에 경제적으로 취약한 학생들이나 학업성취도가 낮은 학생들에게 특수한 교육적 조치를 취하는 것이 필요하지 않을까요?

박 교사: _____(B)_____.

배 점

- **논술의 내용 [총 15점]**
  - 김 교사가 하고자 하는 수업이 근거하고 있는 이론의 명칭, 이 수업에 대해 박 교사가 언급한 교육 패러다임의 지식 구성 관점, 이 수업의 효과성을 높이기 위해 유의할 점 2가지 [4점]
  - 김 교사가 발휘하고자 하는 2가지 지도성의 개념과 각 지도성의 장점 [4점]
  - 학교 교육의 역할에 대한 박 교사의 입장에 해당하는 교육사회학 관점의 개념, 이 관점에서 이어지는 김 교사의 질문에 대한 박 교사의 답변(A)에 들어갈 내용 [4점]
  - 김 교사의 마지막 질문이 근거하고 있는 교육평등관의 개념, 김 교사의 마지막 질문에 대한 박 교사의 답변(B)에 들어갈 내용 [3점]
- **논술의 구성 및 표현 [총 5점]**
  - 논술의 내용과 '학생의 요구에 반응하는 교육'의 연계 및 논리적 형식 [3점]
  - 표현의 적절성 [2점]

연습문제 8

| 중등학교교사 임용후보자 선정경쟁시험 |

교육학

다음은 A 중학교에 재직하고 있는 김 교사가 작성한 성찰록의 일부다. 이 내용을 읽고 '학생의 꿈과 끼를 살리는 교육'이라는 주제로 교수학습, 평가, 교육철학, 교육과정을 구성요소로 하여 서론, 본론, 결론을 갖추어 논하시오. [20점]

#1 2015 개정 교육과정에서는 다양한 핵심역량을 제시하고 있어. 특별히 심미적 감성 역량, 의사소통 역량, 공동체 역량을 학생들에게 길러 주기 위해서 어떤 수업 방법을 활용하는 게 좋을까? 학생 개개인의 기여도를 고려하면서도 학급 전체의 공동체 역량을 해치지 않는 방식이면 좋을 것 같은데…….

#2 수업 방식이 달라지면 자연스럽게 평가의 방식에도 변화가 필요하겠지. 학생들이 학습 과정에 집중하면서 평가의 과정을 통해 좀 더 발전할 수 있는 평가 방식을 사용해야겠어. 수업 진행 중에 이루어지는 평가와 학생의 수행 과정을 전체적으로 볼 수 있는 평가 방법이 좋겠다.

#3 학생들이 스스로 자유를 가지고 선택할 수 있는 학교 환경을 마련해 주면 좋겠어. 학생의 인생은 학교나 교사가 결정해 줄 수 없으니까 스스로 가치를 창조할 수 있는 인간이 되어야 하겠지. 학생들이 스스로 자신의 세계를 선택하고 자신이 선택한 세계를 책임질 수 있도록 하는 것이 필요할 것 같아.

#4 기존의 교육과정은 학생들이 습득해야 할 학습량이 너무 많아서 배움을 즐기는 교육이 이루어지지 않았다는 지적이 있어. 새로운 교육과정에서는 각 교과의 핵심 개념과 핵심 원리를 중심으로 학습량을 적정화하도록 했네. 학습량이 줄어들면 학습경험의 질을 개선하여 미래 사회를 대비하는 교육을 할 수 있겠다.

― 배 점 ―

- 논술의 내용 [총 15점]
  - #1과 관련하여 김 교사가 하고자 하는 수업 방법의 구체적인 명칭과 개념, 이 수업의 과제 선정 방식과 보상 방식에서의 특징(장점) 각 1가지 [4점]
  - #2와 관련하여 김 교사가 활용할 수 있는 2가지 평가 유형의 명칭과 개념, #1의 수업에서 그 평가 유형을 활용하는 방안 각 1가지 [4점]
  - #3과 관련하여 김 교사가 기반하고 있는 교육철학 사상의 명칭과 개념, 그 교육사상에 근거할 때 김 교사의 교육목적과 교육방법에서의 교사의 역할 [4점]
  - #4와 관련하여 '새로운 교육과정'의 개념, 그 이론에 근거하여 김 교사가 교육과정을 재구성할 때 유의할 점 2가지 [3점]
- 논술의 구성 및 표현 [총 5점]
  - 논술의 내용과 '학생의 꿈과 끼를 살리는 교육'의 연계 및 논리적 형식 [3점]
  - 표현의 적절성 [2점]

연습문제 9

| 중등학교교사 임용후보자 선정경쟁시험 |

교육학

○○중학교에서는 최근 학교 문화 개선을 위해 '누구도 소외되지 않는 학교'라는 주제로 교사협의회를 개최하였다. 다음은 여기에서 발언한 교사들의 의견을 정리한 것이다. 이를 바탕으로 교육사, 교육사회학적 배경과 수업, 교육심리, 교육행정에 관해 서론, 본론, 결론을 갖추어 논하시오. [20점]

구분	의견
A 교사	조선 시대에는 서당이 현대의 초등학교, 중학교와 비슷한 역할을 했지요. 서당에서는 계절을 고려하여 교과목을 운영하였고, 학습자의 특성을 고려한 수업도 하였습니다. 우리학교에서도 학생 개개인의 적성을 고려하여 그에 맞게 다양한 수업 처치가 이루어져야 할 필요성이 있습니다.
B 교사	같은 1학년이더라도 1반은 놀 때 놀고 공부할 때는 공부를 열심히 하는 반면, 7반은 정말 종잡을 수가 없다고 느껴집니다. 다른 반은 다들 협동학습 모둠을 중심으로 프로젝트 수업을 진행하면 수업 분위기도 좋고 학생들의 수업 참여도도 높아지는 것 같은데 7반은 그렇지가 않고 모둠 활동을 지루해하고 진도를 빨리 나가면 안 되냐고 합니다. 7반에서는 어떤 수업을 해야 할지 모르겠어요.
C 교사	학생들을 둘러싼 환경을 일련의 생태학적 체계로 구조화해서 바라볼 수 있습니다. 환경이 학생의 발달에 영향을 주기 때문에 다양한 요소들 간의 상호작용을 고려해야 합니다. 특별히 최근 불거지는 학교 폭력 문제와 관련해서 학생과 직접 상호작용하는 환경 요소, 그리고 그 요소들 간의 상호작용을 면밀히 살펴볼 필요가 있습니다.
D 교사	학교 조직은 관료제적 성격과 전문적 성격이 공존하는 이중 조직의 특성을 가지고 있습니다. 이러한 특성 때문에 학교 조직은 구성원 전체가 조직의 목표를 공유할 필요가 있습니다. 또한 전통적인 탑다운 방식의 리더십보다는 교사 개개인의 자율성과 전문성을 존중하는 조직 문화를 만들어 가면 좋겠습니다. 우리학교는 모든 선생님들께서 실력도 좋으시고, 서로 관계도 좋으시니 이러한 조직 문화가 더욱 잘 이루어질 수 있을 것입니다.

(배 점)

- **논술의 내용 [총 15점]**
  - A 교사의 의견과 관련한 조선 시대 서당과 현대 학교의 공통점(1점)과 그 교육적 적용 [3점]
  - B 교사의 진술을 설명하는 가장 적합한 교육사회학 이론의 명칭과 개념, B 교사가 7반에서 사용할 수 있는 수업 방식과 그 이유 [4점]
  - 브론펜브레너(Bronfenbrenner)의 관점에서 C 교사가 중시하는 2가지 생태학적 체계의 명칭과 예시 [4점]
  - D 교장이 추구하는 지도성의 개념, 호이와 미스켈(Hoy & Miskel)의 관점에서 D 교장이 지향하는 조직풍토 유형의 특성, 앞의 지도성과 조직풍토가 각각 교사의 직무만족에 미치는 영향 [4점]
- **논술의 구성 및 표현 [총 5점]**
  - 논술의 내용과 '누구도 소외되지 않는 학교'의 연계 및 논리적 형식 [3점]
  - 표현의 적절성 [2점]

연습문제 10

| 중등학교교사 임용후보자 선정경쟁시험 |

교육학

다음은 A 중학교에 재직 중인 김 교사가 작성한 자기개발계획서의 일부다. 이 내용을 읽고 '미래 사회에서 교사가 갖추어야 할 역량'이라는 주제로 수업 설계, 동기 유발, 교육과정, 교사의 태도를 구성요소로 하여 서론, 본론, 결론을 갖추어 논하시오. [20점]

개선 영역	개선 사항
수업 설계	○ 수업을 체계적이고 조직적으로 계획하고 전개하기에 용이할 것 ○ 학업성취 정도를 평가하는 데에 기준으로 사용할 수 있을 것 ○ 학생들의 학습 결손을 발견하고 처치하는 데에 도움이 될 것
동기 유발	○ 과제를 성공적으로 수행하고자 하는 학습자의 욕구를 자극할 것 ○ 도전적인 과제를 달성하는 과정에서 만족을 얻으려는 내적 의욕이 동기가 됨 ○ 성공 또는 실패의 상황에서 그에 따른 학습자의 개인적 동기 특성에 맞는 동기 유발 전략을 사용해야 함
교육과정	○ 객관적이고 보편적인 지식을 효율적으로 전달하는 데에만 관심을 가진 교육과정의 전통주의적 접근에서 벗어나야 함 ○ 지식은 사회적 구성물이라는 관점에서 교육과정의 재정립 필요
교사의 태도	○ 교사의 태도가 학생에게 미치는 영향에 대해 인식해야 함 ○ 교사 자신에 대한 태도와 학생에 대한 태도로 구분해볼 것 ○ 정의적 영역뿐 아니라 실제 수업에도 영향을 미친다는 것을 인식

─── 배 점 ───

- **논술의 내용 [총 15점]**
  - '수업 설계'에서 설명하는 개념의 학생 측면에서의 장점 2가지, 교사 측면에서 유의할 점 2가지 [4점]
  - '동기 유발'에서 김 교사가 사용하고자 하는 2가지 학습동기 유형의 개념, '학습자의 개인적 특성에 맞는 동기 유발 전략'을 사용하는 방안 2가지 [4점]
  - 교육과정 연구 접근을 파이나(Pinar)의 관점에서 설명할 때 커리큘럼을 대체할 수 있는 개념, 그 개념에 따른 교육경험의 분석 방법과 구체적 적용 단계 [3점]
  - '교사의 태도'와 관련하여 교사 효능감과 교사 기대효과의 개념, 각각이 학생의 학업성취와 맺는 관계 [4점]

- **논술의 구성 및 표현 [총 5점]**
  - 논술의 내용과 '미래 사회에서 교사가 갖추어야 할 역량'의 연계 및 논리적 형식 [3점]
  - 표현의 적절성 [2점]

기출문제 1

| 2022학년도 중등학교교사 임용후보자 선정경쟁시험 |

교육학

다음은 ○○ 중학교에서 학교 자체 특강을 실시한 교사가 교내 동료 교사와 나눈 대화의 일부이다. 이 내용을 읽고 '학교 내 교사 간 활발한 정보 공유를 통한 교육의 내실화'라는 주제로 교육과정, 교육평가, 교수전략, 교원연수에 대한 내용을 구성 요소로 하여 서론, 본론, 결론을 갖추어 논하시오. [20점]

김 교사: 송 선생님, 제 특강에 관심을 가져 주셔서 감사합니다. 선생님은 올해 우리 학교에 발령받아 오셨으니 도움이 필요하시면 말씀하세요.

송 교사: 정말 감사합니다. 그동안은 교과 간 통합에 주로 관심을 가져왔는데, 김 선생님의 특강을 들어 보니 이전 학습 내용과 다음 학습 내용이 자연스럽게 연결되어야 한다는 수직적 연계성도 중요한 것 같더군요. 그래서 이번 학기에는 교과 내 단원의 범위와 계열을 조정할 계획입니다. 선생님께서는 교육과정을 어떻게 재구성하시는지 함께 이야기할 수 있을까요?

김 교사: 그럼요. 제가 교육과정 재구성한 것을 보내 드릴 테니 보시고 다음에 이야기해요. 그런데 교육 활동에서는 학생에 대한 이해가 중요하잖아요. 학기 초에 진단은 어떤 방식으로 하려고 하시나요?

송 교사: 이번 학기에는 선생님께서 특강에서 말씀하신 총평(assessment)의 관점에서 진단을 해 보려 합니다.

김 교사: 좋은 생각입니다. 그리고 우리 학교에서는 평가 결과로 학생 간 비교를 하지 않으니 학기 말 평가에서는 다양한 기준을 활용해 평가 결과를 해석해 보실 것을 제안합니다.

송 교사: 네, 알겠습니다. 이제 교실 수업에서 사용할 교수전략을 개발해야 하는데 딕과 캐리(W. Dick & L. Carey)의 체제적 교수설계모형을 적용하려고 해요. 이 모형의 교수전략개발 단계에서 개발해야 할 교수전략이 무엇인지 생각 중이에요.

김 교사: 네, 좋은 전략을 찾으시면 제게도 알려 주세요. 그런데 우리 학교는 온라인 수업을 해야 될 상황이 생길 수도 있어요. 제가 온라인 수업을 해 보니 일부 학생들이 고립감을 느끼더군요. 선생님들이 온라인 수업을 하는 데 필요한 정보를 공유하는 학교 게시판이 있어요. 거기에 학생의 고립감을 해소하는 데 효과를 본 테크놀로지 기반의 교수·학습 활동을 정리해 올려 두었어요.

송 교사: 네, 온라인 수업을 하게 되면 활용할게요. 선생님 덕분에 좋은 정보를 많이 얻을 수 있어 좋네요. 선생님들 간 활발한 정보 공유의 기회가 더 많아지길 바랍니다.

김 교사: 네. 앞으로는 정보 공유뿐만 아니라 교사들 간 실질적인 협력도 있었으면 해요. 이를 위해 학교 중심 연수가 활성화되면 좋겠어요.

(배 점)

- 논술의 내용 [총 15점]
  - 송 교사가 언급한 교육과정의 수직적 연계성이 학습자 측면에서 갖는 의의 2가지, 송 교사가 계획하는 교육과정 재구성의 구체적인 방법 2가지 [4점]
  - 송 교사가 총평의 관점에서 학생을 진단할 수 있는 실행 방안 2가지 제시, 송 교사가 활용할 수 있는 평가 결과의 해석 기준 2가지를 각각 그 이유와 함께 제시 [4점]
  - 송 교사가 교실 수업을 위해 개발해야 할 교수전략 2가지 제시, 송 교사가 온라인 수업에서 학생의 고립감 해소를 위해 활용할 수 있는 구체적인 교수·학습 활동 2가지를 각각 그에 적합한 테크놀로지와 함께 제시 [4점]
  - 김 교사가 언급한 학교 중심 연수의 종류 1가지, 학교 중심 연수를 활성화하기 위해 학교 차원에서 지원할 수 있는 구체적인 방안 2가지 [3점]
- 논술의 구성 및 표현 [총 5점]
  - 논술의 내용과 '학교 내 교사 간 활발한 정보 공유를 통한 교육의 내실화'의 연계 및 논리적 형식 [3점]
  - 표현의 적절성 [2점]

기출문제 2

| 2021학년도 중등학교교사 임용후보자 선정경쟁시험 |

교육학

다음은 ○○ 고등학교에 재직하고 있는 김 교사가 대학 시절 친구 최 교사에게 쓴 이메일의 일부이다. 이 내용을 읽고 '학생의 선택과 결정의 기회를 확대하는 교육'이라는 주제로 교육과정, 교육평가, 수업설계, 학교의 의사결정을 구성요소로 하여 서론, 본론, 결론을 갖추어 논하시오. [20점]

보고 싶은 친구에게

… (중략) …

학생의 선택과 결정의 기회를 확대하기 위해 우리 학교가 학교 운영 계획을 전체적으로 다시 세우고 있어. 그 과정에서 나는 교육과정 운영, 교육평가 방안, 온라인 수업설계 등을 고민했고 교사 협의회에도 참여했어.

그동안의 교육과정 운영을 되돌아보니 운영에 대한 나의 관점이 달라진 것 같아. 교직 생활 초기에는 국가 교육과정의 내용을 있는 그대로 실행하는 관점으로 교육과정을 운영해 왔어. 그런데 최근 내가 새롭게 관심을 가지게 된 관점은 교육과정을 교사와 학생이 함께 생성하는 교육적 경험으로 보는 거야. 이 관점으로 교육과정을 운영하는 방안을 찾아봐야겠어.

오늘 읽은 교육평가 방안 보고서에는 학생이 주체가 되는 평가가 학습에 도움이 된다는 내용이 담겨 있었어. 내가 지향해야 할 평가의 방향으로는 적절한데 그 내용이 구체적이지는 않더라. 학생이 스스로 자신을 평가하게 하면 어떠한 효과를 거둘 수 있을지, 그리고 내가 수업에서 이러한 평가를 어떻게 실행할 수 있을지 더 자세히 알아봐야겠어.

… (중략) …

요즘 온라인 수업을 하게 되었어. 학기 초에 학생의 일반적인 특성과 상황은 조사를 했는데 온라인 수업과 관련된 학생의 특성과 학습 환경에 대해서도 추가로 파악해야겠어. 그리고 학생이 자신만의 학습 목표를 설정하고 학습의 주체가 되는 수업을 어떻게 온라인에서 지원할 수 있을지 고민하다가, 학습 과정 중에 나와 학생뿐만 아니라 학생들 간에도 소통이 이루어지도록 토론 게시판을 활용하려고 해. 교사 협의회에서는 학교 운영에 학생들의 요구를 반영하는 방안에 대해 논의했어. 다양한 의사결정 방식들이 제안되었는데 그중 A 안은 문제를 확인한 후에 목적과 세부 목표를 설정하고, 가능한 대안들을 모두 탐색하고, 각 대안에 따른 결과를 예측하고 비교해서 최적의 방안을 찾는 방식이었어. B 안은 현실적인 소수의 대안을 검토하고 부분적으로 수정해서 현재의 문제 상황을 조금씩 개선해 나가는 방식이었어. 많은 논의를 거친 끝에 B 안으로 결정했어. 나는 B 안에 따른 구체적인 방안을 다음 협의회 때 제안하기로 했어.

… (하략) …

⟨ 배점 ⟩

- 논술의 내용 [총 15점]
  - 교육과정 운영 관점을 스나이더 외(J. Snyder, F. Bolin, & K. Zumwalt)의 분류에 따라 설명할 때, 김 교사가 언급한 자신의 기존 관점의 장점과 단점 각각 1가지, 새롭게 관심을 가지게 된 관점에 적합한 교육과정 운영 방안 2가지 [4점]
  - 김 교사가 적용하고자 하는 평가 방식이 학생에게 줄 수 있는 교육적 효과 2가지, 이 평가를 수업에서 실행하는 방안 2가지 [4점]
  - 김 교사가 온라인 수업을 위해 추가로 파악하고자 하는 학생 특성과 학습 환경의 구체적인 예 각각 1가지, 김 교사가 하고자 하는 수업에서 토론 게시판을 활용하여 학생을 지원할 수 있는 구체적인 방안 2가지 [4점]
  - A 안과 B 안에 해당하는 의사결정 모형의 난점 각각 1가지, 김 교사가 B 안에 따라 학생들의 요구를 반영하기 위해 제안될 수 있는 구체적인 방안 1가지 [3점]

- 논술의 구성 및 표현 [총 5점]
  - 논술의 내용과 '학생의 선택과 결정의 기회를 확대하는 교육'의 연계 및 논리적 형식 [3점]
  - 표현의 적절성 [2점]

기출문제 3

| 2020학년도 중등학교교사 임용후보자 선정경쟁시험 |

교육학

오늘날과 같은 초연결 사회에서는 다수의 사람이 소통하면서 협력하는 것이 중요하다. 이러한 시대적 추이를 반영하여 ○○고등학교에서는 토의식 수업 활성화를 위한 교사협의회를 개최하였다. 다음은 여기에서 제안된 주요 의견을 정리한 것이다. 그 내용은 지식관, 교육내용, 수업설계, 학교문화의 변화 방향에 관한 것이다. 이를 바탕으로 '토의식 수업 활성화 방안'이라는 주제로 서론, 본론, 결론을 갖추어 논하시오. [20점]

구분	주요의견
A 교사	○ 토의식 수업을 활성화하려면 먼저 지식을 보는 관점의 변화가 필요함 ○ 교과서에 주어진 지식이 진리라는 생각이나, 지식은 개인이 혼자 만드는 것이라는 생각에서 벗어나는 것이 중요하며, 이와 관련하여 비고츠키(L. Vygotsky)의 지식론이 많은 시사점을 줄 수 있음 ○ 이 지식론의 관점에서 보면, 교사와 학생의 역할도 기존의 강의식 수업에서의 역할과는 달라질 필요가 있음
B 교사	○ 교육과정 분야에서는 교육내용의 선정과 조직방식에 대한 교사의 전문성이 강화될 필요가 있음 ○ 교육내용 선정과 관련해서는 '영 교육과정'에 관심을 가지는 것이 도움이 됨 ○ 교육내용 조직과 관련해서는 생활에 필요한 문제를 토의의 중심부에 놓고 여러 교과를 주변부에 결합하는 방식을 활용할 필요가 있음
C 교사	○ 토의식 수업이 활발하게 이루어지기 위해서는 수업방법과 학습도구도 달라져야 함 ○ 수업방법 측면에서는 학생이 함께 다양한 관점에서 문제를 탐색하며 해답을 찾아가는 데 있어서 정착수업(Anchored Instruction)을 활용할 수 있음 ○ 학습도구 측면에서는 학생이 상호 협력하여 지식을 생성하기 위해 인터넷에서 수집한 정보를 공유하고, 공동으로 수정, 추가, 편집하는 데 위키(Wiki)를 이용할 수 있음(예 : 위키피디아 등) - 단, 위키를 활용할 때 발생할 수 있는 문제점에 유의해야 함
D 교사	○ 학교문화 개선은 토의식 수업 활성화를 위한 토대가 됨 ○ 우리 학교의 경우, 교사가 학생의 명문대학 합격이라는 목표 달성에 필요한 수단으로 간주되는 학교문화가 형성되어 있어 우려스러움 ○ 이런 학교문화에서는 활발한 토의식 수업을 기대하기 어려움

─(배점)─

- **논술의 내용 [총 15점]**
  - A 교사가 언급한 비고츠키 지식론의 명칭, 이 지식론에서 보는 지식의 성격 1가지와 교사와 학생의 역할 각각 1가지 [4점]
  - B 교사가 말한 '영 교육과정'이 교육내용 선정에 주는 시사점 1가지, B 교사가 말한 교육내용 조직방식의 명칭과 이 조직방식이 토의식 수업에서 가지는 장점과 단점 각각 1가지 [4점]
  - C 교사의 의견에서 제시된 토의식 수업을 설계할 때 활용할 수 있는 정착수업의 원리 2가지, 위키를 활용할 때 발생할 수 있는 문제점 2가지 [4점]
  - 스타인호프와 오웬스(C. Steinhoff & R. Owens)가 분류한 학교문화 유형에 따를 때 D 교사가 우려하는 학교문화 유형의 명칭과 학교 차원에서 그러한 학교문화를 개선하는 방안 2가지 [3점]

- **논술의 구성 및 표현 [총 5점]**
  - 논술의 내용과 '토의식 수업 활성화 방안'의 연계 및 논리적 형식 [3점]
  - 표현의 적절성 [2점]

기출문제 4

| 2019학년도 중등학교교사 임용후보자 선정경쟁시험 |

교육학

다음은 ○○중학교 김 교사가 모둠활동 수업 후 성찰한 내용을 기록한 메모이다. 김 교사의 메모를 읽고 '수업 개선을 위한 교사의 반성적 실천'이라는 주제로 학습자에 대한 이해, 교육과정의 편성과 운영, 평가도구의 제작, 교사의 지도성에 대한 내용을 구성 요소로 하여 논하시오. [20점]

#1 평소에 A 학생은 언어 능력이 뛰어나고 B 학생은 수리 능력이 우수하다고만 생각했는데, 오늘 모둠활동에서 보니 다른 학생을 이해하고 도와주면서 상호작용을 잘 하는 두 학생의 모습이 비슷했어. 이 학생들의 특성을 잘 살려서 모둠을 이끌도록 하면 앞으로 도움이 될 거야. 그런데 C 학생은 모둠활동에 참여하는 것을 좋아하지 않았지만 자신의 감정과 장단점을 잘 이해하는 편이야. C 학생을 위해서는 자신의 강점을 살릴 수 있는 개별 과제를 먼저 생각해 보자.

#2 모둠활동에 적극적으로 참여하지 못한 학생들이 몇 명 있었지. 이 학생들은 제대로 된 학습경험을 갖지 못한 것이 아닐까? 자신의 학습경험에 대하여 어떻게 느꼈을까? 어쨌든 모둠활동에 관해서는 좀 더 깊이 고민해 봐야겠어. 생각하지 못했던 결과가 이 학생들에게 나타날 수도 있고…….

#3 모둠을 구성할 때 태도나 성격 같은 정의적 요소도 반영해야겠어. 진술문을 몇 개 만들어 설문으로 간단히 평가하고 신뢰도는 직접 점검해 보자. 학생들이 각 진술문에 대한 반응을 등급으로 선택하면 그 등급 점수를 합산할 수 있게 해 주는 척도법을 써야지. 설문 문항으로 쓸 진술문을 만들 때 이 척도법의 유의점은 꼭 지키자. 그리고 평가를 한 번만 실시해서 신뢰도를 추정해야 할 텐데 반분검사신뢰도는 단점이 크니 다른 방법으로 신뢰도를 확인해 보자.

#4 더 나은 수업을 위해서 새로운 지도성이 필요하겠어. 내 윤리적·도덕적 기준을 높이고 새로운 방식으로 학생들을 대하자. 학생들의 혁신적·창의적 사고에 자극제가 될 수 있을 거야. 학생들을 적극 참여시켜 동기와 자신감을 높이고 학생 개개인의 욕구에 특별한 관심을 가지며 잠재력을 계발시켜야지 독서가 이 지도성의 개인적 신장 방안이 될 수 있겠지만, 동료교사와 함께 하는 방법도 찾아보면 좋겠어.

─(배 점)─

- 논술의 내용 [총 15점]
  - #1과 관련하여 가드너(H. Gardner)의 다중지능이론 관점에서 A, B 학생의 공통적 강점으로 파악된 지능의 명칭과 개념, 김 교사가 C 학생에게 제공할 수 있는 개별 과제와 그 과제가 적절한 이유 각 1가지 [4점]
  - #2와 관련하여 타일러(R. Tyler)의 학습경험 선정 원리 중 기회의 원리로 첫째 물음을 설명하고 만족의 원리로 둘째 물음을 설명, 잭슨(P. Jackson)의 잠재적 교육과정의 개념을 쓰고 그 개념에 근거하여 김 교사가 말하는 '생각하지 못했던 결과'의 예 제시 [4점]
  - #3에 언급된 척도법의 명칭과 이 방법을 적용하기 위하여 진술문을 작성할 때 유의할 점 1가지, 김 교사가 사용할 신뢰도 추정 방법 1가지의 명칭과 개념 [4점]
  - #4에 언급된 바스(B. Bass)의 지도성의 명칭, 김 교사가 학교 내에서 동료교사와 함께 이 지도성을 신장할 수 있는 방안 2가지 [3점]
- 논술의 구성 및 표현 [총 5점]
  - 서론, 본론, 결론 형식의 구성 및 주제와의 연계성 [3점]
  - 표현의 적절성 [2점]

기출문제 5

| 2018학년도 중등학교교사 임용후보자 선정경쟁시험 |
교육학

다음은 A 중학교 학생들의 학업 특성 조사 결과에 관해 두 교사가 나눈 대화 중 일부이다. 대화의 내용은 (1) 교육과정, (2) 수업, (3) 평가, (4) 장학에 관한 것이다. (1)~(4)를 활용하여 '학생의 다양한 특성을 고려하는 교육'이라는 주제로 논하시오. [20점]

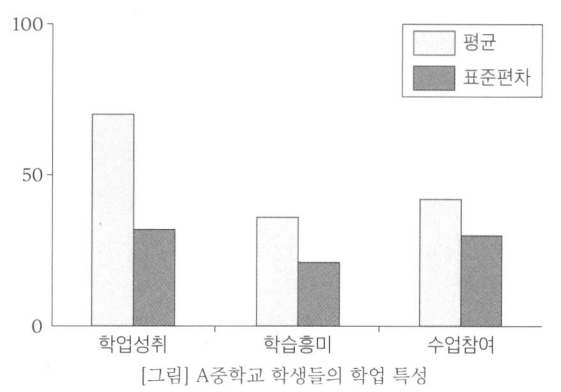

[그림] A중학교 학생들의 학업 특성
(*3가지 변인의 점수는 서로 비교 가능한 것으로 가정함.)

박 교사: 선생님, 우리 학교 학생의 학업 특성을 보면 학습흥미와 수업참여 수준이 전반적으로 낮아요. 그리고 학업성취, 학습흥미, 수업참여의 개인차가 크다는 것이 눈에 띄네요.

김 교사: 학생의 개인별 특성이 그만큼 다양하다는 것을 의미하겠죠. 우리 학교 교육과정도 이를 반영해야 하지 않을까요?

박 교사: 그렇습니다. 그런데 교육과정을 개발하는 과정에서 학생의 개인별 특성을 중시하는 의견과 교과를 중시하는 의견 간에 차이가 있습니다. 이를 조율하기 위해서는 시간이 걸리겠지만 적절한 논쟁을 거쳐 합의에 이르는 심사숙고의 과정이 필요합니다.

김 교사: 네, 그렇다면 학생의 다양한 특성을 반영하기 위한 수업 방법으로 어떤 것이 있을까요?

박 교사: 우리 학교 학생에게는 학습흥미와 수업참여를 높이는 수업이 필요할 것 같아요. 제가 지난번 연구수업에서 문제를 활용한 수업을 했는데, 수업 중에 학생들이 무엇을 해야 하는지 모르는 것 같았어요. 게다가 제가 문제를 잘 구성하지 못했는지 별로 흥미를 보이지 않더라고요. 문제를 활용하는 수업에서는 학생의 역할을 안내하고 좋은 문제를 개발하는 것이 중요하다는 것을 알게 되었어요.

김 교사: 그렇군요. 이처럼 수업이 학생의 다양한 특성을 반영하게 되면 평가의 방향도 달라질 필요가 있습니다. 앞으로의 평가에서는 학생의 능력, 적성, 흥미에 적합한 목표를 설정하고 그에 따라 수업과 평가가 이루어지는 것도 의미가 있어 보입니다.

박 교사: 동의합니다. 그러기 위해서는 평가결과를 해석하고 판단하는 기준도 달라질 필요가 있습니다. 예컨대 학생의 상대적 위치가 어느 정도인지를 판단하기보다는 미리 설정한 학습 목표에 도달했는지 여부를 중시하는 평가유형이 적합해 보입니다.

김 교사: 네, 저도 그렇게 생각합니다. 그리고 말씀하신 유형 외에 능력참조평가와 성장참조평가도 제안할 수 있겠네요.

박 교사: 좋은 생각입니다.

김 교사: 그런데 저 혼자서 학생의 다양한 특성을 고려해서 교육과정을 개발하고 수업을 설계하고 평가하는 것은 힘들어요. 선생님과 저에게 이 문제가 공동 관심사이니, 여러 선생님과 경험을 공유하고 협력해서 피드백을 주고받는 것이 좋겠어요.

(배) (점)

- **논술의 내용 [총 15점]**
  - 박 교사가 제안하는 워커(D. F. Walker)의 교육과정 개발 모형의 명칭, 이 모형을 교육과정 개발에 적용하는 이유 3가지 [4점]
  - 박 교사가 언급하는 PBL(문제중심학습)에서 학습자의 역할 2가지, PBL에 적합한 문제의 특성과 그 특성이 주는 학습 효과 1가지 [4점]
  - 박 교사가 제안하는 평가유형의 명칭과 이 유형에서 개인차에 대한 교육적 해석 1가지, 김 교사가 제안하는 2가지 평가유형의 개념 [4점]
  - 김 교사가 언급하는 교내장학 유형의 명칭과 개념, 그 활성화 방안 2가지 [3점]

- **논술의 구성과 표현 [총 5점]**
  - 논술은 서론, 본론, 결론으로 구성하고 [1점], 주어진 주제와 연계할 것 [2점]
  - 표현이 적절할 것 [2점]

| 2017학년도 중등학교교사 임용후보자 선정경쟁시험 |

교육학

다음은 신문 기사의 일부이다. 이를 바탕으로 '2015 개정 교육과정의 실질적 구현 방안'이라는 주제로 서론, 본론, 결론의 형식을 갖추어 단위 학교 차원에서의 교육기획, 교육과정 내용의 조직, 학생 참여 중심 수업과 그에 따른 평가의 타당도를 논하시오. [20점]

○○신문
2016년 ○○월 ○○

교육부『2015 개정 교육과정』발표 이후, 학교 현장의 준비는?

교육부는 핵심역량을 갖춘 창의융합형 인재 양성을 위한『2015 개정 교육과정』을 발표하였다. 개정 교육과정에 따르면, 학교 교육에서는 인문·사회·과학기술에 대한 기초 소양 함양을 위한 교육과정을 마련하고, 학생 참여 중심의 수업을 진행하며, 배움의 과정을 평가하는 방향으로 나아가야 한다는 것이다. 새 교육과정을 적용하기 위해 노력하고 있는 중·고등학교 현장의 목소리를 들어 보았다.

◆ **교육기획의 중요성 부착**
A 교장은 단위 학교에서 새 교육과정이 체계적으로 운영되도록 돕는 교육기획(educational planning)을 강조하였다.

" 새 교육과정은 교육의 핵심인 교수·학습 활동의 중심을 교사에서 학생으로 이동시키는 근본적인 전환을 강조하고 있습니다. 저는 실질적 의미에서 학생 중심 교육이 우리 학교에 정착할 수 있도록 모든 교육활동에 앞서 철저하게 준비할 생각입니다. "

◆ **학생 참여 중심 수업 운영**
C 교사는 학생 참여 중심의 교수·학습을 준비하기 위해서 교사 연수 프로그램에 참여하고 있다고 말했다.

" 저는 구성주의 학습환경 설계에 관한 연수에 참여하고 있습니다. 문제 중심이나 프로젝트 중심의 학습 활동을 실행하기 위해서는 적합한 학습 지원 도구나 자원을 학생들에게 제공해야 한다는 것을 알게 되었고, 학습 활동 중에 교사가 수행해야 할 역할에 대해서도 이해하게 되었습니다. "

◆ **교육과정 재구성 확대**
개정 교육과정의 취지에 따른 교과 내용 재구성에 대해, B 교사는 다음과 같이 말했다.

" 교사는 내용 조직의 원리를 제대로 파악할 필요가 있습니다. 저는 몇 개의 교과를 결합해 교육과정을 편성·운영해 보려고 합니다. 각 교과의 내용이 구획화되지 않도록 교과 교사들 간 협력을 강화하고자 합니다. 이러한 시도는 교육과정 설계에서 교과 간의 단순한 연계성 이상을 의미합니다. "

◆ **학생 평가의 타당도 확보**
학생 중심 수업에서의 평가와 관련하여 D 교사는 다음과 같이 말했다.

" 학생 참여 중심 수업에서도 평가의 타당도는 여전히 중요합니다. 타당도에는 준거 타당도와 구인 타당도 등이 있습니다. 그러나 저는 이원분류표를 작성해 평가가 교육목표에 부합하는지를 확인하는 방법으로 타당도를 높이는 방안을 고려하고 있습니다. "

〈학교 현장의 목소리〉

배 점

- **논술의 내용 [총 15점]**
  - A 교장이 강조하고 있는 교육기획의 개념과 그 효용성 2가지 제시 [4점]
  - B 교사가 채택하고자 하는 원리 1가지와 그 외 내용 조직의 원리 2가지(연계성 제외) 제시 [4점]
  - C 교사가 실행하려는 구성주의 학습 활동을 위한 학습 지원 도구·자원과 교수 활동 각각 2가지 제시 [4점]
  - D 교사가 고려하고 있는 타당도의 유형과 개념 제시 [3점]

- **논술의 구성 및 표현 [총 5점]**
  - 논술의 내용과 '2015 개정 교육과정의 실질적 구현 방안'의 연계 및 논리적 형식 [3점]
  - 표현의 적절성 [2점]

기출문제 7

2016학년도 중등학교교사 임용후보자 선정경쟁시험

교육학

다음은 A 중학교에 재직 중인 김 교사가 작성한 자기개발계획서의 일부이다. 김 교사의 자기개발계획서를 읽고 예비 교사 입장에서 **'교사가 갖추어야 할 역량'**이라는 주제로 교육과정 및 평가 유형, 학생의 정체성발달, 조직 활동에 대한 내용을 구성 요소로 하여 서론, 본론, 결론의 형식을 갖추어 논하시오. [20점]

<자기개발계획서>

개선 영역	개선 사항
수업 구성	◦ 학생의 경험을 중시하는 교육과정을 실행할 것 ◦ 학생의 흥미, 요구, 능력을 토대로 한 활동을 증진할 것 ◦ 학생이 관심을 가지는 수업 내용을 찾고, 그것을 조직하여 학생이 직접 경험하게 할 것 ◦ 일방적 개념 전달 위주의 수업을 지양할 것
평가 계획	◦ 평가 시점에 따라 적절한 평가 방법을 마련할 것 ◦ 진단평가 이후 교수·학습이 진행되는 중간에 평가를 실시할 것 ◦ 총괄평가 실시 전 학생의 학습 진전 상황에 관한 정보를 수집·분석할 것
진로 지도	◦ 진로를 결정하지 못한 학생의 경우 성급한 진로 선택을 유보하게 할 것 ◦ 학생에게 다양한 진로를 접할 수 있는 충분한 탐색 기회를 제공할 것 ◦ 선배들의 진로 체험담을 들려줌으로써 간접 경험 기회를 제공할 것 ◦ 롤모델의 성공 혹은 실패 사례를 제공할 것
학교 내 조직 활동	◦ 학교 내 공식 조직 안에서 소집단 형태로 운영되는 다양한 조직 활동을 파악할 것 ◦ 학교 구성원들의 욕구 충족을 위한 자발적 모임에 적극 참여할 것 ◦ 활기찬 학교생활을 위해 학습조직 외에도 나와 관심이 같은 동료 교사들과의 모임 활동에 참여할 것

배점

- **논술의 구성 요소 [총 15점]**
  - '수업 구성'에 나타난 교육과정 유형의 장점 및 문제점 각각 2가지 [4점]
  - 김 교사가 실시하려는 평가 유형의 기능과 효과적인 시행 전략 각각 2가지 [4점]
  - 에릭슨(E. Erikson)의 정체성발달이론에 제시된 개념 1가지(2점)와 반두라(A. Bandura)의 사회인지학습이론에 제시된 개념 1가지(1점) [3점]
  - '학교 내 조직 활동'에 나타난 조직 형태가 학교 조직과 구성원에 미치는 순기능 및 역기능 각각 2가지 [4점]

- **논술의 구성 및 표현 [총 5점]**
  - 논술의 구성 요소와 '교사가 갖추어야 할 역량'과의 연계 및 논리적 형식 [3점]
  - 표현의 적절성 [2점]

기출문제 8

2015학년도 상반기 중등학교교사 임용후보자 선정경쟁시험

교육학

다음은 A 고등학교 초임 교사들을 대상으로 진행한 학교장의 특강 내용 중 일부를 발췌한 부분이다. 발췌한 특강 부분은 학교에 대한 이해 차원에서 1) 학교 교육의 기능과 2) 학교 조직의 특징, 수업에 대한 이해 차원에서 3) 수업 설계와 4) 학생 평가에 대한 내용이다. 이를 바탕으로 1)~4)의 요소를 활용하여 '다양한 요구에 직면한 학교 교육에서의 교사의 과제'라는 주제로 서론, 본론, 결론의 형식을 갖춰 논하시오. [20점]

여러분들도 잘 아시겠지만 최근 우리 사회는 학교가 다양한 역할을 수행하도록 요구하고 있습니다. 이에 따라 선생님들께서는 학교 및 수업에 대한 기본적인 이해가 필요하다고 생각합니다.

먼저 교사로서 우리는 학교 교육의 기능을 이해해야 합니다. 지금까지 학교는 학생들이 사회 구성원으로서 올바로 성장할 수 있는 보편적 가치와 규범을 가르쳐 왔습니다. 그러나 최근 사회는 학교 교육에 다양한 요구를 하게 되면서 학교가 세분화된 직업 집단의 교육 요구를 충족시켜 주기를 원하고 있고, 학교 교육의 선발·배치 기능에 다시 주목하고 있습니다. 그러므로 여러분은 학교 교육의 선발·배치 기능을 이해하는 한편, 이것이 어떤 한계를 갖는지도 생각해야 할 것입니다.

이와 함께 학교에 대한 사회의 요구에 효율적으로 대응하기 위해서 학교장을 포함한 모든 학교 구성원들은 서로의 행동 특성을 이해해야 합니다. 이를 위해서 학교 조직의 특징을 먼저 파악해야 합니다. 학교라는 조직을 합리성의 측면에서만 파악하면 분업과 전문성, 권위의 위계, 규정과 규칙, 몰인정성, 경력 지향성의 특징을 갖는 일반적 관료제의 틀로 설명할 수 있습니다. 그러나 교사들의 전문성이 강조되는 교수·학습의 측면에서 보면 학교 조직은 질서 정연하게 구조화되거나 기능적으로 분명하게 연결되어 있지 않은 이완결합체제(loosely coupled system)의 특징을 지닙니다. 따라서 우리는 관료제적 관점과 이완결합체제의 관점으로 학교 조직의 특징을 이해할 필요가 있습니다.

한편, 사회가 학생들에게 새로운 역량을 요구하고 있고, 이를 키우기 위해 교사는 다양한 수업을 설계할 수 있어야 합니다. 제가 경험했던 많은 교사들은 다양한 수업을 시도해 보고자 하는 열정은 높았지만 새로운 수업 방법이나 모형을 활용하여 수업을 설계하거나 수업 상황에 맞게 기존의 교수·학습지도안을 적용하는 데 어려움을 느꼈습니다. 다양한 교수체제설계 이론과 모형이 있지만 분석, 설계, 개발, 실행, 평가의 과정은 일반적이라고 생각합니다. 이 중 분석과 설계는 다른 과정의 기초가 되기 때문에 중요합니다. 수업 요소들이 서로 어떻게 관련되어 있는지 파악하여 여러분의 수업에 적용해 보시기 바랍니다.

수업 설계를 잘 하는 것 못지않게 수업 결과를 평가하는 것 또한 중요합니다. 여러분이 어떤 평가 기준을 활용하느냐에 따라 평가 유형이 달라질 수 있습니다. 자칫하면 평가로 인해 학생들 사이에 서열 주의적 사고가 팽배하여 서로 경쟁만 하는 문제가 발생할 수 있습니다. 이를 보완할 수 있는 평가 유형에 대해 고민해 볼 필요가 있습니다.

배점

- **논술의 내용 [총 15점]**
  - 기능론적 관점에서 학교 교육의 선발·배치 기능 및 한계 각각 2가지만 제시 [4점]
  - 학교 조직의 관료제적 특징과 이완결합체제적 특징 각각 2가지만 제시 [4점]
  - 일반적 교수체제설계에서 분석 및 설계 과정의 주요 활동 각각 2가지만 제시 [4점]
  - 준거지향평가의 개념을 설명하고, 장점 2가지만 제시 [3점]

- **논술의 구성 및 표현 [총 5점]**
  - 논술의 내용과 '학교 교육에서의 교사의 과제'와의 연계 및 논리적 형식 [3점]
  - 표현의 적절성 [2점]

기출문제 9

| 2015학년도 중등학교교사 임용후보자 선정경쟁시험 |

교육학

다음은 A 중학교의 학교 교육계획서 작성을 위한 워크숍에서 교사들의 분임 토의 결과의 일부를 교감이 발표한 내용이다. 이 내용을 바탕으로 A 중학교가 내년에 중점을 두고자 하는 1) 교육 목적을 자유교육의 관점에서 논하고, 2) 교육과정 설계 방식의 특징, 3) 학습 동기 향상을 위한 학습 과제 제시 방안, 4) 학습조직의 구축 원리를 각각 3가지씩 설명하시오. [20점]

이번 워크숍은 우리 학교의 교육에서 드러난 몇 가지 문제점을 확인하고, 개선 방안을 제시하는 방식으로 진행되었습니다. 주요 내용을 말씀드리면 다음과 같습니다.

먼저, 교육 목적에 관한 문제점과 개선 방안입니다. 우리 학교는 학생들의 합리적 정신을 계발하기 위해 지식 교육을 추구해 왔습니다. 그런데 지난해 도입된 국어, 수학, 영어 교과에 대한 특별 보상제 시행으로 이들 교과의 성적은 전반적으로 상승하였지만, 학교가 추구하고자 한 것과 달리 반별 경쟁에서 이기거나 포상을 받기 위한 것으로 교육 목적이 왜곡되는 경향이 있었습니다. 이러한 교육 목적의 왜곡으로 인하여 교사는 주로 문제 풀이식 수업이나 주입식 수업을 하게 되었고, 학생들은 여러 교과에 스며 있는 다양한 사고방식을 내면화하지 못하는 결과가 초래되었습니다. 이러한 문제점을 보완하기 위하여 내년에는 교육 개념에 충실한 지식 교육, 즉 자유교육(liberal education)의 이상을 구현하는 데 중점을 두고자 합니다.

다음으로, 교육과정 설계 방식 및 수업 전략에 관한 문제점과 개선 방안입니다. 교육과정 설계 방식 측면에서, 종전의 방식은 평가 계획보다 수업 계획 중심으로 설계되어 있어서 교사가 교과의 학습 목표에 비추어 학생들이 배우는 내용을 올바르게 이해하였는지를 확인하는 데 한계가 있었습니다. 교사는 계획한 진도를 나가기에 급급한 나머지, 학생들의 학습 결손을 예방하지 못하였습니다. 내년에는 학생들의 학습 목표 달성 정도를 확인하는 데 유용한 교육과정 설계를 하고자 합니다. 또한 수업 전략 측면에서 볼 때, 수업에 흥미를 잃어 가는 학생들이 있음에도 불구하고 교사는 학생들의 학습 동기를 높일 수 있는 전략을 적극적으로 사용하는 데 소홀했습니다. 수업 상황에서 학생들이 배워야 할 학습 과제 그 자체는 학생들에게 흥미로울 수도 있고 그렇지 않을 수도 있습니다. 교사가 수업에 흥미를 잃은 학생들에게 학습 과제를 어떻게 제시하느냐에 따라 학습 동기를 높일 수 있습니다. 내년에는 이들의 학습 동기를 향상할 수 있는 학습 과제 제시 방안을 마련하는 데 관심을 기울이고자 합니다.

내년에 우리 학교는 교육 개념에 충실한 지식 교육을 하고, 학생들의 학업 성취와 학습 동기를 향상하는 데 좀 더 세심한 관심을 가져야 할 것입니다. 이 일의 성공 여부는 교사가 변화의 주체로서 자발적인 노력을 얼마나 기울이느냐에 달려 있습니다. 그래서 우리 학교는 교사 모두가 교육 활동에 능동적으로 참여하여, 지식과 학습 정보를 서로 공유하면서 지속적으로 변화해 가는 학습조직(learning organization)을 구축하고자 합니다.

배 점

○ 논술의 내용 [총 16점]
- 자유교육 관점에서의 교육 목적 논술 [4점]
- 교육과정 설계 방식의 특징 3가지 설명 [4점]
- 학습 동기 향상을 위한 학습 과제 제시 방안 3가지 설명 [4점]
- 학습조직의 구축 원리 3가지 설명 [4점]

○ 답안의 논리적 구성 및 표현 [총 4점]

기출문제 10

| 2014학년도 상반기 중등학교교사 임용후보자 선정경쟁시험 |

교육학

다음은 A 고등학교의 최 교사가 작성한 성찰 일지의 일부이다. 일지 내용을 바탕으로 철수의 학교 부적응 행동의 원인을 청소년 비행이론에서 2가지만 선택하여 설명하고, 철수의 학교생활 적응을 향상시키기 위한 상담 기법을 2가지 관점(① 행동중심 상담, ② 인간중심 상담)에서 각각 2가지씩만 논하시오. 그리고 최 교사가 수업 효과성을 높이기 위하여 선택한 2가지 방안(① 학문중심교육과정 이론에 근거한 수업 전략, ② 장학 활동)에 대하여 각각 논하시오. [20점]

일지 #1   2014년 4월 ○○일 ○요일

우리 반 철수가 의외로 반 아이들과 잘 지내지 못하는 것 같아 마음이 쓰인다. 철수와 1학년 때부터 친하게 지냈다는 학급 회장을 불러서 이야기를 해 보니 그렇지 않아도 철수가 요즘 거칠어 보이는 동네 친구들과 어울려 다니는 모습을 자주 보게 되어 학급 회장도 걱정을 하던 중이라고 했다. 그런 데다 철수가 반 아이들에게 괜히 시비를 걸어 싸움이 나게 되면, 그럴 때마다 아이들이 철수를 문제아라고 하니까 그 말을 들은 철수가 더욱더 아이들과 멀어지고 제멋대로 행동한다고 한다. 오늘도 아이들과 사소한 일로 다투다가 갑자기 소리를 지르고 물건을 던지고는 교실에서 나가 버렸다고 한다. 행동이 좋지 않은 친구들과 몰려다니며 그 아이들의 행동을 따라 해서 철수의 행동이 더 거칠어진 걸까? 1학년 때 담임 선생님 말로는 가정 형편이 그리 넉넉하지 않고 부모님이 철수에게 신경을 쓰지 못함에도 불구하고 행실이 바른 아이였다고 하던데, 철수가 왜 점점 변하는 걸까? 아무래도 중간고사 이후에 진행하려고 했던 개별 상담을 당장 시작해야겠다. 그런데 철수를 어떻게 상담하면 좋을까?

일지 #2   2014년 5월 ○○일 ○요일

중간고사 성적이 나왔는데 영희를 포함하여 몇 명의 점수가 매우 낮아서 답안지를 확인해 보았다. OMR 카드에는 답이 전혀 기입되어 있지 않거나 한 번호에만 일괄 기입되어 있었다. 아이들이 시험 자체를 무성의하게 본 것이다. 점심시간에 그 아이들을 불러 이야기를 해 보니 학교에서 배우는 내용이 대학 진학을 하지 않고 취업할 본인들에게는 전혀 쓸모없이 느껴진다고 했다. 특히 오늘 내 수업 시간에 휴대전화만 보고 있어서 주의를 받았던 영희의 말이 아직도 귀에 생생하다. "저는 애견 미용사가 되려고 하는데, 생물학적 지식 같은 걸 배워서 뭐 해요? 내신 관리를 해야 하는 아이들조차 어디 써먹을지도 모르는 개념을 외우기만 하려니 지겹다고 하던데, 저는 얼마나 더 지겹겠어요."라고 말하는 것이었다. 학교에서 배우는 기초 지식이나 원리가 직업 활동의 근간이 되기도 한다는 것을 어떻게 아이들이 깨닫게 할 수 있을까? 내가 일일이 다 설명해 주지 않아도 아이들이 스스로 교과의 기본 원리를 찾을 수 있게 하려면 어떤 종류의 과제와 활동이 좋을까? 이런 생각들로 머릿속이 복잡하던 중에, 오후에 있었던 교과협의회에서 수업 전문성 개발을 위한 장학 활동을 몇 가지 소개받았다. 이제 내 수업에 대해 차근차근 점검해 봐야겠다.

배점

- 답안의 논리적 구성 및 표현 [총 5점]
- 논술의 내용 [총 15점]
  - 청소년 비행이론 관점에서의 설명 [3점]
  - 행동중심 상담 관점에서의 기법 논의 [3점]
  - 인간중심 상담 관점에서의 기법 논의 [3점]
  - 학문중심교육과정 이론에 근거한 수업 전략 논의 [3점]
  - 교사 전문성 개발을 위한 장학 활동 논의 [3점]

기출문제 11

| 2014학년도 중등학교교사 임용후보자 선정경쟁시험 |

교육학

다음은 A 중학교 초임 교사인 박 교사와 경력 교사인 최 교사의 대화 내용이다. 다음 대화문을 바탕으로 학생들이 수업에서 소극적으로 행동하는 문제를 2가지 관점(① 잠재적 교육과정, ② 문화실조)에서 진단하고, 수업에 소극적인 학생들의 학습 동기를 유발하기 위한 방안을 3가지 측면(① 협동학습 실행, ② 형성평가 활용, ③ 교사지도성 행동)에서 각각 2가지씩만 논하시오. [20점]

박 교사: 선생님께서는 교직 생활을 오래 하셨으니 학교의 일상적인 업무뿐만 아니라 가르치는 일에서도 큰 어려움이 없으시죠? 저는 새내기 교사라 그런지 아직 수업이 힘들고 학교 일도 낯섭니다.

최 교사: 저도 처음에는 선생님과 마찬가지로 교직 생활이 힘들었지요. 특히 수업 시간에 반응을 잘 보이지 않으면서 목석처럼 앉아 있는 학생이 있을 때는 어떻게 해야 할지 모르겠더군요.

박 교사: 네, 맞아요. 어떤 학급에서는 제가 열심히 수업을 해도, 또 학생들에게 질문을 던져도 몇몇은 그냥 고개를 숙인 채 조용히 있습니다. 심지어 어떤 학생은 수업 시간에 아예 침묵으로 일관하기도 하고, 저와 눈도 마주치지 않으려고 해요. 또한 가정 환경이 좋지 않은 몇몇 학생은 다양한 문화적 경험을 가질 기회가 상대적으로 부족해서 그런지 수업에 관심도 적고 적극적으로 참여하지도 않는 것 같아요.

최 교사: 선생님의 고충은 충분히 공감해요. 그렇다고 해서 수업 시간에 학생들을 그대로 방치해서는 안 됩니다. 교육적으로 바람직하지 않아요.

박 교사: 그럼 수업에 소극적인 학생들을 적극적으로 참여시킬 수 있는 동기 유발 방안을 고민해 보아야겠네요. 이를테면 수업방법 차원에서 학생들끼리 서로 도와 가며 학습하는 형태로 수업을 진행하면 어떨까요?

최 교사: 그거 좋은 생각이네요. 다만 학생들끼리 함께 학습을 하도록 할 때는 무엇보다 서로 도와주고 의존하도록 하는 구조가 중요하다는 점을 유의해야겠지요. 그러한 구조가 없는 경우에는 수업활동에 열심히 참여하지 않는 학생들이 많아진다는 문제가 발생할 수 있어요.

박 교사: 아, 그렇군요. 그런데 선생님, 요즘 저는 수업방법뿐만 아니라 평가에서도 고민거리가 있어요. 저는 학기 중에 수시로 학업 성취 결과를 점수로 학생들에게 알려 주고 있는데요. 이렇게 했을 때 성적이 좋은 몇몇 학생들을 제외하고는 나머지 학생들은 자신의 성적을 보고 실망하는 것 같아요.

최 교사: 글쎄요, 평가결과를 선생님처럼 그렇게 제시할 수도 있겠죠. 하지만 학습 동기를 유발하기 위해서는 평가를 어떻게 활용하느냐가 중요해요.

박 교사: 그렇군요. 그런데 제가 보기에는 학생들의 수업 참여 정도가 교사의 지도성에 따라서도 다른 것 같아요.

최 교사: 그렇죠. 교사의 지도성 행동에 따라 달라질 수 있죠. 그래서 교사는 지도자로서 학급과 학생의 상황을 고려하여 학생들의 학습 동기를 불러일으킬 수 있는 지도성을 발휘해야겠지요.

박 교사: 선생님과 대화를 하다 보니 교사로서 더 고민하고 노력해야겠다는 생각이 듭니다.

최 교사: 그래요, 선생님은 열정이 많으니 잘하실 거예요.

─ 배점 ─

- 답안의 논리적 구성 및 표현 [총 5점]
- 논술의 내용 [총 15점]
  - 잠재적 교육과정 관점에서의 진단 [3점]
  - 문화실조 관점에서의 진단 [3점]
  - 협동학습 실행 측면, 형성평가 활용 측면, 교사지도성 행동 측면에서의 동기 유발 방안 논의 [9점]

Note

Note

Note

참고문헌

- 강이철(2019). 교육방법 및 교육공학. 양성원.
- 국립특수교육원(2018). 특수교육학용어사전. 하우.
- 권성연 외(2018). 교육방법 및 교육공학. 교육과학사.
- 김경식 외(2017). 교육사회학. 교육과학사.
- 김대현 외(2020). 교육과정 및 교육평가. 학지사.
- 김대현(2017). 교육과정의 이해(2판). 학지사.
- 김병욱(2012). 교육사회학. 학지사.
- 김병희(2007). 교육철학 및 교육사. 공동체.
- 김석우(2015). 교육평가의 이해. 학지사.
- 김신일(2015). 교육사회학. 교육과학사.
- 김영채(역). 학습심리학(7판). 박영사.
- 김종서(2009). 최신교육학개론. 교육과학사.
- 박성익(1997). 교수 학습 방법의 이론과 실제. 교육과학사.
- 서울대학교 교육연구소(2011). 교육학용어사전. 하우동설.
- 성태제(2019). 현대교육평가. 학지사.
- 소경희(2017). 교육과정의 이해. 교육과학사.
- 신종호 외(2015). 교육심리학. 교육과학사.
- 연세대학교 교육학과 교수진(2019). 미래를 여는 교육학. 박영스토리.
- 주삼환 외(2015). 교육행정 및 교육경영(5판). 학지사.
- 진영은(2005). 교육과정: 이론과 실제. 학지사.
- 한국교육심리학회(2000). 교육심리학 용어사전. 학지사.
- 한국기업교육학회(2010). HRD 용어사전. 중앙경제.

메가쌤 기출 공략서

한 권에 담다!
기출 분석 + 이론 구조화 + 논술 대비 쓰기 연습

3 STEP 문항 개발
임용 수험생의 니즈가 반영된 교재 제작을 위한 단계별 문항 개발 시스템 구축

- **1단계**: 합격 선배 (현직 교사) 집필
- **2단계**: 석·박사 검수
- **3단계**: 수험생 베타테스트

역대 기출 분석
광범위한 시험 범위, 방대한 이론 사이 교육학의 본질을 꿰뚫는 기출 학습 빙법 제시

2014~2022 논술형 + 2002~2013 객관식 = 출제자의 의도와 빈출 이론 파악

이론 인출 & 쓰기 연습
단순 객관식 기출 풀이가 아닌, 서술형 개발 문제를 통해 이론 인출 및 논술 대비용 쓰기 연습

기출 변형 서술형 개발 문제 → 출제영역별 객관식 기출문제
이론 인출 + 쓰기 연습 → 핵심 키워드 확인

논술 21문항 수록
모든 논술 문항의 문제 분석 + 핵심 키워드 + 채점기준표 + 모범답안 + 첨삭 해설 제공

연습문제 10문항 + 기출문제 11문항 + 문제 분석, 쓰기 전략, 해설과 첨삭

답을 찾다!
스스로 답을 찾고 쓰는 능력

메가쌤

교육학

기출 공략서
정답 및 해설

2023 중등교원 임용시험 대비

메가스터디가 만든 교원임용 전문브랜드 메가쌤

메가스터디가 만든 교원임용 전문브랜드 메가쌤 | 메가쌤

메가쌤 교육학 교재 시리즈
중등교원 임용 시험 대비

3월 초 발간 예정

메가쌤 통합 이론서 상/하

이론 체계 확립 및 인출 연습을 위한 **마인드맵**

"출제POINT & 주요 개념 및 용어 정리 & 이론 확장"을 통한 친절한 **이론 정리**

3월 말 발간 예정

메가쌤 출제 이론 공략서
필수편 & 확인편

출제 영역 중심으로 구성한
마인드맵 + 이론 + OX 문제

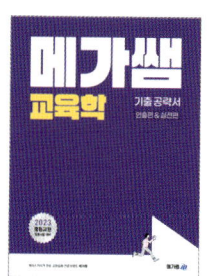

메가쌤 기출 공략서
인출편 & 실전편

인출 연습을 위한
객관식 기출문제와
이를 변형한 서술형 연습문제

실전 대비를 위한
논술형 기출문제와 실전 연습문제

4월 초 발간 예정

메가쌤 개념 인출서
인출 연습문제 & 모범답안

이론 학습 체득을 위한
출제영역별 인출 **연습문제**

빠른 답안 확인 및 암기 교재로
활용 가능한 **모범답안**

메가쌤 교육학

기출 공략서
정답 및 해설

2023 중등교원 임용시험 대비

메가스터디가 만든 교원임용 전문브랜드 메가쌤

메가쌤

메가쌤 임용 기출공략서

PART

인출편
서술형 & 객관식 문제

CHAPTER 1 교육과정
CHAPTER 2 교육행정
CHAPTER 3 교육공학 및 교육방법
CHAPTER 4 교육평가
CHAPTER 5 교육심리
CHAPTER 6 생활지도 및 상담
CHAPTER 7 교육사회학
CHAPTER 8 교육사 및 교육철학

CHAPTER 1 교육과정

01

세부 출제영역 교육과정의 이해   **평가 내용 요소** 교육과정의 본질과 성격

슬기가 교육내용에 부여하는 가치는 외재적 가치이다. 슬기는 학교의 교육내용이 실생활과 연관이 없다고 생각하여 가치가 없다고 판단한다. 슬기의 학습을 돕기 위한 교육과정 유형은 경험중심 교육과정이다. 경험중심 교육과정은 학습자를 중심으로 교육과정을 구성하며 학습자의 실제 생활과 관련된 문제를 제시한다. 그리고 학습자가 경험을 통해 실생활의 문제 해결에 필요한 지식을 습득하게 하기 때문에 슬기의 학습을 도울 수 있다.

▶ 01A ②   # 교육내용의 가치: 외재적 가치

02

세부 출제영역 교육과정의 이해   **평가 내용 요소** 교육과정 수준/유형1

제시된 내용에 가장 부합하는 교육과정 유형은 잠재적 교육과정이다. 잠재적 교육과정은 학교에서 가르치려고 의도하지 않았으나 학교의 물리적 조건이나 제도, 사회심리적 상황을 통해 학생들이 은연중에 배우게 되는 경험의 총체를 의미한다. 실제적 교육과정이 주로 지적(知的) 영역을 다루는 것과 달리 잠재적 교육과정은 주로 비인지적인 정의적 영역과 관련이 있으며, 학교의 문화풍토와 관련이 있다. 또한 장기적이고 반복적으로 학습하게 되므로 보다 항구적인 영향력을 가지며, 바람직하지 못한 내용도 포함한다.

▶ 02A ③   # 잠재적 교육과정, 영 교육과정
▶ 02B ③   # 잠재적 교육과정

03

세부 출제영역 교육과정의 이해   **평가 내용 요소** 교육과정 수준/유형1

김 교사가 이야기하는 잠재적 교육과정의 원천은 군집성이다. 이는 다양한 유형의 학생들이 함께 모여 이질집단을 구성함으로써 나타난다. 최 교사가 말하는 잠재적 교육과정의 원천은 권력이다. 이는 교사와 학생이 위계 등에서 발생하는 권력관계로부터 나타난다. 이 두 가지를 극복하기 위한 공통의 방안은 교사의 교육행위가 학생들에게 의도하지 않은 결과를 낳을 수 있다는 점을 교사가 항상 인식하는 것이다. 교육목표 설정 시 학생들의 인지적 영역뿐만 아니라 비인지적, 정의적 영역까지 고려한 목표를 설정하거나 학습자 중심의 학습내용을 선정하고 조직하는 것이 필요하다.

▶ 03A ③   # 잠재적 교육과정

04

세부 출제영역 교육과정의 이해   **평가 내용 요소** 교육과정 수준/유형1

제시된 내용은 영 교육과정에 해당한다. 영 교육과정은 겉으로 확인할 수 없는 무형의 형태로 존재하는 교육과정으로, 학교에서 소홀히 하거나 공식적으로 가르치지 않는 교과, 지식, 사고방식 등을 의미한다. 교육과정이 선택과 배제, 포함과 제외의 산물이라는 점에서 영 교육과정은 필연적인 산물이다. 그러나 경우에 따라서는 일부러 특정 내용을 배제하거나 축소하여 학생들의 학습 기회를 박탈하는 기능도 수행한다.

▶ 04A ③   # 잠재적 교육과정, 영 교육과정
▶ 04B ①   # 영 교육과정: 의도적 배제

05

세부 출제영역 교육과정의 이해   **평가 내용 요소** 교육과정 수준/유형2

형식도야 이론의 관점이다. 형식도야론은 능력심리학에 근거해 심근(心筋) 단련을 위한 수단으로서의 교과를 강조하며, 교과를 가르치는 방법도 훈련과 반복을 강조하고 일반적 전이를 가정한다. 교과의 중요성은 구체적 내용보다 내용을 담는 형식에 있다고 본다. 따라서 학습자는 교과에 흥미가 없는 경우에도 노력을 하는 것이 중요하다.

▶ 05A ②   # 형식도야 이론
▶ 05B ③   # 형식도야 이론, 지식의 구조 이론
▶ 05C ④   # 형식도야 이론: 능력심리학, 어려운 교과

06

세부 출제영역 교육과정의 이해   **평가 내용 요소** 교육과정 수준/유형2

김 교사가 개발한 교육과정의 유형은 경험중심 교육과정 중 중핵중심 교육과정이다. 중핵형 교육과정은 학생의 흥미나 요구를 중심으로 하여 교육내용을 통합하되 통합 이전 교과의 구분이 완전히 사라진 채 조직되는 통합 유형이다. 김 교사는 사회의 특정 문제를 중핵으로 하여 여러 교과의 교육내용을 통합하고 '주변 과정'을 설계했다는 표현을 통해 '중심학습'과 '주변학습'으로 구성되는 중핵 교육과정임을 알 수 있다. 중핵중심 교육과정의 특징은 교과의 선은 없애고 사회기능이나 사회문제를 중핵으로 조직함으로써 청소년의 필요와 흥미에 알맞은 경험을 학습내용으로 선정하고, 교사가 지식 기능의 전달자가 아닌 학습안내자, 조력자 역할을 하는 것이다. 사회적 필요가 중핵이 되어 사회방향감을 고취시켜 나갈 수 있는 교육과정 유형이다.

▶ 06A ③   # 중핵 교육과정(경험중심 교육과정)
▶ 06B ③   # 중핵 교육과정
▶ 06C ②   # 중핵형 교육과정 조직: 학생의 흥미나 요구, 교육과정 통합, 교과 구분 삭제

07

세부 출제영역 교육과정의 이해   **평가 내용 요소** 교육과정 수준/유형2

제시된 내용을 모두 포괄하는 이론은 듀이의 경험론이며, 이 이론에 근거한 교육과정은 경험중심 교육과정이다. 경험중심 교육과정의 장점은 첫째, 학습자의 흥미를 고려하기 때문에 학생의 학습에 대한 동기를

높여 학생이 학습 과정에 적극적으로 참여하게 할 수 있다는 것이다. 둘째, 인지적 영역의 발달뿐 아니라 정의적 영역의 발달까지 추구하여 전인적 성장을 이룰 수 있다는 것이다. 셋째, 학생이 경험을 통해 지식을 획득하게 함으로써 실생활과 연계된 문제를 해결하는 능력을 기르도록 할 수 있다는 것이다.

▶ 07A ② # 듀이(경험론): 성장, 습관, 학습자의 심리, 계속성, 상호작용

08

세부 출제영역 교육과정의 이해 **평가 내용 요소** 교육과정 수준/유형2

학문중심 교육과정에서는 어떤 교과든 그 교과를 교과답게 해 주는 교과의 구조가 있다고 본다. 지식의 기본 구조란 각 교과 분야의 기본 개념, 일반 원리, 일반 아이디어와 그들 간의 상호 관련성, 그리고 특유의 탐구방법을 말한다. 이것은 기본적이고 단순하므로 쉽게 이해하고 기억하는 데 도움이 되며, 전이 효과가 있어 초등지식과 고등지식의 간격을 좁히는 역할을 하므로 중요하다. 따라서 학문중심 교육과정에서는 지식의 기본 구조, 즉 기본 개념을 반복하면서 폭과 깊이를 점차 확대하고 심화시키는 나선형의 교육내용 조직 방식을 중시한다.

▶ 08A ⑤ # 학문중심 교육과정
▶ 08B ② # 학문중심 교육과정

09

세부 출제영역 교육과정의 이해 **평가 내용 요소** 교육과정 수준/유형2

(가)의 내용과 가장 관련이 깊은 교육과정 유형은 학문중심 교육과정이다. 탐구를 통해 학습자가 과학의 기본적인 원리를 직접 깨닫게 하려는 데서 알 수 있다. 학문중심 교육과정을 바탕으로 강 교사의 고민을 해결할 수 있는 방안은 수준별 교육과정(수준별 수업)이다. 수준별 수업은 학생들의 개인차를 고려하여 성취수준이 비슷한 학생들을 중심으로 동질집단을 구성하고, 각 집단의 수준에 적합한 교육내용과 방법을 제시하는 것이다.

▶ 09A ④ # 브루너의 지식의 구조 이론
▶ 09B ② # 제7차 교육과정, 국민공통 기본교과, 단계형 수준별 교육과정

10-1

세부 출제영역 교육과정의 이해 **평가 내용 요소** 교육과정 수준/유형2

인간중심 교육과정은 개인의 잠재적 능력 계발과 자아실현을 지향하고 학교 환경의 인간화를 위해 노력하는 교육과정으로, 교사와 학습자 간의 관계에서 존중, 수용, 공감적 이해를 중시한다. 전인교육을 통해 인간의 성장 가능성을 조화롭게 발전시키고, 학습자의 긍정적 자아개념을 형성하는 데 도움이 된다는 장점이 있다. 그러나 자유로운 환경이 조성되지 않거나 교사들의 투철한 교육관이 확립되지 않으면 실현하기 어렵다는 단점이 있다.

10-2

세부 출제영역 교육과정의 이해 **평가 내용 요소** 교육과정 수준/유형2

박 교장의 교육철학에 부합하는 교육과정 유형은 인본주의(인간중심) 교육과정이다. 학교 수준에서 인본주의(인간중심) 교육과정이 실현되기 위해서 선행되어야 하는 조건은 교사가 먼저 인본주의 교육의 가치관을 가지는 것이다. 인본주의 교육관을 가지고 학생들을 따뜻한 시선으로 바라보며 학생에게 공감적 이해를 할 수 있는 교사가 필요하다. 또한 교사가 학생의 자율성을 보장하는 수업을 구성할 수 있는 능력을 갖추고 있어야 실제 수업 장면에서 인간중심 교육과정이 실현될 수 있다.

▶ 10A ① # 인간중심 교육과정

11

세부 출제영역 교육과정의 이해 **평가 내용 요소** 교육과정 이론/관점

파이나(W. Pinar)는 우리가 갖는 교육 경험의 본질을 분석하여 그 실존적 의미를 찾는 작업을 제시하였으며, 이를 '쿠레레 방법론'이라고 불렀다. 파이나는 교육 경험의 분석을 위해 일련의 단계를 제시했다. 그중 (가)는 회귀로, 학생이 자신의 실존적 경험을 회상하면서 기억을 확장하고 과거의 경험을 상세하게 묘사하는 단계이다. (나)는 전진으로, 자유연상을 통해 아직 현실화되지 않은 미래의 모습을 상상하는 단계이다.

▶ 11A ④ # 재개념화 이론 모형, 파이나 자서전 접근
▶ 11B ④ # 교육과정 재개념화

12

세부 출제영역 교육과정의 이해 **평가 내용 요소** 우리나라 교육과정

국가 교육과정의 장점은 첫째, 학생이 거주지를 이동하여 다른 학교로 가더라도 교육의 계속성을 보장할 수 있다는 점이다. 둘째, 국가의 교육 책무성을 강화하고 풍부한 물적, 인적 자원을 투입함으로써 일정한 수준의 교육을 보장할 수 있다는 점이다. 국가 교육과정의 단점은 교사의 자율성과 전문성 향상을 저해할 수 있다는 점이다.

단위학교 수준에서의 학교 교육과정 편성 및 운영의 장점은 첫째, 학교의 특성을 충분히 살려 다양한 교육을 실천할 수 있다는 것이다. 둘째, 교육과정 전문가로서 교사의 역할이 강화된다는 것이다. 셋째, 교육의 중심이 교과서와 교사에서 교육과정과 학생으로 전환된다는 것이다.

▶ 12A ④ # 제7차: 단위학교 교육과정 편성 운영
▶ 12B ③ # 시·도교육과정 편성 운영 지침
▶ 12C ① # 국가 수준 교육과정: 교육 책무성, 교육의 계속성

CHAPTER 1 교육과정

13

| 세부 출제영역 | 교육과정의 이해 | 평가 내용 요소 | 교육과정 수준/유형2 |

　아들러는 1980년대에 미국 교육의 주된 목적이 직업을 얻어 생계를 유지하기 위한 수단으로 전락한 것을 비판하며 진보주의에 반(反)해 파이데이아 제안서를 발표했다. '파이데이아'는 고대 그리스의 전인적 인간 형성 교육으로, 파이데이아의 목표는 개인의 신체적, 심적, 정신적 능력을 조화롭게 전개시킴으로써 완전한 인간을 양성하는 것이다. 아들러는 이 제안서에서 국민 공통 기본교육과정에서 모든 학생을 위한 동일한 교육과정을 제시했다.

▶ 13A ③　# 주지주의 교육, 파이데이아

14

| 세부 출제영역 | 교육과정 개발 | 평가 내용 요소 | 교육목표 설정과 진술 |

　블룸의 인지적 영역 목표의 분류 준거는 복잡성(복합성)이다. 이는 지적 능력의 작용을 가장 단순한 것부터 복잡한 것의 순서로 위계화한 것이다. 크래쓰월의 정의적 영역 목표의 분류 준거는 내면화이다. 이는 자극에 대한 감수와 그것에 대한 반응, 그리고 그것을 가치화하는 행동에 기초한 것이다. 인지적 영역의 교육목표 중 분석력은 적용력보다 높은 수준의 기능으로, 자료를 분해하고 부분 간의 관계와 조직되어 있는 방식을 발견하는 능력이다. 종합력은 여러 요소나 부분을 전체로서 하나가 되도록 묶는 능력으로 창의적 능력을 포함한다.

▶ 14A ④　# 블룸, 인지적 영역 교육목표, 크래쓰월, 정의적 영역 교육목표

15

| 세부 출제영역 | 교육과정 개발 | 평가 내용 요소 | 교육목표 설정/진술, 내용 및 학습경험 선정/조직 |

　(가)의 경우 행동목표가 아닌 표현목표(표현적 결과)를 설정함으로써 문제를 해결할 수 있다. 표현적 결과란 학생이 어떤 활동을 하는 도중에 또는 종료한 후에 얻게 되는 유익한 것을 의미한다. (나)에서는 교육과정 요소들의 넓이와 배열, 즉 내용 조직의 범위(scope)를 조정해야 한다. (다)의 문제는 이전에 배운 내용과 앞으로 배울 내용이 원활하게 맞물리지 않는다는 것이므로 이전에 배운 내용과 앞으로 배울 내용이 맞물리도록 교육내용을 조직하는 수직적 연계성을 고려해야 한다.

▶ 15A ②　# 표현목표, 범위, 연계성, 통합성
▶ 15B ③　# 교육내용 선정 조직 준거: 범위, 계열성, 중요성, 기회의 원리

16

| 세부 출제영역 | 교육과정 개발 | 평가 내용 요소 | 내용 및 학습경험의 선정/조직 |

　통합성은 교육내용들의 관련성을 바탕으로 교육내용들을 하나의 교과나 단원으로 묶는 것이다. 관련 있는 내용을 동시에 혹은 비슷한 시간대에 배열함으로써 수업의 효과를 높일 수 있다. 예를 들어 환경을 주제로 과학 교과 내용과 기술·가정 교과 내용을 관련지어 조직하는 것이 통합성과 관련 있다.

▶ 16A ④　# 내용 조직 원리, 수평적 내용 조직
▶ 16B ①　# 내용 조직 원리

17

| 세부 출제영역 | 교육과정 개발 | 평가 내용 요소 | 교육과정 설계/개발 모형 |

　타일러의 교육과정 개발 모형의 장점은 첫째, 선형적 모형으로써 교육과정의 개발을 단계적으로 단순화하여 폭넓게 적용할 수 있다는 것이다. 둘째, 목표중심 모형으로써 개발의 방향성을 명확히 하여 개발 과정에서 나타날 수 있는 혼란을 방지할 수 있다는 것이다. 그러나 타일러 모형의 단점은 첫째, 목표를 사전에 미리 설정함으로써 부수적, 확산적 목표를 간과했다는 것이다. 둘째, 목표를 내용보다 우위에 둠으로써 내용이 목표 달성을 위한 수단이 되었다는 것이다. 셋째, 겉으로 드러나 평가할 수 있는 외현적 행동을 강조하므로 잠재적 교육과정, 내면적 변화, 태도의 변화 등을 확인하기 어렵다는 것이다.

▶ 17A ④　# 타일러
▶ 17B ②　# 타일러, 교육목표

18

| 세부 출제영역 | 교육과정 개발 | 평가 내용 요소 | 교육과정 설계/개발 모형 |

　워커는 실제 교육과정 개발 모형을 기술하면서 교육과정 개발 시 무엇을 하는지를 드러냈다. 워커 교육과정 개발 절차는 '토대 다지기-숙의-설계' 세 단계로 이루어지는데, 그중 두 번째 단계인 숙의 단계는 다양한 대안에 대한 논쟁을 거쳐 합의에 이르는 단계다. 이때 구성원들은 토론을 통해 주어진 교육과정 문제의 대안들을 고려하며 타당한 방법으로 논의해 가장 유망한 것을 검토한다.

▶ 18A ②　# 타일러, 워커
▶ 18B ③　# 타바, 보빗, 워커, 스펜서

19

| 세부 출제영역 | 교육과정 개발 | 평가 내용 요소 | 교육과정 설계/개발 모형 |

　타바는 교육과정이 교사에 의해 개발되어야 함을 강조하면서 교육과정 개발이 교수학습 단원을 만드는 것부터 시작되어야 한다고 주장하였다. 이처럼 단원 개발에서 출발해 교과 형성으로 진행된다는 점에서 귀납적이다. 또한 계속적인 요구 진단을 통해 교육과정 요소들의 상호작용을 강조했기에 역동적이다.

▶ 19A ④　# 타바

20

| 세부 출제영역 | 교육과정 개발 | 평가 내용 요소 | 교육과정 설계/개발 모형 |

위긴스와 맥타이는 이해를 여섯 가지 측면으로 제시하였다. 설명, 해석, 적용, 관점, 공감, 자기지식이 그것이다. 가장 낮은 수준의 이해인 '설명'은 '왜'와 '어떻게' 중심으로 사건과 아이디어들을 서술하는 능력이다. 가장 높은 수준의 이해인 '자기지식'은 자신의 무지를 아는 지혜 혹은 자신의 사고와 행위를 반성할 수 있는 능력을 말한다.

▶20A ⑤   # 위긴스와 맥타이, 백워드(역방향) 설계 모형

21

| 세부 출제영역 | 교육과정 개발 | 평가 내용 요소 | 교육과정 설계/개발 모형 |

스킬벡의 학교중심 교육과정 개발 모형은 학교, 교사, 학생 등 학교의 개별적 특성을 고려해 교육과정을 개발할 수 있다는 점에서 역동적이고 상호작용적인 모형이다. 개발 단계는 '상황 분석-목표 설정-프로그램 구성-해석과 실행-모니터링, 피드백, 평가, 재구성'으로 이루어진다. 그중 첫 번째 단계인 '상황 분석'에서는 상황을 구성하는 학교의 내적, 외적 요인을 분석한다. 내적 요인에는 학생의 적성, 능력, 교육적 요구, 교사의 가치관, 학교 환경 등이 있고 외적 요인에는 학부모의 기대감이나 지역사회의 가치, 사회문화적 변화, 교육체제의 요구 등이 있다.

▶21A ④   # 스킬벡, 학교중심 교육과정(SBCD)

CHAPTER 2 교육행정

01

세부 출제영역 교육행정의 이해   **평가 내용 요소** 교육행정의 개념

교육행정은 교육을 위한 행정으로, 교수학습 활동을 지원함으로써 교육목표를 효과적으로 달성하도록 돕는 수단적, 보조적 활동이다.

▶ 01A ②   # 조건정비론

02

세부 출제영역 교육행정의 이해   **평가 내용 요소** 교육행정 이론

인간관계론에서는 비공식 집단을 중시하고 경제적인 유인보다 사회, 심리적 요인으로 동기를 유발함으로써 업무 능률의 향상을 도모한다. 따라서 이에 근거하여 운영되는 학교의 모습은 동료 교사 간의 인간관계가 중시되고 교사의 개인적 사정에 대한 배려가 이루어지며, 교장은 의사결정 과정에 교사 친목회, 교사 동호회의 의견을 반영할 것이다.

▶ 02A ③   # 인간관계론

03

세부 출제영역 교육행정의 이해   **평가 내용 요소** 교육행정 이론

과학적 관리론과 인간관계론은 모두 조직의 능률과 생산성의 향상을 추구한다.

과학적 관리론은 인간의 작업 과정을 분석하여 과학적으로 관리하면 조직의 능률과 생산성을 극대화할 수 있다는 이론이다. 작업에서 노동자의 경제적 동기를 중시하고, 인간을 효율적 기계와 같이 프로그램화하면 생산성을 높일 수 있다고 본다.

이에 비해 인간관계론에서는 인간이 경제적, 물리적 조건보다 사회적, 심리적 요건에 의해 생산력이 향상된다고 본다. 따라서 민주적 행정을 중시한다.

▶ 03A ②   # 과학적 관리론, 인간관계론
▶ 03B ⑤   # 고전이론, 인간관계론, 행동과학론
▶ 03C ①   # 테일러의 과학적 관리론

04

세부 출제영역 학교조직행동론   **평가 내용 요소** 동기이론

아담스는 자신의 투입 대비 성과가 타인과 비교할 때 얼마나 공정한 대우를 받느냐에 대한 지각이 개인의 동기에 영향을 미친다고 보았다. 투입 요인에는 지위나 자격, 노력, 학력 등이 있고, 성과 요인에는 급료, 내적 보상, 승진, 연공 혜택 등이 있다. 자신의 투입 대비 성과가 타인의 투입 대비 성과에 비해 불공정하다고 인식하면 동기가 떨어질 것이므로 경영자는 구성원이 공정하게 대우받는다고 지각하도록 해야 한다.

▶ 04A ②   # 아담스의 공정성 이론

05

세부 출제영역 학교조직행동론   **평가 내용 요소** 동기이론

허즈버그는 매슬로우의 욕구위계이론에 기초해 인간의 욕구를 동기요인과 위생요인으로 설명한다. 이 이론에서는 직무만족에 기여하는 동기요인과 직무 불만족에 기여하는 위생요인은 각각 별개의 차원으로 존재한다고 보고, 만족의 반대는 불만족이 아니라 만족이 없는 것이라고 보고 동기 유발을 설명한다. 다시 말해 동기요인이 충족되면 만족도가 올라가며 위생요인이 충족되면 불만족도가 내려가 각각의 요인이 별개로 직무동기에 영향을 미친다고 본 것이다. 이 이론에 따르면 직업 자체와 관련되는 성취감, 인정, 성장 가능성 등의 동기요인이 있으면 만족을 하는 반면, 직무 환경과 관련된 보수, 근무 조건, 직업 안정성, 지위 등의 위생요인에 문제가 있는 경우에 불만족을 느끼게 된다.

이 이론에 근거하여 교사의 직무만족감을 증진하기 위해서는 동기요인인 교사의 직무 자체와 관련한 요인을 충족시켜주는 것이 필요하다. 교사가 학생의 신뢰와 존경을 획득할 수 있도록 하고, 교사에게 수업과 행정의 자율성을 부여하고 그에 대한 책임을 질 수 있도록 하여 내적 만족이 충족되고 심리적 보상이 주어지도록 하면 교사의 직무만족감이 증진되고 직무동기가 유발될 수 있다.

▶ 05A ④   # 동기위생이론
▶ 05B ③   # 허즈버그의 동기위생이론

06

세부 출제영역 학교조직행동론   **평가 내용 요소** 학교조직론

칼슨은 조직과 고객의 선택 여부를 기준으로 '봉사조직'의 유형을 네 가지로 분류했다. 조직과 고객 모두 독자적 선택권을 가지고 있는 야생조직, 조직이 고객을 선발할 권리는 없고 고객이 조직을 선택하는 적응조직, 조직은 고객 선발권을 가지지만 고객은 선택권이 없는 강압조직, 조직과 고객 모두 선택권을 갖지 않는 온상조직이 그것이다.

이 중 온상조직은 외부 환경의 변화와 관계없이 법적으로 존립을 보장받는 조직으로, 학생선발권을 가지지 않으며 학생도 학교를 선택하여 등록할 수 없다는 점에서 공립학교가 여기에 속한다고 할 수 있다.

▶ 06A ④   # 칼슨의 조직 유형: 봉사조직의 유형
▶ 06B ④   # 칼슨의 조직 유형: 고교평준화, 온상 조직

07

세부 출제영역 학교조직행동론   **평가 내용 요소** 학교조직의 성격

코헨에 의하면 학교는 명료한 목표와 그 목표를 실천하게 하는 기술을 찾기가 어렵고, 구성원이 유동적으로 참여한다는 특징이 있다는 점에서 조직화된 무질서 조직이다. 교육조직의 목표는 수시로 변하며, 대립적인 목표들이 상존하기도 한다. 또한 목표 달성을 위한 기술

도 분명하지 않아 전문가들 사이에 목표 도달을 위한 합의된 견해 도출이 어렵다. 마지막으로 교사, 학생은 계속 이동하고 학부모나 지역사회도 필요 시 참여한다.

▶ 07A ① # 학교조직: 코헨의 조직화된 무질서, 민츠버그의 전문적 관료제, 에치오니의 순응조직, 파슨스의 사회적 기능, 와익의 이완조직
▶ 07B ③ # 코헨과 마치: 조직화된 무질서

08

| 세부 출제영역 | 학교조직행동론 | 평가 내용 요소 | 학교조직의 성격 |

학교조직의 이완조직적 특성이란 학교 내의 각 부서가 상호 관련성을 가지고 결합되어 있으되 각자의 자주성과 개별성을 유지한 채 일정한 독립성을 가지고 있어 느슨하게 결합되어 있는 것을 의미한다. 이러한 특성의 장점은 첫째, 각 부서와 구성원이 일정한 자율성을 가질 수 있기 때문에 업무에 대한 내적 동기가 유발된다는 점이다. 둘째, 조직 내에 서로 다른 특성이 공존하므로 한 부분의 문제를 다른 부분에서 보완할 수 있다는 점이다.

▶ 08A ② # 이완조직으로서의 학교조직
▶ 08B ③ # 학교조직의 관료제적 특성
▶ 08C ④ # 학교조직의 전문지향적 특성
▶ 08D ③ # 민츠버그의 조직이론: 전문적 관료제

09

| 세부 출제영역 | 학교조직행동론 | 평가 내용 요소 | 학교조직문화 |

핼핀과 크로프트의 관점에서 김 교장이 추구하는 학교 조직풍토 유형은 개방적 조직풍토다. 개방적 풍토는 구성원의 조직의 목표에 대한 지향성이 높고 사회적 욕구도 충족된 상태이다. 교사들은 학교의 목표 달성을 위한 사기가 높으며 구성원 간의 친밀성과 인화 수준도 유지된다. 이런 조직풍토를 위해 교장은 융통성을 가지고, 교사들이 자발적인 협동을 통해 만족감을 갖도록 격려한다.

▶ 09A ① # 핼핀과 크로프트의 학교 조직풍토 유형: 개방적 풍토

10

| 세부 출제영역 | 학교조직행동론 | 평가 내용 요소 | 지도성이론 |

피들러는 '상황의 호의성'이 효과적 지도성의 중요한 변인이라고 보았다. 상황의 호의성이란 상황이 지도자로 하여금 집단에 대해 영향력을 발휘하게 할 수 있는 정도를 말한다. 상황의 호의성은 지도자와 구성원의 관계, 과업구조, 지위권력에 의해 달라진다.

㉠은 지도자가 구성원에게 수용되고 존경받는 정도인 '지도자와 구성원의 관계', ㉡은 과업이 명확하게 규정되고 수행방법이 체계화되어 있는 정도인 '과업구조', ㉢은 조직이 지도자의 지위에 부여한 권력 정도인 '지도자의 지위권력'이다.

▶ 10A ① # 피들러의 상황적 지도성 모형

11

| 세부 출제영역 | 학교조직행동론 | 평가 내용 요소 | 지도성이론 |

허시와 블랜차드는 지도자의 지도성 행위 유형과 구성원의 성숙 수준에 따라 상황이 달라지며, 각 상황에 맞는 효과적인 지도성 유형이 존재한다고 보았다. 지도자의 지도성 행위에는 과업지향성 행위와 관계지향성 행위가 있고, 구성원의 성숙 수준에는 직무 성숙과 심리적 성숙이 있다. 그중 구성원의 성숙 수준이 중요한 상황요인이라고 하였다.

능력은 우수하나 직무 동기가 낮은 교사들은 직무 성숙 수준은 높고 심리적 성숙 수준은 낮은 것이다. 이 경우 교장은 지원형(참여형, Q3, 4사분면)의 지도성을 발휘하여 교사들과의 관계지향성 행위를 높이고 일방적, 지시적인 과업지향성 행위는 낮추는 것이 필요하다.

▶ 11A ③ # 허시와 블랜차드의 상황적 지도성 이론

12

| 세부 출제영역 | 학교조직행동론 | 평가 내용 요소 | 지도성이론 |

초우량 지도성은 조직 구성원 각자가 스스로를 통제하고 자신의 삶에 진정한 주인이 될 수 있도록 자율적 지도력을 계발하는 데 중점을 두는 지도성이다.

따라서 학교장이 초우량 지도성을 발휘한다면 교사가 자신의 교과와 업무에서 자율성과 책임을 기반으로 독립적으로 일하는 자율적 리더십을 개발해 학교의 운영이 효과적으로 이루어지도록 할 것이다.

▶ 12A ④ # 초우량지도성

13

| 세부 출제영역 | 학교조직행동론 | 평가 내용 요소 | 지도성이론 |

변혁적 지도성은 지도자에 대한 구성원들의 신념에 기초하는 지도성이다. 지도자와 구성원의 신뢰관계를 바탕으로 구성원의 성장욕구를 자극해 구성원의 신념과 태도를 변화시키는 지도성이다. 그 결과 구성원들은 조직에 헌신하고 노력하며, 조직은 더욱 높은 성과를 얻는다는 관점이다. 이는 기존의 구성원들이 원하는 보상을 제공하는 대가로 지도자가 성과를 이루는 거래적 지도성과 대비된다.

따라서 학급에서 변혁적 지도성은 담임 교사에 대한 학급 학생들의 신뢰 관계에 기초한다. 담임 교사는 학급의 비전을 제시하고 그에 대한 학생들의 사명감을 고취시킨다. 또한 학생 개개인의 능력 개발 필요, 잠재력 증진 등 세심하고 민감하게 관심을 기울인다. 수업이나 생활지도 등 일상의 생활에서 활동의 의미를 새로운 관점에서 해석하도록 학생들의 생각을 자극하며, 외적 보상을 초월하여 인격적 감화를 통해 영향력을 행사하는 것이 변혁적 지도성이다.

▶ 13A ① # 분산적 지도성, 변혁적 지도성, 초우량 지도성, 카리스마적 지도성, 문화적 지도성
▶ 13B ④ # 변혁적 지도성: 비전, 사명감, 세심한 관심, 지적 자극, 인격적 감화

CHAPTER 2 교육행정

14
세부 출제영역 중앙 및 지방 교육행정 **평가 내용 요소** 장학

박 교사가 언급한 장학지도 유형은 자기장학이다. 자기장학은 교사 스스로가 자신의 전문성 신장을 위해 계획을 수립하고 실천해 나가는 것으로, 이상적인 장학 형태로 볼 수도 있으나 학습의 진전이 근본적으로 타인과의 상호작용을 통해 이루어진다는 점에서 한계가 있다. 또한 고도의 전문성을 지닌 교사들은 한정되어 있으므로 모든 교사에게 적합한 방식이라고 하기 어렵다.

이 교사가 언급하는 장학지도 유형은 학교 컨설팅으로, 학교 컨설팅의 원리로는 전문성의 원리, 독립성의 원리, 자문성의 원리, 일시성의 원리, 교육성의 원리, 자발성의 원리 등이 있다.

▶ **14A** ③ # 임상장학, 자기장학, 컨설팅장학
▶ **14B** ① # 교내자율장학
▶ **14C** ② # 관리장학, 협동장학, 수업장학, 발달장학

15
세부 출제영역 중앙 및 지방 교육행정 **평가 내용 요소** 교육정책

통합자

▶ **15A** ① # 호이와 타터의 참여적 의사결정

16
세부 출제영역 중앙 및 지방 교육행정 **평가 내용 요소** 교육정책

점증모형은 합리모형의 비현실성을 극복하기 위해 제안된 것으로, 기존의 정책 틀을 기반으로 하여 현재보다 다소 개선된 수준의 대안을 탐색해 나가는 모형이다. 이 모형은 시행착오를 전제로 하고 피드백을 통해 내용을 수정·보완해 나갈 수 있다는 점에서 장점이 있지만 급변하는 환경에서는 상황에 대응이 어려우며 의사결정에 있어 혁신이 어렵다는 단점이 있다.

혼합모형은 정책 결정에서 기본적인 큰 틀은 합리모형에 근거하고 세부적인 부분은 점증모형에 근거한 의사결정 모형이다. 이 모형은 합리모형의 비현실성과 점증모형의 보수주의적 성격을 극복하고자 한다는 장점이 있지만 동시에 두 모형의 단점을 모두 취하게 될 수 있다는 비판이 있다.

▶ **16A** ② # 의사결정 모형: 쓰레기통모형, 점증모형, 최적모형, 혼합모형

17
세부 출제영역 중앙 및 지방 교육행정 **평가 내용 요소** 교육정책

조직화된 무질서 조직이란 조직의 목표, 목표 달성을 위해 사용되는 기술, 그리고 조직 구성원(참여자)이 구체적이거나 일관되지 않고 불분명하고 유동적인 상태에 있는 조직을 말한다. 학교 조직은 조직의 목표가 어느 하나로 구체화되기 어려우며, 학교의 운영 기술이나 교사의 수업 전략도 모두 다르고, 교사와 학생들 모두 고정되지 않는다는 점에서 조직화된 무질서 조직에 해당한다.

조직화된 무질서 조직의 특성에서 나타나는 의사결정 모형의 유형은 쓰레기통 모형이다. 쓰레기통 모형에서는 의사결정이 합리적이거나 체계적인 것이 아니라 문제와 대안, 참여자, 선택기회 등이 서로 유동적으로 한데 모여 있다가 상황과 환경에 따라 우연적으로 해결책이 선택된다는 모형이다.

▶ **17A** ② # 교원양성체제, 정책 결정
▶ **17B** ③ # 의사결정의 관점: 참여적 관점
▶ **17C** ② # 의사소통 영향 정보, 조하리 창

18
세부 출제영역 중앙 및 지방 교육행정 **평가 내용 요소** 교육자치

지방교육자치제도

▶ **18A** ③ # 지방교육자치제도
▶ **18B** ① # 지방교육자치제도

19
세부 출제영역 학교학급 경영실무 **평가 내용 요소** 학교경영

학교단위(단위학교) 책임경영 제도란 학교 운영의 권한을 단위학교에 위임하여 단위학교의 자율성, 창의성, 책무성을 강조하는 제도다. 교육청에 의한 규제와 지시 위주의 학교경영 방식을 지양하고 학교의 실정에 맞는 학교 운영이 이루어지도록 한다.

이 제도의 실행 방안은 학교운영위원회를 설치하여 단위학교 내 의사결정의 분권화를 추구하며 지역사회와 교육수요자 중심의 교육을 실시하도록 하는 것이다. 학교운영위원회에서는 초빙교장제/초빙교사제를 실시하여 유능한 교장/교사를 단위학교로 초빙할 수도 있다.

▶ **19A** ④ # 학교단위 책임경영제
▶ **19B** ① # 고등학교 운영, 학교운영위원회

20
세부 출제영역 중앙 및 지방 교육행정 **평가 내용 요소** 교육재정

전년도 예산에 구애받지 않고 매년 모든 사업을 영(zero) 기준에서 엄밀히 분석하여 예산을 편성하는 제도를 말한다. 이 제도는 불필요한 예산의 낭비를 막고 예산을 효율적으로 배분할 수 있다는 장점이 있다. 그러나 고정된 비용이 많을 경우 효용이 떨어지며 매년 사업을 새롭게 평가하는 데에 많은 비용을 들이게 된다는 비판도 있다.

▶ **20A** ④ # 영 기준 예산제도

21
세부 출제영역 학교학급 경영실무 **평가 내용 요소** 학교경영

목표관리기법은 가능한 한 많은 구성원의 참여를 통해 조직의 목

표를 설정하고 그에 따라 효과적으로 목표를 달성하고자 하는 관리기법이다.

목표관리기법의 특징은 첫째, 조직 구성원의 상하를 막론하고 전체적인 참여와 합의를 중시한다는 것이다. 둘째, 활동의 과정과 결과에 대해 평가하여 피드백(환류)의 과정을 거친다는 것이다. 셋째, 학교운영의 분권화와 참여를 통해 관료화를 방지할 수 있다는 것이다. 넷째, 구성원들이 목표 설정 과정에 참여함으로써 조직의 목표를 효율적으로 달성할 수 있다는 것이다.

▶ 21A ③   # 학교경영 관리기법: 목표관리기법(MBO)

22

| 세부 출제영역 | 교육법 | 평가 내용 요소 | 교원의 권리와 의무 |

사고 발생의 예측 가능성, 교육활동과의 밀접성, 사고 발생의 구체적 위험성 등

▶ 22A ①   # 학교 내 안전사고, 교사의 책임 범위

23

| 세부 출제영역 | 교육법 | 평가 내용 요소 | 교육의 원칙 |

헌법 제31조

▶ 23A ④   # 헌법 제31조

CHAPTER 3 교육공학 및 교육방법

01
세부 출제영역 교육공학의 이해   **평가 내용 요소** 교육공학의 정의 영역

설계, 개발, 활용, 관리, 평가

▶ 01A ② # 교육공학의 정의: 설계, 개발, 활용, 관리, 평가

02
세부 출제영역 교육공학의 이해   **평가 내용 요소** 교육공학의 대표적 기초이론

벌로는 SMCR 모형에서 의사소통을 단순히 정보의 전달이 아닌 송신자와 수신자간의 커뮤니케이션 과정으로 보고, 송신자와 수신자의 태도, 지식, 사회문화적 배경 등이 메시지를 전달하고 메시지를 해석하는 데 영향을 미친다는 것을 고려해야 한다고 보았다. 의사소통 과정의 요인은 송신자(S), 메시지(M), 통신수단(C), 수신자(R)가 있다.
㉠과 ㉡은 전달 내용인 메시지와 관계가 있으므로 M단계의 하위 요소에 해당한다.

▶ 02A ② # 벌로의 SMCR 모형: 메시지
▶ 02B ④ # 벌로의 SMCR 모형: 송신자

03
세부 출제영역 교수매체   **평가 내용 요소** ASSURE 모형

최 교사는 ASSURE 모형에 근거하여 매체 자료의 활용(U)과 학습자 참여(R) 단계에서의 교사의 역할을 고민하고 있다. 매체 활용 단계에서 교사는 매체 활용의 전문가로서 학생들이 매체 자료를 원활하고 효과적으로 활용할 수 있도록 매체 활용 환경을 준비하고, 활용 방법을 학생들이 숙지하도록 안내하고 준비시키는 역할을 해야 한다. 또한 학생의 능동적인 참여를 유도하기 위해서 학생들에게 충분한 연습 기회를 제공하고 학생들의 연습 수행에 적절한 피드백을 제공하면서 학생들이 자신감을 가지고 참여할 수 있도록 할 수 있다.

▶ 03A ② # 매체비교연구
▶ 03B ③ # 교육매체, 투사매체, ASSURE 모형
▶ 03C ④ # ASSURE 모형, 교수매체

04
세부 출제영역 교수매체   **평가 내용 요소** ASSURE 모형

ASSURE 모형은 '학습자 분석, 목표 진술, 매체와 자료의 선정, 매체와 자료의 활용, 학습자 참여, 평가와 수정'의 단계로 구성되어 있다. 그중 세 번째인 매체와 자료를 선정하는 단계에서는 학습 목표 달성에 가장 적합한 교수 방법, 교수 매체 및 교수 자료를 선정한다. 마지막인 평가와 수정 단계에서는 학습자의 성취도 평가, 매체와 방법에 대한 평가, 교수·학습 과정에 대한 평가를 하고 필요한 것을 수정하는 활동을 한다.

▶ 04A ④ # ASSURE 모형

05
세부 출제영역 교수설계   **평가 내용 요소** 요구분석

요구분석이란 최적의 수행수준과 실제 수행수준과의 격차를 의미한다. 요구분석이 필요한 이유는 요구분석을 통해 학습자의 현재 수준을 파악하고 목표 수준을 설정하며 학습해야 할 내용을 결정할 수 있기 때문이다.

▶ 05A ① # 요구분석, 수행수준

06
세부 출제영역 교수설계   **평가 내용 요소** 체제적 수업설계

교수분석 단계다. 교수목표가 정해진 뒤에 목표를 학습영역에 따라 분류하고 수행 행동의 주요 단계를 파악하는 활동이 포함된다. 즉 목표의 유형을 결정하고, 목표를 성공적으로 학습하기 위해서 학습자가 학습해야 하는 하위 기능을 분석한 후 그 기능들이 어떤 절차로 학습되어야 하는지 밝히는 단계다.

▶ 06A ① # 체제적 교수설계 모형, 딕과 캐리

07
세부 출제영역 교수설계   **평가 내용 요소** 체제적 수업설계

두 모형 모두 형성평가나 파일럿 테스트를 실시하여 교수 프로그램을 수정·보완하도록 한다는 공통점이 있다.

▶ 07A ③ # ADDIE, ASSURE, 딕과 캐리 모형

08
세부 출제영역 교수설계   **평가 내용 요소** 체제적 수업설계

수행목표진술 단계는 학습이 끝났을 때 학습자가 할 수 있는 것으로 기대되는 목표를 진술하는 단계다. 목표는 구체적이고 가시적인 수행 행동 용어로 진술한다. 교사는 가르칠 내용을 학습자가 이해하기 쉽게 작은 단위로 나누어서 점진적으로 문제 해결에 접근할 수 있도록 목표를 최대한 명세화해야 한다.

▶ 08A ③ # 딕과 캐리 모형
▶ 08B ① # 딕과 캐리 모형: 체제적 교수설계 모형

09
세부 출제영역 교수설계   **평가 내용 요소** 체제적 수업설계

ㄱ과 ㄹ이 잘못되었다. '문제해결력'은 이미 배운 원리를 응용하여 여러 가지 상황에서 당면하는 문제에 대한 해결책을 발견하는 학습 유형이므로, '설명할 수 있다'는 학습 목표는 문제해결력을 기르기에

적절하지 않기 때문이다. 또한 가녜는 높은 수준의 지식을 학습하기 위해서는 반드시 낮은 수준의 지식을 사전에 습득하여야 한다고 했으므로 변별력, 구체적 개념, 정의된 개념, 원리와 법칙 순서로 가르치는 것이 적절하다.

▶ 09A ④   # 딕과 캐리 모형

10

| 세부 출제영역 | 교수설계 | 평가 내용 요소 | 체제적 수업설계 |

딕과 캐리의 교수설계 모형에서 학습과제를 분석하는 방법은 세 가지가 있다. 첫째는 위계분석이다. 지적기능이나 운동기능 영역의 학습과제일 때 사용하는 분석법으로, 상위기능과 하위기능으로 필요한 기능을 나눈다. 예를 들어 최소공배수를 구하는 학습과제는 위계분석을 한다. 둘째는 군집분석이다. 각 나라와 그 수도를 연결하여 암기하는 것과 같이 학습과제가 언어정보 영역일 때 군집별로 묶는 기법이다. 셋째는 위계분석과 군집분석을 함께 활용하는 통합분석으로, 학습과제가 태도 영역일 때 적합하다. 예를 들어 시간을 잘 지키는 태도를 기르는 학습과제는 통합분석이 적합하다.

▶ 10A ②   # 딕과 캐리 모형: 학습과제 분석

11

| 세부 출제영역 | 교수설계 | 평가 내용 요소 | 체제적 수업설계 |

딕과 캐리 수업설계 모형에서 과제분석이란 교수학습의 최종적인 목표와 관련된 모든 하위기능(내용)을 분석하는 것을 의미한다. 과제분석이 중요한 이유는 분석 결과에 따라 하위기능을 먼저 가르친 다음 관련된 상위목표를 달성하는 형태로 수업 순서와 방향을 설정할 수 있기 때문이다.

▶ 11A ③   # 딕과 캐리 모형: 과제분석

12

| 세부 출제영역 | 교수설계 | 평가 내용 요소 | 체제적 수업설계, 평가의 적용을 통한 프로그램의 수정보완 |

딕과 캐리 수업설계 모형에서는 과제분석을 통해 분석된 내용을 바탕으로 세부적인 수행목표를 진술하고, 이러한 목표를 고려하여 형성평가 및 총합평가를 개발하게 된다. 형성평가는 프로그램의 수정과 보완을 가능하게 하는 역할을 한다.

▶ 12A ①   # 딕과 캐리 모형: 형성평가

13

| 세부 출제영역 | 교수설계 | 평가 내용 요소 | 구성주의적 수업설계 |

구성주의는 학습의 과정을 학습자가 환경과의 상호작용을 통해 스스로 의미를 구성해가는 과정이라고 본다. 구성주의에 기반한 교수설계에서는 실제적 문제를 상황 맥락적으로 해결할 수 있는 학습자 중심의 학습환경, 절충(negotiation)과 의미 만들기를 위한 학습환경을 설계한다. 또한 문제해결에 초점을 맞추어 학습자의 능동적 지식 구성을 촉진하는 학습환경을 중시하고 현실의 복잡함을 반영하는 실제 문제를 개발해 코칭과 모델링 위주의 교수활동을 중시한다.

▶ 13A ②   # 객관주의, 구성주의

14-1

| 세부 출제영역 | 교수설계 | 평가 내용 요소 | 체제적 수업설계 |

첫 번째 교수 활동은 모델링이다. 학습자에게 기대되는 수행을 외형적으로 보여주거나 문제해결과정의 내면적 추론 과정, 의사결정 과정을 설명해주는 것이다. 두 번째는 코칭이다. 학습자 수행의 각 세부 단계에 대해 코칭함으로써 학습자가 자신의 수행을 점검하고 조절할 수 있게 한다. 마지막은 비계설정이다. 학습자가 과제를 수행할 때 자기 능력 이상의 학습과 수행을 할 수 있도록 임시적 틀을 제공하는 지원이다. 문제 난이도를 조절하거나, 과제를 재구조화하거나, 대안적인 평가를 제공하는 등의 방법을 통해 가능하다.

14-2

| 세부 출제영역 | 교수설계 | 평가 내용 요소 | 구성주의적 수업설계 |

설계 요소 (가)는 '관련 사례'다. 이 경우 프로젝트와 관련된 사례를 제시하는 것을 말한다. 구성주의에서는 개념과 원리의 직접적인 암기나 이해보다 다양한 사례를 섭렵함으로써 사고구조를 점진적으로 확장하고 정교화하는 과정을 유의미하게 본다. 이런 맥락에서 프로젝트와 관련된 다양한 사례를 제공해 학습 과정을 지원하는 것이 (가)이다.

▶ 14A ⑤   # 조나센의 구성주의 학습환경 설계 모형
▶ 14B ②   # 조나센의 구성주의 학습환경 설계 모형

15

| 세부 출제영역 | 교수방법 | 평가 내용 요소 | 학생중심적 수업방법 |

인지적 영역에서 협동학습법의 장점은 첫째, 개별학습에 비해 깊이 있는 지식을 학습할 수 있다는 것이다. 둘째, 다양한 동료학습자들과 상호작용하는 과정에서 고차적인 사고 능력이 개발될 수 있다는 것이다. 비인지적 영역에서 협동학습의 장점은 첫째, 동료학습자와의 상호작용과 협력을 통해 문제를 해결한다는 점에서 리더십이나 팔로우십, 의사소통기술과 같은 사회적 기능을 발달시킬 수 있다는 것이다. 둘째, 모둠에서 자신의 역할을 수행한다는 점에서 사기효능감이 높아질 수 있다는 것이다.

▶ 15A ④   # 협동학습: 성취과제분담모형(STAD)
▶ 15B ②   # 온라인 협동적 프로젝트중심학습
▶ 15C ④   # 자율적 협동학습(Co-op Co-op)

CHAPTER 3 교육공학 및 교육방법

16

| 세부 출제영역 | 교수방법 | 평가 내용 요소 | 학생중심적 수업방법 |

Jigsaw Ⅱ 모형에서 교사는 단원을 몇 개의 소주제로 나누어 원집단에 질문의 형식으로 제시한다. 원집단의 구성원들은 소주제를 하나씩 나누어 받는다. 각 구성원은 원집단에서 나와, 같은 소주제를 맡은 다른 집단의 구성원들과 전문가 집단을 형성하여 맡은 과제를 집중적으로 학습한다. 학습이 끝나면 원집단으로 돌아가 습득한 전문 지식을 다른 구성원에게 가르친다. 마지막으로 단원 전체에 대해 개별 시험을 치러 개별보상을 제공하고 개인별 향상점수를 합산한 점수로 집단보상을 받는다.

▶ **16A** ② # 협동학습 모형: 직소, 자율적 협동학습(Co-op Co-op)

17

| 세부 출제영역 | 교수방법 | 평가 내용 요소 | 학생중심적 수업방법 |

이 교사는 버즈토의, 장 교사는 성취-과제분담(STAD) 모형을 활용하는 것이 적합하다. 버즈토의는 대집단을 3~6명으로 구성된 소집단으로 나누어 소집단별 토의를 먼저 수행한 뒤에 다시 전체 집단이 함께 모여 토의결과를 종합하여 결론을 내리는 방법으로 진행한다. 집단 구성원의 참여 의식과 공동체 의식을 제고하고 소수의 일방적 진행을 방지할 수 있으므로 많은 학생들이 적극적으로 참여하는 토의방식이다. 성취-과제분담 모형은 개인의 성취에 대해 팀 점수가 가산되고 팀에게는 집단보상이 추가되는 구조이므로 모든 학생들이 책무성을 갖추는 데 적합한 협동학습 방식이라고 할 수 있다.

▶ **17A** ② # 토의법, 협동학습: 버즈토의, STAD, 직소

18

| 세부 출제영역 | 교수방법 | 평가 내용 요소 | 학생중심적 수업방법 |

개별화 교수체제(PSI)에서는 수업에 보조관리자를 활용하는데 이들은 동료 학습자들 중에서 우수한 학습사나 지원자로, 다른 학습자들의 학습을 돕고 강화하며 결과를 평가하고 오답을 교정해 주는 역할을 한다.

▶ **18A** ④ # 켈러의 개별화 교수체제: 블렌디드 러닝

19

| 세부 출제영역 | 교수-학습 이론 | 평가 내용 요소 | 캐롤의 학교학습모형 |

(가)는 학습 지속력, (나)는 수업의 질이다. 학습 지속력을 개선하기 위해서는 학습 동기를 유발하고 유지하는 방법을 다루는 교수설계 기법에 관한 연수를 받을 수 있다. 수업의 질 개선을 위해서는 동료 장학을 하거나 수업 컨설팅을 받는 등 장학활동에 참여하는 방법이 있다.

▶ **19A** ④ # 캐롤의 학교학습모형

20

| 세부 출제영역 | 교수-학습 이론 | 평가 내용 요소 | 발견학습이론 |

브루너의 발견학습이론에서 학습경향성이란 학습자의 학습하고자 하는 의욕, 준비성, 학습동기를 의미한다. 발견학습이론은 학습자 스스로 지식의 구조를 발견하는 것을 목표로 하기 때문에 교사는 수업에서 교사의 지시를 최소화하고 구체적인 사례를 다양하게 제시함으로써 학생들이 스스로 추리를 통해 원리를 발견하도록 하는 귀납적 접근 방법을 취한다. 또한 외재적 보상보다 내재적 보상을 강조하여 학생 스스로 자신의 학습에 대해 만족을 가지고 동기화될 수 있도록 하는 내적 동기 유발 방안을 취할 수 있다.

▶ **20A** ④ # 브루너의 발견학습이론

21

| 세부 출제영역 | 교수-학습 이론 | 평가 내용 요소 | 오수벨의 유의미학습 |

오수벨의 유의미학습 이론(설명식수업 이론)에서 교사가 학습과제를 제시할 때 유의할 점은 첫째, 선행조직자를 제시하여 학습과제가 학습자의 인지구조에 알맞게 포섭·동화되도록 제시한다. 둘째, 학습 내용을 체계적이고 계열적으로 조직하여 일반적이고 포괄적인 지식을 먼저 제시하고 세부적이고 상세한 지식을 나중에 제시한다(연역적 접근, 논리적 유의미가를 가진 과제). 셋째, 지난 시간에 학습한 내용을 요약해서 제시하는 등 학습과제의 새로운 지식/정보와 기존에 학습한 선행 학습내용과의 통합을 강조한다. 넷째, 학습자들이 잘 알고 있는 사례를 활용하여 학습내용을 설명함으로써 학습자의 학습동기 유발을 돕는다(유의미 학습태세).

▶ **21A** ② # 오수벨의 유의미학습 이론: 선행 학습내용, 통합, 포섭, 동화
▶ **21B** ② # 오수벨의 설명식수업 이론: 계열적, 요약, 잘 알고 있는 사례

22

| 세부 출제영역 | 교수-학습 이론 | 평가 내용 요소 | 오수벨의 유의미학습 |

오수벨의 선행조직자란 학습을 촉진하기 위하여 학습 이전에 의도적으로 도입시키는 포섭자, 즉 수업의 도입단계에서 주어지는 언어적 설명이다. 인지구조 속에 자리 잡고 있는 아이디어의 기억과 회상, 자극과 활성화를 위해 제시하는 것이다. (가)~(다)에 들어갈 말은 각각 설명조직자, 포섭, 정착 아이디어이다.

▶ **22A** ⑤ # 오수벨의 유의미 수용학습 이론: 설명조직자, 포섭, 정착 아이디어

23

| 세부 출제영역 | 교수-학습 이론 | 평가 내용 요소 | 오수벨의 유의미학습 |

(가)는 인지적 조직화를 강화하는 단계다. 이 단계에서는 학습자가 학습자료의 내용을 다른 시각에서 살펴보거나 숨어 있는 가정 또는 추론 등에 대해 도전하게 하는 등 능동적인 수용학습을 고무하고 주제에 대해 비판적인 접근을 취하게 한다. 또 학습자료에 제시된 여러 가지 개념이나 명제들 사이의 공통점과 차이점을 학습자의 선행학습 내용에 근거해서 비교·설명하게 하는 등 통합원리를 사용하고 명료화시키며 조정하는 단계다.

▶ 23A ⑤　# 오수벨의 선행조직자 교수모형

24

| 세부 출제영역 | 교수-학습 이론 | 평가 내용 요소 | 가네의 교수-학습 이론 |

가네의 수업모형(위계학습이론)에서 수업사태(교수사태)란 학습자의 학습이 이루어지기 위해 교수자가 제공해야 하는 활동으로, 학습의 외적 조건을 조성하는 요소를 말한다. 이 이론에 근거하여 전개(획득과 수행) 단계에서 교사의 역할은 첫째, 자극자료를 제시하는 것으로써 학습내용이 적용되는 사례를 설명하거나 학습내용과 관련된 영상자료를 보여 주는 것이다. 둘째, 학습안내를 제공하는 것으로써 학습해야 하는 과제의 요소를 구체적으로 제시하고 과제 수행에 필요한 지식과 방법을 안내하는 것이다. 셋째, 학습자의 수행을 유도하는 것으로써 제공된 학습안내에 따라 학습자가 직접 과제를 수행해볼 수 있는 연습기회를 제공하는 것이다.

▶ 24A ③　# 가네의 위계학습이론: 학습결과
▶ 24B ④　# 가네의 수업모형: 자극 자료 제시
▶ 24C ①　# 가네 교수설계 이론: 교수목표, 학습조건
▶ 24D ②　# 가네 교수사태: 피드백

25

| 세부 출제영역 | 교수-학습 이론 | 평가 내용 요소 | 가네의 교수-학습 이론 |

가네는 다섯 가지 학습 영역을 제시했다. 첫째로 지적 기능은 무엇을 하는 방법을 아는 것으로 기호나 상징을 사용하여 환경과 상호작용하는 능력이다. 두 번째로 언어 정보는 구두 언어, 문장, 그림 등을 사용해서 일련의 사실이나 사태를 진술하거나 말하는 것을 학습하는 능력을 말한다. 세 번째로 인지 전략은 학습자의 학습 방법과 같은 내적 인지 과정을 통제해 주는 기능이다. 넷째로 운동기능은 포괄적인 활동의 일부를 형성하는 조직된 단위적 운동행위이며, 다섯째로 태도는 특정한 수행이라기보다 학습자의 선택이라고 할 수 있는 경향성이나 성향을 말한다.

▶ 25A ⑤　# 가네의 교수학습이론

26

| 세부 출제영역 | 교수-학습 이론 | 평가 내용 요소 | 가네의 교수-학습 이론 |

제시된 수업 사례에는 목표를 제시하는 단계와 파지 및 전이를 증진하는 마지막 단계가 빠졌다. '미지수가 2개인 다항식의 덧셈을 할 수 있다.' 등의 수업목표를 학생들에게 알려주면 학습자가 기대를 할 수 있고, 다양한 형태의 다항식 덧셈 문제에 일반화하는 등의 과정을 거치면서 파지와 전이를 증진시킬 수 있다. (가)는 학습 안내 제시하기, (나)는 수행 유도하기 단계에 해당한다.

▶ 26A ④　# 가네의 수업사태

27

| 세부 출제영역 | 교수-학습 이론 | 평가 내용 요소 | 가네의 교수-학습 이론 |

㉠은 주의집중을 획득하는 단계다. 교사는 새로운 자극을 제시함으로써 학습자들의 주의를 집중시킬 수 있다. ㉡은 선수학습을 회상하는 단계다. 이전에 학습한 지식이나 기능을 회상시켜 학습자가 새로운 정보를 습득하는 데 필요한 기능을 숙달하게 한다. ㉢은 피드백을 제공하는 단계다. 학습자 수행의 결과에 대해 수행이 얼마나 성공적이었고 정확했는지를 알려 준다.

▶ 27A ④　# 가네의 9단계 수업사태

28

| 세부 출제영역 | 교수-학습 이론 | 평가 내용 요소 | 메릴의 내용요소제시 이론 |

메릴(M. D. Merrill)의 내용요소 제시 이론

▶ 28A ①　# 메릴의 내용요소 제시 이론

29

| 세부 출제영역 | 교수-학습 이론 | 평가 내용 요소 | 메릴의 내용요소제시 이론 |

메릴은 내용 차원에 사실, 개념, 절차, 원리 네 가지가, 수행 차원에 기억, 활용, 발견 세 가지가 있다고 보고 각각을 조합한 수행·내용 행렬표를 만들었다. (가)는 개념·기억, (나)는 절차·기억, (다)는 개념·활용 범주에 속한다.

▶ 29A ③　# 메릴의 수행·내용 행렬표

30

| 세부 출제영역 | 교수-학습 이론 | 평가 내용 요소 | 라이겔루스의 정교화 이론 |

라이겔루스의 정교화 이론의 관점에서 학습자의 학습을 돕는 구체적인 방안은 첫째, 학습과제를 정교화된 계열로 제시하는 것이다. 학습자가 학습해야 하는 과제를 단순한 것부터 복잡한 것의 순서, 일반적인 것부터 세부적인 것의 순서 등으로 계열화하여 제시함으로써 학습자의 학습을 도울 수 있다. 둘째, 비유를 사용하는 것이다. 새로운 학습내용을 학습자가 알고 있는 친숙한 아이디어나 구체적인 사례와 연결시켜 제시함으로써 학습자의 이해를 도울 수 있다. 셋째, 학습자

CHAPTER 3 교육공학 및 교육방법

통제(학습자 주도성)를 활용하는 것이다. 학습자로 하여금 스스로 자신의 학습과제와 전략을 선택할 수 있게 함으로써 자율성을 높여 학습을 도울 수 있다.

▶ 30A ① # 라이겔루스의 정교화 이론: 정교화 유형, 종합자, 요약자

31

| 세부 출제영역 교수-학습 이론 | 평가 내용 요소 라이겔루스의정교화이론 |

라이겔루스의 미시적 전략은 제시, 연습, 피드백과 같은 하위전술로 이루어진다. 포유류에 대해 학습한다고 할 때 제시 단계에서는 포유류의 정의나 결정적 속성을 가르치거나 가장 쉽고 전형적인 예를 가지고 설명할 수 있다. 또는 포유류가 아닌 예와 포유류인 예를 동시에 제시하여 변별하게 하는 것, 고래나 말, 캥거루 등의 다양한 사례를 제시하고 포유류 개념을 일반화하게 하는 것이 제시 단계의 전술에 해당한다.

▶ 31A ③ # 라이겔루스의 개념학습

32

| 세부 출제영역 교수-학습 이론 | 평가 내용 요소 라이겔루스의정교화이론 |

라이겔루스 이론에서 '교수의 방법'이란 서로 다른 조건하에서 의도한 학습 결과를 성취하기 위하여 사용되는 다양한 교수전략을 의미한다. '조직전략'은 수업 내용을 조직하기 위한 기본 방법을 다루는 것으로, 단일한 아이디어에 관한 수업을 조직하는 미시전략과 복합적인 여러 아이디어를 가르칠 때의 거시전략이 있다. 교수의 결과 중 '매력성'은 학습자가 교수, 학습 활동과 학습자료 등에 매력을 느껴 학습을 더 자주 하려 하고, 습득한 지식이나 기능을 사용하려는 성향을 의미한다.

▶ 32A ⑤ # 라이겔루스: 교수의 3대 변인

33

| 세부 출제영역 교수 학습 이론 | 평가 내용 요소 켈러의 ARCS 이론 |

켈러의 ARCS 학습동기 설계이론의 네 가지 구성 요소는 주의력, 관련성, 자신감, 만족감이다. 주의력은 학습동기를 유발하기 위해 우선적으로 유발 및 유지되어야 하는 요소이고, 관련성은 학습과제 및 활동이 학습자의 다양한 흥미에 부합하면서도 유의미한 것과 관련이 있다. 자신감은 학습과제를 성공적으로 마칠 수 있을 것이라는 신념을 가지는 것이고, 만족감은 학습자의 노력의 결과가 기대와 일치해 학습 결과에 만족하는 것이다.

정수의 말은 학생이 스스로 속도를 조절하고 과제 성공에 대한 긍정적 기대감을 가지게 되었다는 내용이므로 자신감 범주와 관련이 있다. 혜민이는 학습자의 노력에 따른 결과가 기대와 일치해 좋다고 말했으므로 이는 만족감 요소에 해당한다.

▶ 33A ⑤ # 켈러의 ARCS 학습동기 설계이론: 만족감
▶ 33B ① # 켈러의 ARCS 학습동기 설계이론: 자신감

34

| 세부 출제영역 교수-학습 이론 | 평가 내용 요소 켈러의 ARCS 이론 |

김 교사가 사용하고자 하는 교수학습모형은 켈러의 ARCS 모형(동기설계모형)이다. 그중 김 교사가 실행하려는 전략은 자신감 전략으로 이를 실행할 수 있는 방안은 첫째, 학생들이 학습 과정에서 성공의 경험을 할 수 있도록 도와주는 것이다. 이는 학업 수준이 낮은 학생들도 충분히 풀 수 있는 쉬운 문제부터 시작해 학생들이 노력하면 해결할 수 있는 정도의 도전적 과제를 단계적으로 제시함으로써 가능하다. 둘째, 학생이 학습 과정에서 자율성이나 통제감을 느끼도록 도와주는 것이다. 이는 학습 과제의 유형과 과제 해결 방법 등에서 학생들이 직접 자신의 과제를 선택할 수 있도록 선택권을 제공함으로써 가능하다. 셋째, 학습에 필요한 조건 또는 선행지식을 제시하는 것이다. 이러한 방안을 통해 학생들은 학습에 대해 자신감을 가지고 학습동기가 유발될 수 있다.

▶ 34A ④ # 켈러의 ARCS 학습동기 설계모형
▶ 34B ② # 켈러의 ARCS 모형: 수업전략
▶ 34C ④ # 켈러의 ARCS 학습동기 설계이론: 만족감, 수업전략

35

| 세부 출제영역 교수-학습 이론 | 평가 내용 요소 구성주의 교수학습모형 |

박 교사가 기반하고 있는 교수학습이론의 명칭은 인지적 융통성(유연성) 이론이다. 이 이론의 지식관은 지식은 일차원적인 단순한 개념이 아니라 복잡하고 다원적인 개념으로 형성되어 있으며, 지식을 단순화, 구조화하여 제시하는 것은 오히려 고차적인 지식 습득을 방해한다고 본다. 이 이론의 관점에서 학생들의 지식 전이력과 재구성 능력을 높이기 위해서는 동일한 지식이 서로 다르게 적용될 수 있는 다양한 적용 사례를 제시해줌으로써 학생들이 다양한 형태의 지식을 다각도로 체험하게 할 필요가 있다. 또한 비구조화된 내용을 학습할 때 하이퍼미디어를 활용하게 하면 인지적 유연성을 기를 수 있다.

▶ 35A ④ # 하이퍼미디어 활용 수업
▶ 35B ④ # 인지적 융통성 이론: 지식, 전이, 사례

36

| 세부 출제영역 교수-학습 이론 | 평가 내용 요소 구성주의 교수학습모형 |

인지적 도제모형은 사회, 문화적 환경과의 상호작용에서 지식이 구성되고 인지발달이 이루어진다는 비고츠키의 이론에 근거한다. 도제학습의 절차는 시연, 코칭, 교수적 도움, 명료화, 반성적 사고, 탐구 단계로 이루어진다. 교수적 도움 단계는 교사가 학습자와 공동으로 과제를 수행하며 학습에 도움을 주는 역할을 하다가 점차 도움을 줄여 학생 스스로 문제를 해결하고 학습하도록 하는 단계다. 반성적 사고 단계는 학습자가 자신의 문제해결과정을 전문가의 것과 비교하며 반성적으로 검토하는 것이다.

▶ 36A ② # 구성주의, 인지적 도제 모형: 수업단계

37

| 세부 출제영역 | 교수-학습 이론 | 평가 내용 요소 | 구성주의 교수학습모형 |

문제기반학습의 특징 세 가지는 자기주도적 학습, 협동학습, 실제적 문제다. 학습자 스스로 문제를 명료화하고 문제를 해결해 나가며 학습하는 방식이므로 자기주도적이다. 또한 문제기반학습은 협동학습 환경을 강조한다. 여러 사람이 함께 협동해서 문제를 해결해 나가며 상호작용에 의한 지식의 구성을 중시한다. 마지막 특징은 실제로 생성된 문제를 기반으로 한다는 것이다. 문제중심학습에서의 과제는 학습자가 당면하는 실제적 성격을 갖는 과제로, 해결 방법이 여러 가지로 나타날 수 있는 비구조화된 문제를 대상으로 한다.

▶ 37A ② # 구성주의, 문제기반학습, 실제적 과제, 비구조화, 촉진자
▶ 37B ③ # 구성주의, 문제기반학습: 교사의 단계별 행동

38

| 세부 출제영역 | 교수-학습 이론 | 평가 내용 요소 | 구성주의 교수학습모형 |

학습 목표: 개별적이거나 협동적인 학습 과정을 통해 실제적인 문제 해결 경험을 강조하는 학습 목표를 설정한다.

교사의 역할: 문제의 해결 모형을 제시하기보다는 학습자가 스스로 문제에 관한 지식 기반(knowledge base)을 구축하고 실제로 그것을 활용하여 자기주도적이고 협력적으로 문제를 해결할 수 있도록 메타인지(상위인지)적인 코칭을 한다.

▶ 38A ④ # 문제해결학습, 정보처리이론, 구성주의
▶ 38B ② # 문제중심학습: 문제, 평가, 이론적 근거, 학습방식
▶ 38C ④ # 문제기반학습: 종합력, 비판력, 협동력, 실생활 관련 내용, 교사의 역할

39-1

| 세부 출제영역 | 교수-학습 이론 | 평가 내용 요소 | 구성주의 교수학습모형 |

구성주의에서는 학생이 능동적으로 지식을 구성하도록 격려하거나 사회적 상호작용을 통해 학생의 사고 발달을 촉진하는 것, 학생의 현재 수준에 맞는 피드백과 조언을 제공하는 것 등이 교사의 역할로 강조된다.

39-2

| 세부 출제영역 | 교수-학습 이론 | 평가 내용 요소 | 구성주의 교수학습모형 |

상보적 교수법에 대한 내용이다. 이 교수법은 사회적 구성주의에 기초해 교사와 학생 또는 학생과 학생 사이에 대화 형태로 학습 과정이 전개되며, 이 대화를 통해 학생이 읽은 내용을 깊이 이해하고 생각하도록 도와주는 데에 목적이 있다. 학습의 주도권이 교사로부터 학생에게 점진적으로 옮겨가게 해 학습 후에는 새로운 글이 주어져도 '질문-요약-명료화-예측'의 네 가지 인지전략을 활용함으로써 자주적으로 학습할 수 있는 능력을 기르게 한다.

교사의 역할로는 학생이 능동적으로 지식을 구성하도록 격려하거나 사회적 상호작용을 독려하여 학생의 사고 발달을 촉진하는 것, 학생의 현재 수준에 맞는 피드백과 조언을 제공하는 것 등이 강조된다.

▶ 39A ① # 상보적 교수, 구성주의

40

| 세부 출제영역 | 이러닝·온라인 교수 학습 이론 | 평가 내용 요소 | ICT 활용 수업/웹기반 학습 |

이러닝의 장점은 첫째, 학습의 과정에서 학습자가 스스로 자신에게 필요한 정보를 찾고 가공함으로써 자기주도성이 향상될 수 있다는 것이다. 둘째, 시간이나 장소 등에 구애받지 않음으로써 교육의 환경적 제약을 극복할 수 있다는 것이다. 팬데믹과 같이 등교 수업이 불가능한 상황에서는 학생들이 먼저 온라인 강의를 통해 기초적인 내용 학습을 할 수 있도록 한 뒤, 쌍방향 소통이 가능한 실시간 온라인 수업 장면에서는 기존에 학습한 내용을 바탕으로 교사와 다른 동료학습자들과 상호작용하면서 문제해결학습이나 토의, 토론 등의 방식으로 학습한 내용을 확장하고 발전시켜 나갈 수 있도록 수업모형을 재설계할 수 있다. 이는 블렌디드 학습법과 같이 기존의 전통적 대면 수업과 ICT 기술을 활용한 이러닝을 복합적으로 활용할 수 있다는 점에서 수업 시간 부족의 문제를 극복하고 수업의 효과성을 높일 수 있다.

▶ 40A ② # 인터넷 활용 수업
▶ 40B ① # 인터넷 원격교육: 탐구학습, 인지적 도제학습, 협력학습
▶ 40C ④ # 인터넷 토론수업의 교육적 효과
▶ 40D ② # 멀티미디어의 교육적 특성

CHAPTER 4 교육평가

01

세부 출제영역 교육평가의 이해　　**평가 내용 요소** 교육평가의 유형1

　형성평가는 교수학습의 과정이 진행되는 도중에 시행하는 평가다. 학생 측면에서 형성평가의 기능은 자신의 학습활동의 문제점을 파악하고 개선하게 해주는 것이다. 교사 측면에서의 기능은 교수방법의 문제점을 파악하고 개선하게 해주며, 학생의 학습결손을 파악하여 학생에게 적절한 처치를 하도록 도와줄 수 있다는 것이다.

▶ 01A ④　# 형성평가
▶ 01B ②　# 진단-형성-총합평가

02

세부 출제영역 교육평가의 이해　　**평가 내용 요소** 교육평가의 유형2

　김 교사의 평가는 규준참조평가와 관련이 있다. 김 교사가 표준점수 중 하나인 T 점수에 근거해 학생 능력을 변별했는데, 표준점수는 상대적 서열을 나타내는 점수이기 때문이다. 박 교사는 성장참조평가를 했다. 현재 성취를 과거의 성취 수준과 비교하여 해석하는 방식의 평가로, 과거에 비해 더 많은 성취를 한 학생을 높게 평가한다.

▶ 02A ②　# 규준참조평가, 성장참조평가

03

세부 출제영역 교육평가의 이해　　**평가 내용 요소** 교육평가의 유형2

　정 교사가 새롭게 시도하려고 하는 평가 유형의 명칭은 준거참조평가이다. 준거참조평가는 학생 개인이 교육목표를 어느 정도 달성했는가, 학생이 무엇을 성취했고 성취하지 못했는가를 판단하고자 하는 평가 유형이다. 이 평가의 장점은 첫째, 선발적 교육관이 아닌 발달적 교육관에 근거하여 학생 개개인이 중심이 되는 평가가 이루어지도록 할 수 있다는 점이다. 둘째, 평가와 교수학습이 직접적으로 연계되는 평가이기 때문에 교수학습 과정에 집중하도록 할 수 있다는 점이다. 셋째, 다른 학생들과 경쟁하는 것에 집중하지 않고 개인의 내적 동기를 유발함으로써 학습의 성취감과 학습 동기의 지속성을 강화할 수 있다는 점이다.

▶ 03A ①　# 규준참조평가
▶ 03B ③　# 규준지향평가, 준거지향평가

04

세부 출제영역 평가방법 선정과 개발　　**평가 내용 요소** 문항/도구 제작과 활용

　논리적 오류는 전혀 다른 두 가지 행동 특성을 비슷한 것으로 생각해서 평정하는 경향을 말한다. 예를 들어 협동성과 준법성은 전혀 다른 두 행동 특성이지만, 협동성이 낮으면 준법성도 낮다고 평가하는 것이다. 후광 효과는 평정 대상에 대해 가지고 있는 특정 인상을 토대로 또 다른 특성을 좋게 또는 나쁘게 평정하는 것이다. 집중경향의 오류는 아주 높은 점수나 낮은 점수는 피하고 평정이 중간 부분에 지나치게 모이는 것이다.

▶ 04A ④　# 평정 오류, 논리적 오류, 후광 효과, 집중경향의 오류

05

세부 출제영역 교육평가의 이해　　**평가 내용 요소** 교육평가 모형

　제시된 프로그램 평가 모형의 명칭은 타일러의 목표중심 평가 모형이다. 타일러는 평가가 미리 설정된 교육 프로그램의 목표가 어느 정도 달성되었는지 확인하는 것이라고 보고, 명세적으로 진술된 행동목표를 기준으로 평가하는 모형을 제시했다. 이 모형의 장점은 첫째, 교육목표를 행동적 용어로 진술하여 평가 기준을 명확하게 제시한다는 것이다. 둘째, 교육목표, 교육내용, 교육평가 사이의 논리적 일관성이 유지된다는 것이다. 이 모형의 단점은 첫째, 교육목표로 설정되지 않은 부수적 교육활동에 대한 평가가 어렵다는 점이다. 둘째, 목표달성 여부에만 초점을 맞추게 되므로 교수학습 과정에 대한 평가가 어렵다는 점이다.

▶ 05A ②　# 타일러, 목표중심 평가 모형
▶ 05B ①　# 목표중심 평가

06

세부 출제영역 교육평가의 이해　　**평가 내용 요소** 교육평가 모형

　스터플빔의 CIPP모형(의사결정중심 평가 모형)에서는 평가자의 주관적 전문성보다 평가자가 의사결정자에게 판단을 내리는 데 도움을 줄 수 있는 유용한 정보를 수집해 제공할 것을 강조한다. 평가자의 역할은 최종적인 가치판단이 아니라 충분한 정보의 수집·제공에 있다.

▶ 06A ④　# 스터플빔, CIPP모형

07

세부 출제영역 교육평가의 이해　　**평가 내용 요소** 교육평가 모형

　판단모형의 장점은 내재적 준거에 의한 프로그램의 목표 달성 정도뿐만 아니라 외재적 준거인 프로그램의 진행 중에 발생하는 잠재적, 부수적 결과까지 고려할 수 있다는 점이다. 또한 평가자의 전문적 판단을 중시하므로 교육목표 자체의 질과 평가 대상이 되는 교육 프로그램의 가치를 판단할 수 있다.

▶ 07A ②　# 스크리븐: 판단중심 평가 모형

08-1

세부 출제영역 평가방법 선정과 개발　　**평가 내용 요소** 문항/도구 제작과 활용

　제시된 평가 유형은 포트폴리오 평가이다. 포트폴리오 평가의 장점

은 첫째, 학생의 학습적 발달 및 성장의 과정을 구체적으로 파악할 수 있다는 것이다. 둘째, 학생 개개인의 개별화된 특성을 파악할 수 있다는 것이다. 셋째, 학생이 평가의 과정에 직접 참여하고 결과물을 만들어내므로 평가의 중요성을 인식할 수 있다는 것이다. 넷째, 수업의 과정이 평가와 직접적으로 연결되므로 수업 과정에서 학생의 참여를 유발할 수 있다는 것이다.

08-2

세부 출제영역 평가방법 선정과 개발　**평가 내용 요소** 문항/도구 제작과 활용

수행평가란 학생의 지식과 기능을 구체적인 산출물 또는 행동으로 나타내도록 하여 평가하는 방식이다. 교사는 학생의 수행 과정과 결과를 보고 전문적으로 판단한다. 수행평가를 실시할 때 교사가 유의할 점은 첫째, 수행평가 도구를 개발할 때 교수학습과 연계되고 다양한 반응이 나타날 수 있는 평가를 구성해야 한다는 것이다. 둘째, 평가 기준을 구체적이고 명료하게 작성하여 학생들에게 제시함으로써 혼란이 없도록 하고 채점자의 신뢰도를 확보해야 한다는 것이다.

▶ 08A ④　# 수행평가
▶ 08B ④　# 수행평가, 신뢰도, 타당도, 객관도
▶ 08C ①　# 수행평가의 특징
▶ 08D ②　# 포트폴리오 평가

09

세부 출제영역 평가방법 선정과 개발　**평가 내용 요소** 평가도구의 양호도

김 교사가 고려한 타당도는 내용타당도이다. 내용타당도란 평가도구가 교육목표, 즉 내용을 얼마나 충실히 측정하고 있는지를 가늠하는 타당도이다. 평가 출제자는 검사 문항들이 측정하고자 하는 내용을 잘 대표해 표집되어 있는지를 확인해야 한다.

▶ 09A ①　# 타당도, 내용타당도

10

세부 출제영역 평가방법 선정과 개발　**평가 내용 요소** 평가도구의 양호도

신뢰도란 측정하고자 하는 현상을 일관성 있게 측정하는 능력이다. 안정성, 일관성, 예측가능성, 정확성 등으로 표현할 수도 있다. 반복 측정을 하였을 경우 얼마나 동일한 결과를 얻게 되는지 파악함으로써 확인할 수 있다. 반분검사 신뢰도는 검사를 실시한 후 그것을 동형검사가 되도록 두 개의 하위검사로 나누어 신뢰도를 파악하는 방법이다. 검사를 어떻게 나누는지에 따라 신뢰도 계수가 달라진다는 문제점이 있어서 두 개의 하위검사가 동형검사가 되도록 잘 나누어야 한다. 검사 전체의 신뢰도가 아닌 반분된 부분 검사의 신뢰도이므로 문항 수가 줄어듦에 따라 전체 신뢰도가 과소추정되는 것을 교정하기 위해 스피어만-브라운 공식을 적용해 검사 전체 신뢰도를 구해야 한다는 번거로움이 있다. 또한 속도 검사에는 적용하기 어렵다는 점 등이 단점이다.

▶ 10A ④　# 신뢰도, 반분검사 신뢰도

11

세부 출제영역 평가 결과의 활용　**평가 내용 요소** 자료분석 및 기초통계

A학교에서 70점을 받은 학생의 T점수는 60점이다. A학교에서 60점을 받은 학생의 백분위와 B학교에서 60점을 받은 학생의 백분위는 동일하다.

※ 참고
① $T = 50 + 10Z$
② $Z = $ 원점수 - 평균 / 표준편차
　→ $Z = 70 - 65 / 5 = 1$
　　$T = 50 + 10 \times 1 = 60$

▶ 11A ④　# 표준점수

12

세부 출제영역 평가방법 선정과 개발　**평가 내용 요소** 문항/도구 제작과 활용

변별도는 개별 문항이 해당 시험에서 총점(학업 성취 수준)이 낮은 학생과 높은 학생을 구별해주는 능력의 정도를 의미한다. 문항1은 상위집단과 하위집단을 잘 변별하지 못하므로 변별도가 낮아 수정 또는 삭제가 필요한 반면, 문항2는 상위집단과 하위집단을 잘 변별하고 있으므로 변별도가 높다. 문항5는 오답지 반응비율이 0이므로 오답지가 매력적인 역할을 하지 못하고 있다는 문제점이 있으므로 오답지의 매력도를 높이는 방향으로 수정이 필요하다.

▶ 12A ④　# 문항 분석, 변별도, 답지의 능률도(답지반응 분포)

CHAPTER 5 교육심리

01

세부 출제영역 학습자의 인지적 특성　**평가 내용 요소** 지능

　기존의 지능이론이 지능을 고정적인 것으로 보고 인지적 영역에 한정되는 것으로 본 것과 달리 가드너의 다중지능이론은 모든 사람이 지능을 적절한 수준까지 개발할 수 있는 것으로 보았다. 즉, 지능을 변화 가능한 것으로 보았다는 특징이 있다. 다중지능이론에서는 지능을 개인이 특정 상황이나 맥락에서 문제를 해결해 내는 능력으로 보았다. 즉, 지능이 언어지능, 음악지능, 자연탐구지능, 대인관계지능, 자기이해지능 등 서로 다른 특징을 지닌 지능 유형들이 독립적으로 구성되어 있으며 이러한 여러 유형의 지능이 유기적으로 작용하여 독특한 한 사람을 형성한다고 보았다. 따라서 다중지능이론은 지능도 변화 가능하며 발달할 수 있는 것으로 보아 학생들의 잠재력을 현재의 인지적 능력이나 현재의 발달 수준에 한정하지 않고 성장 가능성을 확장하였다는 데에 의의가 있다.

▶ **01A** ③　# 지능이론
▶ **01B** ③　# 지능검사의 해석
▶ **01C** ③　# 다양한 지능이론

02

세부 출제영역 학습자의 인지적 특성　**평가 내용 요소** 지능

　최 교사는 스피어만의 지능이론을, 송 교사는 가드너의 이론을 근거로 말하고 있다. 스피어만은 2요인설을 주장하면서 지능이 일반요인과 특수요인 두 가지로 구성되어 있다고 보았다. 일반요인은 여러 생활의 장면 속에서 동일하게 작동하는 요인이고, 특수요인은 특정 분야에서 상황에 따라 요청되는 요인이다. 영철이가 머리가 좋으니 두루 잘한다는 것은 일반요인이 뛰어난 것으로 해석 가능하다. 반면 가드너는 적어도 아홉 가지의 비교적 독립적인 지능이 있다는 이론을 제시하였다. 순희가 잘하는 영역이 있는 반면 못하는 영역도 있다는 데에서 지능의 종류가 다양하고 각각은 개별적으로 발달한다는 가드너의 이론을 확인할 수 있다.

▶ **02A** ②　# 지능이론, 스피어만, 가드너, 카텔

03

세부 출제영역 학습자의 인지적 특성　**평가 내용 요소** 지능

　두 이론 모두 인간의 지능을 사회, 문화적 맥락을 고려하여 이해하며, 학교 수업과 평가는 학생의 강점 지능을 활용하고 약점 지능을 교정, 보완하는 데 초점을 맞추어야 한다고 강조한다.

▶ **03A** ②　# 가드너, 다중지능이론, 스턴버그, 성공지능이론

04

세부 출제영역 학습자의 인지적 특성　**평가 내용 요소** 창의성

　창의적 사고 기법의 명칭은 시넥틱스(Synectics)다. 이 방식은 창의적인 사람들이 무의식적으로 사용하는 전략을 활용하는 것으로, 당연하게 여기던 대상이나 요소에 대해 유추하고 의문을 가지는 것으로부터 시작하여 창의적인 안을 도출하는 것이다.

▶ **04A** ②　# 창의적 사고기법: 시넥틱스

05

세부 출제영역 학습자의 인지적 특성　**평가 내용 요소** 창의성

　박 교사가 수업 상황에서 사용한 활동은 인지적 발달 중 창의성 영역의 발달을 위한 활동이다. 길포드의 관점에서 창의성을 구성하는 세 가지 요소는 첫째, 유창성이다. 유창성은 가능한 한 많은 양의 응답을 제시하는 것이다. 둘째, 유연성(융통성)이다. 유연성(융통성)은 하나의 문제라도 최대한 다양한 방식으로 접근하도록 하는 것이다. 셋째, 독창성이다. 독창성은 기존에 제시되지 않은, 새롭고 독특한 방식을 제시하는 것이다. 넷째, 문제사태에 대한 감수성이다. 이는 문제가 있다는 것을 인식하는 능력과 이 인식을 문제로 진술할 수 있는 능력이다.

▶ **05A** ③　# 변형, 조합, 개선, 은유, 유추적 결합
▶ **05B** ①　# 창의성, 유창성, 개방성

06

세부 출제영역 학습자의 인지적 특성　**평가 내용 요소** 창의성

　PMI는 Plus, Minus, Interesting의 앞 글자로 대상의 좋은 점, 나쁜 점, 흥미로운 점을 찾아 아이디어나 건의, 제안 등을 창의적으로 처리하는 기법으로 사용된다. 학생들에게 어떤 아이디어에 대하여 먼저 좋은 점을 생각하고 다음에는 나쁜 점을 생각하며 마지막으로 좋지도 나쁘지도 않지만 주목할 만한 가치가 있다고 생각되는 점을 살펴보도록 하여 사고의 방향을 안내하는 기법이다.

▶ **06A** ①　# PMI, CPS, SCAMPER, IDEAL

07

세부 출제영역 학습자의 인지적 특성　**평가 내용 요소** 인지양식

　인지양식(학습양식)은 학습자가 장(field)에서 정보를 지각하고 처리하는 방식이나 태도를 의미한다. 학습과제 측면에서 장독립적 학습자는 추상적이고 요소들 간의 관계가 불분명한 비구조화된 학습과제를 잘 해결한다. 이에 비해 장의존적 학습자는 실제 상황이 함께 제시되고 요소들 간의 관계가 분명한 학습과제를 잘 해결한다. 상황을 지각하는 방식의 측면에서 장독립적 학습자는 상황을 부분으로 나누어 분석하고 추리하는 방식으로 지각하는 반면 장의존적 학습자는 상황을 전체적이고 직관적인 방식으로 인지한다.

▶ **07A** ③　# 장독립적/장의존적 학습자

08

세부 출제영역 학습자의 정의적 특성   **평가 내용 요소** 학습동기

우희는 스스로 30분 뒤에 공부를 하겠다는 내재적 동기를 가지고 본인이 생각한 대로 공부를 시작하려 하였다. 그러나 어머니께서 용돈이라는 외재적 보상을 제시하자 우희는 공부할 의욕이 오히려 사라졌다. 이는 우희가 외적인 보상이나 강화와 같은 외재적 동기보다는 스스로의 흥미와 성취감에서 비롯되는 내재적 동기에 의해 더 효과적인 학습이 일어나는 학습자임을 알려준다. 다시 말해 우희의 강한 내재적 동기가 어머니의 말에 의해 외재적 동기로 바뀌자 공부하려는 동기가 약해졌기 때문에 밑줄 친 부분과 같이 공부할 의욕이 사라진 것이다.

이와 같이 내재적 동기 수준이 높은 학습자를 위한 지도 방법은 첫째, 학습의 결과보다 학습 과정의 중요성을 강조하여 학습자가 학습 과정에 집중할 수 있도록 하는 것이다. 둘째, 학습자가 스스로 학습 과제를 선택할 수 있는 기회를 주어 자기주도적 학습 환경을 제공하는 것이다. 셋째, 학습자의 수준보다 약간 높은 수준의 곤란도를 가진 학습 과제를 제시하여 도전감을 유발하고 학습에 대한 기대와 호기심을 갖게 하는 것이다.

▶ 08A ② # 학습동기
▶ 08B ① # 내재적 동기

09

세부 출제영역 학습자의 정의적 특성   **평가 내용 요소** 학습동기

와이너의 귀인이론은 학습자가 자신의 성공 또는 실패의 원인을 어떻게 지각하는지를 설명한 이론이다. 학습자의 귀인은 다시 자신의 학습동기에 영향을 미쳐 이후의 행동으로 이어지게 된다.

와이너는 내적/외적, 안정적/불안정적의 두 가지 기준으로 귀인 유형을 구분하는데 그렇게 구분된 귀인 유형은 능력, 노력, 운, 과제 난이도의 총 네 가지이다. ⊙은 자신 내부의 안정적 요인인 머리(지능)의 좋고 나쁨에 귀인하는 것으로 귀인 유형 중 능력에 해당한다. ⓒ은 외부의 불안정적 요인인 운에 귀인하는 것이다. ⓒ은 자신 내부의 불안정적 요인인 노력에 귀인하는 것이다. ⓔ은 외부의 안정적 요인인 과제 난이도에 귀인하는 것이다.

▶ 09A ② # 귀인이론, 귀인 유형
▶ 09B ④ # 정의적 특성과 학습

10

세부 출제영역 학습자의 정의적 특성   **평가 내용 요소** 학습동기

최 교사는 (가)에서는 기대-가치이론을, (나)에서는 자기결정성이론을 활용하고 있다. 기대-가치이론은 기내요인과 가치요인을 가지고 동기유발을 설명한다. 기대요인에 영향을 주는 것은 목표, 과제 난이도, 자기도식 등이고 가치요인에 영향을 주는 것은 내재적 흥미나 중요성, 효용가치, 비용 등이다. (가)에서는 학습 내용이 은미의 장래희망과 관련이 있어 중요하고 쓸모 있을 것이라며, 중요성과 효용가치를 강조하여 동기를 유발하고 있다. 자기결정성이론은 어떻게 반응할지를 스스로 결정하는 것이 내재적 동기를 증가시킨다고 보는 이론이다. 과제의 종류와 해결방식을 스스로 선택하도록 하여 자율성 요구를 충족시키면 학생의 내재적 동기가 높아지는 것을 (나)에서 활용하고 있다.

▶ 10A ⑤ # 동기유발이론, 기대-가치 이론, 자기결정성 이론

11

세부 출제영역 학습자의 정의적 특성   **평가 내용 요소** 학습동기

제시된 내용이 설명하는 동기이론은 목표지향이론이다. 목표지향이론에서는 숙달목표지향과 수행목표지향으로 나누어 동기를 설명한다. 영희가 보여주는 것은 수행목표지향으로, 본인의 역량과 능력을 증명하고 다른 사람들과 비교하는 데 초점을 둔다. 그 중에서도 수행접근목표로 개인이 타인을 이기려고 노력하고 자신의 우월을 증명하고자 동기화되는 특성이 있다. 수행접근목표를 가진 학생들은 숙달목표를 가진 학생들처럼 높은 성취 수준을 보이지만, 실패 경험에 대한 반응에 있어 부정적인 행동 패턴을 보여서 도전을 받아들이고자 하는 동기가 낮을 수 있다.

▶ 11A ② # 목표지향이론, 숙달목표, 수행목표

12

세부 출제영역 학습자의 정의적 특성   **평가 내용 요소** 학습동기

귀인이론은 어떤 상황에서의 성공이나 실패에 대한 원인을 무엇이라고 인식하느냐에 따라 행동이 결정된다고 본다. 이 이론에 비추어 볼 때 (가)에서는 성적 향상의 원인을 평소에 노력한 것, 즉 내적 소재로 귀인하고 있다. (나)는 수행 목표 지향적인 모습을 보이며 동기가 유발되고 있다. 자신이 도전적인 과제를 성취하려고 노력하고 학습 과정 자체에 초점을 두기보다 다른 사람들로부터 인정을 중시하기 때문이다.

▶ 12A ③ # 자기결정성, 목표지향, 귀인, 기대가치, 자기개념

13

세부 출제영역 학습자의 발달   **평가 내용 요소** 인지발달이론

피아제의 인지발달이론에 근거할 때 현아의 사례에서 드러나는 인지발달 기제는 첫째, 동화이다. 동화는 새로운 대상을 받아들일 때 자신이 기존에 가지고 있던 도식에 맞추어 받아들이는 것을 의미한다. 이는 '낯선 제품이었지만 평소 자기의 카메라를 다루던 방식으로 스위치를 누르는' 것에서 드러난다. 둘째, 조절이다. 조절은 새로운 대상을 받아들일 때 자신의 도식을 그에 맞게 변경하는 것을 의미한다. 이는 '기능 버튼을 이리저리 눌러보고 새로운 카메라의 사용 방법을 익혔다'는 부분에서 드러난다. 셋째, 인지적 불평형 또는 비평형화이다. 이는 기존에 자신이 가지고 있는 도식이 깨지는 것을 의미하

CHAPTER 5 교육심리

며, '모드를 전환하는 방식이 자신의 것과 달라 당황'하는 데에서 드러난다.

▶ 13A ③   # 피아제: 도식, 동화, 비평형화, 조절

14

| 세부 출제영역 | 학습자의 발달 | 평가 내용 요소 | 인지발달이론 |

불평형은 기존의 도식(스키마)과 새로운 경험 간에 불일치가 생길 때 일어나는 과정으로, 피아제는 불평형이 일어났을 때 조직화, 동화, 조절을 거쳐 평형화를 이룸으로써 사고가 발전한다고 생각했다. 즉, 학습인 사고의 발전이 일어나기 위해서는 불평형이 인지적 성장을 고무하기에 알맞은 정도로 유지되어야 한다. 문제가 너무 단순해서 학생들이 지루해해서도 안 되고, 교수 내용을 이해할 수 없어서 뒤처져서도 안 된다.

▶ 14A ④   # 피아제, 불평형

15

| 세부 출제영역 | 학습자의 발달 | 평가 내용 요소 | 인지발달이론 |

반성적 추상화

▶ 15A ④   # 피아제, 형식적 조작 단계, 반성적 추상화

16

| 세부 출제영역 | 학습자의 발달 | 평가 내용 요소 | 인지발달이론 |

피아제와 비고츠키는 아동의 인지가 환경과의 관계 속에서 어떻게 발달하는지에 관심을 두었다. 먼저 지식 구성 방식의 측면에서 피아제는 개인 내적으로 일정한 단계에 따라 발달이 먼저 이루어진 뒤에, 외부 환경을 통한 학습이 발생하게 된다고 보았다. 이에 반해 비고츠키는 먼저 타인과의 사회적 상호작용을 통해 학습이 일어난 뒤에 발달이 일어나게 된다고 보았다.

또한 교사의 역할 측면에서 피아제는 교사가 아동의 발달 단계에 맞추어서 인지적 평형 상태를 깨뜨리고 인지적 불균형을 초래하는 경험을 제공하여야 한다는 점을 시사하였다. 이에 비해 비고츠키는 교사가 아동의 근접발달영역을 고려하여 혼자서는 해결할 수 없지만 도움을 받아 해결할 수 있는 문제를 제시하고, 적절한 교수적 발판을 제공하며 교사나 다른 또래의 도움을 받을 수 있도록 상호작용을 안내해야 한다는 점을 시사하였다.

▶ 16A ②   # 피아제, 비고츠키

17

| 세부 출제영역 | 학습자의 발달 | 평가 내용 요소 | 인지발달이론 |

수진이의 사례를 설명할 수 있는 인지발달이론의 명칭은 비고츠키의 사회문화적 발달이론이다. 이 이론의 관점에서 수진이는 퍼즐이라는 문제 상황에서 자신과 의사소통하는 사고의 도구인 사적 언어를 사용하여 문제를 해결해가고 있다. 사적 언어는 비고츠키의 이론에서 언어가 사고로 내면화되는 과정이며, 이러한 사적 언어를 통해 학습자는 자신의 인지과정을 조절하며 발달이 촉진될 수 있다.

▶ 17A ②   # 비고츠키

18

| 세부 출제영역 | 학습자의 발달 | 평가 내용 요소 | 인지발달이론 |

비고츠키는 인지발달과 언어발달이 상호 독립적이며 언어는 학습과 발달을 매개하는 중요한 요인이라고 했다. 비고츠키의 관점에서 언어는 사고의 도구로써 학습자의 인지 과정을 조절해 발달을 촉진하는 역할을 한다. 처음에는 언어가 타인과의 상호작용에 필요하지만 나중에는 내적인 언어로 전환되어 사고를 조직하는 데 중요한 역할을 한다는 것이다.

근접발달영역이란 학습자의 실제적 발달 수준과 잠재적 발달 수준 사이의 영역을 의미한다. 이는 학습자가 혼자서는 문제를 해결할 수 없지만 교사나 다른 또래의 도움을 받아 해결할 수 있는 영역이다. 근접발달영역은 학습이 가장 활발하게 이루어지는 영역으로써, 교사는 이 영역에 맞추어서 문제를 제공하고 교수적 발판을 설정하는 등 이 영역을 교수학습활동의 기준점으로 삼을 수 있다는 교육적 의미가 있다.

▶ 18A ④   # 비고츠키: 잠재적/실제적 발달 수준
▶ 18B ④   # 비고츠키: 언어, 사고 발달

19

| 세부 출제영역 | 학습자의 발달 | 평가 내용 요소 | 도덕성 |

인습 수준은 전통적 법의 준수를 위한 도덕성을 띠는 단계로, 3단계인 정신적 승인을 위한 도덕성과 4단계인 법과 질서 지향의 도덕성을 포함한다. 3단계에서는 다른 사람을 도와주고 기쁘게 해주며, 다른 사람으로부터 인정받는 것을 도덕적 판단의 기초로 삼는다. 4단계에서는 법이나 규칙을 준수하고 사회 질서를 유지하는 행위를 옳은 행위라고 판단하는 도덕성을 지닌다.

▶ 19A ③   # 콜버그

20

| 세부 출제영역 | 학습자의 발달 | 평가 내용 요소 | 성격 |

프로이트의 발달이론 관점에서 청소년기는 생식기로 신체의 급속한 성숙이 이루어지고 호르몬의 영향이 커져 이성에 대한 관심이 증가하게 되는 특징이 있다. 에릭슨의 관점에서 청소년기는 심리적 유예기로 자아정체감을 형성하기 위해 대안적인 탐색을 계속 진행하는 시기이다. 이 시기에 자아정체감이 정상적으로 확립되지 않고 부모나 교사의 권유에 따라 자신의 진로 방향을 성급히 선택할 경우 정체감 유실이나 역할 혼미를 겪을 수 있다는 특징이 있다.

원만한 성격 발달을 위해 성장 과정에서 해야 하는 경험 중 두 이론에서 공통적으로 주장하는 것은 욕구 충족의 경험이다. 두 이론에서는 여러 가지 욕구가 적절하게 충족되는 경험을 해야 성격이 원만하게 발달한다고 보았다.

▶ 20A ③　# 에릭슨: 자아 정체감, 심리적 유예기
▶ 20B ③　# 에릭슨의 심리사회적 발달이론: 주도성, 신뢰감, 정체감, 생산성
▶ 20C ①　# 프로이트, 에릭슨: 욕구 충족 경험

21

| 세부 출제영역 | 학습자의 발달 | 평가 내용 요소 | 성격 |

마샤는 정체성의 상태를 결정하는 요건을 두 가지로 보았다. 청소년이 자신에게 가장 잘 맞는 것이 무엇인지 찾기 위해 다양한 신념, 가치, 활동 등을 채택하고 실험해 보는 '탐색'과 그렇게 탐색하여 선택한 가치나 직업에 전념하는 '헌신'을 말한다. 이에 따라 정체감 상태는 정체감 성취, 유예, 혼미, 유실 네 가지로 나뉜다. 그중 정체감 유예는 선택을 미뤄두고 다양한 탐색을 하는 상태를 의미한다. 이는 특정 역할이나 과업에 몰두하지 못하는 상태이며 정체감 확립에 도달하기 위한 과도기적 단계로 적극적으로 정체감을 탐색하려고 하는 상태이다.

▶ 21A ⑤　# 마샤, 정체감 지위 이론

22

| 세부 출제영역 | 학습이론 | 평가 내용 요소 | 행동주의 학습이론 |

조작적 조건형성의 원리는 특정한 행동에 대해 강화 또는 처벌을 선택하여 실행함으로써 해당 행동의 변화를 유발한다는 원리이다. 이 원리에 기초하여 현수의 부적응 행동을 교정하기 위해 실행할 수 있는 교사의 조치는 첫째, 강화와 처벌을 선택하는 것이다. 바람직하지 않은 표적행동이 줄어드는 경우에는 칭찬을 강화인으로 사용할 수 있으며, 행동이 줄어들지 않을 경우에는 처벌할 수 있다. 또한 현수에게 스스로 자신의 행동을 점검하도록 행동 점검표를 줄 수 있다. 둘째, 일정기간 동안 강화와 처벌을 사용하면서 행동의 변화를 측정하는 것이다. 셋째, 추가적 개입을 통해 변화된 행동을 유지하거나 변화되지 않은 행동에 대한 변화를 계획할 수 있다.

▶ 22A ④　# 조작적 조건형성 원리

23

| 세부 출제영역 | 학습이론 | 평가 내용 요소 | 행동주의 학습이론 |

프리맥 원리는 좋아하는 행동을 강화인으로 사용하여 싫어하는 행동의 빈도를 증가시키는 것이다. 따라서 김 교사는 민지가 좋아하는 컴퓨터 게임을 강화인으로 사용하여 민지가 싫어하는 수학 문제 푸는 시간을 늘리도록 할 수 있다. 예를 들어 수학 문제를 한 시간 풀면 컴퓨터 게임을 20분 하도록 하는 조치를 취할 수 있다.

▶ 23A ④　# 조작적 조건형성: 프리맥 원리

24

| 세부 출제영역 | 학습이론 | 평가 내용 요소 | 행동주의 학습이론 |

박 교사가 사용한 강화계획 유형의 명칭은 일정한 숫자를 정해두고 해당 숫자만큼의 행동이 일어나면 강화물을 제공하는 것이다. 박 교사는 학습활동을 열심히 수행하는 행동마다 도장을 찍어 주고, 또 열 번의 도장이 모일 때마다 강화물로서 상품을 제공하기로 했다.

▶ 24A ①　# 강화계획 유형
▶ 24B ④　# 조건화 이론: 행동 형성, 강화
▶ 24C ③　# 꾸중/칭찬(강화), 반복

25

| 세부 출제영역 | 학습이론 | 평가 내용 요소 | 행동주의 학습이론 |

고전적 조건화 이론은 중립자극이 무조건자극과 연합되면서 특정한 신체·정서적 반응을 유발하도록 하여 인간 행동을 변화시키는 것이다. 중학교 1학년 때의 국어 선생님이라는 중립자극은 칭찬과 격려, 응원이라는 무조건자극과 결합되어 가영이에게 긍정적인 정서적 반응이 일어나도록 하였고, 국어 선생님이라는 자극은 가영이에게 조건자극이 되어 가영이는 이후에 만나는 국어 선생님에 대해 긍정적인 정서반응을 유발하게 되었다.

▶ 25A ③　# 고전적 조건형성: 자극
▶ 25B ④　# 칭찬, 강화

26

| 세부 출제영역 | 학습이론 | 평가 내용 요소 | 행동주의 학습이론 |

강화란 어떤 특수한 반응이 일어날 확률을 높이는 모든 개입을 말한다. 주어진 상황에서 책상 앞에 앉아 공부한 날만 골라 자유 시간을 줌으로써 '차별적 강화'를 적용할 수 있다. 또한 90분 이상 책상 앞에 앉아 공부한 날이라도 어떤 날은 자유 시간 60분을 주고, 어떤 날은 자유 시간을 주지 않는다면 이는 '간헐적 강화'를 적용한 것이다.

▶ 26A ④　# 행동주의 학습이론

27

| 세부 출제영역 | 학습이론 | 평가 내용 요소 | 행동주의 학습이론 |

A 단계의 명칭은 파지 단계이다. 이 단계에서는 관찰한 모델의 행동을 시각적이거나 언어적인 형태의 상징적 기호로 부호화하여 저장하며, 그 행동을 자신이 행동하는 것으로 마음속으로 상상하는 인지적·내적 시연이 이루어진다.

▶ 27A ③　# 사회학습이론, 관찰학습
▶ 27B ①　# 반두라의 관찰학습
▶ 27C ①　# 반두라의 관찰학습: 모방, 파지

CHAPTER 5 교육심리

28

| 세부 출제영역 | 학습이론 | 평가 내용 요소 | 행동주의 학습이론 |

반두라의 관찰학습 이론에서는 인간은 사회적 존재로서 상호 간에 영향을 미치며 타인의 행동을 관찰하고 그로부터 학습한다고 본다. 이처럼 학습이 일어나는 데 있어서 조건형성뿐만 아니라 한 개인을 둘러싸고 있는 사회 환경과의 상호작용을 학습 과정에 포함시키는 이론이기 때문에 사회학습이론이라고 한다.

▶ 28A ③   # 사회학습이론, 관찰학습, 자기조절학습

29

| 세부 출제영역 | 학습이론 | 평가 내용 요소 | 인지주의 학습이론 |

영수의 고민은 '설단현상'으로 장기기억에 저장한 정보가 망각되어 해당 정보를 작동기억(단기기억)으로 인출하는 것을 실패하였기 때문에 일어나는 현상이다. 이러한 현상을 해결하기 위해서는 다양한 형태의 정보망과 도식적 지식을 잘 인출할 수 있도록 사전지식 혹은 배경지식을 의미 있게 연결시켜 외울 수 있도록 도와주는 것이 필요하다.

은미의 고민은 '인지부하'로 작동기억(단기기억) 용량에 비해 너무 많은 정보가 들어오게 되어 일어나는 현상이다. 이러한 현상을 해결하기 위해서는 학습 내용을 일정한 단위로 묶어서 저장하는 청킹 전략, 반복 연습을 통해 자동적으로 정보를 처리할 수 있도록 하는 자동화 전략, 그리고 시각적 정보와 청각적 정보를 함께 연결하여 처리할 수 있도록 하는 이중부호처리 전략 등을 사용할 수 있다.

▶ 29A ③   # 정보처리모형, 장기기억
▶ 29B ④   # 정보처리과정: 인출, 설단현상

30

| 세부 출제영역 | 학습이론 | 평가 내용 요소 | 인지주의 학습이론 |

현아가 활용한 전략은 초인지(메타인지) 전략이다. 초인지(메타인지)는 자신의 인지과정을 지각하고 조절하는 능력 전반을 의미한다. 현아는 자신이 학습하는 내용을 이해하지 못한다는 것을 지각하고 점검하며 자신의 학습 과정을 다시 계획하였으며 점검한 인지과정의 문제를 개선하기 위해 학습 방식을 조절하는 기술을 사용하였다.

▶ 30A ①   # 인지, 초인지

31

| 세부 출제영역 | 학습이론 | 평가 내용 요소 | 인지주의 학습이론 |

조직화 전략이란 관련 있는 내용을 공통 범주나 유형으로 묶는 것을 의미한다. 정보를 범주화, 조직화하여 정리하면 복잡한 정보들 간의 관계를 쉽게 이해하거나 기억할 수 있어 효과적인 부호화가 가능하다. 예를 들어 우리나라의 주요 하천에 대한 학습을 촉진하고자 하천의 흐르는 방향, 특징 등의 범주로 묶은 도표를 제시하면서 설명하거나, 식물에 대한 학습을 촉진하고자 식물을 크게 종자식물과 포자식물로, 다시 종자식물을 속씨식물과 겉씨식물로 구분한 위계도를 사용하여 설명할 수 있다. 그 외에도 학습 활동을 범주화 및 위계화해 제시한다든가 도표, 행렬표, 개요를 제시하는 것은 모두 조직화 전략의 적용 예다.

▶ 31A ④   # 인지주의, 앳킨슨과 쉬프린

32

| 세부 출제영역 | 학습이론 | 평가 내용 요소 | 인지주의 학습이론 |

교사는 밑줄을 그어 집중하게 하는 과정에서 주의를 유도했으며, 유사한 항목끼리 묶어 범주화하는 조직화 전략을 사용했다. 이는 정보처리이론과 관련이 깊다.

▶ 32A ④   # 정보처리이론

33

| 세부 출제영역 | 학습이론 | 평가 내용 요소 | 인지주의 학습이론 |

실험 결과에서 공통적으로 나타나는 개념은 '도식(스키마)'이다. 도식은 특정 대상이나 연속적인 사건에 대한 지식의 조직을 의미한다. 사람들은 자신의 도식과 일치하지 않는 것보다 일치하는 것을 더 잘 기억한다. 기억 속에 저장된 정보는 도식을 주위로 해서 조직화되어 있으며, 따라서 정보를 회상할 때에는 개인이 가지고 있는 도식의 영향을 받는다.

▶ 33A ②   # 도식이론

34

| 세부 출제영역 | 학습이론 | 평가 내용 요소 | 인지주의 학습이론 |

발췌는 학습 내용의 핵심을 추출하는 것이므로 읽은 것을 주요 내용 위주로 요약하게 하는 수업 활동을 할 수 있다. 인지적 점검 전략을 활용하기 위해서는 오답 노트를 활용해 자신의 이해도를 점검하고 문제의 원인을 분석하게 하는 활동을 할 수 있다. 학습 중 목차를 훑어보며 배우는 내용의 위계를 파악하게 하는 것은 조직화에 해당하며, 배운 개념을 학생 자신의 언어로 다시 말해보게 하는 것은 정교화에 해당한다.

▶ 34A ①   # 인지, 초인지, 발췌, 도식화, 인지적 점검, 조직화, 정교화

35

| 세부 출제영역 | 학습이론 | 평가 내용 요소 | 인지주의 학습이론 |

이중부호(이중처리, 이중부호처리)이다. 이는 시각적 정보(시각부호)와 언어적 정보(어문부호)를 함께 제공하는 것으로써 유의미한 부호화가 일어나 장기기억에 저장하는 데에 효과적이다.

▶ 35A ⑤   # 이중처리, 이중부호

36

세부 출제영역	적응과 부적응	평가 내용 요소	적응기제

서진이가 사용한 방어기제의 명칭은 합리화이다. 합리화는 자신의 잘못된 행동에 그럴듯한 이유를 붙여 자신의 행동을 정당한 것으로 포장하거나 잘못됨을 숨기려는 것이다. 서진이는 자신의 잘못된 행동을 '아버지 때문에 어쩔 수 없었던 것'으로 포장하여 잘못을 숨기려 했다.

▶ **36A** ①   # 프로이트의 방어기제

CHAPTER 6 생활지도 및 상담

01

| 세부 출제영역 | 생활지도의 이해 | 평가 내용 요소 | 생활지도의 실천원리 |

(가)의 사례의 경우 A교사가 학교 폭력을 예방하기 위한 목적으로 집단활동을 전개하였으므로, 생활지도는 소극적 치료나 교정보다 적극적 예방과 지도에 중점을 두어야 한다는 적극성의 원리에 해당한다. (나)의 사례의 경우 B교사가 학생들의 적성검사와 학업성취도 검사 결과를 활용하여 진학지도 활동을 전개하였으므로, 생활지도는 상식적 판단이나 임상적 판단에만 기초하지 말고 객관적 방법과 자료에 기초하여야 한다는 과학성의 원리에 해당한다.

▶ 01A ① # 생활지도의 원리: 적극성의 원리, 과학성의 원리

02

| 세부 출제영역 | 상담이론 | 평가 내용 요소 | 상담의 목적 |

상담의 목적은 내담자에게 도움을 주어, 학생 스스로 최종적인 문제를 해결하는 능력을 길러주는 데 있다.

▶ 02A ④ # 상담의 목적

03

| 세부 출제영역 | 상담이론 | 평가 내용 요소 | 상담의 기본원칙 |

상담의 기본원칙에는 개별화의 원칙, 감정 표현의 원칙, 정서 관여의 원칙, 수용의 원칙, 비판단적 태도의 원칙, 자기결정성의 원칙, 비밀보장의 원칙이 있다. 김 교사의 진술에 부합하는 원칙은 비밀보장의 원칙으로, 상담자는 상담을 통해 알게 된 내담자의 사적인 정보를 유출해서는 안 된다는 것이다. 그러나 예외적인 경우가 있다. 첫째는 법정 요구가 있을 때이며, 둘째는 내담자가 성 학대를 받은 사실을 알게 되었을 때이다.

▶ 03A ④ # 상담의 기본원칙(원리): 비밀보장의 원칙

04

| 세부 출제영역 | 상담이론 | 평가 내용 요소 | 아들러의 개인심리학 |

아들러의 개인심리학에 따르면 인간은 (㉠ 열등감)을 극복하고, 자아실현을 위해 (㉡ 우월성)을 추구해야 한다.

▶ 04A ③ # 아들러(Adler)의 개인심리학

05

| 세부 출제영역 | 상담이론 | 평가 내용 요소 | 정신분석 상담이론 |

정신분석 상담이론에서 제시하는 방어기제의 합리화는 실패를 정당화하기 위해 그럴듯한 변명을 만들어내는 것으로, 목표를 부정하는 전략을 사용하거나 불만족한 현실을 긍정하는 전략 등을 사용한다. 예를 들어 학급 임원으로 선출되기를 기대한 학생이 후보에도 오르지 못했을 때, "임원이 되면 공부할 시간이 없었을 텐데, 잘된 거야."라고 말하며 자기 입장을 합리화한다.

▶ 05A ③ # 정신분석 상담이론: 방어기제

06

| 세부 출제영역 | 상담이론 | 평가 내용 요소 | 학교상담 모형 |

종합적 학교상담 모형은 학교상담이 개인적 상담 중심으로 치우치는 문제를 해결하기 위해 등장한 모형으로, 특정한 문제를 넘어 상담과 생활지도와 관련된 다양한 영역을 종합적으로 접근하는 데 초점이 있다. 학생들이 겪는 학업발달, 개인적·사회적 발달, 진로발달 영역에 대한 예방교육, 개인상담, 집단상담 등의 다양한 활동을 통해 부적응 문제를 예방하도록 돕는다.

▶ 06A ③ # 종합적 학교상담 모형

07

| 세부 출제영역 | 상담이론 | 평가 내용 요소 | 합리적 정서적 행동적 상담이론 |

합리적·정서적·행동적 상담이론에서는 내담자의 선행사건에 의해 발생된 비합리적 신념을 논박하여 현실성 있는 합리적 신념으로 바꾸어 가지도록 함으로써 내담자의 문제를 해결하려 한다. 따라서 교사가 할 수 있는 상담적 조치는 철수가 가지고 있는 신념이 현실성 없는 비합리적 신념이라는 것을 깨우쳐주는 것이다. 예를 들어 '남으로부터 항상 인정받고 있는 사람'이 있는지 생각해보게 함으로써 철수가 기존의 비합리적 신념을 바꾸도록 할 수 있다.

▶ 07A ① # 엘리스의 합리-정서치료(RET): 선행사건, 비합리적 신념, 논박
▶ 07B ④ # 합리적 정서적 행동적 상담이론: 비현실적 신념

08

| 세부 출제영역 | 상담이론 | 평가 내용 요소 | 상담기법 |

행동시연과 체계적 둔감법은 행동주의 상담이론에 따른 상담기법으로, 행동수정기법의 하나인 행동시연은 내담자가 바람직한 행동을 습득할 수 있도록 행동을 관찰하도록 한 후 연습 기회를 제공하는 방법이다. 상담자는 내담자가 행동을 연습하고 개선하는 동안 조언자의 역할을 해야 한다. 체계적 둔감법은 이완훈련과 불안위계를 통해 학습자의 불안이나 공포를 소거하는 방법이다. 상담자는 내담자가 작성한 불안위계목록에 따라 불안을 덜 느끼는 것부터 이완훈련을 반복함으로써 내담자가 불안에 대해 둔감하도록 만든다. 논박하기는 합리적 정서적 행동치료의 상담기법으로, 내담자 스스로 외부현실에 대한 자신의 비합리적 신념을 논리성과 현실성, 실용성에 근거하여 논박하

는 기법이다.
▶ 08A ②   # 행동주의 상담기법: 행동시연, 체계적 둔감법
　　　　　 # 합리적 정서적 행동치료 상담기법: 논박하기

09

| 세부 출제영역 | 상담이론 | 평가 내용 요소 | 행동주의 상담기법 |

행동조성은 차별적 강화를 통해 점진적으로 목표행동에 도달하는 기법이다. 학생이 한 번도 해본 적이 없는 행동을 단계적으로 강화시킴으로써 점진적으로 바람직한 행동을 학습할 수 있도록 한다.

▶ 09A ⑤   # 행동주의 상담기법: 행동조성

10

| 세부 출제영역 | 상담이론 | 평가 내용 요소 | 해결중심 상담이론 |

해결중심 상담이론은 문제를 분석하여 원인을 규명하고 해결방법을 계획하는 문제 중심의 기존 상담이론에서 벗어나, 내담자와 함께 해결책을 발견하고 내담자의 자원을 활용하여 문제를 해결하는 해결 중심적 상담이론이다. 그러나 김 교사는 철수와 상담을 진행하면서 문제를 해결하는 방법보다 문제의 원인에 초점을 두고 있다. 따라서 해결중심 상담이론에 따라 김 교사는 '왜'라는 질문 대신에 '무엇을 할 것인가'에 관심을 두고, 학생과 함께 구체적이고 명확한 행동 목표를 세우는 방향의 상담을 진행해야 한다.

▶ 10A ②   # 해결중심 상담이론

11

| 세부 출제영역 | 상담이론 | 평가 내용 요소 | 형태주의 상담이론 |

형태주의 상담이론은 내담자가 지금-여기를 느끼지 못하도록 방해하는 요소를 제거하여 지금-여기의 경험을 자각하고 명료화할 수 있도록 돕는 상담이론이다. 미해결사태는 게슈탈트(형태)를 형성하지 못했거나 형성된 게슈탈트가 해소되지 못하여 배경으로 사라지지 못한 상태를 의미한다. 이러한 미해결사태는 내담자가 현재에 대해 자각하는 것을 방해한다. 형태주의 상담이론에서는 내담자의 의식에 남아있는 미해결사태를 해소하기 위해 욕구와 필요의 초점이 되는 전경과 관심 밖에 있는 배경의 자연스러운 교체를 강조한다. 따라서 상담자는 내담자가 자신의 욕구를 분명하게 알아차리고 환경과의 접촉을 통해 잘 해소할 수 있도록 도와야 한다.

▶ 11A ②   # 게슈탈트(Gestalt) 상담이론
▶ 11B ①   # 형태주의 상담이론

12

| 세부 출제영역 | 상담이론 | 평가 내용 요소 | 인간중심 상담이론 |

로저스의 인간중심 상담이론에서는 내담자의 구체적인 문제해결 기법보다 내담자에 대한 상담자의 태도를 중요하게 생각한다. 상담자의 태도로서 '진정성(진실성, 진솔함)'이란 상담자가 내담자와의 관계에서 경험하는 자신의 감정과 경험을 솔직하게 그대로 표현해야 하는 것을 말한다. '수용(존중)'은 상담자가 내담자의 자기실현 경향성을 인정하고 신뢰하는 것으로, 상담자는 내담자의 경험을 있는 그대로 무조건적으로 존중하고 수용해야 한다. 마지막으로 '공감'은 객관적 현실보다 내담자가 지각한 현실에 초점을 둠으로써 내담자의 감정을 자신의 감정인 것처럼 느끼는 것을 의미한다. 상담자가 이처럼 진정성의 태도로 상담자를 있는 그대로 존중하고 수용할 때, 공감적 이해를 통한 효과적 상담이 이뤄질 수 있다.

▶ 12A ①   # 인간중심 상담이론
▶ 12B ④   # 로저스(C. Rogers)의 인간중심 상담이론: 진정성(진실성, 진솔함), 수용(존중), 공감(공감적 이해)

13

| 세부 출제영역 | 상담이론 | 평가 내용 요소 | 현실주의 상담이론 |

제시문과 관계있는 상담이론은 글래서의 현실요법이다. 글래서의 현실요법에서는 내담자가 바람직한 방법으로 욕구를 충족할 수 있도록 하기 위하여 현실성(Reality), 책임감(Responsibility), 옳고 그름(Right or wrong)의 3R을 강조한다. 먼저, 현실성은 현실파악과 수용능력이 있어야 한다는 것으로, 내담자는 자신의 욕구충족이 현실에서 실현 가능한지를 고려해야 한다. 또한 책임감은 책임감을 느끼며 수행해야 한다는 것으로, 내담자는 자신의 욕구충족 행위가 책임감 있는 행위인지를 고려해야 한다. 마지막으로 옳고 그름은 내담자가 옳은 판단을 통해 타인에게 해가 되지 않는 선에서 자신의 욕구를 충족해야 하는 것을 의미한다. 내담자는 이와 같은 3R을 기준으로 자신의 행동을 스스로 평가할 수 있어야 한다.

▶ 13A ①   # 현실요법
▶ 13B ①   # 현실요법의 상담 절차

14

| 세부 출제영역 | 상담이론 | 평가 내용 요소 | 현실주의 상담이론 |

글래서와 우볼딩의 현실주의 상담에서는 내담자가 진정 원하는 것이 무엇인지를 파악하여 내담자의 욕구를 바람직한 방식으로 충족시키는 것을 목표로 한다. 이러한 상담목표를 위해 4단계 상담과정(WDEP)을 사용한다. 첫째, 내담자에게 무엇을 원하는지 질문함으로써 내담자의 요구(Want)를 파악한다. 둘째, 내담자에게 현재 무엇을 하고 있는지 질문함으로써 내담자의 현재 행동(Doing)을 탐색한다. 셋째, 내담자가 3R(현실성, 책임감, 옳고 그름)을 기준으로 자신의 행동을 스스로 평가(Evaluating)하도록 한다. 넷째, 내담자의 행동 중 잘못된 행동을 찾아 바람직한 방법으로 자신의 요구를 충족시킬 수

CHAPTER 6 생활지도 및 상담

있도록 책임 있는 행동을 계획(Plannig)한다.
▶ 14A ① # 현실주의 상담이론: 4단계 상담과정

15

| 세부 출제영역 | 상담이론 | 평가 내용 요소 | 상담기법 |

상담기법 중에서 '반영'은 내담자의 말과 행동에서 나타난 생각이나 감정 및 태도에 근거해 상담자의 언어로 부연해 주는 기법이다. '해석'은 내담자가 하는 말에 담긴 알 수 없는 무의식적인 측면까지 이해해서 그 의미를 내담자에게 설명해주는 기법이다. '행동실험'은 내담자의 잘못된 사고를 상담자와 검증을 상호협의하고 실행한 결과를 바탕으로 새로운 각도에서 이해하도록 하는 기법이다.
▶ 15A ④ # 상담기법: 반영, 해석, 행동실험

16

| 세부 출제영역 | 상담이론 | 평가 내용 요소 | 형태주의 상담기법 |

빈의자 기법은 함께 있지 않은 상대와 대화를 하는 상담기법이다. 빈의자 기법을 통해 내담자는 상대에게 느끼는 감정을 명료화할 수 있으며 역할을 바꾸어 보면서 상대의 감정을 이해할 수 있다.
▶ 16A ① # 형태주의 상담기법: 빈의자 기법

17

| 세부 출제영역 | 상담이론 | 평가 내용 요소 | 교류분석 상담이론 |

번의 교류분석 상담이론에서는 내담자의 자아상태를 바탕으로 의사소통의 교류가 어떻게 이루어지는가를 탐색한다. 이때, 개인은 부모, 성인, 아동의 분리된 자아상태를 가지고 있다고 가정한다. 부모자아는 개인이 자신이나 타인에게 강요하는 당위적 명령의 자아상태로, 비판적 부모자아와 양육적 부모자아로 구성되어 있다. 성인자아는 현실적·객관적·논리적 자아상태로, 다른 두 자아상태를 중재한다. 마지막으로 아동자아는 어린 아이와 같이 충동적이며 흥미를 추구하는 자아상태로, 순종적 아동자아와 자연적 아동자아로 구성된다. 이러한 3가지 자아가 상황에 맞게 기능하지 못하고 한쪽으로 고착될 경우 부적응 행동을 보이게 된다.
▶ 17A ③ # 교류분석 상담이론: 세 가지 자아상태

18

| 세부 출제영역 | 진로이론 | 평가 내용 요소 | 로우의 욕구이론 |

로우는 부모와 자녀의 관계에서 형성된 개인의 성격이 직업 선택에 영향을 준다고 보고, 부모의 심리적 양육 환경을 3가지로 구분하였다. (가)는 냉담한 가정분위기, (나)는 온정적 또는 냉담한 가정분위기, (다)는 온정적 가정분위기를 나타낸다. 이러한 심리적 양육 환경에서 수용이나 거부 또는 과잉보호나 과잉요구에 따라 인간지향적(온정적 가정분위기) 또는 비인간지향적(냉담한 가정분위기, 온정적 또는 냉담한 가정분위기) 생활양식이 발전하게 된다. 인간지향적 성격의 자녀는 서비스직이나 비즈니스직 등의 인간지향적 직업을 선택하고, 비인간지향적 성격이 형성된 자녀는 기술직, 과학직 등의 비인간지향적 직업을 선택한다.
▶ 18A ③ # 로우(A. Roe)의 욕구이론
▶ 18B ④ # 로우(A. Roe)의 욕구이론: 부모와 자녀의 관계, 양육 환경

19

| 세부 출제영역 | 진로이론 | 평가 내용 요소 | 홀랜드의 진로이론 |

홀랜드(J. Holland)는 성격 유형과 직업환경을 각각 6가지로 분류하고, 개인의 성격 유형에 맞는 직업환경을 찾아야 한다고 보았다. 직업적 성격 유형(직업환경)의 '실재형'은 기계를 만지거나 조작하는 것을 좋아하고 몸을 움직이는 활동을 선호한다. 계획에 따라 일하기를 좋아하는 '탐구형'은 계산적인 능력을 발휘하는 활동을 선호하고, 변화와 다양성을 좋아하는 '예술형'은 자유롭고 창의적인 활동을 선호한다. 또한 다른 사람과 어울리는 것을 좋아하는 '사회형'은 다른 사람들을 도와주는 활동을 선호하고, 지도력과 통솔력이 있는 '설득형'은 말을 잘하고 다른 사람들을 관리하는 활동을 선호한다. 마지막으로 자료를 체계적으로 다루는 것을 좋아하는 '관습형'은 변화보다는 질서 있고 정확한 활동을 선호한다.
▶ 19A ⑤ # 홀랜드의 진로이론: 직업적 성격 유형
▶ 19B ③ # 홀랜드의 진로이론: 직업환경

20

| 세부 출제영역 | 진로이론 | 평가 내용 요소 | 크롬볼츠의 진로이론 |

크롬볼츠(J. D. Krumboltz)는 4가지 진로결정요인으로 유전적 요인과 특별한 능력, 환경적 조건과 사건, 학습경험, 과제접근기술을 제시하였고, 이러한 진로결정요인 간의 상호작용을 통해 진로가 결정된다고 보았다.
▶ 20A ③ # 크롬볼츠의 진로이론: 진로결정요인

21

| 세부 출제영역 | 진로이론 | 평가 내용 요소 | 티드만과 오하라의 진로이론 |

A교사가 근거하고 있는 진로이론은 티드만과 오하라의 진로이론으로, 티드만과 오하라의 진로이론에 따르면 직업발달이란 직업 자아정체감을 형성해 나가는 계속적 과정으로, 연령과 관계없이 의사결정과정을 통해 직업의식이 발달한다고 보았다. 이때, 직업 자아정체감이란 개인이 파악한 자신의 특성을 바탕으로 자아를 실현할 수 있는

일이 무엇인가에 대한 생각이나 인식을 말하며, 이는 의사결정을 되풀이하는 과정에서 성숙된다.

▶ 21A ⑤   # 티이드만과 오하라의 진로이론

22

| 세부 출제영역 | 진로이론 | 평가 내용 요소 | 블로의 진로이론 |

블로의 사회학적 이론에 따르면 직업 선택에 큰 영향을 미치는 주요 요인은 가정, 학교, 지역 사회 등의 사회적 요인이다. 따라서 진로상담 시에는 학생 가정의 사회적 지위나 영향력 등을 고려해야 한다고 보았다.

▶ 22A ④   # 블로의 진로이론: 직업 선택 요인

CHAPTER 7 교육사회학

01-1

세부 출제영역 교육사회학 이론　　**평가 내용 요소** 기능이론

기능이론의 관점에서 학교 교육의 기능은 첫째, 사회생활에 필요한 보편적 규범과 가치를 어린 세대에게 가르침으로써 내면화시켜 기존 사회의 질서를 유지하고 안정시키기 위한 사회화 기구가 된다. 둘째, 능력에 따라 적절한 인력을 선발하고 배치하는 중요한 사회적 선발 장치의 역할을 한다. 셋째, 교육기회의 균등을 통해 공정한 사회이동을 촉진한다. 넷째, 사회문제를 해결하고 사회 발전을 도모하기 위한 제도적 수단이 된다.

01-2

세부 출제영역 교육사회학 이론　　**평가 내용 요소** 기능이론

기능이론의 관점에서 학교의 교육내용은 보편적 가치와 사회 구성원의 합의에 기초하여 선정된다.

▶ 01A ①　# 뒤르껨의 교육론: 사회화
▶ 01B ④　# 학교 교육, 사회평등, 격차 해소
▶ 01C ③　# 기능주의 교육관
▶ 01D ①　# 교육을 통한 격차 해소

02

세부 출제영역 교육사회학 이론　　**평가 내용 요소** 기능이론

교육은 전체 사회의 한 구성요소이며, 학교 교육의 주요 기능은 사회화로 이를 통해 전체 사회의 존속과 유지에 공헌한다.

▶ 02A ⑤　# 기능론, 학교 교육의 사회적 기능
▶ 02B ②　# 기능론적 관점, 갈등론적 관점

03

세부 출제영역 교육사회학 이론　　**평가 내용 요소** 기능이론

특정성은 학년이 높아짐에 따라 각자의 흥미와 적성에 맞는 분야의 교육에 집중함으로써 학생들이 개인의 특성에 맞추어 학습하게 되는 것을 말한다. 예를 들어 장애가 있는 경우에는 일반 학생과는 다른 규칙을 적용받는다. 합리적인 상황과 특성이 있는 경우 보편적인 규범의 예외적 적용이 가능하다는 것이다.

▶ 03A ②　# 드리본의 학교사회화: 특정성
▶ 03B ④　# 기능론: 학교 교육, 보편적 가치

04

세부 출제영역 교육사회학 이론　　**평가 내용 요소** 기능이론, 갈등이론

업무 생산성 향상, 소득 증대

▶ 04A ③　# 학교 교육의 사회적 기능: 뒤르케임, 발전교육론, 이데올로기론

05

세부 출제영역 교육사회학 이론　　**평가 내용 요소** 갈등이론

학교는 이데올로기적 국가기구로서 지배집단의 문화와 가치관을 주입시키고 전수하는 도구가 되며(시험이라는 제도를 통해), 이러한 차별적 사회화를 통해 자본주의 사회의 불평등한 사회구조(계급구조)를 재생산하는 기능을 수행한다.

이데올로기적 국가기구는 강제력보다는 구성원들의 동의를 통해 구성원들에게 그 영향력을 행사한다. 이러한 점에서 학교는 언론 매체와 유사한 기능을 한다.

▶ 05A ③　# 알튀세

06-1

세부 출제영역 교육사회학 이론　　**평가 내용 요소** 갈등이론

대응이론 입장에서 학교는 교장과 교사, 교사와 학생, 학생과 학생, 학생과 학업 사이의 관계는 위계적 노동 분업을 그대로 본뜨고 있다. 자본주의 기업체의 노동 분업처럼 학교 제도도 정교하게 구분된 위계적 권위와 통제 체제를 가지고 있으며, 경쟁과 외적인 보상체계가 참여자들의 관계를 지배한다.

보울스와 긴티스는 대응이론을 통해 학교에서의 성적 등급이 작업장에서의 보상 체제와 일치한다고 주장했다. 대응이론에서는 학교는 생산 현장에서 필요로 하는 인성과 규범을 내면화해 자본주의의 위계화된 계급구조를 익히게 한다고 본다. 작업장에서의 사회적 관계는 학교에서의 사회적 관계에 그대로 반영되어 있으며, 학생과 노동자는 각각 학습과 노동으로부터 소외되어 있다는 것이다.

06-2

세부 출제영역 교육사회학 이론　　**평가 내용 요소** 갈등이론

이데올로기적 국가기구의 관점에서 자본주의 사회는 생산 관계의 재생산을 통해 유지된다. 이는 가족, 교회, 학교, 언론, 문학, 미디어 등에 의해 자본주의적 생산 관계의 유지에 필요한 지식, 기술, 태도, 가치 등이 전달되기 때문에 가능하다. 이와 관련하여 특히 학교는 이데올로기적 국가기구로서 자본주의 사회에 복종하는 순치된 노동력을 재생산하는 핵심 장치, 즉 이데올로기적 국가기구이다.

▶ 06A ①　# 경제재생산론, 대응원리, 이데올로기론, 이데올로기적 국가기구
▶ 06B ④　# 보울스와 긴티스의 대응이론

07

세부 출제영역 교육사회학 이론　　**평가 내용 요소** 갈등이론

저항이론에 따르면 노동자 계급의 자녀가 남성우월주의적인 육체노동문화를 자신의 이상적 가치관으로 받아들이기 때문에 노동자 계급이 세습된다.

▶ 07A ①　# 윌리스의 저항이론
▶ 07B ④　# 윌리스의 저항이론: 계급 세습의 원인

08

| 세부 출제영역 | 교육사회학 이론 | 평가 내용 요소 | 갈등이론 |

문제제기식 교육에서는 학생이 비판적으로 사고하는 사람으로 육성되어야 한다고 본다. 학생의 탐구를 막는 것은 마치 폭력을 행사하는 것과 같다고 하면서, 지식을 수동적으로 축적하게 하는 교육 방식은 옳지 않으며, 학생이 역사적 맥락에서 자신의 삶을 파악할 수 있게 교육할 것을 강조한다.

▶ 08A ④   # 프레이리의 문제제기식 교육: 의식화 교육

09

| 세부 출제영역 | 교육사회학 이론 | 평가 내용 요소 | 갈등이론 |

애플이 교육사회학 이론에 활용한 그람시의 개념으로, '학교 교육이 교육의 기회를 공정하게 제공하고 능력에 따라 사회 계층을 결정하게 한다.'고 믿게 함으로써 지배 이데올로기를 정당화하는 지배력 행사 방식이다.

▶ 09A ⑤   # 헤게모니

10

| 세부 출제영역 | 교육사회학 이론 | 평가 내용 요소 | 갈등이론 |

부르디외의 문화자본론(문화재생산론)에서는 사회계층별로 독특한 문화를 가지고 있다고 보고, 학교의 교육과정에는 하류계층보다는 중상류계층, 지배계급의 문화가 더 많이 반영되어 있다고 본다. 따라서 중상류계층 학생의 학업성취가 하류계층의 학생보다 더 높고, 그를 통해 불평등한 사회구조가 재생산된다고 본다.

'상징적 폭력'이란 학교를 통해 모든 학생들이 지배계급의 문화를 배우게 되는 것을 말하며, 이러한 '상징적 폭력'을 통해 학교 교육은 사회적으로 정당화된다.

학교 음악 교과의 학습내용에는 누구나 접할 수 있는 문화인 대중음악보다는 지배계급의 문화인 고전음악이 주로 반영되어 있다. 따라서 부유한 집안에서 태어난 영훈이는 상류계층의 문화인 고전음악에 익숙하기 때문에 즐겁게 수업하고 좋은 성적을 받을 수 있지만, 철수는 고전음악 문화를 접할 수 있는 환경이 아니었기 때문에 음악 수업이 어렵고 성적도 좋지 못한 것이다.

▶ 10A ②   # 부르디외의 문화자본론
▶ 10B ①   # 갈등이론: 계급구조 재산산, 문화적 자본, 상징적 폭력, 보울스와 긴티스
▶ 10C ③   # 부르디외의 문화적 재생산론: 상징적 폭력
▶ 10D ③   # 문화적 재생산론: 사회계층별 문화와 학업성취 차이

11

| 세부 출제영역 | 교육사회학 이론 | 평가 내용 요소 | 갈등이론 |

보울스와 긴티스의 경제적 재생산론에서는 학교 교육의 구조가 사회의 계급구조를 반영하고 있다고 본다. 학교 교육은 능력주의 이념을 통해 계급적 모순을 은폐하고 이를 통해 경제적 불평등 구조를 재생산하는 역할을 한다.

▶ 11A ②   # 보울스와 긴티스의 경제적 재생산론: 학교 교육관

12

| 세부 출제영역 | 교육사회학 이론 | 평가 내용 요소 | 해석적 이론 |

방어적 단순화는 학생들의 능력이나 수업에 대한 관심이 부족하다고 생각할 때 사용하는 수업전략이다. 수업 시간에 정치적으로 덜 민감하거나 논쟁의 여지가 적은 주제를 선택하는 것이 특징이다. 이 수업전략을 사용할 때, 교사는 학생들에게 '빈칸 채우기' 형태의 연습문제를 풀게 하거나 주제의 개요만 말해 주는 방식을 취한다.

▶ 12A ⑤   # 맥닐의 수업전략: 방어적 단순화

13

| 세부 출제영역 | 교육사회학 이론 | 평가 내용 요소 | 해석적 이론 |

학생이 학업성적의 가치를 높게 인식하면 열심히 공부할 것이고, 그렇지 않다면 다른 가치 있는 활동에 전념할 것이다. 그러므로 교사는 학생 자신이 상황을 어떻게 인식하는가에 따라서 사회적 현실이 달라진다는 생각을 갖게 하고, 그에 대한 책임을 다하도록 학생을 격려해야 한다.

▶ 13A ④   # 상호작용론적 관점
▶ 13B ④   # 상징적 상호작용론: 선생님, 담임, 담당과목

14

| 세부 출제영역 | 교육사회학 이론 | 평가 내용 요소 | 해석적 이론 |

문화기술연구는 해석적 관점에서 진행되는 연구이다. 따라서 문화기술연구를 수행할 때에는 수업시간뿐만 아니라 쉬는 시간이나 점심시간, 청소시간 등 학생들의 일상생활 속에 들어가 관찰을 하고 그를 통해 따돌림 현상이 학생들에게 어떤 의미를 갖는지 추론하고 분석하는 것이 필요하다.

또한 따돌림 현상과 학생들의 일상생활이 어떻게 연결되어 있는지 살펴보면서 학생의 입장에서 현실 상황을 이해하도록 노력하며 그 맥락을 총체적으로 규명할 수 있도록 해야 한다.

▶ 14A ④   # 문화기술연구: 연구활동
▶ 14B ③   # 문화기술지 연구법

15

| 세부 출제영역 | 교육사회학 이론 | 평가 내용 요소 | 교육과정의 사회학적 시각 |

○○고등학교는 약한 분류와 약한 구조의 통합형 교육과정을 운영

CHAPTER 7 교육사회학

하고 있다.

▶ 15A ⑤   # 번스타인의 교육과정사회학

16

세부 출제영역 교육사회학 이론   **평가 내용 요소** 교육과정의 사회학적 시각

논리적, 추상적 단어와 정확한 문법으로 문장을 구사하는 진수는 가정배경이 부유하기 때문에 가정에서도 '정교화된 언어'를 사용할 확률이 높다. 이와 달리 문법 규칙을 지키지 않고 부정확한 문장을 구사하는 철호는 가정에서 정교화된 언어보다는 '제한된 언어'를 사용할 확률이 높으며 따라서 학교 교육과정의 언어가 익숙하지 않고 어렵게 느껴질 것이다.

번스타인의 문화전수이론에서 학교의 교육 내용은 상류층이 사용하는 '정교화된 언어'를 반영한다고 본다. 따라서 진수는 학교 교육과정에서 사용하는 언어가 자신의 가정에서 사용하는 언어와 동일하기 때문에 익숙하고 쉽게 이해할 수 있고, 철호는 가정의 언어와 학교의 언어가 서로 달라서 어려움을 겪기 때문에 두 학생의 학업성적의 차이가 나타나게 된다.

▶ 16A ③   # 번스타인: 정교화된 언어, 제한된 언어

17

세부 출제영역 교육사회학 이론   **평가 내용 요소** 교육과정의 사회학적 시각

제시된 내용과 연관된 교육과정사회학 이론의 명칭은 비판적 교육과정사회학(신교육사회학, 교실사회학)이다.

이 이론은 학교 교육에서 교육내용을 선정하는 데에 권력관계가 반영된다고 보아 지배집단의 용어를 사용하거나 지배집단의 관점 중심으로 내용을 서술하는 등의 문제를 제기한다.

▶ 17A ③   # 비판적 교육과정사회학
▶ 17B ③   # 신교육사회학: 지식관
▶ 17C ④   # 신교육사회학: 남성 중심, 서양 중심

18

세부 출제영역 학업 격차와 교육 불평등   **평가 내용 요소** 교육격차

가정에서의 사회적 자본의 의미는 좁게는 가정 내 부모와 자녀의 관계이고, 넓게는 부모가 가정 밖에서 맺고 있는 사회적 관계의 전체이다.

▶ 18A ①   # 콜맨의 사회적 자본

19-1

세부 출제영역 학업 격차와 교육 불평등   **평가 내용 요소** 학업성취 결정요인

콜만 보고서에 따르면 학업성취는 학생의 가정배경에 달려 있다. 부모의 사회, 경제적 지위가 높은 학생일수록 더욱 우수한 능력을 갖춘 상태에서 학교에 입학한다. 또한 학교 교육의 과정에서도 부모의 사회, 경제적 지위가 높은 학생일수록 높은 학업성취를 나타내며, 그 지위가 낮은 학생일수록 낮은 학업성취를 나타낸다.

19-2

세부 출제영역 학업 격차와 교육 불평등   **평가 내용 요소** 학업성취 결정요인

로젠탈과 제이콥슨에 의하면 교사가 학생을 어떻게 범주화하느냐가 학생의 성적에 영향을 준다. 교사는 대개 학생을 우수 학생, 중간 학생, 열등 학생으로 구분하고 집단별로 상이한 관심과 기대를 드러낸다. 교사가 성적이 향상될 것으로 기대한 학생의 성적은 실제로 향상되는 경향이 있으며, 이 기대효과는 저학년과 하위계층 출신 학생들에게 더 뚜렷하게 나타난다.

▶ 19A ③   # 콜만 보고서, 로젠탈과 제이콥슨, 자성예언

20

세부 출제영역 학업 격차와 교육 불평등   **평가 내용 요소** 학업성취 결정요인

콜만은 학생들의 학업 성적에 영향을 미치는 요인으로 가족 배경을 크게 경제자본, 인적자본, 사회자본으로 구분한다. 그중 인적자본은 부모의 교육수준으로 추정하며, 학생의 학업을 돕는 인지적 환경을 의미한다. 사회자본은 가족 안과 밖의 사회자본으로 나뉘는데, 가족 안의 사회자본은 부모가 자녀들에게 투자하는 시간과 노력으로 부모와 자식 사이의 관계를 의미한다. 가족 밖의 사회자본은 한 가정이 사회와 연결을 맺는 관계로, 부모의 사회적 활동, 각종 모임이나 조직에의 참여 등을 의미한다. 철수는 인적자본은 약하지만 사회자본은 강한 상황이다.

▶ 20A ③   # 콜만, 사회자본, 인적자본

21

세부 출제영역 학업 격차와 교육 불평등   **평가 내용 요소** 학업성취 결정요인

가정배경에서 경제자본은 가정의 경제적 지위와 부모의 경제적 지원 능력, 문화자본은 가정에서 형성된 문화적 취향이나 심미적 태도, 사회자본은 부모와 자녀 사이의 상호 신뢰와 유대감, 인간자본은 부모의 지적 능력 또는 교육수준을 말한다.

▶ 21A ④   # 사회자본

22
세부 출제영역 학업 격차와 교육 불평등 **평가 내용 요소** 교육평등관

　교육복지우선지원사업은 보상적 평등관에 입각한 사업으로, 소득 분배 구조 악화, 빈곤층 비중 확대, 지역별 계층 분화 현상 등이 심화됨에 따라 경제적 취약 집단을 비롯한 교육취약 아동 및 청소년의 교육적 성취를 제고하는 것이 목적이다.

▶ 22A ④　# 교육복지우선지원사업: 보상적 평등관

23
세부 출제영역 학업 격차와 교육 불평등 **평가 내용 요소** 교육평등관

　블라우와 던컨의 지위획득 모형에서는 교육이 사람들의 직업 능력을 향상시켜 주고 개인의 교육 수준이 직업을 획득하는 데 결정적인 역할을 한다. 따라서 교육을 통해 지위 이동이 가능하고 사회가 평등해질 수 있다고 본다. 카노이의 연구 결과에서는 교육수익률이 높을 때에는 교육 기회의 제한과 치열한 경쟁으로 인해 중상위 계층만이 교육을 통해 이익을 누리게 되어, 교육이 사회 불평등을 유지한다고 본다.

▶ 23A ⑤　# 교육과 사회 평등: 블라우와 던컨, 카노이

24
세부 출제영역 학업 격차와 교육 불평등 **평가 내용 요소** 교육평등관

　보상적 평등관은 실질한 평등을 위해서는 불리한 환경에 있는 사람들에게 보상적 조치가 필요하다는 적극적 평등관이다.

　보상적 평등관에 따르면 학교는 가정환경에서 경제적, 사회적 결손이 있는 학생들이나 지역적으로 교육에 불리한 위치에 있는 학생들, 학습적으로 부진한 학생들에게 그러한 결손을 해소해주기 위해 적극적 조치를 취하는 역할을 해야 한다. 이러한 보상적 조치의 예로는 교육복지투자 우선지역사업, 방과후 수업, 저소득층 학생을 위한 멘토링, 대학의 농어촌 특별전형 등이 있다.

▶ 24A ③　# 결과의 평등, 농어촌 자녀 특별전형제도
▶ 24B ④　# 보상적 평등관: 결손 해소

25
세부 출제영역 학업 격차와 교육 불평등 **평가 내용 요소** 교육평등관

　문화결핍이론은 가정의 사회계층과 문화적 자원이 학업 성취에 영향을 미친다고 본다.

　이 관점에서 학업성취가 낮은 학생은 가정에서 사회적, 문화적 지원이 부족한 상태이므로 교사는 학교에서 이 학생에게 보상교육을 할 수 있도록 조치를 취해야 한다.

▶ 25A ①　# 문화결핍 이론(문화실조론): 보상교육
▶ 25B ①　# 보상적 평등관: 학습부진, 방과 후 보충지도

26
세부 출제영역 학업 격차와 교육 불평등 **평가 내용 요소** 학업성취 결정요인

　문화적, 언어적 결핍과 관련된 연구로 젠크스와 번스타인의 연구가 있다. 취학 이전의 학생의 경험이 학업 성취에 중요하게 작용하며, 가정의 문화적 자원 및 활동이 부족하면 학교에서 학습하는 데 필요한 소양을 갖추기 힘들다고 본다. 헤드스타트 프로그램은 이 이론과 관련된 보상정책 중 하나이다.

▶ 26A ⑤　# 갈등론적 관점, 젠크스, 번스타인

27
세부 출제영역 학업 격차와 교육 불평등 **평가 내용 요소** 청소년 비행

　그 학생이 문제행동을 일으키지 않는 이유는 교우관계가 좋고 부모와의 관계가 친밀하며 이웃과 사이좋게 지내고 있으므로 주변의 좋은 친구와 부모, 이웃들이 문제행동을 자제하도록 하는 데 중요한 역할을 하기 때문이다.

▶ 27A ⑤　# 사회 통제 이론

28
세부 출제영역 학업 격차와 교육 불평등 **평가 내용 요소** 청소년 비행

　낙인의 주요 요인에는 성, 인종, 외모, 경제적 배경 등이 있다. 낙인이론에 따르면 낙인은 추측-정교화-고정화의 순서로 이루어지는데, 낙인에 따른 교사의 차별적 기대는 학생의 자기지각에 영향을 준다. 낙인이론은 학교에서 교사와 학생 간의 상호작용을 연구하는 데 활용된다.

▶ 28A ①　# 낙인이론

29
세부 출제영역 교육과 사회이동 **평가 내용 요소** 계층이론

　콜린스는 학력 상승의 원인에 대한 기술기능이론의 설명에 들어 있는 모순 및 한계점을 비판하면서 고등교육의 팽창 등 학력 인플레이션이나 과잉교육 현상의 원인이 지위획득에 있다고 보았다. 그의 계층경쟁론은 교육이 지위와 연결되어 있고 모든 집단들이 교육을 통해 그들의 자녀가 더 높은 지위를 얻도록 하기 때문에 학력이 점차 상승한다는 이론이다. 낮은 계층에 남아 있던 집단은 보다 높은 지위를 얻기 위해 높은 학력을 획득하고자 하고, 그러면 기존의 높은 지위를 점유하던 집단은 더욱 학력을 높인다는 것이다.

▶ 29A ⑤　# 콜린스의 계층경쟁론

CHAPTER 7 교육사회학

30

| 세부 출제영역 | 교육과 사회이동 | 평가 내용 요소 | 학력상승 |

기술기능이론에서는 직종이 다양해지고 각 직업에서 요구하는 지식의 수준이 높아지기 때문에 학력이 높아진다고 본다. 지위경쟁이론에서는 높은 학력을 가지고 있는 것이 좋은 직업 획득에 도움이 되기 때문에 학력이 높아진다고 본다.

▶ **30A** ③　# 학력상승 원인: 기술기능이론, 지위경쟁이론

31

| 세부 출제영역 | 교육과 사회이동 | 평가 내용 요소 | 학력상승 |

㉠ 국민통합이론　㉡ 기술기능이론　㉢ 지위경쟁이론　㉣ 지위경쟁이론

▶ **31A** ①　# 학교 교육의 팽창: 국민통합이론, 기술기능이론, 지위경쟁이론

32

| 세부 출제영역 | 교육과 사회이동 | 평가 내용 요소 | 학력상승 |

지위경쟁이론에서는 사회적으로 가치 있는 지위를 획득하기 위한 경쟁에서 이기기 위해 더 높은 학력을 필요로 한다고 본다. 따라서 영희의 어머니는 영희가 높은 학력을 가져 사회적으로 높은 지위를 가지기를 바라는 마음으로 어려운 경제적 형편에도 불구하고 무리를 해서라도 영희를 대학에 보내고자 하는 것이다.

▶ **32A** ①　# 지위경쟁이론: 무리한 대학 진학
▶ **32B** ②　# 지위경쟁이론: 대학 졸업자 증가

33

| 세부 출제영역 | 평생교육과 다문화교육 | 평가 내용 요소 | 교육현장의 변화 유도 환경 |

(가) 앎과 삶　(나) 학습사회　(다) 함께 살기

▶ **33A** ①　# 평생교육: 랑그랑, 포르, 들로어
▶ **33B** ④　# 평생교육: 랑그랑
▶ **33C** ②　# 평생학습사회: 지향점

34

| 세부 출제영역 | 평생교육과 다문화교육 | 평가 내용 요소 | 교육현장 변화를 유도하는 환경/문화 |

학습계좌제

▶ **34A** ①　# 평생학습 제도: 학습계좌제

35

| 세부 출제영역 | 평생교육과 다문화교육 | 평가 내용 요소 | 교육개혁의 주요 현안 및 동향 |

학습망(learning webs), 일리치(I. Illich)

▶ **35A** ①　# 일리치의 탈학교론: 학습망

36

| 세부 출제영역 | 평생교육과 다문화교육 | 평가 내용 요소 | 교육개혁의 주요 현안 및 동향 |

신자유주의 관점에서 교육개혁의 필요는 공교육 유지를 위한 비용의 한계에서 비롯된 것으로, 교육에 대한 국가 역할을 축소하고 학교 민영화를 통해 비효율적 요소를 개혁하고자 한다. 또한 학교 선택권 확대를 통해 교육 경쟁력을 제고하려 한다.

▶ **36A** ①　# 신자유주의 교육개혁

CHAPTER 8 교육사 및 교육철학

01

| 세부 출제영역 | 한국교육사 | 평가 내용 요소 | 중세 및 근세 교육 |

　조선 시대 16세기 사림파의 대표 선비로는 이황, 조식, 이이 등을 들 수 있다. 이들은 향촌에 생활 근거지를 두면서 서원을 통해 제자를 양성함으로써 학파 수립의 기반을 마련하였다.

▶ 01A ⑤　# 조선, 사림파, 이황, 조식, 이이

02

| 세부 출제영역 | 한국교육사 | 평가 내용 요소 | 중세 및 근세 교육 |

　이황은 '마음공부(거경)'와 '이치탐구(궁리)'를 최상의 공부 방법으로 간주하였다. '거경궁리'란 고요한 방에서 홀로 명상하는 '주일무적'과 자연에서 유유자적하는 '우유함영'을 통해 마음공부를 하고, 책을 읽으며 의미를 심사숙고하는 '독서궁리'와 대상의 시시비비를 가리는 '격물치지'를 통해 이치를 탐구하는 것이다. 한편 이황은 남에게 보이기 위해 공부하는 '위인지학'을 일삼는 세태를 개탄하면서 자기완성을 위해 수양하는 '위기지학'을 강조하였다.

▶ 02A ③　# 이황의 교육 사상
▶ 02B ③　# 이황의 교육관: 거경, 위기지학

03

| 세부 출제영역 | 한국교육사 | 평가 내용 요소 | 중세 및 근세 교육 |

　주자는 15세를 기준으로 교육과정을 소학 과정과 대학 과정으로 나누었다. 성리학에서는 일상생활의 행동규범을 상세히 제시한 소학부터 공부한 이후에 원리를 공부하는 대학 단계로 넘어가야 한다고 교육 단계를 제시했다. 동양 교육에서 주자는 성리학을 집대성했고, 사대부의 역할을 규정했으며, 소학과 대학을 편찬했다는 점에서 의의가 있다.

▶ 03A ⑤　# 주자학
▶ 03B ②　# 주자의 교육관: 기질 변화, 거경궁리

04

| 세부 출제영역 | 한국교육사 | 평가 내용 요소 | 중세 및 근세 교육 |

　노장사상에서는 세속적 배움을 끊는 것이 오히려 근심을 없애는 길이라고 보고, 세속의 쓸모보다는 '쓸모없음의 쓰임(무용지용)'에 주목한다. 또한 언어나 문자에 의존한 교육은 한계에 직면할 수밖에 없기 때문에 '말없음의 가르침(불언지교)'을 중시한다.

▶ 04A ①　# 노장사상

05

| 세부 출제영역 | 한국교육사 | 평가 내용 요소 | 중세 및 근세 교육 |

　실학주의자들은 현실의 객관적 문제에 관심을 가졌다. 이전의 관념적 사고방식보다 사물에 대한 직접적 경험을 중시하고, 고전문학이나 언어학습보다 자연과학적 교과를 중시했다. 과학적 실학주의는 자연의 탐구를 중시하였고, 사회적 실학주의는 신사 양성을 교육의 주된 목적으로 삼았다.

▶ 05A ①　# 실학주의
▶ 05B ①　# 실학주의
▶ 05C ④　# 실학자: 최한기, 정약용

06

| 세부 출제영역 | 서양교육사 | 평가 내용 요소 | 고대 그리스/로마시대의 교육 |

　소크라테스는 누구나 진리를 가지고 있으므로 이것을 깨닫고 계발하는 데 대화를 사용해야 한다고 보았다. 반어법/문답법은 소극적 대화법으로서 학습자가 무지를 스스로 깨닫게 하는 것이고, 산파술은 학습자가 스스로 진리에 도달하도록 이미 알고 있는 것을 적극적으로 이끌어내는 대화법이다.
　소크라테스가 문답법을 사용한 것과 '지식의 상기'를 주장한 것을 근거로 학습자는 그 내부에 이미 보편적 진리의 싹을 갖고 있으며 탐구하는 능력을 지닌 존재라고 이해할 수 있다.

▶ 06A ②　# 소크라테스: 학습자에 대한 이해

07

| 세부 출제영역 | 서양교육사 | 평가 내용 요소 | 고대 그리스/로마시대의 교육 |

　플라톤은 절대 진리를 깨달은 철인에 의한 국가 통치를 주장하고 철학사 양성에 교육의 목적을 두었다. 반면 이소크라테스는 연설과 표현에 능하여 공공의 선과 행복에 기여하는 훌륭한 웅변가로서의 정치인 양성, 즉 수사학적 인간 도야에 주요 목적을 두어 수사학교를 설립하였다.

▶ 07A ③　# 이소크라테스의 교육사상
▶ 07B ①　# 그리스 시대 교육사상
▶ 07C ①　# 플라톤: 선의 이데아
▶ 07D ③　# 이소크라테스

08

| 세부 출제영역 | 서양교육사 | 평가 내용 요소 | 고대 그리스/로마시대의 교육 |

　제시된 설명에 해당하는 교육이론을 제시한 사람은 아리스토텔레스이다. 아리스토텔레스의 중등교육은 정서를 훈련하고 습관을 형성하는 단계다. 아리스토텔레스는 욕망은 태어날 때부터 가지고 태어나지만 사고와 이성은 나이가 들어서 나타나는 것이므로 습관이 이성보다 먼저 형성되어야 한다고 보았다. 욕망 그 자체는 선도 악도 아니고, 중등교육 단계에서 형성되는 습관에 달려있기 때문에 중등교육 단계에서는 쾌락과 고통의 대상을 올바르게 선택하는 습관을 들여야 한다고 주장했다.

▶ 08A ⑤　# 그리스의 철학자: 아리스토텔레스
▶ 08B ④　# 아리스토텔레스의 교육이론

CHAPTER 8 교육사 및 교육철학

09

세부 출제영역 서양교육사　　**평가 내용 요소** 고대 그리스/로마시대의 교육

아리스토텔레스와 로크 모두 인간은 사회적 존재임을 전제로 하고, 지덕체의 통합적인 교육을 주장했다. 또한 학습뿐만 아니라 훈련과 습관의 중요성도 강조했다.

▶ 09A ② 　# 아리스토텔레스와 로크의 교육론, 지덕체

10

세부 출제영역 서양교육사　　**평가 내용 요소** 고대 그리스/로마시대의 교육

그리스에서 중시한 자유교육은 자유 시민으로서의 자유를 누리고 선용하는 능력을 기르기 위한 교육이었다. 자유교육은 실제적 목적이 아닌 그 자체의 가치를 목적으로 한 교육을 의미하며, 전인적 개인의 완성을 중시했지만 공동체 일원으로서의 개인을 강조했다는 점에서 시민으로서의 교육을 강조했다고 볼 수 있다.

▶ 10A ④ 　# 자유교육

11

세부 출제영역 서양교육사　　**평가 내용 요소** 실학주의/계몽주의 시대의 교육

코메니우스에 대한 설명이다. 코메니우스는 『대교수학』에서 아동의 이해에 기초한 교육의 목적을 주장하였고, 학교 교육의 필요성과 일반원리를 제시하였다. 또한 시청각교육의 선구자로서 최초의 시청각 교재인 『세계도회』를 지었다. 그는 '모친학교-모국어 초등학교-라틴어 학교-대학'의 근대적 학제를 제시하였으며, 평등 교육을 주장했다는 점에서 교육학적 의의가 있다. 그러나 지적 능력을 과대평가해 너무 많은 것을 가르치고자 했다는 점에서 한계가 있고 실학주의 방법론을 주장하면서도 고전교육을 강조한 인문주의적 한계를 지닌다.

▶ 11A ① 　# 코메니우스
▶ 11B ② 　# 코메니우스의 대교수학

12

세부 출제영역 서양교육사　　**평가 내용 요소** 실학주의/계몽주의 시대의 교육

계몽주의에서는 이성적 사유 능력을 길러 모든 종류의 권위로부터 자유로울 수 있는 인간을 양성하는 것이 목적이다. 따라서 감정이나 종교적 계시보다 합리성, 합리적 이성 능력의 발달에 초점을 맞춘다.

▶ 12A ③ 　# 계몽주의

13

세부 출제영역 서양교육사　　**평가 내용 요소** 실학주의/계몽주의 시대의 교육

제시된 내용을 주장한 사람의 이름은 루소다. 루소는 고상한 야인을 교육의 목표로 삼아 아동의 자발성을 중시하는 아동 본위의 교육과 인간의 본래의 자연 상태를 유지하는 소극적 교육을 주장하였다. 또한 인간의 나이대를 발달단계별로 나누어 발달단계별 교육을 주장하였다. 또한 루소는 여성교육의 중요성도 주장하였다. (다만 이때의 여성교육은 훌륭한 어머니와 부인의 역할을 하기 위한 교육으로, 여성과 남성의 평등 교육을 주장한 것과는 차이가 있다.)

▶ 13A ① 　# 루소: 발달단계론, 고상한 야인, 소극교육론, 남녀별학
▶ 13B ③ 　# 인간중심주의 교육: 자연주의 교육
▶ 13C ③ 　# 루소 에밀: 자연의 교육, 사물의 교육, 인간의 교육

14

세부 출제영역 서양교육사　　**평가 내용 요소** 신인문주의 이후의 교육

헤르바르트에 의하면 교수는 명료화, 연합, 체계, 방법의 네 단계로 이루어진다. 먼저 주제를 명료하게 제시하고 설명한다. 그런 뒤에는 새 주제를 이전에 배운 내용과 관련지어 해석하고 이해할 수 있도록 한다. 셋째로 새로 학습한 내용을 기존 지식체계 내에서 적절하게 자리 잡도록 한다. 마지막으로 새로 얻은 지식과 주제를 활용해 새로운 문제를 해결하는 데 적용할 수 있는 능력을 기르게 한다. 이는 학생이 연습의 과정을 경험할 수 있도록 상황을 제시하고 얼마나 일반적 원리를 이해하고 있는지 확인하게 하는 단계다.

▶ 14A ④ 　# 헤르바르트의 교수 단계론

15

세부 출제영역 서양교육사　　**평가 내용 요소** 신인문주의 이후의 교육

페스탈로찌는 아동을 성인의 축소판으로 보지 않고, 아동의 흥미와 노력을 중시하는 인간관을 가지고 있다. 또한 인간의 자연적 본성이 선하며 인간성 안에 자연적, 사회적, 도덕적 상태의 단층이 존재한다고 보았다. 교육목적은 인간성의 도야, 곧 지식, 도덕, 기능의 조화로운 발달이다. 교육방법은 직관적 원리, 자발성의 원리에 따른다.

▶ 15A ① 　# 페스탈로찌: 흥미, 노력, 직관, 조화로운 발달

16

세부 출제영역 교육철학의 이해　　**평가 내용 요소** 교육철학의 이해

피터스는 여덟 가지 지식의 형식은 다른 목적을 위한 수단으로서가 아니라 그 활동 자체에 들어있는 가치인 내재적 가치를 지니는데, 이것은 개인의 수용 여부와 무관하게 성립한다고 즉 선험적으로 정당화된다고 주장했다. 피터스가 이야기한 지식의 형식은 우리 삶의 공적 전통을 체계화한 것으로 학습자가 좋든 싫든 이 체계를 알 필요가 있으며, 이를 받아들이지 않으면 원만하게 삶을 살 수 없다는 것을 선험적 정당화라는 개념을 통해 설명했다.

▶ 16A ① 　# 피터즈의 선험적 정당화

17

| 세부 출제영역 | 교육철학의 이해 | 평가 내용 요소 | 사회철학 |

　푸코는 교육내용의 측면에서 권력의 힘은 지식의 힘과 동일하며, 그 관계를 '지식-권력'으로 표현하여 지식과 권력의 관계를 밝혔다. 교육방법의 측면에서는 다양한 기법과 전술을 통한 몸 길들이기인 '훈육'을 주장하였으며, 학교의 각종 시험 제도는 드러나지 않는 방식으로 학생들에게 규율적 권력을 행사한다고 보았다.

▶ **17A** ④　# 푸코: 훈육, 지식-권력의 힘, 학교의 규율적 권력

18

| 세부 출제영역 | 교육철학 사조 | 평가 내용 요소 | 미국 교육사조 |

　김 교사와 최 교사의 교육관은 모두 본질주의 교육철학이다.

▶ **18A** ③　# 본질주의: 교사중심 수업, 미래 준비를 위한 훈련
▶ **18B** ①　# 철학적 탐구방법: 분석적 방법
▶ **18C** ③　# 본질주의 교육철학

19

| 세부 출제영역 | 교육철학 사조 | 평가 내용 요소 | 미국 교육사조 |

　교육의 본질적 기능은 교육이라는 개념 자체에 함의된 기능이다. 이는 인간을 가르치고 기르는 기능을 의미한다. 교육의 수단적 기능은 교육 그 자체 외의 다른 결과를 가져오는 기능이다.
　듀이는 교육의 출발점을 아동으로 보아 모든 교육활동은 아동의 필요와 흥미를 중심으로 이루어져야 한다고 보았다. 교육은 삶의 본질인 성장과 동일하며, 교육 그 자체 이외의 다른 목적을 가지지 않는다고 보아 교육의 내재적 목적을 강조하였다. 이러한 듀이의 교육목적은 교육 그 자체의 기능을 강조하는 교육의 본질적 기능과 연결된다고 할 수 있다.

▶ **19A** ①　# 진보주의 교육관
▶ **19B** ②　# 교육의 기능: 본질적 기능, 수단적 기능
▶ **19C** ②　# 교육의 내재적 목적
▶ **19D** ①　# 듀이의 교육관

20

| 세부 출제영역 | 교육철학 사조 | 평가 내용 요소 | 미국 교육사조 |

　'흥미'는 어원적으로 볼 때 '사이에 있는 것', 즉 거리가 있는 두 사물을 관련짓는 것을 뜻한다. 듀이는 흥미가 대상에 마음이 사로잡혀 몰입하는 상태이며, 이는 학습에서 시작과 완성을 일치시키도록 노력하게 해주는 데 필요한 것이라고 보았다. 즉 듀이에 의하면 학생이 현재 갖고 있는 능력과 성향이 학습의 출발 단계이고 교사는 최종적으로 도달하게 될 교육목표를 설정하는데, '흥미'는 이 두 가지 사이를 연결하는 수단이 되어 교육활동이 결과에 도달할 수 있게 해준다.

▶ **20A** ②　# 듀이: 진보주의, 흥미

21

| 세부 출제영역 | 교육철학 사조 | 평가 내용 요소 | 유럽 교육사조 |

　객관주의적 관점에서 지식은 오류가 없는 표준적, 보편적 진리로, 이런 내용만이 교과서에 포함될 수 있는 지식이라고 보았다. 따라서 교과서의 지식은 학문의 발전 과정보다는 해당 학문에서 공인된 이론이어야 한다고 주장하였다. 또한 교과서를 구성하는 언어는 세계의 실재와 대응관계를 유지해야 한다고 보았다.

▶ **21A** ①　# 객관주의: 오류가 없음, 보편적 표준적 진리, 세계의 실재와 교과서의 언어 대응관계
▶ **21B** ④　# 분석주의 교육철학: 학문의 객관성

22

| 세부 출제영역 | 교육철학 사조 | 평가 내용 요소 | 유럽 교육사조 |

　실존주의적 관점은 인간을 자유로운 존재로 보기 때문에 실존주의 교육사상에서는 학생 개인의 독자적인 삶과 자유를 존중하며, 추상적이고 보편적인 인간을 지향하는 교육목표를 비판한다. 관념적인 지식 위주의 교육에서 벗어나 학생 스스로 각성하여 자아를 발견하는 것이 중요하다는 입장으로, 철저한 신념과 확신으로 뭉친 책임감을 지닌 실천가와 개성을 가진 인간 양성을 지향한다. 교육의 과정에서 나-너의 인격적 만남을 중시하며 이를 통한 인간의 비연속적 형성 가능성을 강조한다.

▶ **22A** ③　# 실존주의
▶ **22B** ①　# 실존주의 교육: 나-너의 인격적 만남, 인문학 및 예술 교과, 인간의 비연속적 형성
▶ **22C** ④　# 실존주의

23

| 세부 출제영역 | 교육철학 사조 | 평가 내용 요소 | 유럽 교육사조 |

　현상학에서는 인간은 주변 대상을 자신의 개념과 결합해 파악하고자 하는 '의식 지향성'을 지니며, 따라서 모든 외부 대상은 새롭게 구성되어 나타난다고 본다. 앎 또한 인간의 내재적 '의미부여 작용'을 통해 이루어진다고 보기 때문에 인간이 대상에게 부여하는 의미에 영향을 미치는 구체적 생활세계를 중시한다.

▶ **23A** ⑤　# 현상학

CHAPTER 8 교육사 및 교육철학

24

| 세부 출제영역 | 교육철학 사조 | 평가 내용 요소 | 유럽 교육사조 |

특정 사회의 정치, 경제 구조가 교육에 미치는 영향에 관해 분석하게 했다. 교육에서 발생하는 억압 관계와 인간 소외 문제를 개선하는 방안을 마련했다. 교육의 과정에서 왜곡된 의사소통을 합리적인 의사소통으로 전환시키고자 했다.

▶ 24A ②   # 비판이론
▶ 24B ①   # 비판적 교육철학

25

| 세부 출제영역 | 교육철학 사조 | 평가 내용 요소 | 유럽 교육사조 |

허스트는 기존에 피터스와 함께 '교육은 합리적 마음을 계발하기 위해 학생을 지식의 형식에 입문시키는 것'이라고 정리한 것이 오류라 보고, 교육은 '사회적 실제'에의 입문이어야 한다고 주장했다. 자유교육에서 강조하는 '지식의 형식'은 내가 실질적으로 좋은 삶을 사는 것과 직접적인 관련이 없으며 실제 삶과 관련되는 것, 실질적으로 실천할 수 있는 실천이성이 좋은 삶을 살아가는 데 필요하다고 보았다.

▶ 25A ③   # 허스트, 사회적 실제, 실제적 교육철학

26

| 세부 출제영역 | 교육철학 사조 | 평가 내용 요소 | 현대 교육철학 |

포스트모더니즘은 반정초주의에 기초하여 궁극적이고 절대적인 본질로서의 기초란 없다고 보고 진리의 상대성을 주장한다. 또한 다원주의를 표방하여 상이한 사회와 이익집단은 그들의 특정 필요와 문화에 적합한 가치를 구성한다고 보고 사회에서의 다양성을 존중한다.

▶ 26A ②   # 분석철학, 실존주의, 포스트모더니즘, 페미니즘, 비판이론
▶ 26B ①   # 포스트모더니즘: 다원주의, 반정초주의, 소서사
▶ 26C ③   # 포스트모더니즘: 국지적 지식의 이해

Note

메가쌤 임용 기출공략서

PART

실전편
논술형 문제

연습문제

기출문제(2014~2022학년도 수록)

연습문제 1

| 중등학교교사 임용후보자 선정경쟁시험 |

교육학

다음은 A 중학교의 초임 교사인 박 교사와 경력 교사인 김 교사의 대화 내용이다. 이 내용을 읽고 '학습자를 위한 교육과정의 계획과 실행방안'이라는 주제로 교육과정, 교수설계, 교육평가, 교육행정에 대한 내용을 구성요소로 하여 서론, 본론, 결론을 갖추어 논하시오. [20점]

박 교사: 선생님, 공식적 교육과정의 경우 성취 목표에 따른 학습 결과를 사전에 알 수 있어 교육 내용을 계획하는 데 많은 도움이 됩니다. 그런데 실제 학교 현장에서의 교육 내용은 공식적 교육과정에서 제시하고 있는 것과 다소 차이가 있는 것 같습니다.

김 교사: 그렇죠. 공식적 교육과정은 실제 학교 현장이 고려되지 않은 교육과정이므로 교사는 여러 가지 상황을 고려하여 실제적인 교육과정을 계획해야 합니다. 다양한 측면에서의 실제적 교육과정을 계획한다면, 이를 바탕으로 교수학습 방법과 평가의 방향도 결정할 수 있습니다. 선생님께서는 이번 학기의 수업을 어떻게 설계하실 생각이신가요?

박 교사: 네, 안 그래도 수업을 어떻게 진행해야 할지 고민이 많이 됩니다. 수업 설계와 관련하여 교육학 이론을 찾아보고는 있는데, 어떻게 적용해야 할지 잘 모르겠습니다.

김 교사: 수업 설계를 위해서는 우선 교수 조건과 방법, 결과의 3가지 변인을 이해해야 합니다. 공식적 교육과정에서 제시하고 있는 교과 목표나 학생들의 특성을 잘 파악하고, 이에 적절한 교수전략을 사용한다면 좋은 결과를 도출할 수 있을 것입니다. 결국 수업 설계에 있어서 교수전략이 가장 중요하다고 볼 수 있겠죠.

박 교사: 네, 선생님. 그렇다면 저는 복잡한 학습 내용을 학생들에게 어떤 순서로 가르칠 것인지를 우선 고민해봐야 할 것 같습니다. 그런데 학습 결과를 평가함에 있어서 실제적 교육과정의 측면을 고려한다면 결과 중심의 평가보다 학생들의 성장과 발달과정을 나타내는 데 중점을 두어야 할 것 같습니다.

김 교사: 교수전략뿐만 아니라 구체적인 평가 방법까지도 고민하시는군요. 선생님께서 치열하게 고민한 만큼 좋은 결과가 있을 것 같습니다. 나중에 얼마나 효과가 있었는지 알려주세요.

박 교사: 네, 선생님. 새 학기를 맞이하여 새롭게 시작될 교육과정이 더욱 기대가 됩니다. 참! 이번에 우리 학교에 교장 선생님께서 새로 부임하신다고 하던데, 어떤 분이실지 궁금합니다. 우리 학교의 조직문화를 잘 이해하셔서 저희를 좋은 방향으로 이끌어주셨으면 좋겠습니다. 선생님께서는 우리 학교 선생님들의 교수학습 방법 개선과 학생들의 학업성취도 향상에 기여할 수 있는 지도성이 무엇이라고 생각하십니까?

김 교사: 그동안 우리 학교에서 근무하면서 살펴본 바, 우리 학교의 교사들은 교육과정에 따라 수업을 운영하면서도 학생들과 상호작용하며 함께하는 수업을 만들어가고 있습니다. 이러한 우리 학교조직의 특성을 고려하면 조직문화의 변화를 수용함으로써 조직의 효과성을 높여나가는 지도성이 필요한 것 같습니다.

(배 점)

- **논술의 내용 [총 15점]**
  - Glatthorn의 실제적 교육과정의 등장 배경과 학습자 측면과 교사 측면에서의 의의를 각각 1가지, 단점 1가지 제시 [4점]
  - 라이겔루스의 교수설계이론에서 제시하는 조직전략 2가지, 김 교사가 활용할 수 있는 구체적인 교수전략 2가지 제시 [4점]
  - 박 교사가 언급한 평가 관점에 따른 구체적 평가 방법 2가지, 평가 결과에 대한 피드백 시 교사가 지켜야 할 태도 2가지 제시 [4점]
  - 김 교사가 언급한 지도성의 명칭과 지도성을 실행하기 위한 구체적 방안 2가지 제시 [3점]

- **논술의 구성 및 표현 [총 5점]**
  - 논술의 내용과 '학습자를 위한 교육과정의 계획과 실행방안'의 연계 및 논리적 형식 [3점]
  - 표현의 적절성 [2점]

문제 구성 개별학교 현장에서 공식적 교육과정의 실제 실행 정도는 차이가 있다. 교사는 실제적 교육과정의 측면에서 공식적 교육과정을 바라볼 필요가 있다. 이와 관련하여 '학습자를 위한 교육과정 계획과 실행방안'이라는 주제로 문제를 구성하였다. 교육과정, 교수설계, 교육평가, 교육행정의 이론을 중심으로 구성하였으며, 특히 구체적인 교사의 학습활동을 묻는 최신 경향에 맞추어 문항의 세부조건을 설정하였다. 예비교사로서 학습자를 위한 교육과정을 계획하고 실행할 수 있는 방안을 고려해 볼 필요가 있다.

핵심 키워드
#1 실제적 교육과정, 가르친, 학습된, 평가된
#2 라이겔루스(C. Reigeluth) 교수설계이론, 미시적/거시적 조직전략, 정교화 이론
#3 과정중심평가, 형성평가, 수행평가, 피드백 시 교사의 태도
#4 문화적 지도성, 교사가 창출한 문화 수용, 다양한 문화의 제도적 통합

| 개요도 및 채점기준표 |

구분	출제영역	소주제	세부 논점	키워드 및 설명	배점
논술의 내용 [총 15점]	교육 과정	실제적 교육과정	등장 배경	학교 현장의 실제 수업에서 전개된 교육과정을 이해하기 위함	1
			학습자 측면의 의의	실제적 교육과정의 학습 정도를 파악하여 보충학습의 필요 여부 판단	1
			교사 측면의 의의	자신의 교수와 학생의 학습 차이 이해	1
			단점	비판적 사고 약화	1
	교수 설계	라이겔루스 교수설계이론	조직전략 1	거시적 조직전략	1
			조직전략 2	미시적 조직전략	1
			정교화 이론 - 구체적 교수전략 1	정교화 이론의 7가지 전략(정교화된 계열화, 선수학습요소, 요약자, 종합자, 비유, 인지 전략 촉진자, 학습자 통제 중 택2)	1
			정교화 이론 - 구체적 교수전략 2		1
	교육 평가	과정중심평가	구체적 평가 방법 1	형성평가	1
			구체적 평가 방법 2	수행평가	1
			피드백 시 교사의 태도 1	피드백을 즉각적으로 제시, 학습목표에 근거하여 피드백 하기 등	1
			피드백 시 교사의 태도 2		1
	교육 행정	문화적 지도성	명칭	문화적 지도성	1
			구체적 실행방안 1	새롭게 창출한 문화를 수용함으로써 교사가 주체가 되는 분위기와 여건 조성	1
			구체적 실행방안 2	다양한 문화를 제도적으로 통합할 수 있는 지도성 발휘	1
논술의 구성 및 표현 [총 5점]			논술의 내용과 '학습자를 위한 교육과정 계획과 실행방안'의 연계 및 논리적 형식		3
			표현의 적절성		2
합계					20

모범답안

서론

학생이 주체가 되는 교육의 중요성에 대해서는 누구나 공감하지만, 실제 현실에서는 학생이 배제된 교육과정과 수업을 자주 목격할 수 있다. 교사와 학교는 학생이 주체가 되는 교실을 위해 끊임없이 연구하고 논의해야 한다. 이를 위해 초임 교사인 박 교사와 경력 교사인 김 교사가 나눈 대화에 근거하여 교육과정, 교수설계, 교육평가, 교육행정에 대한 측면에서 '학습자를 위한 교육과정의 계획과 실행방안'이라는 주제를 논의해 보고자 한다.

소주제 1

교육과정은 교육목적을 달성하기 위한 교육목표와 내용에 대한 계획을 의미한다. Glatthorn의 실제적 교육과정은 가르친 교육과정, 학습된 교육과정, 평가된 교육과정의 3가지 유형으로 구분된다. 이는 교사가 실제 학교 현장에서 공식적 교육과정을 어떻게 가르치고 있는지, 학생은 어떤 내용을 학습하는지, 어떤 방법으로 평가하는지 등 실제로 전개되는 교육과정을 이해하기 위해 등장하였다. 이러한 실제적 교육과정이 학습자 측면과 교사 측면에서 갖는 의의는 다음과 같다. 먼저, 학습자는 실제적 교육과정을 인식하여 교사가 가르친 교육 내용과 자신이 실제로 학습한 교육 내용의 차이가 있음을 알고, 교육과정의 학습 정도를 스스로 파악할 수 있다. 이를 통해 보충학습의 필요 여부를 스스로 판단할 수 있게 되어 학업성취 향상에 도움이 된다. 다음으로 교사는 자신이 가르친 교육 내용과 실제 학습자들이 학습한 교육 내용과의 차이를 분명하게 파악할 수 있으므로 학습자의 학습 정도 차이를 이해할 수 있다. 이를 바탕으로 중간·기말고사, 서술형·객관식 평가 등을 통해 교육과정 실행의 과정이나 성과를 비교하여 종합적인 평가 결과를 확인할 수 있다. 그러나 실제적 교육과정은 가르치고 학습하고 평가된 부분에만 초점을 맞추어 사실의 기억과 의미 없는 단순 기능의 수행을 강조함으로써 학생의 비판적 사고를 약화시킬 수 있다는 단점이 있다. 이처럼 교사와 학교는 교육과정의 여러 측면을 고려하여 학습자를 위한 교육과정을 계획하고 실행할 수 있어야 한다.

소주제 2

라이겔루스(C. Reigeluth)의 교수설계이론에서 제시하는 조직전략은 전달하고자 하는 교과 내용을 구조와 학습자의 수준에 적합하게 조직하는 전략으로, 미시적 조직전략과 거시적 조직전략이 있다. 미시적 조직전략은 개념이나 원리 등 하나의 아이디어를 전달할 때 사용하며, 거시적 조직전략은 여러 아이디어를 전달할 때 그 아이디어들의 순서와 계열성 등을 조직하는 전략이다. 대화에서 김 교사는 복잡한 학습 내용을 어떤 순서로 전달할 것인지에 대해 고민하고 있으므로 거시적 교수전략을 활용할 수 있다. 라이겔루스의 정교화 이론은 이러한 거시적 조직전략에 관한 이론으로, 복잡한 내용을 계열화, 종합, 요약하기 위한 효율적 교수 기법을 제시한다. 거시적 조직전략의 구체적 교수전략 2가지는 다음과 같다. 첫째, 학습한 내용을 잊지 않도록 쉽게 기억될 수 있는 예시를 들어 설명하거나 연습문제를 제시하는 등 요약자를 사용할 수 있다. 둘째, 새로운 개념을 학생들에게 친숙한 개념과 연결하여 좀 더 쉽게 이해할 수 있도록 돕는 구체적 교수전략 2 — 비유 전략을 사용할 수 있다. 이처럼 교사는 학생들이 복잡한 개념을 쉽게 익힐 수 있도록 여러 개념을 계열화, 종합, 요약하는 적절한 방법을 숙지하고 실행할 수 있어야 한다.

소주제 3

과정중심평가는 교육과정과 성취 기준에 기반한 평가 계획에 따라 교수학습 과정에서 학생의 변화와 성장에 대한 자료를 다각도로 수집하여 적절한 피드백을 제공하는 평가이다. 먼저 과정중심평가의 관점에 따른 구체적 평가 방법은 다음과 같다. 첫째, 교수-학습의 진행 과정에서 학습목표 달성 여부와 학습 내용의 이해도 점검을 위한 <u>형성평가를 실시한다</u>. 교사는 형성평가를 통해 학생에게 수시로 피드백을 제공할 수 있다. 둘째, 학생의 과제 수행 과정이나 과제를 통해 학생의 지식, 기능, 태도 등을 전문적으로 판단하는 <u>수행평가를 실시한다</u>. 수행평가는 과제를 수행하는 과정과 그 결과를 모두 평가하므로 평가와 교수-학습이 통합된 형태로 수업이 운영될 수 있으며, 평가 과정에서도 학습이 이루어질 수 있다. 다음으로 평가 결과에 대한 피드백 시 교사가 지켜야 할 태도 2가지는 다음과 같다. 첫째, <u>피드백은 즉각적으로 제공해야 한다</u>. 과제에 대한 기억과 수행의 영향 등이 생생하게 남아 있을 때 피드백이 제공되어야 피드백을 활용한 개선 가능성이 높아질 수 있다. 둘째, <u>학습 목표에 근거하여 피드백을 제공해야 한다</u>. 교사는 학생의 수행과 학습 목표를 연계함으로써 학생이 학습해야 하는 내용에 대한 불확실성을 줄여 줄 수 있다. 이처럼 교사는 학습자를 위한 교육과정을 실행하는 과정에서 과정중심평가를 활용하여 학생들의 성장과 발달과정을 나타낼 수 있다.

- 과정중심평가 관점에 따른 구체적 평가 방법 1
- 과정중심평가 관점에 따른 구체적 평가 방법 2
- 피드백 시 교사가 지켜야 할 태도 1
- 피드백 시 교사가 지켜야 할 태도 2

소주제 4

지도성은 조직의 목적 달성을 위해 구성원들에게 영향력을 행사하는 과정, 즉 지도자로서의 능력이나 자질 등을 말한다. 김 교사가 언급한 지도성은 <u>문화적 지도성</u>으로, 지도자가 조직문화에 관심을 갖고 조직문화의 변화를 통해 조직의 효과성을 개선해 나가려는 지도성이다. 문화적 지도성은 학교 구조를 느슨하게 결합된 이완결합 체제로 파악하여 구성원의 욕구를 충족시킴으로써 독특한 학교 문화를 창출한다. 이러한 문화적 지도성의 구체적 실행방안 2가지는 다음과 같다. 첫째, <u>교사들이 새롭게 창출한 문화를 수용함으로써 교사가 학교의 주역이 될 수 있는 분위기와 여건을 조성한다</u>. 둘째, <u>다양한 문화를 제도적으로 통합할 수 있는 지도성을 발휘하여 학교조직의 효과성을 높인다</u>. 이처럼 지도자가 문화적 지도성을 효과적으로 발휘함으로써 교사의 자율성이 보장되는 학교 문화가 형성된다면 학습자를 위한 교육과정의 실행도 가능할 것이다.

- 지도성 명칭
- 문화적 지도성의 구체적 실행방안 1
- 문화적 지도성의 구체적 실행방안 2

결론

지금까지 '학습자를 위한 교육과정의 계획과 실행방안'을 주제로 실제로 전개되는 교육과정의 이해를 위한 실제적 교육과정, 학습자를 고려한 라이겔루스의 효과적 교수전략, 학습자의 성장과 발달과정을 평가하는 과정중심평가, 학습자 중심의 학교문화 조성을 위한 문화적 지도성에 대해 살펴보았다. 이처럼 학생이 교실의 주체가 되기 위해서는 다양한 측면에서 끊임없는 연구와 논의가 필요하다. 교사와 학교는 현재에 만족하지 않고 정진해야 할 것이다.

연습문제 2

| 중등학교교사 임용후보자 선정경쟁시험 |

교육학

다음은 ○○ 중학교에 재직 중인 김 교사가 작성한 자기개발계획서이다. 자기개발계획서를 읽고 예비교사 입장에서 <전체 주제> 교사가 갖추어야 할 역량이라는 주제로 학습 이론, 진로 지도, 평가, 학교 조직의 특성에 대한 내용을 구성요소로 하여 서론, 본론, 결론의 형식을 갖추어 논하시오. [20점]
<소주제>

개선 영역	개선 사항
학습 이론	○ 사람의 인지 과정이 컴퓨터의 정보처리 과정과 같다는 정보처리이론에 따라 학생들에게 인지 과정에 대한 지식과 인지 과정을 어떻게 조절하고 통제할 수 있는지에 관한 사고 방법을 알려주어야겠어.
진로 지도	○ 학생들은 주로 자신의 욕구를 충족시키기 위한 직업을 선택하므로 평소 학생의 욕구가 무엇인지 파악하는 것이 중요하겠어. 일단, 학생과의 진로 상담 이전에 학부모와의 면담을 통해서 평소 자녀와의 관계를 파악해보는 것이 좋겠어.
평가 계획	○ 동료 선생님은 중간고사나 기말고사 점수로 학생들의 학습 정도를 평가하신다던데, 오히려 수업을 진행하면서 쪽지 시험이나 간단한 퀴즈 게임을 통해 학생들의 학습 정도를 평가하면 좋을 것 같다.
학교 조직	○ 교장 선생님께서 학교 전체의 성적을 높여야 한다고 말씀하셨지만, 개인적으로는 개별 학생의 학업 성취도 향상이 더욱 중요한 것 같다. 수업은 교사의 고유한 영역이므로 교장 선생님께서도 이해해주실 것이다.

―〈 배점 〉―

• 논술의 내용 [총 15점]   <세부 논점>
 - '학습 이론'에 나타난 사고가 학업성취에 영향을 미치는 이유 2가지와 관련 이론에 근거한 교사의 역할 2가지 제시 [4점]
 - '진로 지도'에 나타난 진로상담이론의 명칭, 부모-자녀와의 관계에 따른 직업 선호 유형 2가지, 진로 지도 시 한계 1가지 제시 [4점]
 - '평가 계획'에 나타난 동료 교사의 평가 방법에 대한 문제점 1가지, 김 교사가 사용하려는 평가 방법의 기능을 학생과 교사 측면에서 각각 1가지, 김 교사가 효과적인 평가를 시행하기 위한 전략 1가지 제시 [4점]
 - '학교 조직'과 관련하여 Weick가 주장한 학교 조직의 명칭, 장점과 한계 각각 1가지 제시 [3점]

• 논술의 구성 및 표현 [총 5점]
 - 논술의 내용과 '교사가 갖추어야 할 역량'의 연계 및 논리적 형식 [3점]
 - 표현의 적절성 [2점]

문제 구성

교육학 논술을 준비하기 위해서는 정확한 명칭과 개념의 암기도 중요하다. 명확한 문제조건에 따른 정확한 정답 서술이 요구되기 때문이다. 그러나 2022학년도 교육학 시험에서는 이론의 명칭이나 명확한 개념을 요구하기보다는 넓은 이해를 요구하는 문항 조건들이 출제되었고, 이론의 적용을 통한 구체적 활용방안을 함께 요구하는 방향으로 출제되었다. 이는 문제의 조건을 정확하게 파악하는 추론능력과 폭넓은 직관이 준비되어야 한다는 것을 의미한다. 이러한 관점에서 학습 이론, 진로 지도, 교육평가, 교육행정 영역의 세부 문항을 파악하고 답안 기술에 접근하는 연습은 보다 안정적인 교육학 논술 대비에 도움을 줄 것이다.

핵심 키워드

#1 인지주의 정보처리이론, 메타인지, 선행지식, 주의
#2 로우(A. Roe)의 욕구 이론, 온정, 냉담, 인간지향, 비인간지향, 구체적 절차 부재
#3 총합평가의 문제점, 형성평가의 기능, 수시 평가, 준거지향평가
#4 이완조직, 느슨한 구조, 독립성, 신뢰의 논리

개요도 및 채점기준표

구분	출제영역	소주제	세부 논점	키워드 및 설명	배점
논술의 내용 [총 15점]	학습 이론	인지주의 정보처리이론 메타인지	메타인지가 학업성취에 영향을 미치는 이유 1	자신의 이해가 정확한지 점검하도록 함	1
			메타인지가 학업성취에 영향을 미치는 이유 2	학습과제에 맞는 효율적인 인지 전략을 사용할 수 있도록 함	1
			교사의 역할 1	학생의 선행지식을 활성화	1
			교사의 역할 2	학생의 주의를 끄는 수업 계획	1
	진로 지도	로우(A.Roe)의 욕구 이론	명칭	로우(Roe)의 욕구 이론	1
			부모-자녀와의 관계에 따른 직업 선호 유형 1	부모와 자녀의 관계가 온정적인 가정의 학생은 인간지향적 직업 선호	1
			부모-자녀와의 관계에 따른 직업 선호 유형 2	부모와 자녀의 관계가 온정적 또는 냉담한 가정, 냉담한 가정의 학생은 비인간지향적 직업 선호	1
			한계	진로상담을 위한 구체적인 절차를 제공하지 못함	1
	교육 평가	총합평가 형성평가	총합평가의 문제점	평가 결과 시정의 어려움	1
			학생 측면에서 형성평가의 기능	학습활동 강화 및 촉진	1
			교사 측면에서 형성평가의 기능	교수-학습 방법의 문제점 개선	1
			형성평가의 효과적 시행 전략	수시로 평가를 실시함	1
	교육 행정	이완조직 와익(K. Weick)	학교 조직의 명칭	이완조직(이완결합체 조직/이완결합체제)	1
			장점	교사의 자율성과 전문성을 통한 내적 동기 유발	1
			한계	교사의 교수 활동에 대한 전문성과 자율성만을 지나치게 강조	1
논술의 구성 및 표현 [총 5점]			논술의 내용과 '교사가 갖추어야 할 역량'의 연계 및 논리적 형식		3
			표현의 적절성		2
합계					20

모범답안

서론

최근 코로나19로 인해 학교 현장에서는 많은 변화가 일어났다. 학생의 등교가 전면 금지됨에 따라 비대면 수업이 이루어졌고, 교사들은 준비할 겨를도 없이 원격수업을 진행해야만 했다. 이처럼 사회는 빠르게 변화하고 있으며, 교사는 사회 변화 속도에 발맞춰 교사로서의 역량을 개발하여 변화하는 학교 현장에 적응해야 한다. ○○ 중학교에 재직 중인 김 교사가 작성한 자기개발계획서를 참고하여 '교사가 갖추어야 할 역량'이라는 주제로 학습 이론, 진로 지도, 평가, 학교 조직의 특성에 대한 내용을 논의해 보고자 한다.

소주제 1

학습 이론에 관한 지식은 교사가 필수적으로 갖추어야 할 역량 중 하나이다. 김 교사가 자기개발계획서에서 언급한 정보처리이론은 인지주의 학습 이론으로, 새로운 정보가 투입되고 저장되며 인출되는 인간의 인지 과정에 초점을 둔다. 김 교사는 이러한 정보처리이론에 기반하여 학생들에게 메타인지에 관하여 가르쳐주고자 한다. 메타인지란 '사고를 위한 사고'로, 자신의 인지 과정을 조절하고 통제하는 사고를 의미한다. 메타인지가 학업성취에 영향을 미치는 이유 2가지는 다음과 같다. 첫째, 학습자는 메타인지를 통해 자신의 이해가 정확한지 확인하고 점검할 수 있다. 이를 통해 학습 내용에 대한 정확한 지각과 이해를 높일 수 있다. 둘째, 학습자는 메타인지를 통해 학습과제에 맞는 효율적인 부호화 전략을 사용할 수 있다. 다음으로 정보처리이론의 관점에서 교사의 역할 2가지는 다음과 같다. 첫째, 교사는 학생의 선행지식을 활성화해 주어야 한다. 학습자는 자신의 선행지식을 바탕으로 새로운 정보를 받아들이므로 교사는 새로운 학습 내용을 학생의 기존 지식과 연결해 주는 교수전략을 세워야 한다. 둘째, 학생의 주의를 끄는 수업을 계획해야 한다. 주의는 인지 과정의 시작이다. 주의를 받은 새로운 정보만이 작업기억을 거쳐 장기기억에 저장될 기회를 갖기 때문이다. 따라서 교사는 학생의 학습 효율을 증가시키기 위해 학생의 주의를 유도하는 적절한 전략을 사용하여야 한다. 이와 같이 교사는 학습 이론에 관한 지식을 바탕으로 학생의 학습 과정을 이해하고, 이를 수업 현장에 적용할 수 있는 역량을 길러야 한다.

소주제 2

교사의 의무는 수업만이 아니다. 교사는 학생의 진로도 책임지고 지도할 수 있어야 한다. 이러한 진로 지도 역량을 기르기 위해 김 교사는 '로우(A. Roe)의 욕구 이론'을 언급하고 있다. 로우의 욕구 이론은 개인의 욕구가 직업 선택에 큰 영향을 미친다는 이론으로, 개인의 욕구는 아동기 부모의 양육방식에 영향을 받는다고 보았다. 즉, 부모와 자녀의 관계에서 형성된 개인의 욕구에 의해 직업이 결정된다고 본 것이다. 로우의 욕구 이론에 따르면 부모와 자녀의 관계가 온정적인 가정에서 인간지향적 성격이 형성된 학생은 서비스직과 같은 인간지향적인 직업을 선호하게 된다. 반대로 부모와 자녀의 관계가 온정적 또는 냉담한 가정이나 냉담한 가정의 학생은 비인간지향적 성격이 형성되고, 이에 따라 기술직이나 연구직 등의 비인간지향적인 직업을 선호하게 된다. 그러나 로우의 욕구 이론은 학생의 직업 선택에 대한 이유를 아동기 부모와 자녀의 관계에서 형성된 성격에 의존하므로, 이를 바탕으로 학생의 진로를 지도할 경우 진로상담을 위한 구체적인 절차가 존재하지 않는다는 한계가 있을 수 있다. 이와 같이 교사는 다양한 진로상담이론을 이해하고 이를 바탕으로 적절한 상담 방법을 고안함으로써 학생의 진로 지도 역량을 길러야 한다.

소주제 3

교사의 수업 역량도 중요하지만, 그만큼 평가 역량 또한 중요하다. 적절한 평가와 피드백은 학생의 성장에 많은 영향을 끼친다. 김 교사의 '평가 계획'에서 나타난 동료 교사의 평가 방법은 교수-학습이 끝난 후 진행되는 총합평가로, 주로 의도된 교육목표를 어느 정도 성취하였는지에 관심을 갖는다. 따라서 수업 활동 결과 학생들의 성취 수준이 높지 않을 경우에는 이미 정해진 교육목표를 변경하기 어렵다는 문제점이 있다. 이를 보완하기 위해 김 교사가 평가 계획에서 언급한 '수업을 진행하면서 쪽지 시험이나 간단한 퀴즈 게임'과 같은 형성평가를 활용할 수 있다. 형성평가의 기능을 학생과 교사 측면에서 살펴보면 다음과 같다. 먼저, 학생 측면에서 형성평가는 학생들에게 피드백을 제공함으로써 학생의 학습활동을 강화하고 촉진해 준다. 다음으로 교사 측면에서는 형성평가 결과를 분석함으로써 학습 진전 상황에 대한 정보를 수집하여 교수-학습 방법을 개선할 수 있다. 이와 같은 형성평가를 효과적으로 시행하기 위해 김 교사는 수시로 평가를 실시해야 한다. 수시로 평가를 실시함으로써 교사는 학생의 능력이 향상되고 있음을 확인할 수 있고, 학생들은 평가 결과를 통해 유능감과 자기효능감을 증진시킬 수 있다.

> 총합평가의 문제점
> 학생 측면에서 형성평가의 기능
> 교사 측면에서 형성평가의 기능
> 형성평가의 효과적 시행 전략

소주제 4

교사가 필요한 역량을 갖추었다면, 학교는 교사의 역량이 충분히 발휘될 수 있는 분위기와 여건을 조성해야 한다. 학교 조직의 특성과 관련하여 김 교사가 언급한 내용은 와익(K. Weick)의 '이완조직'으로 설명할 수 있다. 이완조직이란 상호관련성이 있는 부서가 서로 구조적으로 느슨하게 연결되어 있어 각각의 독립성을 유지하는 조직으로, 와익은 교사의 자율성과 자유재량권을 바탕으로 느슨하게 결합된 학교 조직을 이완조직으로 설명하였다. 이러한 이완조직에서는 자율성을 가진 교사의 전문성이 인정되므로 업무에 대한 내적 동기가 유발된다는 장점이 있다. 그러나 교사들의 교수 활동에 대한 자율성과 전문성만을 지나치게 강조한다는 한계도 있다. 출결 관리, 교사의 채용, 시간표 운영 등의 비교수 활동은 엄격한 행정적 규제를 받아야 하는 것을 항상 염두에 두어야 한다. 이처럼 학교가 교사의 전문성과 자율성을 충분히 보장할 때, 교사는 조직의 규칙 내에서 자신의 역량을 계발하고 발휘할 수 있을 것이다.

> 학교 조직의 명칭
> 이완조직의 장점
> 이완조직의 한계점

결론

지금까지 '교사가 갖추어야 할 역량'이라는 주제로 학습 이론, 진로 지도, 평가 방법, 학교 조직에 대한 내용을 다루어보았다. 이를 통해 수업부터 진로 지도까지 다방면에서의 역량이 교사에게 요구되는 것을 확인할 수 있었다. 사회가 빠르게 변화하는 만큼 교사에게 요구되는 다양한 역량도 빠르게 변화하고 있다. 교사는 변화하는 사회에 발맞춰 필요한 역량을 갖추기 위해 끊임없이 연구해야 한다. 이러한 교사의 노력이 뒷받침되어야 학생들은 학교 교육을 통해 미래 사회를 위한 준비를 할 수 있을 것이다.

연습문제 3

| 중등학교교사 임용후보자 선정경쟁시험 |

교육학

다음은 A 중학교 교사인 김 교사가 작성한 성찰 일지의 일부이다. 일지 내용을 바탕으로 **'개인의 특성을 고려한 교육'**(전체 주제)이라는 주제로 **교육 사회학적 분석**, 교육평가, 교수 방법, 인지 양식을 구성요소로 하여 서론, 본론, 결론을 갖추어 논하시오. [20점]
(소주제)

1학기가 끝났다. 방학 동안 1학기 수업을 되돌아보고 2학기 수업을 준비하려고 하는데, 지난 학기를 떠올리면 학업성취가 낮은 학생들의 언어 사용이 생각난다. 평소 수업 참여도와 형성평가 결과, 관찰한 내용 등을 종합해 볼 때 학업성취가 낮은 학생들이 유사한 언어를 사용했는데, 담임 선생님과 상담해 보니 이 학생들은 가정에서의 언어 환경이 열악해서 특정한 상황에 얽매여 있는 제한된 언어방식을 사용하는 듯했다. 이 학생들은 수업 중에 기본적인 읽기, 쓰기가 되지 않고 수업 이해도가 낮아 집중도 잘 못하고 학습에서 자꾸 뒤처졌다.

이 문제를 해결하기 위해 우선 2학기 때에는 수업 시작 전에 학생들의 상태를 파악하는 평가를 해야겠다. 그러면 구체적으로 개별적인 특성을 고려해 그에 알맞은 도움을 제공할 수 있겠지? 그리고 읽기가 많이 어려운 몇 명의 학생들과는 보충학습을 하면 좋을 것 같다. 읽기 능력을 향상하기 위해 학습 방법으로는 상보적 교수를 활용하는 것이 어떨까?

지난 학기에 학생들이 과제를 수행하는 과정을 관찰한 결과, 언어 사용뿐만 아니라 과제를 해결할 때 학생들이 과제를 인지하는 방식에서도 차이가 드러나는 것을 확인할 수 있었다. 예를 들어 수진이가 사물을 지각할 때 그 주변의 영향을 많이 받았던 반면 준우는 주변의 영향을 적게 받았다. 수진이 같은 학생들과 준우 같은 학생들에게 내가 주어야 하는 도움의 내용과 적합한 교수 방법이 달라야 할 것 같다. 2학기 수업을 준비하며 이런 것도 고려해 보아야지.

◯ 배 점 ◯

- 논술의 내용 [총 15점]
  - 1학기 때 학업성취가 낮았던 학생들의 언어 사용에 대해 **번스타인(B. Bernstein)**의 관점에서 설명할 때 이 학생들이 사용한 언어의 특징 2가지, 이 언어 사용이 학업성취에 영향을 미치는 이유 [4점] (세부 논점)
  - 김 교사가 2학기 수업 시작 전 실행하려는 평가의 명칭, 평가 요소 3가지 [4점]
  - 김 교사가 활용하고자 하는 상보적 교수의 목적 1가지, 독해전략 및 그 전략을 활용한 수업 진행 방식 [3점]
  - 위트킨(Witkin) 이론에 입각해 수진이와 준우의 각 인지양식에 알맞은 목표 설정 방식, 각 양식에 필요한 교사의 도움 1가지씩 [4점]
- 논술의 구성 및 표현 [총 5점]
  - 논술의 내용과 '개인의 특성을 고려한 교육'의 연계 및 논리적 형식 [3점]
  - 표현의 적절성 [2점]

문제 구성

최근 온라인수업을 병행하게 되면서 교육격차 문제가 대두되고 있다. 학생이 처한 환경이나 속도의 차이뿐만 아니라 학생 개인이 지닌 특성은 다 다르다. 이와 관련해 '개인의 특성을 고려한 교육'이라는 주제로 문제를 구성했다. 교육 사회, 교육평가, 교수학습 이론, 교육심리 영역에서 이와 관련된 내용을 뽑았다. 문제에는 인출 확인용 문제도 포함되어 있으나, 학생 특성에 따른 교사의 역할(도움)이 어떻게 되어야 할지를 생각하며 답안을 작성하면 도움이 될 것이다.

핵심 키워드

#1 번스타인, 언어사회화
#2 진단평가
#3 구성주의, 상보적 교수
#4 위트킨, 장독립적 인지양식과 장의존적 인지양식

개요도 및 채점기준표

구분	출제영역	소주제	세부 논점	키워드 및 설명	배점
논술의 내용 [총 15점]	교육 사회	번스타인 언어사회화	언어 특징 1	막연한 상투적 표현(비정교한 언어)	1
			언어 특징 2	말의 내용을 통해서가 아니라 말을 주고받는 사람들의 정서적 유대 때문에 의사소통이 이루어짐	1
			영향	학교에서 사용하는 언어는 정교화된 어법, 인과적이고 논리적 관련을 가짐 정확한 문법 구조에 맞추어 언어를 사용함 학생이 학교에서 요구하는 정교한 언어에 익숙하지 않으면 학생의 학업성취가 낮아짐	2
	교육 평가	진단평가	평가 명칭	진단평가	1
			평가요소 1	지적 출발행동: 기정이니 학교에서 형성된 지적 능력 (예: 문장 이해력, 언어 구사 방법, 선수학습 정도, 학습결손 유무)	1
			평가요소 2	정의적 출발행동: 학습동기, 흥미, 성격, 태도	1
			평가요소 3	학습 외적 요인: 가정환경, 친구관계 등	1
	교수학습 이론 및 교육공학	상보적 교수	목적	읽기 이해력을 가르치고 글 내용을 정확히 이해하는 것	1
			독해전략	예측하기, 질문하기, 요약하기, 명료화하기	1
			진행 방식	글을 읽은 후 내용 요약, 교사 질문, 질문에 대한 토론, 필요 시 명료화 작업, 그다음 내용 예측	1
	교육심리	위트킨 인지양식	목표 설정	장의존: 외부에서 설정한 목표 제공	1
				장독립: 스스로 목표 설정	1
			역할	장의존: 구조화된 수업 제공, 개념을 학습자 개인 경험과 관련, 문제 해결 방법에 대한 명료한 지시 등	1
				장독립: 사회적 정보를 다룰 때 맥락 이용 방법 알려 주기, 비구조화된 과제 제시 등	1
논술의 구성 및 표현 [총 5점]	논술의 내용과 '개인의 특성을 고려한 교육'의 연계 및 논리적 형식				3
	표현의 적절성				2
합계					20

모범답안

서론

교사는 매년 수업에서 많은 학생들을 만나는데 학생들은 다 다른 특성을 지니고 있다. 교사가 학생들의 개별적 특성을 고려해 각각에 알맞은 교수적 도움을 제공하는 것은 전문가로서의 역할 중 하나이며, 이는 학생들의 효과적 학습과 매우 깊은 연관이 있다는 점에서 중요하다. 이 글에서는 학생들에게서 나타날 수 있는 여러 가지 특성에 어떤 것이 있는지를 언어 사용과 인지 양식 측면에서 살펴보고 알맞은 평가 및 교수 방법에 대해 논하고자 한다.

소주제 1

번스타인은 언어의 사회화를 연구했다. 번스타인에 의하면 1학기 때 학업 성취가 낮았던 학생들이 사용한 언어를 '제한된 언어'라고 볼 수 있다. 이 언어는 막연한 상투적 표현을 사용하는 정교하지 않은 언어이고, 말의 내용보다 말을 주고받는 사람들의 정서적 유대로 의사소통이 이루어진다는 특징이 있다. 반면 학교에서는 인과적이고 논리적 관련을 가지고 정확한 문법 구조에 맞춘 '정교화된 언어'를 사용한다. 그래서 제한된 언어를 사용하는 학생들은 학교에서 사용하는 정교화된 언어에 익숙하지 않아 학습 내용을 이해하는 데 어려움을 겪으며 학업성취가 낮아진다.

소주제 2

김 교사가 2학기 수업 시작 전에 실행하려는 평가는 진단평가다. 수업 시작 전에 학생들의 상태를 파악하기 위해 실행하는 데서 알 수 있다. 평가 요소는 지적 출발 행동, 정의적 출발 행동, 학습 외적 요인 세 가지가 있다. 지적 출발 행동은 가정이나 학교에서 형성된 지적 능력을 의미한다. 예를 들어 문장 이해력, 언어 구사 방법, 선수학습 정도, 학습결손 유무 등이 있다. 또한 학습 동기, 흥미, 성격, 태도 등의 정의적 상태를 확인해야 한다. 마지막으로 가정환경이나 교우관계 등의 학습 외적 요인을 파악하면 교수, 학습에 도움이 된다.

소주제 3

상보적 교수는 협력적 교수 대화를 사용하여 읽기 이해력을 가르치고 글의 내용을 정확히 이해하는 것을 목적으로 하는 교수 방법이다. 독해전략으로는 예측하기, 질문하기, 요약하기, 명료화하기가 있다. 요약하기는 수업 참여자들이 글을 읽고 내용을 요약하는 것이다. 교사가 질문을 하면 질문에 대해 토론하며, 필요 시 다시 읽어 보게 하거나 어휘의 정확한 뜻을 밝혀내는 등의 명료화를 한다. 그리고 글의 다음 내용을 예측하는 예측하기가 있다.

소주제 4

위트킨에 의하면 수진이는 주변의 장에 영향을 받는 장의존형 학습자이고, 준우는 주변 장의 영향을 많이 받지 않는 장독립형 학습자. 장의존형은 외부에서 목표와 강화를 제공해 주는 것이 좋고, 장독립형은 스스로 목표와 강화를 설정하는 것이 좋다. 장의존형 학습자에게는 교사가 수업을 구조화해서 제공하는 것이 필요하며, 문제 해결에 대해 명료하게 지시를 주는 것이 도움이 된다. 반면 장독립형 학습자에게는 사회적 정보를 다룰 때 맥락을 활용하는 것을 도와주는 것이 필요하다.

결론

각 소주제를 다시 한번 정리해 논리적 형식 강조

지금까지 제한된 언어 및 정교화된 언어, 진단평가, 상보적 교수, 장독립 및 장의존형 인지 양식에 대해 논했다. 교사는 학생 개인에게서 나타나는 특성을 무시하지 않고 정확하게 파악하여 이에 알맞은 교수방법 및 도움을 제공함으로써 학습자가 보다 효과적으로 학습할 수 있도록 해야 할 것이다.

주제 의미 강조, 전체 주제 언급하여 내용의 통일성 높임

연습문제 4

| 중등학교교사 임용후보자 선정경쟁시험 |

교육학

다음은 A 중학교에서 수업 개선 방안을 주제로 한 워크숍에서 나온 내용의 일부이다. 워크숍 내용을 바탕으로 '학교 수업 개선'이라는 주제로 교육과정, 평가, 수업 기법, 지도성을 구성요소로 하여 서론, 본론, 결론을 갖추어 논하시오. [20점]

전체 주제 / 소주제

구분	개선 방안
교육과정	○ 인본주의적이고 심미적인 관점에서 교육과정 개발에 접근할 필요가 있음 ○ 과목의 특성에 따라서 명백한 교육목표뿐만 아니라 잘 정의되지 않는 교육목표도 고려해야 함 ○ 수업은 복잡하고 역동적 과정을 거쳐 진행되는 것이므로 수업이 끝난 후 학생들에게 나타날 수 있는 모든 것을 수업 시작 전에 미리 구체화하여 진술하는 것으로는 부족할 수 있음
평가	○ 과정 중심 평가가 강조되고 있으므로 수행평가 비율을 확대하고자 함 ○ 예를 들어 학생 개인이 수행한 학습의 과정이 드러나게 포트폴리오를 제작하거나 구술시험을 볼 수 있음 ○ 공정하고 유의미한 평가가 될 수 있도록 유의해야 함
수업 기법	○ 정보처리이론에 주목해 학생들의 학습을 돕는 전략을 활용함 ○ 인지 처리 과정을 고려할 때, 부호화가 일어나게 해야 함 ○ 구체적인 방법으로 정교화와 조직화가 언급됨
지도성	○ 기존에 대부분의 교사들이 교실에서 보인 지도성은 교환적, 거래적 지도성임 ○ 단순히 보상을 주고 원하는 결과를 얻기보다 학생들의 잠재력을 일깨워 보다 훌륭한 사람으로 향상시키는 지도성이 필요하다고 판단함

─(배 점)─

- 논술의 내용 [총 15점]
   세부 논점
  - 교육과정 개선 방안'을 고려할 때 전통적 행동 목표 외에 고려해야 할 것 2가지, 교육적 감식안 및 교육 비평에 대한 설명 [4점]
  - 수행평가를 확대하여 실시할 경우 기대할 수 있는 교육적 효과 2가지, 타당도와 신뢰도 측면에서 유의사항 각각 1가지 [4점]
  - 부호화의 개념 설명, 부호화의 하위 전략인 정교화와 조직화를 수업에서 활용하는 예시 각각 1가지 [3점]
  - '지도성 개선 방안'에서 추구하는 지도성에서 지도자의 특징 4가지 [4점]
- 논술의 구성 및 표현 [총 5점]
  - 논술의 내용과 '학교 수업 개선'의 연계 및 논리적 형식 [3점]
  - 표현의 적절성 [2점]

문제 구성

현장에서는 학생의 성장을 위한 수업 과정과 수업, 평가의 연계 및 성취기준 도달에 중점을 둔 과정 중심 평가를 강조하고 있다. 성취기준에 근거한 목표 설정 및 수업 설계, 평가 유형의 변화 등이 자연스레 화두가 된다. 이를 '학교 수업 개선'이라는 주제로 묶어 연습하는 취지의 문제다. 지도성은 교실 내 교사-학생 간, 학교 내 관리자-교사 간에 공통으로 적용될 수 있는 주제임을 기억하면 좋겠다. 더불어 교사의 수업에서 기본인 학습 전략에 대한 이해를 다루었다.

핵심 키워드

#1 아이즈너, 교육과정 개발의 예술적 접근
#2 수행평가
#3 정보처리이론, 부호화, 정교화, 조직화
#4 변혁적 지도성

| 개요도 및 채점기준표 |

구분	출제영역	소주제	세부 논점	키워드 및 설명	배점
논술의 내용 [총 15점]	교육과정	아이즈너	고려할 것 1	문제해결 목표, 정해지지 않은 여러 해결책 중 하나 또는 그 이상을 학생 각자가 찾아내도록 유도하는 것	1
			고려할 것 2	표현적 결과, 미리 설정하지 않았으나 어떤 활동이나 경험을 하면서 배우는 유익한 것	1
			교육적 감식안	학생들의 성취 형태 사이의 미묘한 차이를 감지하여 감상하는 교사의 기술	1
			교육비평	교육적 감식안을 가지고 판단한 내용을 학생과 학부모가 이해할 수 있게 언어적으로 표현한 것	1
	교육평가	수행평가	교육적 효과 1	고등사고 능력 측정이 가능, 종합적이고 전인적인 평가 가능, 평가와 교수·학습의 연계성이 높아짐, 학생의 학습 과정을 진단해 개별학습 촉진 가능 등	1
			교육적 효과 2		1
			타당도 유의사항	평가 내용이 학습 목표와 관련이 있고 학습자의 학습 및 성장에 유의미한지 확인 등	1
			신뢰도 유의사항	채점자 간 채점 결과에 일관성이 있도록 기준 설정(평가 루브릭 사전 설정)	1
	교육심리	정보처리이론	부호화	정보를 지각하고 그것으로부터 몇 가지 특징을 추출해 그에 상응하는 기억 흔적을 만드는 과정, 제시된 정보를 처리 가능한 형태로 변형하는 과정	1
			정교화	사례 제시, 기존 지식과 연결해 의미 부여 등	1
			조직화	도표, 행렬표, 개요 등 제시	1
	교육행정	지도성 (변혁적 지도성)	특징 1	높은 기준의 윤리적, 도덕적 행위를 보이고, 자신보다 타인의 욕구를 배려	1
			특징 2	조직의 미래와 비전을 창출하는 데 사람들 참여, 조직의 문제를 해결하고 조직이 발전할 수 있다고 믿도록 구성원의 동기를 변화	1
			특징 3	일상적 생각에 의문을 제기, 새로운 방식의 접근 등 지적 자극	1
			특징 4	개인의 성장하려는 욕구에 관심, 학습 기회 제공해 구성원의 잠재력 계발 등 개별적 배려	1
논술의 구성 및 표현 [총 5점]	논술의 내용과 '학교 수업 개선'의 연계 및 논리적 형식				3
	표현의 적절성				2
합계					20

모범답안

서론

교사는 수업을 더 나은 방향으로 개선하기 위해 끊임없이 노력하고 고민해야 한다. 좋은 수업을 만들기 위해서는 여러 방향에서의 접근이 필요할 것이다. 이 글에서는 교육과정, 평가, 수업 기법, 지도성 측면에서 교사의 수업개선 행위를 논하고자 한다.

> 서론에서 전체 주제 언급 및 앞으로 다룰 세부 영역 언급해 글 구성의 통일성 고려, 전체 구조 안내

소주제 1

먼저 제시문의 교육과정에 대한 개선 방안을 살펴볼 때, 전통적 행동 목표와 같이 명백한 교육적 목표뿐만 아니라 잘 정의되지 않는 것도 고려해야 한다는 점, 그리고 수업이 끝난 후 나타날 수 있는 것도 포함해야 한다는 점을 통해 아이즈너의 접근 방식에서 '문제 해결 목표'와 '표현적 결과'를 고려해야 함을 알 수 있다. 문제 해결 목표는 정해지지 않은 여러 해결책 중 하나 또는 그 이상을 학생 각자가 찾아내도록 유도하는 것이고, 표현적 결과는 미리 설정하지 않았으나 어떤 활동이나 경험을 하면서 배우는 유익한 것이다. 아이즈너의 관점에서 교사의 평가는 교육적 감식안을 통해 이루어진다. 교육적 감식안이란 학생들의 성취 형태 사이의 미묘한 차이를 감지하여 감상하는 교사의 기술이다. 그리고 이것을 학생과 학부모가 이해할 수 있게 언어적으로 표현한 것이 교육 비평이다.

> 고려해야 할 것 2가지의 근거
> 전통적 행동 목표 외에 고려해야 할 것 2가지
> 교육적 감식안 설명
> 교육 비평 설명

소주제 2

수행평가를 통해 기대할 수 있는 교육적 효과 첫 번째는 단순히 인지적 영역만 평가하는 것이 아니라 정의적 영역 등도 평가하므로 종합적이고 전인적인 평가가 가능하다는 것이다. 두 번째는 학생의 학습 과정을 진단함으로써 개별학습을 촉진할 수 있다는 것이다. 수행평가를 실시할 경우 타당도와 신뢰도에 유의해야 한다. 타당도와 관련해 유의할 점은 수행평가의 내용이 학습 목표에 부합하고 학습 목표 달성을 위해 유의미한지 확인하는 것이다. 신뢰도와 관련해 유의할 점은 일관된 채점이 가능하도록 평가 기준을 잘 설정하는 것이다. 이는 한 채점자 내, 여러 채점자 간 모두에 해당한다.

> 수행평가의 교육적 효과 1
> 수행평가의 교육적 효과 2
> 타당도 측면 유의사항
> 신뢰도 측면 유의사항

소주제 3

정보처리 이론에 따르면 정보를 장기기억에 저장하기 위해서는 부호화의 과정이 필요하다. 부호화란 제시된 정보를 지각하고 그것으로부터 몇 가지 특징을 추출해 처리 가능한 형태로 변형하는 과정, 그에 상응하는 기억 흔적을 만드는 과정이다. 부호화를 위해서는 정교화나 조직화 등의 전략을 활용할 수 있다. 정교화는 새로운 정보를 기존 지식과 연결해 의미를 부여함으로써 정보의 의미를 정밀하게 해 장기기억에 오래 저장하는 것이다. 정교화를 위해 구체적인 사례를 제시하거나 기존 학습 내용과 연결해 의미를 부여하는 방법 등이 있다. 조직화는 따로 떨어진 별개의 정보들에 질서를 부여해 의미를 연결함으로써 더 많은 양을 오래 기억하는 데 도움을 주는 것이다. 조직화의 방법으로는 도표나 개요, 행렬표 등을 제시하거나 만들어 보게 하는 것이 있다.

> 부호화 개념 설명
> 정교화를 활용한 예시
> 조직화를 활용한 예시

소주제 4

마지막으로 제시문에 나타난 지도성은 변혁적 지도성이다. 이 지도성에 나타나는 지도자의 특징 첫 번째는 높은 기준의 윤리적, 도덕적 행위를 보임으로써 구성원들의

> 지도자 특징 1

신뢰와 존경을 받으며, 동시에 동일시와 모방의 대상이 되어 구성원들에게 이상적인 영향을 미치는 것이다. 둘째는 조직의 미래와 비전을 창출하는 데 사람들을 참여시키고, 조직의 문제를 해결하고 조직이 발전할 수 있다고 믿도록 구성원의 동기를 변화하는 것이다. 셋째는 일상적 생각에 의문을 제기하는 등 지적 자극을 주는 것이고, 넷째는 개인이 성장하려는 욕구에 관심을 두고 학습 기회를 제공해 구성원의 잠재력을 계발하게 하는 등의 개별적 배려를 하는 것이다.

[지도자 특징 2]
[지도자 특징 3]
[지도자 특징 4]

[결론]

지금까지 아이즈너의 교육 목표 및 평가 방법, 수행평가의 교육적 효과 및 실행 시 유의사항, 부호화, 변혁적 지도자의 특징을 살펴보았다. 다양한 면에서 수업 개선을 위해 끊임없이 고민하고 시도한다면 교사는 보다 나은 수업을 학생들에게 제공하고 자신의 전문성을 신장시킬 수 있을 것이므로 이와 같은 논의는 유의미하다.

주제 의미 강조, 전체 주제 언급하여 내용의 통일성 높임

각 소주제를 다시 한번 정리해 논리적 형식 강조

연습문제 5

| 중등학교교사 임용후보자 선정경쟁시험 |

교육학

다음은 A 중학교 교사인 황 교사와 전 교사의 대화다. 대화 내용을 바탕으로 '구성원의 참여를 중시하는 학교 교육'이라는 주제로 교육과정, 동기이론, 의사결정, 교수학습 이론을 구성요소로 하여 서론, 본론, 결론을 갖추어 논하시오. [20점]

전체 주제 / 소주제

> 황 교사: 저는 요즘 더 많은 학생들이 적극적으로 참여하는 수업을 설계하는 것에 고민이 많아요. 학생들 이야기를 들어 보니 어떨 때는 초등학교에서 배운 것과 비슷해서 집중이 안 되기도 하고, 또 어떨 때는 안 배웠거나 기억이 안 나는 내용을 안다는 전제하에 수업을 해서 포기하고 딴생각을 하게 된다고 하더군요.
>
> 전 교사: 맞아요. 그래서 저도 전에 배운 내용과 이후에 배울 내용이 잘 맞물리게 수업 내용을 조직하는 것이 중요하다고 느껴요. 그리고 설명식 위주의 수업보다 학생들이 직접 탐구하고 발견하는 방식의 수업을 하면 학생들의 집중도가 높아질 겁니다.
>
> 황 교사: 그렇군요. 곧 문법 단원을 들어가는데 탐구학습으로 설계를 해 봐야겠어요. 최근에 효과가 있었던 또 다른 방법은 학생들에게 결정권을 주는 것이었어요. 저번에 세 번의 퀴즈를 풀고 그중 본인이 선택한 하나는 제외할 수 있게 하니 대체로 동기가 올라가더라고요.
>
> 전 교사: 정말 좋은 방법이네요. 저도 적용해 볼게요. 교장 선생님도 요즘 선생님들께 의견을 자주 물어보시고 의사결정에 적극적으로 참여하기를 독려하시는 것 같았어요. 선생님들이 학교 일에 직접 관련이 되기도 하고 전문적 지식도 갖추셔서 더 그렇겠지요?
>
> 황 교사: 맞아요. 저도 느꼈답니다. 참, 전 선생님은 수업 진행을 어떻게 하시나요? 제가 저번 수업 때 학습을 준비하는 단계에서 학생들에게 이전에 배운 내용을 회상하도록 한 후에 학습 내용을 제시하기 시작했는데 학생들이 갈피를 못 잡는 것 같아 보였어요. 혹시 학습 준비 단계에서 무엇이 빠진 걸까요?

─ 배 점 ─

- **논술의 내용 [총 15점]** 세부 논점
  - 전 교사가 언급하는 교육과정의 명칭, 특징 1가지, 교육적 효과 2가지 [4점]
  - 황 교사가 언급하는 동기이론 명칭, 이 이론에서 동기를 증진시키기 위해 교사가 조성해야 할 교육적 환경, 자율성 욕구 증진 방안 2가지 [4점]
  - 브리지스의 참여적 의사결정 모형에서 구성원의 참여 여부를 결정하는 기준, 그 기준을 판단하는 요소 2가지, A 중학교 교장의 역할 [4점]
  - 가네의 교수학습 이론에 근거해 황 교사의 수업에서 학습 준비 단계에 빠진 활동 2가지, 학습 준비 단계에서 선수학습 회상 자극이 필요한 이유 [3점]

- **논술의 구성 및 표현 [총 5점]**
  - 논술의 내용과 '구성원의 참여를 중시하는 학교 교육'의 연계 및 논리적 형식 [3점]
  - 표현의 적절성 [2점]

| 문제 구성 | 학생의 적극적 수업 참여뿐만 아니라 '토론이 있는 교직원 회의', '교복 입은 민주시민' 등에서 알 수 있듯이 교사, 학생 등 학교 구성원의 참여는 꾸준히 거론되는 주제다. 학습자의 동기를 유발하고 집중해서 학습에 참여하게 하는 방안을 교육과정, 교육심리, 교수학습과 연계해 생각해 보기 바란다. 또한 교육행정에서는 의사결정 참여모형을 통해 구성원의 참여에 대해 다루어 보았다. |

핵심 키워드

#1 학문중심 교육과정, 지식의 구조, 나선형, 탐구학습
#2 자기결정성 이론
#3 참여적 의사결정 모형(참여 모형), 수용영역, 적절성, 전문성
#4 가네, 수업사태

개요도 및 채점기준표

구분	출제영역	소주제	세부 논점	키워드 및 설명	배점
논술의 내용 [총 15점]	교육과정	학문중심 교육과정	명칭	학문중심 교육과정	1
			특징	지식의 구조를 핵심으로 교과내용을 조직함, 나선형 교육과정으로 교육과정을 구성함, 탐구과정을 중시하여 전이를 높임 등	1
			교육적 효과 1	지식의 경제성 추구, 기본 개념의 이해 촉진, 학생의 탐구력 향상, 비판적 사고력 및 분석력, 종합력 등 고등정신 능력 향상, 학습에 대한 흥미 유발 용이 등	1
			교육적 효과 2		1
	교육심리	동기이론 (자기결정성 이론)	명칭	자기결정성 이론	1
			환경	통제적 환경보다 도움과 지원을 제공하는 환경, 학생들의 욕구나 감정, 태도를 이해하고 존중하는 환경 등	1
			자율성 욕구 증진 방안 1	교실 규칙과 절차를 만드는 과정에 의견을 제시하게 함, 스스로 학습 목표를 설정하고 모니터하도록 격려함, 교실활동에서 학생 참여가 높은 수준으로 이루어지게 함, 평가 시 피드백을 제공하고 학습이 향상되는 것에 초점을 둠 등	1
			자율성 욕구 증진 방안 2		1
	교육행정	의사결정 참여모형 (브리지스 참여적 의사결정)	결정 기준	수용영역: 구성원이 상급자의 어떤 의사결정에 대해 의심할 여지 없이 기꺼이 받아들이는 영역	1
			판단 요소 1	적절성(관련성): 이해관계	1
			판단 요소 2	전문성: 전문적 지식	1
			리더의 역할	구성원을 의사결정 과정에 자주 참여시킴, 소수의 의견도 보장해 의회주의형으로 의사결정이 이루어지도록 함 등	1
	교수학습 이론	가네	활동 1	주의집중하게 하기(주의력 획득하기): 학생들의 주의집중을 유도	1
			활동 2	학습자에게 수업 목표 알리기: 기대되는 최종적인 행동이 무엇인지 알려 주는 목표를 명확하게 제시	1
			선수학습 회상 필요성	학습자가 새로운 정보를 학습하는 데 미리 필요한 기능을 확인해 부족할 경우 이전 내용을 다시 가르쳐야 적절한 학습이 가능	1
논술의 구성 및 표현 [총 5점]			논술의 내용과 '구성원의 참여를 중시하는 학교 교육'의 연계 및 논리적 형식		3
			표현의 적절성		2
합계					20

모범답안

서론

학교 수업 현장에서 학생들이 참여를 하지 않는다면 유의미한 학습이 일어나기 어려울 것이다. 학생들뿐만 아니라 교사들도 학교 조직의 일원으로서 적극적으로 참여할 때 조직이 더욱 성장하고 발전할 수 있을 것이다. 이 글에서는 교육과정, 동기이론, 의사결정, 교수학습 이론을 중심으로 구성원의 참여가 중시되는 학교에 대해 논하고자 한다.

> 서론에서 전체 주제 언급 및 앞으로 다룰 세부 영역 언급해 글 구성의 통일성 고려, 전체 구조 안내

소주제 1

먼저 전 교사가 언급하는 교육과정은 학문중심 교육과정이다. [학문중심 교육과정에서는 각 교과의 기본 개념, 아이디어, 일반원리에 해당하는 '지식의 구조'를 중시하고, 이 지식의 구조를 중심으로 폭과 깊이를 점차 확대해 가는 나선형의 교육과정 조직을 지향한다. 또한 학습자가 학자와 같이 직접 원리를 탐구하여 발견함으로써 지식의 전이가 더 잘 일어날 수 있다고 보고 탐구학습을 중시하는 특징을 지닌다.] 이를 통해 학생들로 하여금 기본개념을 더 잘 이해하도록 촉진하는 교육적 효과가 있고, 학생이 직접 원리를 탐구하는 과정에서 탐구력, 비판적 사고력과 같은 고등정신 능력을 함양할 수 있다.

- 교육과정 명칭: 학문중심 교육과정
- 학문중심 교육과정 특징
- 교육적 효과 1
- 교육적 효과 2

소주제 2

황 교사가 언급하는 동기이론은 자기결정성 이론이다. 학생들에게 결정권을 주어 동기를 높인 데서 알 수 있다. 자기결정성 이론에 따르면 교사가 통제하기보다 학생의 자율성 촉진을 위한 도움과 지원을 제공하는 환경을 조성하거나 학생 간 혹은 교사와의 관계 촉진을 위해 학생들의 욕구나 감정, 태도를 이해하고 존중하는 환경을 조성하는 것이 좋다. 또한 이 이론에서는 인간이 유능성, 자율성, 관계성 욕구를 가진다고 가정하는데, 그중 자율성 욕구를 증진시키기 위해서는 교사가 학생들에게 교실의 규칙과 절차를 만드는 과정에 의견을 제시하게 하거나 교실활동에 학생 참여를 높은 수준으로 이루어지게 하는 것, 학생이 스스로 학습 목표를 설정하고 모니터하도록 격려하는 것이 도움이 된다.

- 동기이론 명칭
- 자기결정성 이론인 근거
- 교사가 조성해야 할 교육적 환경
- 자율성 욕구 증진 방안 1, 2

소주제 3

브리지스의 참여적 의사결정 모형에서는 수용영역을 기준으로 구성원이 의사결정에 참여할지 여부를 결정한다. 수용영역이란 구성원이 상급자의 어떤 의사결정에 대해 의심할 여지 없이 기꺼이 받아들이는 영역으로, 적절성(관련성)과 전문성을 기준으로 구성원이 수용영역 안에 있는지 밖에 있는지를 판단하게 된다. 구성원이 의사결정에 개인적 이해관계를 가지면 적절성이 높은 것이고, 전문적 지식을 갖추고 있으면 전문성이 높은 것이다. 이 경우에는 구성원인 교사들이 관련성과 전문성을 모두 갖춰 수용영역 밖에 있는 것이므로 리더인 교장은 구성원을 의사결정 과정에 자주 참여시키고 소수의 의견도 보장해 의회주의형으로 의사결정이 이루어지도록 해야 한다.

- 브리지스 모형의 참여 여부 결정 기준
- 수용영역 판단 요소 2가지
- 교장의 역할

소주제 4

마지막으로 가네의 교수학습 이론에 근거할 때 황 교사는 학습준비 단계에서 학생들의 주의집중을 획득하는 단계와 수업목표를 알려 주는 단계를 지나쳤다. 먼저 학생

- 빠진 활동 1
- 빠진 활동 2

들의 주의를 집중시킨 후에 기대되는 최종적인 행동이 무엇인지 알려줌으로써 목표를 명확하게 제시할 필요가 있다. 선수학습의 회상을 자극하는 활동이 필요한 이유는 학습자가 새로운 정보를 학습하는 데 미리 필요한 기능을 확인해 부족할 경우 이전 내용을 다시 가르쳐야 적절한 학습이 가능하기 때문이다.

> 선수학습 회상 자극이 필요한 이유

결론

지금까지 학문중심 교육과정, 자기결정성 이론, 브리지스의 참여적 의사결정 모형, 가네의 교수학습 사태에 대해 알아보았다. 구성원이 적극적으로 활동에 참여할 때 그 조직은 목표를 성공적으로 달성할 확률이 높아질 것이다. 따라서 학교의 교장과 교사가 구성원의 참여를 중요하게 생각하고 이를 높이기 위해 다방면에서 노력을 기울이는 것은 교육적으로 유의미하다.

> 각 소주제를 다시 한번 정리해 논리적 형식 강조

> 주제 의미 강조, 전체 주제 언급하여 내용의 통일성 높임

연습문제 6

중등학교교사 임용후보자 선정경쟁시험
교육학

다음은 A 중학교의 학교 발전을 위한 토의에서 교사들의 분임 토의 결과를 교감이 발표한 내용이다. 이 내용을 바탕으로 '구성원이 만족하는 학교'라는 주제로 교육과정 개발, 교수-학습, 학생 동기, 교사 동기를 구성요소로 하여 서론, 본론, 결론을 갖추어 논하시오. [20점]

(전체 주제 / 소주제)

이번 토의는 한 해 동안 우리 학교 교육을 되돌아보며 보완할 것을 확인하고, 개선 방안을 고민하는 방식으로 진행되었습니다. 주요 내용을 정리하면 다음과 같습니다.

먼저 교육과정 개발과 관련해 기존의 방식이 결정에 있어 학교 구성원인 교사, 학생, 학부모, 지역 공동체가 참여하지 못해 아쉽다는 의견이 있었습니다. 우리는 오늘날 중앙 집중적인 통제가 점차 쇠퇴하는 추세를 경험하고 있습니다. 교육과정 개발에서도 이러한 흐름이 던지는 시사점을 놓치지 말아야 할 것입니다. 학교는 학교를 둘러싼 환경과 적극적으로 상호작용해야 하는 사회 기관입니다. 학생을 위한 교육과정은 학교가 가장 잘 설계할 수 있을 것입니다.

다음으로 수업과 관련하여 나온 내용입니다. 많은 학생들이 새로운 학습과제를 맹목적으로 단지 암기하려 하고 선행지식과 관련시키지 않아 기계적인 학습이 일어난다는 점을 언급해 주셨습니다. 학생들이 학습과제를 자신이 알고 있는 것에 결부시켜 의미 있게 그것을 기억하려 할 때에 의미 있는 학습이 일어날 것임을 교사인 우리가 먼저 기억하고 이 부분에 좀 더 초점을 맞춰 수업을 해야겠습니다.

세 번째 역시 수업 중 학생들의 모습을 보고 말해주신 내용입니다. 학생들의 학습동기를 높이는 것이 중요합니다. 우리 학교의 경우 많은 학생들이 자신은 할 수 없다고 부정적으로 생각하여 동기가 저하된 상태임을 확인했습니다. 이 점을 감안하여 학생들 동기 증진에 힘써야 할 것입니다.

마지막으로는 교장 선생님의 말씀을 전합니다. 관리자로서 선생님들 동기를 높이는 것도 중요시했습니다만, 지금까지는 주로 직무만족을 높이기보다 직무 불만족을 주지 않기 위해 노력했던 것 같습니다. 예를 들어 화장실을 개선하는 것이요. 그러나 선생님들 이야기를 듣고 우리 선생님들은 직무 자체에 만족을 느끼시길 원함을 깨달았습니다. 내년부터는 좀 더 직무에 만족을 느끼실 수 있도록 선생님들을 지원하는 데 초점을 맞추고자 합니다.

〈 배 점 〉

- **논술의 내용 [총 15점]** (세부 논점)
  - 스킬벡의 학교중심 교육과정 개발의 의의를 학교 측면과 교사 측면에서 각각 1가지, 중앙 집중적 교육과정과의 관계 [3점]
  - 기계적 학습과 대치되는 학습의 명칭, 이 학습이 이루어지기 위해 교사가 할 일 3가지 [4점]
  - A 중학교에서 학생 동기를 증진하기 위해 참고할 반두라의 동기 개념 명칭, 개념에 대한 설명, 이것이 학업성취와 관련해 가지는 교육적 의미 [4점]
  - 동기위생이론 관점에 근거해 A 중학교 관리자가 기존에 중요하게 생각한 요인 명칭, 수행했던 역할, 이 학교 교사들의 특성 2가지 [4점]
- **논술의 구성 및 표현 [총 5점]**
  - 논술의 내용과 '구성원이 만족하는 학교'의 연계 및 논리적 형식 [3점]
  - 표현의 적절성 [2점]

문제 구성

교육과정 개발, 교수학습 이론, 동기에 대한 문제다. 워커의 교육과정 개발이 출제된 적이 있어 학교 중심 교육과정 개발로 출제해 보았다. 유의미 학습과 자기효능감 부분은 기본적 내용 인출뿐만 아니라 교사의 역할과 관련해 적용 방안을 고민해보면서 답안을 작성하면 좋겠다. 교육행정에서는 학습자의 동기뿐만 아니라 교사의 업무 동기 전반에 적용 가능한 동기이론을 넣었다.

핵심 키워드

#1 스킬벡, 학교중심 교육과정 개발
#2 오수벨, 유의미학습
#3 반두라, 자기 효능감
#4 허즈버그, 동기위생이론

| 개요도 및 채점기준표 |

구분	출제영역	소주제	세부 논점	키워드 및 설명	배점
논술의 내용 [총 15점]	교육과정	스킬벡 학교중심 교육과정 개발	의의 1(학교)	학교의 자율성을 증대해 알맞게 수정하고 적용시킬 수 있는 융통성 있는 교육과정 운영을 해야 함	1
			의의 2(교사)	전문가로서의 교사의 역할은 계획, 설계, 평가를 포함하는 교육과정 개발 과정에 직접 참여하는 것임	1
			관계	전면 대치하는 것은 아님. 학교 중심 교육과정 개발과 중앙 집중적 교육과정 개발은 상호 보완적인 것이 되어야 함	1
	교수학습 이론 및 교육공학	오수벨 유의미학습	명칭	유의미학습	1
			조건 1	논리적 유의미성: 학습과제가 정작 의미와 실사석이고노 구속석인 형태로 관계될 수 있어야 함	1
			조건 2	잠재적 유의미성: 학습자가 그 과제에 관련될 수 있는 정착 의미를 가지고 있어야 함	1
			조건 3	심리적 유의미성: 학습자가 그 과제를 실사적이고도 구속적인 형태로 정착 의미에 관련시키고자 하는 의향이 있어야 함	1
	교육심리	동기이론 자기 효능감	명칭	자기 효능감	1
			설명	과제를 잘 해낼 수 있을 것이라는 자신의 능력에 대한 믿음	1
			교육적 의미	자기 효능감이 높으면 실패를 경험해도 쉽게 포기하지 않고 적극적으로 과제를 수행, 더 어려운 과제를 선택하게 하고 노력을 더 지속하게 하며 학습 과정에서 나타나는 정서적 스트레스나 긴장 등을 잘 극복 → 학업성취가 개선됨	2
	교육행정	동기이론 동기위생이론	명칭	위생요인	1
			기존역할	환경 특성 강조, 직무를 수행하는 환경 요인을 충족시키려 함(보수, 승진, 근무조건 등)	1
			특성 1	업무 자체를 중시함, 성취로부터 희열, 수행하는 과업을 즐김	1
			특성 2	위생요인에 관대	1
논술의 구성 및 표현 [총 5점]			논술의 내용과 '구성원이 만족하는 학교'의 연계 및 논리적 형식		3
			표현의 적절성		2
합계					20

모범답안

서론

조직이 잘 운영되고 목표를 달성하기 위해서는 구성원들의 만족도가 중요하다. 학교 또한 마찬가지다. 학생과 학부모가 교육에 만족하고 교사 또한 업무와 업무 환경에 만족할 때 그 학교는 온전히 본래의 기능을 수행할 수 있을 것이다. 이 글에서는 교육과정 개발, 교수-학습, 학생과 교사의 동기에 대하여 논해 구성원이 만족하는 학교에 대해 살펴보고자 한다.

> 서론에서 전체 주제 언급 및 앞으로 다룰 세부 영역 언급해 글 구성의 통일성 고려, 전체 구조 안내

소주제 1

스킬벡은 학교가 중심이 되는 교육과정의 개발을 주장했다. 이와 같은 교육과정 개발은 먼저 학교 측면에서 실질적으로 실효성이 있는 교육과정을 개발하고 융통성 있게 운영할 수 있다는 의의가 있다. 학교가 최소한 교육과정 계획이나 프로그램을 예견치 못한 상황 또는 그 학교만의 상황에 맞게 채택하여 수정하고 적응시킬 수 있을 때 그 교육과정은 실효성이 있다. 교사 입장에서는 전문가로서의 전문성 실현 측면에서 의의가 있다. 교사의 역할은 계획, 설계, 평가를 포함하는 교육과정 개발 과정에 직접 참여하는 것으로, 그 여지가 없다면 교사 전문성은 실현되기 어렵다. 그렇다고 해서 학교가 중심이 되어 개발하는 교육과정이 중앙 집중적 교육과정과 전면 대치되는 것은 아니다. 둘은 상호 보완적인 관계여야 한다. 국가 혹은 지역의 교육과정 영향하에 있는 학교가 교육과정 전반의 의사결정을 한다는 것은 현실적으로 불가능하기 때문이다.

> 학교중심 교육과정 개발 의의(학교)
> 학교중심 교육과정 개발 의의(교사)
> 중앙 집중적 교육과정과의 관계

소주제 2

기계적 학습과 대치되는 학습을 오수벨은 '유의미 학습'이라고 불렀다. 유의미 학습이 이루어지기 위해서는 세 가지 조건이 선행되어야 한다. 첫째로 논리적 유의미성이다. 교사는 가르칠 내용을 검토한 뒤 논리적 유의미성(= 실사성과 구속성)을 가진 학습과제를 선정하거나 이를 갖추도록 학습과제를 재구성해야 한다. 이때 실사성이란 명제가 어떻게 표현되어도 그 의미가 불변하는 것을 뜻하며, 구속성이란 개념과 상징 간의 관계가 한번 정해지면 쉽게 변하지 않는 것을 의미한다. 둘째로 잠재적 유의미성이 있어야 한다. 학습과제가 논리적 유의미성을 가지는 것을 전제할 때, 유의미 학습이 일어나려면 학습자는 새로운 학습과제가 자신의 인지구조에 연결되거나 포섭되어야 한다. 이때 인지구조 내부에 새로운 학습과제와 연결되는 부분을 관련 정착 의미(지식)라고 한다. 따라서 교사는 학습자에게 관련 정착 의미가 존재하는지 확인하고 이를 준비시켜야 한다. 셋째로 심리적 유의미성을 갖춰야 한다. 학습과제가 논리적 유의미성을 띠고, 학습자 인지구조 속에 관련 정착 의미가 존재해 잠재적 유의미성을 가질 때, 학습자는 해당 학습과제를 본인의 관련 정착 의미에 연결 짓고자 하는 학습 성향을 갖춰야 한다. 즉 학습자가 그 과제를 임의의 방식이 아닌 실사적이고도 구속적인 형태로 자신의 관련 정착 의미에 관련시키고자 하는 의향이 있어야 하므로 교사는 학습자의 학습 성향을 확인하고 유의미한 학습 성향을 갖도록 도와야 한다.

> 기계적 학습과 대치되는 학습의 명칭
> 교사 할 일 1
> 교사 할 일 2
> 교사 할 일 3

소주제 3

반두라 동기 개념 명칭

　A 중학교 학생들은 스스로 자신이 할 수 없다 생각해 동기가 낮다고 하는데, 이와 관련해 참고할 반두라의 개념은 '자기 효능감'이다. 이는 과제를 잘 해낼 수 있을 것이라는 자신의 능력에 대한 믿음이다. 자기 효능감이 높을수록 실패를 경험해도 쉽게 포기하지 않고 적극적으로 과제를 수행한다. 또한 높은 자기 효능감은 더 어려운 과제를 선택하게 하고, 노력을 더 지속하게 하며, 학습 과정에서 나타나는 정서적 스트레스나 긴장 등을 잘 극복하게 해 학업성취를 향상시킨다.

'자기 효능감' 설명

학업성취 관련, 자기 효능감의 교육적 의미

소주제 4

기존에 중시한 요인의 명칭

기존에 수행했던 역할

　마지막으로 동기위생이론에 근거할 때 기존에 A 중학교 관리자가 중요하게 생각한 요인은 '위생 요인'이라고 볼 수 있다. 위생요인은 충족되면 불만족을 없애는 요인으로, 이전까지 A 중학교의 관리자는 근무 환경의 특성을 강조하고 보수나 승진, 근무 조건 등과 같이 직무를 수행하는 환경 요인을 충족시키려 했을 것이다. 그러나 이 학교 선생님들은 동기요인이 충족되어야 한다. 이들은 업무 자체를 중시하고, 성취로부터 희열을 느끼며, 수행하는 과업을 즐기는 특성이 있기 때문이다. 또한 앞서 말한 위생 요인에는 관대한 특성이 있다.

교사 특성 1

교사 특성 2

결론

　지금까지 스킬벡의 학교중심 교육과정 개발, 오수벨의 유의미 학습, 반두라의 자기효능감, 허즈버그의 동기위생 이론에 대해 살펴보았다. 지역사회와 학교 구성원이 적극적으로 참여하고 학교가 중심이 되어 교육과정을 개발한다면 구성원의 요구가 반영된 교육과정 개발이 가능할 것이다. 학생들로 하여금 자신이 알고 있는 것과 연결해 의미 있는 학습을 하게 하고, 자기 효능감을 높여 결과적으로 학업성취를 향상시킨다면 학생들의 만족도 또한 향상될 것이다. 그리고 또 하나의 학교 구성원인 교사들의 만족도가 높아진다면 교육의 질을 비롯한 학교 업무는 더욱 좋아질 것이다. 따라서 위와 같은 논의는 교육 현장에 유의미하다.

각 소주제를 다시 한번 정리해 논리적 형식 강조

(앞의 구체적 내용 포함) 주제 의미 강조, 전체 주제 언급하여 내용의 통일성 높임

연습문제 7

| 중등학교교사 임용후보자 선정경쟁시험 |

교육학

다음은 A 중학교에 재직하고 있는 두 교사가 나눈 대화의 일부다. 대화의 내용은 수업, 교사 지도성, 학교 교육의 역할, 교육평등관(소주제)에 관한 것이다. 대화의 내용을 활용하여 '학생의 요구에 반응하는 교육'(전체 주제)이라는 주제로 서론, 본론, 결론을 갖추어 논하시오. [20점]

김 교사: 선생님, 요즘 수업 어떻게 하고 계세요? 저는 학생들이 실생활과 동떨어진 지식만을 배우는 것을 지양하고 싶습니다. 그래서 실제적인 상황 맥락 속에서 지식이 적용되고 활용되는 방식을 학생들이 직접 경험하고 능동적으로 참여하며 지식을 형성해가는 수업을 하려고 노력하는데 쉽지가 않습니다.

박 교사: 그렇습니다. 기존의 전통적인 방식으로 수업을 하는 것은 익숙하고 편하죠. 하지만 교육의 패러다임이 변화했다는 것을 인식하고 그에 맞는 수업을 하는 것은 많은 노력이 듭니다.

김 교사: 그렇습니다. 학급 운영의 관점도 변화가 필요할 것 같습니다. 저는 학생들의 자율성과 재량권을 최대한 살리는 지도성을 발휘하려고 합니다. 학급의 주인은 학생들이고, 학생들의 잠재능력을 일깨워 스스로 능동적으로 학급 활동을 하는 것이 미래 사회를 살아갈 학생들에게 도움이 된다고 생각하기 때문이에요.

박 교사: 좋은 생각입니다.

김 교사: 그리고 요즘 같은 시대에 학교 교육의 역할에 대해서도 많은 고민을 하고 있습니다. 선생님의 생각은 어떠신가요?

박 교사: 저는 학교 교육이 평등한 사회를 만드는 데에 상당 부분 기여할 것이라고 봅니다. 학교는 모든 학생들에게 균등한 교육기회를 제공하고, 학생들이 각자 자신의 능력을 발휘해서 그 능력에 맞게 사회적 이동을 할 수도 있죠. '계층 사다리'나 '개천에서 용 난다'는 말도 있잖아요.

김 교사: 그렇다면 학기 중과 방학기간에 경제적 상위계층과 하위계층 학생들의 성적이 어떻게 달라질 것이라고 보시나요?

박 교사: _____(A)_____.

김 교사: 그렇군요. 그렇다면 교육평등의 관점에서 방학기간이나 요즘과 같이 학교에 나와서 수업을 들을 수 없는 시기에 경제적으로 취약한 학생들이나 학업성취도가 낮은 학생들에게 특수한 교육적 조치를 취하는 것이 필요하지 않을까요?

박 교사: _____(B)_____.

(배 점)

- **논술의 내용 [총 15점]**
  - 김 교사가 하고자 하는 수업이 근거하고 있는 이론의 명칭, 이 수업에 대해 박 교사가 언급한 교육 패러다임의 지식 구성 관점, 이 수업의 효과성을 높이기 위해 유의할 점 2가지 [4점]
  - 김 교사가 발휘하고자 하는 2가지 지도성의 개념과 각 지도성의 장점 [4점]
  - 학교 교육의 역할에 대한 박 교사의 입장에 해당하는 교육사회학 관점의 개념, 이 관점에서 이어지는 김 교사의 질문에 대한 박 교사의 답변(A)에 들어갈 내용 [4점]
  - 김 교사의 마지막 질문이 근거하고 있는 교육평등관의 개념, 김 교사의 마지막 질문에 대한 박 교사의 답변(B)에 들어갈 내용 [3점]
- **논술의 구성 및 표현 [총 5점]**
  - 논술의 내용과 '학생의 요구에 반응하는 교육'의 연계 및 논리적 형식 [3점]
  - 표현의 적절성 [2점]

| 문제 구성 | 수요자의 요구에 맞추는 교육이 되어야 한다는 관점을 반영해 '학생의 요구에 반응하는 교육'을 주제로 문제를 구성했다. 구체적으로 수업 효과성을 높이기 위한 유의점이나 교육 평등과 관련해 교사가 취할 조치 등은 실제적 적용과 관련이 높은 내용으로 주의 깊게 보면 좋겠다. 더불어 교사로서 학생들에게 어떠한 지도성을 발휘할지, 학교가 어떤 역할을 해야 하는지에 대해 고민할 수 있는 주제를 포함했다. |

핵심 키워드
- #1 상황학습, 구성주의적 교육 패러다임, 상황, 맥락, 실제적 과제
- #2 변혁적 지도성, 초우량 지도성, 잠재력 계발
- #3 기능주의적 관점(기능이론), 사회의 유지와 통합, 평등
- #4 보상적 평등관, 결손의 보상, 결과의 격차 축소

개요도 및 채점기준표

구분	출제영역	소주제	세부 논점	키워드 및 설명	배점
논술의 내용 [총 15점]	교수학습 이론	구성주의 교수학습모형	수업이 근거하는 이론의 명칭	상황학습이론	1
			변화한 교육 패러다임의 지식 구성 관점	구성주의	1
			수업의 효과성을 높이기 위해 유의할 점 1	현실 상황의 사실성과 복잡성에 기초한 실제적 과제 제시	1
			수업의 효과성을 높이기 위해 유의할 점 2	전이를 위해 구체적이고 다양한 상황 사례 제시	1
	교육행정	지도성이론	지도성 개념 1	변혁적 지도성: 구성원의 가치관, 의식 수준을 변화시켜 성장, 자아실현과 같은 높은 수준의 욕구에 관심을 기울이게 하여 능력을 최대한으로 발휘하도록 도움	1
			장점	구성원이 자신의 이익을 뛰어넘어 조직에 헌신하게 함, 기대 이상의 성과	1
			지도성 개념 2	초우량 지도성: 구성원이 스스로 리더가 되어 자기 자신을 이끌어 가도록 함	1
			장점	내적 동기부여를 유도하여 주인의식에 입각한 행동 가능	1
	교육사회학	교육사회학의 관점 (기능이론)	박 교사의 관점의 명칭	기능론적(기능주의적) 관점	1
			개념	사회를 거시적인 관점에서 보아 사회 구성요소들이 상호의존적으로 전체 사회의 유지와 통합에 기여한다고 봄	1
			김 교사의 질문에 대한 박 교사의 답변(A)	이 관점에서는 학교에서 함께 수업을 받을 수 있는 학기 중에는 교육을 통해 평등이 이루어지기 때문에 경제적 상위계층과 하위계층 학생들의 성적 차이가 크게 나타나지 않는다고 봄. 이와 달리 방학 기간에는 평등한 학교 교육을 받을 수 없기 때문에 두 집단의 학생들의 성적 격차가 커지는 경향이 나타날 수 있다고 봄	2
	교육사회학	교육평등관	김 교사의 교육평등관의 개념	보상적 평등관	1
			김 교사의 마지막 질문에 대한 박 교사의 답변(B)	현재의 격차를 고려하여 더 불리한 위치에 있는 학생에게 추가적인 교육적 지원이 필요함을 인정하고 결과의 격차를 줄이고자 하는 견해. 보충 학습이나 교육비지원 등을 통해 학교에 나오지 못하는 기간 동안의 학습 결손을 보상	2
논술의 구성 및 표현 [총 5점]			논술의 내용과 '학생의 요구에 반응하는 교육'의 연계 및 논리적 형식		3
			표현의 적절성		2
합계					20

모범답안

[서론] (전체 주제 언급)

2015 개정 교육과정에서는 학생의 참여 활동을 강화하여 학생들의 꿈과 끼를 발휘하는 교육을 핵심으로 하고 있다. 이러한 교육이 제대로 실현되기 위해서는 현장에서 학생들의 다양한 요구에 반응하는 학교와 교사의 역할이 중요하다. 따라서 이 글에서는 '학생의 요구에 반응하는 교육'이라는 주제로 수업, 교사 지도성, 학교 교육의 역할, 교육평등관의 측면에서 학생의 요구에 반응하며 학생들의 꿈과 끼를 키우는 교육을 위한 방안을 논의해 보고자 한다. (소주제 언급하여 전체 구성 안내)

[소주제 1] (문제에서 요구하는 바 명확하게 밝힐 것)

먼저 교수학습이론의 측면에서 학생의 요구에 반응하는 수업이 필요하다. 김 교사의 수업이 근거하는 이론의 명칭은 상황학습(이론)이다. 상황학습에서는 실제 생활 맥락과 분리된 비활성 지식의 학습을 지양하고, 실제 상황 맥락에서의 지식의 적용을 중시한다. 이와 같은 수업에 대해 박 교사가 언급한 변화한 교육 패러다임의 지식 구성 관점은 구성주의이다. 이는 지식이 외부에 존재하는 실재가 아니라 개인이 경험을 통해 해석하면서 구성해 가는 것이라고 본다. (구성주의 개념 설명) 상황학습 수업의 효과성을 높이기 위해 유의할 점은 첫째, 학습을 위한 과제를 제시할 때 상황 맥락에 근거한 지식을 경험할 수 있도록 현실 상황의 사실성과 복잡성에 기초한 실제적 과제를 제시해야 한다는 것이다. 둘째, 학습자가 학습장면에서 학습한 지식을 실제 상황에서 적용하고 활용할 수 있도록 다양한 상황 사례를 제시하여 전이가 일어날 수 있도록 해야 한다는 것이다.

('실생활과 동떨어진 지식만을 배우는 것을 지양', '실제적인 상황 맥락 속에서 지식이 적용되고 활용되는 방식을 학생들이 직접 경험하고 능동적으로 참여하며 지식을 형성해가는 수업'에서 상황학습임을 알 수 있음)

[소주제 2]

또한 교육행정의 측면에서도 학생의 요구에 반응하는 지도성을 발휘할 수 있다. 김 교사가 발휘하고자 하는 지도성은 첫째, 변혁적 지도성이다. 변혁적 지도성은 구성원의 가치관과 의식수준을 변화시켜 성장이나 자아실현과 같은 높은 수준의 욕구에 관심을 기울이게 함으로써 개인의 능력을 최대한으로 발휘하도록 돕는 지도성이다. 이 지도성의 장점은 구성원이 개개인의 이익을 뛰어넘어 조직에 헌신하게 함으로써 기대 이상의 성과를 낼 수 있다는 것이다. 둘째, 초우량 지도성이다. 초우량 지도성은 구성원이 스스로 자신의 리더가 되어 자기 자신을 이끌어 가도록 하는 지도성이다. 이 지도성의 장점은 구성원에게 내적 동기부여를 유도하여 구성원이 주인의식에 입각하여 행동하게 함으로써 목표를 달성할 수 있다는 것이다.

('학생들의 자율성과 재량권을 최대한 살리는 지도성'에서 알 수 있음 / 변혁적 지도성의 개념 / 변혁적 지도성의 장점 / '학생들의 잠재능력을 일깨워 스스로 능동적으로 학급 활동을 하는 것'에서 알 수 있음 / 초우량 지도성의 개념 / 초우량 지도성의 장점)

[소주제 3]

다음으로는 교육사회학의 측면이다. 학교 교육의 역할 측면에서 박 교사의 관점의 명칭은 기능론적(기능주의적) 관점이다. 기능론에서는 사회를 거시적인 관점에서 보아 사회 구성요소들이 상호의존적으로 전체 사회의 유지와 통합에 기여한다는 것을 전제로 한다. 따라서 이 관점에서 김 교사의 질문에 대한 답변 내용은 학교에서 함께 수업을 받을 수 있는 학기 중에는 학교를 통해 평등한 교육이 이루어지기 때문에 경제적 상위계층과 하위계층 학생들의 성적 차이가 크게 나타나지 않는다고 본다. 그러나 이와 달리 방학 기간에는 평등한 학교 교육을 받을 수 없기 때문에 두 집단의 학생들의 성적 격차

(박 교사의 입장에 해당하는 교육사회학 관점의 개념)

가 커지는 경향이 나타날 수 있다. 경제적 하위계층 학생들은 학교학습에 필요한 언어나 문화적 배경 등이 결핍되어 있을 수 있기 때문에 학교 교육을 받지 못하는 동안에는 격차가 더 심해질 수 있다는 것이다.

소주제 4

또한 교육평등관의 측면에서 학생의 요구에 반응하는 교육이 필요하다. 김 교사의 질문이 근거하고 있는 교육평등관은 보상적 평등관으로, 약자에게 추가적인 보상을 제공함으로써 결과의 불평등을 줄이고자 하는 평등관이다. 이 질문에 대한 답변은 현재 학생들의 격차를 고려하여 더 불리한 위치에 있는 학생에게 추가적인 교육적 지원이 필요함을 인정하고 결과의 격차를 줄이는 것이 바람직하다는 것이다. 따라서 보충학습이나 교육비 지원 제도 등을 통해 학교에 나오지 못하는 기간 동안의 학습 결손을 보상하는 것이 필요하다.

결론

지금까지 '학생의 요구에 반응하는 교육'이라는 주제로 구성주의적 관점에서의 상황학습, 학생의 자율성을 살리는 교사 지도성, 학교 교육의 역할에 대한 기능이론적 관점과 학습 결손을 보상하는 교육평등관에 대해 살펴보았다. 교사는 변화하는 시대에 발맞추어 변화하는 교육을 선도하고 학생들이 미래 사회의 온전한 주체로 성장할 수 있도록 하기 위해 노력해야 한다.

연습문제 8

| 중등학교교사 임용후보자 선정경쟁시험 |

교육학

다음은 A 중학교에 재직하고 있는 김 교사가 작성한 성찰록의 일부다. 이 내용을 읽고 '학생의 꿈과 끼를 살리는 교육'(전체 주제)이라는 주제로 교수학습, 평가, 교육철학, 교육과정(소주제)을 구성요소로 하여 서론, 본론, 결론을 갖추어 논하시오. [20점]

#1 2015 개정 교육과정에서는 다양한 핵심역량을 제시하고 있어. 특별히 심미적 감성 역량, 의사소통 역량, 공동체 역량을 학생들에게 길러 주기 위해서 어떤 수업 방법을 활용하는 게 좋을까? 학생 개인의 기여도를 고려하면서도 학급 전체의 공동체 역량을 해치지 않는 방식이면 좋을 것 같은데…….

#2 수업 방식이 달라지면 자연스럽게 평가의 방식에도 변화가 필요하겠지. 학생들이 학습 과정에 집중하면서 평가의 과정을 통해 좀 더 발전할 수 있는 평가 방식을 사용해야겠어. 수업 진행 중에 이루어지는 평가와 학생의 수행 과정을 전체적으로 볼 수 있는 평가 방법이 좋겠다.

#3 학생들이 스스로 자유를 가지고 선택할 수 있는 학교 환경을 마련해 주면 좋겠어. 학생의 인생은 학교나 교사가 결정해 줄 수 없으니까 스스로 가치를 창조할 수 있는 인간이 되어야 하겠지. 학생들이 스스로 자신의 세계를 선택하고 자신이 선택한 세계를 책임질 수 있도록 하는 것이 필요할 것 같아.

#4 기존의 교육과정은 학생들이 습득해야 할 학습량이 너무 많아서 배움을 즐기는 교육이 이루어지지 않았다는 지적이 있어. 새로운 교육과정에서는 각 교과의 핵심 개념과 핵심 원리를 중심으로 학습량을 적정화하도록 했네. 학습량이 줄어들면 학습경험의 질을 개선하여 미래 사회를 대비하는 교육을 할 수 있겠다.

── 배점 ──

- **논술의 내용 [총 15점]** (세부 논점)
  - #1과 관련하여 김 교사가 하고자 하는 수업 방법의 구체적인 명칭과 개념, 이 수업의 과제 선정 방식과 보상 방식에서의 특징(장점) 각 1가지 [4점]
  - #2와 관련하여 김 교사가 활용할 수 있는 2가지 평가 유형의 명칭과 개념, #1의 수업에서 그 평가 유형을 활용하는 방안 각 1가지 [4점]
  - #3과 관련하여 김 교사가 기반하고 있는 교육철학 사상의 명칭과 개념, 그 교육사상에 근거할 때 김 교사의 교육목적과 교육방법에서의 교사의 역할 [4점]
  - #4와 관련하여 '새로운 교육과정'의 개념, 그 이론에 근거하여 김 교사가 교육과정을 재구성할 때 유의할 점 2가지 [3점]

- **논술의 구성 및 표현 [총 5점]**
  - 논술의 내용과 '학생의 꿈과 끼를 살리는 교육'의 연계 및 논리적 형식 [3점]
  - 표현의 적절성 [2점]

| 문제 구성 | 교사 성찰록 형식을 통해 학생에 초점을 맞추어 출제한 문제다. 2015 개정 교육과정에서 강조하는 역량을 기르기 위한 방안으로 협동학습과 형성평가, 포트폴리오 평가를 다루었으며 이러한 교육적 변화가 일어나기 위한 환경 조성, 교육과정 재구성을 소주제로 했는데, 각각이 현장에서 실질적으로 강조하는 점이면서 적용 가능한 내용이므로 유의미한 논의라고 생각한다. |

핵심 키워드
- #1 자율적 협동학습, 모둠별 주제, 학급 전체의 목표, 개인, 공동체
- #2 형성평가, 포트폴리오 평가, 학습 과정의 개선, 성장
- #3 실존주의 교육철학, 개인, 주체적, 비연속적 교육, 만남
- #4 학문중심 교육과정, 핵심 개념, 탐구

| 개요도 및 채점기준표 |

구분	출제영역	소주제	세부 논점	키워드 및 설명	배점
논술의 내용 [총 15점]	교수학습 이론	학생중심적 수업 방법 (협동학습법)	수업 방법의 구체적 명칭	자율적 협동학습(Co-op Co-op)	1
			개념	학생들이 다른 모둠과 협동하여 학급 전체의 과제를 해결하기 위해 학습하는 협동학습 모형, 모둠 구성원 개개인의 노력과 모둠의 결과물, 그리고 모둠의 결과물을 학급 전체와 공유함으로써 하나의 결과물을 산출하는 형태, 협동을 위한 협동에 초점을 두는 모형	1
			과제 선정 방식 특징(장점)	학생들이 토의를 통해 학습 주제를 선정하고 주제에 따라 모둠을 구성함으로써 자율성 중시, 학급 전체가 하나의 과제를 해결하기 때문에 공동체 역량 해치지 않음	1
			보상 방식 특징(장점)	모둠 동료에 의한 기여도 평가, 학급 동료에 의한 모둠 평가, 교사의 평가 등을 다면적으로 진행하여 학생 개개인의 기여도를 고려할 수 있음	1
	교육평가	교육평가의 유형	평가 유형의 명칭과 개념 1	형성평가, 교수학습의 과정 진행 중에 학습자의 학습 상황을 점검하는 평가	1
			활용하는 방안	모둠학습의 진행 중에 목표달성 정도 평가 및 모둠 구성원에 의한 개인별 기여도 평가	1
			평가 유형의 명칭과 개념 2	포트폴리오 평가, 학생의 노력, 진보, 성취와 관련한 지속적인 과제 모음을 근거로 한 평가	1
			활용하는 방안	학습의 진행 과정에서 수집한 자료, 정리한 결과물, 모둠별 보고서 등을 모아 포트폴리오를 만들게 함으로써 평가	1
	교육철학	실존주의 교육철학	교육철학 사상의 명칭	실존주의 교육철학	1
			개념	실존으로서의 개인, 개인의 주체성을 강조하여 인간은 자유롭게 선택할 수 있으며 그 선택에 책임을 진다는 교육철학	1
			교육목적	자아실현, 전인교육	1
			교육방법	비연속적 형식의 교육, '나-너'의 인격적 만남	1
	교육과정	학문중심 교육과정	새로운 교육과정의 개념	학문의 기본 개념, 원리, 그 학문의 특징적인 탐구방법 중시	1
			교육과정 재구성 시 유의할 점 1	학문적 탐구만 강조, 실생활과 유리 가능성	1
			교육과정 재구성 시 유의할 점 2	지적 수월만 강조, 전인적 성장 소홀 가능성	1
논술의 구성 및 표현 [총 5점]			논술의 내용과 '학생의 꿈과 끼를 살리는 교육'의 연계 및 논리적 형식		3
			표현의 적절성		2
합계					20

모범답안

서론

2015 개정 교육과정의 기본 방향은 학생들이 미래 사회를 살아가는 데에 필요한 능력 함양을 위한 핵심역량을 기르도록 하는 것이다. 학교는 학생들이 학교 교육을 통해 스스로 탐구하는 능력을 기르고 배움을 즐기는 행복한 교육을 실현할 수 있도록 해야 한다. 따라서 이 글에서는 '학생의 꿈과 끼를 살리는 교육'이라는 주제로 교수학습, 교육평가, 교육과정, 교육철학의 측면에서 학생들의 핵심역량을 함양할 수 있는 개선 방안을 논의해 보고자 한다.

- 전체 주제 언급, 통일성 강화
- 소주제 언급하여 전체 구성 안내

소주제 1

먼저 교수학습의 측면에서 학생의 꿈과 끼를 살리는 수업 방법으로의 개선이 필요하다. #1과 관련하여 김 교사가 하고자 하는 수업 방법의 명칭은 자율적 협동학습모형이다. [이 모형은 학생들이 다른 모둠과 협동하여 학급 전체의 과제를 해결하기 위해 학습하는 협동학습 모형으로, 모둠 구성원 개개인의 노력과 모둠의 결과물, 그리고 모둠의 결과물을 학급 전체와 공유함으로써 하나의 결과물을 산출하는 형태의 협동을 위한 협동에 초점을 두는 모형이다.] 김 교사가 언급하는 이 모형의 과제 선정 방식에서의 특징은 학생들이 토의를 통해 학습 주제를 선정하고 학습 주제를 소주제로 나눈 뒤 소주제에 따라 모둠을 구성함으로써 자율성을 중시한다는 것이다. 또한 학생 개개인들이 기여해 모둠(소주제)의 결과물을 만들고, 모둠의 결과물을 다른 모둠과 공유해 학급 전체의 결과물을 산출함으로써 학급 전체가 하나의 과제를 해결하기 때문에 공동체 역량을 해치지 않는다는 것이다. 마지막으로 보상 방식에서의 특징은 모둠 동료에 의한 기여도 평가, 학급 동료에 의한 모둠 평가, 교사의 평가 등을 다면적으로 진행하여 학생 개개인의 기여도를 고려할 수 있다는 것이다.

- 해당 모형의 개념 서술
- 문제에서 요구하는 바를 명확하게 밝힘

소주제 2

이와 같은 수업의 변화에 따라 평가의 측면에서도 변화가 일어날 수 있다. #2와 관련하여 김 교사가 활용할 수 있는 평가 유형은 첫째, 형성평가다. 형성평가는 교수학습의 과정 중에 학습자의 학습 상황을 점검하는 평가다. #1과 관련하여 이 평가 유형을 활용하는 방안은 모둠학습의 진행 중에 개인별 목표 달성 정도를 평가하거나 모둠 구성원에 의한 기여도 평가를 진행하여 학생들에게 자신의 학습 과정에 대한 정보를 제공해줌으로써 학습에 집중하고 학습을 개선할 수 있다. 둘째, 포트폴리오 평가다. 포트폴리오 평가는 학생의 노력, 진보, 성취와 관련한 지속적인 과제 모음을 근거로 한 평가 방법이다. #1과 관련하여 이 평가 유형을 활용하는 방안은 모둠학습과 보고서 작성, 발표 과정에서 수집한 자료와 정리한 결과물, 모둠별 보고서 등을 모두 모아 포트폴리오를 만들게 하는 방식으로 평가하여 학생들이 자신의 학습을 성찰하고 분석하는 과정을 바탕으로 학습에 더욱 집중할 수 있다.

- 형성평가의 개념 서술
- #2의 '교수학습 과정에 집중하고 학생들이 좀 더 발전하는 데에 도움을 주는 평가'를 #1의 '자율적 협동학습' 방법과 결합하여 서술해야 함
- 포트폴리오 평가의 개념 서술

소주제 3

다음으로는 교육철학의 측면에서 학생의 꿈과 끼를 살리는 교육을 고려할 수 있다. #3과 관련하여 김 교사가 기반하고 있는 교육철학 사상은 실존주의 교육철학으로,

[실존주의 교육철학의 개념] 이는 실존으로서의 개인, 개인의 주체성을 강조하여 인간은 자유롭게 선택할 수 있으며 그 선택에 책임을 진다는 교육철학이다. 이 교육사상에 근거할 때 김 교사의 교육목적은 학생들의 자아실현을 통한 전인교육이다. 학생들이 스스로 선택하며 자아를 실현하는 전인적 인간으로 성장할 수 있도록 하는 것이 교육의 목적이며 교사는 학생들의 전인적 성장을 위해 도와주어야 한다. 또한 이 교육사상에 근거할 때 김 교사의 교육방법은 비연속적 성장을 통한 인격적 만남을 중시한다. 학생들은 위기, 각성, 충고, 모험 등의 비연속적 요소에 의해 비약적인 성장이 이루어지며, 교사는 대화를 통해 학생들이 인격적 만남을 이룰 수 있도록 할 수 있다.

> 문제에서 요구하는 바를 명확히 서술하되 김 교사의 관점에 근거하여 교사의 역할과 연결하여 작성해야 함

소주제 4

마지막으로 교육과정의 측면이다. #4와 관련하여 '새로운 교육과정'은 학문중심 교육과정으로, 학문의 기본이 되는 핵심 개념과 원리, 그 학문의 특징적인 탐구방법을 중시하는 교육과정이다. 이 이론에 근거하여 김 교사가 교육과정을 재구성할 때 유의할 점은 첫째, 실생활과 동떨어진 교육이 이루어지지 않도록 하는 것이다. 지식의 구조를 학습하기 위해 학문적 탐구를 강조하다 보면 학생의 실제 생활과 유리된 교육이 이루어질 가능성이 있으므로 이에 유의해야 한다. 둘째, 전인적 성장에 소홀해지지 않도록 하는 것이다. 학습 내용을 이해하고 기억하여 전이하는 지식 교육에 치중하게 되면 정의적 영역의 교육에는 소홀해질 가능성이 있으므로 이에 유의하여 교육과정을 재구성해야 한다.

> 학문중심 교육과정의 개념
>
> 학문중심 교육과정에 근거한 교육과정 재구성 시 유의할 점은 해당 교육과정이 가지는 단점과 연결할 수 있음

결론

지금까지 '학생의 꿈과 끼를 살리는 교육'을 주제로 개인과 공동체 역량을 모두 살리는 협동학습법, 교수학습 과정에 집중하는 평가 방법, 실존주의 교육철학에 근거한 교사의 역할, 그리고 학문중심 교육과정에 대해 살펴보았다. 시대의 변화에 따라 교육과정도 개정되고 그에 따라 교사의 수업과 평가도 변화하여야 한다. 교사는 바람직한 철학적 기반을 가지고 학생이 꿈과 끼를 가지고 성장할 수 있도록 도울 수 있는 역량을 갖추고 교육에 임해야 할 것이다.

> 결론부에서 주제 재언급
>
> 본론의 소주제를 제시하되 서론부에 제시한 것보다 구체적으로 작성하여 글의 내용을 한눈에 요약해서 볼 수 있도록 작성

연습문제 9

| 중등학교교사 임용후보자 선정경쟁시험 |

교육학

전체 주제

○○ 중학교에서는 최근 학교 문화 개선을 위해 '누구도 소외되지 않는 학교'라는 주제로 교사협의회를 개최하였다. 다음은 여기에서 발언한 교사들의 의견을 정리한 것이다. 이를 바탕으로 교육사, 교육사회학적 배경과 수업, 교육심리, 교육행정에 관해 서론, 본론, 결론을 갖추어 논하시오. [20점]

소주제

구분	의견
A 교사	조선 시대에는 서당이 현대의 초등학교, 중학교와 비슷한 역할을 했지요. 서당에서는 계절을 고려하여 교과목을 운영하였고, 학습자의 특성을 고려한 수업도 하였습니다. 우리학교에서도 학생 개개인의 적성을 고려하여 그에 맞게 다양한 수업 처치가 이루어져야 할 필요성이 있습니다.
B 교사	같은 1학년이더라도 1반은 놀 때 놀고 공부할 때는 공부를 열심히 하는 반면, 7반은 정말 종잡을 수가 없다고 느껴집니다. 다른 반은 다들 협동학습 모둠을 중심으로 프로젝트 수업을 진행하면 수업 분위기도 좋고 학생들의 수업 참여도도 높아지는 것 같은데 7반은 그렇지가 않고 모둠 활동을 지루해하고 진도를 빨리 나가면 안 되냐고 합니다. 7반에서는 어떤 수업을 해야 할지 모르겠어요.
C 교사	학생들을 둘러싼 환경을 일련의 생태학적 체계로 구조화해서 바라볼 수 있습니다. 환경이 학생의 발달에 영향을 주기 때문에 다양한 요소들 간의 상호작용을 고려해야 합니다. 특별히 최근 불거지는 학교 폭력 문제와 관련해서 학생과 직접 상호작용하는 환경 요소, 그리고 그 요소들 간의 상호작용을 면밀히 살펴볼 필요가 있습니다.
D 교사	학교 조직은 관료제적 성격과 전문적 성격이 공존하는 이중 조직의 특성을 가지고 있습니다. 이러한 특성 때문에 학교 조직은 구성원 전체가 조직의 목표를 공유할 필요가 있습니다. 또한 전통적인 탑다운 방식의 리더십보다는 교사 개개인의 자율성과 전문성을 존중하는 조직 문화를 만들어 가면 좋겠습니다. 우리학교는 모든 선생님들께서 실력도 좋으시고, 서로 관계도 좋으시니 이러한 조직 문화가 더욱 잘 이루어질 수 있을 것입니다.

(배 점)

- **논술의 내용 [총 15점]**   세부 논점
  - A 교사의 의견과 관련한 조선 시대 서당과 현대 학교의 공통점(1점)과 그 교육적 적용 [3점]
  - B 교사의 진술을 설명하는 가장 적합한 교육사회학 이론의 명칭과 개념, B 교사가 7반에서 사용할 수 있는 수업 방식과 그 이유 [4점]
  - 브론펜브레너(Bronfenbrenner)의 관점에서 C 교사가 중시하는 2가지 생태학적 체계의 명칭과 예시 [4점]
  - D 교장이 추구하는 지도성의 개념, 호이와 미스켈(Hoy & Miskel)의 관점에서 D 교장이 지향하는 조직풍토 유형의 특성, 앞의 지도성과 조직풍토가 각각 교사의 직무만족에 미치는 영향 [4점]
- **논술의 구성 및 표현 [총 5점]**
  - 논술의 내용과 '누구도 소외되지 않는 학교'의 연계 및 논리적 형식 [3점]
  - 표현의 적절성 [2점]

문제 구성

잘 다루지 않는 조선 시대 교육을 현대교육과 연결해 출제했다. 다소 생소한 주제가 나왔을 때 답안을 작성하는 것도 연습할 수 있을 것이다. 교육사회학과 교수학습이론 영역을 결합해 교사의 수업 방식을 논할 수 있게 구성했다. 교육행정에서도 조직풍토와 지도성을 결합해 교사의 직무 만족에 대해 답안 작성을 할 수 있도록 하였다. 브론펜브레너의 생태학적 발달이론은 실질적 논의가 가능한 주제인데 아직 출제된 적이 없으니 정리해보면 좋겠다.

핵심 키워드

#1 개인차, 개별 수업
#2 상징적 상호작용론, 강의법, 효율적 지식 전달
#3 미시체계, 중간체계
#4 분산적 지도성, 개방적 풍토

개요도 및 채점기준표

구분	출제영역	소주제	세부 논점	키워드 및 설명	배점
논술의 내용 [총 15점]	교육사	조선 시대 서당	서당과 학교의 공통점	학생의 개인차에 따른 개별 수업을 실시	1
			교육적 적용	개별처방식 수업(IPI), 글레이저 외, 학습자가 성취해야 할 목표들을 가능한 한 세분화, 이에 따른 다양한 수업전략과 방법을 설계, 교사들은 각 학생들의 학습진전도를 진단·평가하여 개인별로 적절한 수업방법을 처방 적성처치 상호작용(ATI), 크론바흐, 학습자의 적성의 개인차에 따라 적합한 교수처치를 결합한다면 교육효과가 높아질 것으로 기대	2
	교육사회학, 교수학습이론	상징적 상호작용론, 강의식 수업	교육사회학 이론의 명칭	상징적 상호작용론	1
			개념	개인이 각자 나름의 방식으로 주어진 상황을 정의하며 이에 따라 행동하고 있음을 강조, 구성원 간의 상호작용에 주로 관심을 가지고 사회문화 현상을 이해	1
			7반에서 사용할 수 있는 수업 방법	강의법	1
			그 이유	모둠활동을 지루해하고 빨리 진도를 나가면 좋겠다고 함, 짧은 시간에 많은 양의 지식을 전달하는 데에 효과적	1
	교육심리	생태학적 발달이론	생태학적 체계 1	미시체계, 학생이 가장 직접적으로 상호작용하는 환경	1
			예시	가족, 교사, 또래와의 관계	1
			생태학적 체계 2	중간체계, 미시체계 요소 간의 상호작용 환경	1
			예시	부모와 교사의 관계, 친구와 교사의 관계 등	1
	교육행정	학교조직의 문화 (조직풍토), 분산적 지도성	지도성의 개념	분산적 지도성, 학교 구성원들에게 의사결정권을 포함한 다양한 권한을 위임하고 학교 운영에 구성원들을 적극 참여시키는 지도성	1
			교사의 직무만족에 미치는 영향	교장의 분산적 리더십 > 교사 권한 확대, 적극 참여 > 직무만족도 상승	1
			조직풍토 유형의 특성	개방적 조직풍토, 교장은 높은 지원과 낮은 지시, 교사는 높은 전문성과 높은 친밀도	1
			교사의 직무만족에 미치는 영향	개방적 풍토 > 상호협조, 긍정적 수용, 능률 상승 > 직무만족도 상승	1
논술의 구성 및 표현 [총 5점]			논술의 내용과 '누구도 소외되지 않는 학교'의 연계 및 논리적 형식		3
			표현의 적절성		2
합계					20

모|범|답|안

서론

현대 사회는 개인의 다양성을 존중하고 개성을 인정하면서 그 변화의 속도 또한 매우 빠른 사회이다. 이러한 사회적 맥락 속에서 학교 교육은 변화에 적응하면서도 학생들의 다양한 특성을 살리는 교육을 할 수 있어야 한다. 따라서 이 글에서는 '누구도 소외되지 않는 학교'라는 주제로 교육사, 교육사회학적 배경과 수업, 교육심리, 교육행정 측면에서 학생들의 다양성을 포용할 수 있는 방안을 논의해 보고자 한다.

소주제 1

먼저 교육사의 측면에서 서당의 교육적 특성을 현대에 적용해 볼 수 있다. A 교사의 의견과 관련하여 조선 시대 서당과 현대 학교의 공통점은 학생의 개인차에 따른 개별 수업을 실시한다는 것이다. 이와 같은 개별화 수업의 교육적 적용은 크론바흐가 제시한 적성처치 상호작용(ATI)이다. 적성처치 상호작용은 모든 학습자에게 효과적인 하나의 학습방법은 존재하지 않을 것으로 가정하고, 학습자의 적성의 개인차에 따라 적합한 교수처치를 결합한다면 적응적 상호작용이 일어나 교육의 효과가 높아질 것으로 기대하여 학습 효과를 극대화하고자 한다.

소주제 2

다음으로 교육사회학과 수업의 측면에서 학습자의 포용을 추구할 수 있다. B 교사의 진술을 설명하는 가장 적합한 교육사회학 이론은 상징적 상호작용 이론이다. 상징적 상호작용 이론은 사회 현상을 미시적으로 보는 관점으로, 개인이 각자 나름의 방식으로 주어진 상황을 정의하며 이에 따라 행동하고 있음을 강조하고 구성원 간의 상호작용에 주로 관심을 가지고 사회문화 현상을 이해한다. 이러한 배경에서 B 교사가 7반에서 사용할 수 있는 수업 방식은 강의법이다. 그 이유는 강의법이 짧은 시간에 많은 양의 지식을 전달하는 데에 효과적인 수업 방법이기 때문에 모둠 활동을 지루해하고 빨리 진도를 나가면 좋겠다고 한 7반 학생들의 요구에 부합할 수 있기 때문이다.

소주제 3

학생들의 개별적 특성을 고려하기 위해서는 교육심리학에 대한 이해가 필요하다. C 교사는 생태학적 발달 이론에 근거하고 있는데, C 교사가 중시하는 생태학적 체계는 첫째, 미시체계다. 미시체계는 학생이 가장 직접적으로 상호작용하는 환경으로 가족, 교사, 또래집단 등이 이에 해당한다. 둘째, 중간체계다. 중간체계는 미시체계에 해당하는 요소들이 서로 상호작용하는 환경으로 교사와 부모의 관계, 부모와 또래 친구들의 관계 등이 이에 해당한다.

소주제 4

마지막으로 교육행정의 측면이다. D 교장이 추구하는 지도성의 개념은 분산적 지도성이다. 분산적 지도성은 학교 구성원들에게 의사결정권을 포함한 다양한 권한을 위임하고 학교 운영에 구성원들을 적극 참여시키는 지도성을 말한다. 교장의 분산적 지도성은 교사들의 권한을 확대하고 교사들이 학교 조직의 다양한 활동에 적극적으로 참여하게 함으로써 교사의 자율성을 증진하여 직무 만족도를 향상하는 데에 기여한다. 또한 D 교장이 지향하는 조직 풍토의 유형은 개방적 풍토다. 호이와 미스켈의 관점에서 개방적 풍토는 교장은 높은 지원과 낮은 지시, 교사는 높은 전문성과 높은 친밀도를 가진 풍토를 말한다. 이러한 개방적 풍토에서는 구성원 간 관계가 좋기 때문에 상호 협조와 긍정적 수용이 원활히 이루어지므로 업무의 능률이 상승하고 그에 따라 직무만족도도 상승하게 된다.

- '탑다운 방식의 리더십 지양', '교사 개개인의 자율성과 전문성을 존중하는 조직 문화', '실력과 친밀한 관계' 등에서 알 수 있음
- 개방적 조직 풍토의 개념
- 조직풍토가 교사의 직무만족에 미치는 영향 논술

결론

지금까지 '누구도 소외되지 않는 학교'를 주제로 서당의 교육적 적용, 상징적 상호작용론의 이해에 근거한 수업 방법 적용, 생태학적 발달이론, 학교 조직의 문화와 지도성에 대해 살펴보았다. 교사는 빠르게 변화하는 현대 사회의 학교에서 소외되는 구성원이 없이 모두의 다양성이 존중되는 학교를 만들어나가는 데에 최선의 노력을 해야 한다.

연습문제 10

| 중등학교교사 임용후보자 선정경쟁시험 |

교육학

다음은 A 중학교에 재직 중인 김 교사가 작성한 자기개발계획서의 일부다. 이 내용을 읽고 '미래 사회에서 교사가 갖추어야 할 역량'이라는 주제로 수업 설계, 동기 유발, 교육과정, 교사의 태도를 구성요소로 하여 서론, 본론, 결론을 갖추어 논하시오. [20점]

개선 영역	개선 사항
수업 설계	○ 수업을 체계적이고 조직적으로 계획하고 전개하기에 용이할 것 ○ 학업성취 정도를 평가하는 데에 기준으로 사용할 수 있을 것 ○ 학생들의 학습 결손을 발견하고 처치하는 데에 도움이 될 것
동기 유발	○ 과제를 성공적으로 수행하고자 하는 학습자의 욕구를 자극할 것 ○ 도전적인 과제를 달성하는 과정에서 만족을 얻으려는 내적 의욕이 동기가 됨 ○ 성공 또는 실패의 상황에서 그에 따른 학습자의 개인적 동기 특성에 맞는 동기 유발 전략을 사용해야 함
교육과정	○ 객관적이고 보편적인 지식을 효율적으로 전달하는 데에만 관심을 가진 교육과정의 전통주의적 접근에서 벗어나야 함 ○ 지식은 사회적 구성물이라는 관점에서 교육과정의 재정립 필요
교사의 태도	○ 교사의 태도가 학생에게 미치는 영향에 대해 인식해야 함 ○ 교사 자신에 대한 태도와 학생에 대한 태도로 구분해볼 것 ○ 정의적 영역뿐 아니라 실제 수업에도 영향을 미친다는 것을 인식

─── 배점 ───

- 논술의 내용 [총 15점]
  - '수업 설계'에서 설명하는 개념의 학생 측면에서의 장점 2가지, 교사 측면에서 유의할 점 2가지 [4점]
  - '동기 유발'에서 김 교사가 사용하고자 하는 2가지 학습동기 유형의 개념, '학습자의 개인적 특성에 맞는 동기 유발 전략'을 사용하는 방안 2가지 [4점]
  - 교육과정 연구 접근을 파이나(Pinar)의 관점에서 설명할 때 커리큘럼을 대체할 수 있는 개념, 그 개념에 따른 교육경험의 분석 방법과 구체적 적용 단계 [3점]
  - '교사의 태도'와 관련하여 교사 효능감과 교사 기대효과의 개념, 각각이 학생의 학업성취와 맺는 관계 [4점]
- 논술의 구성 및 표현 [총 5점]
  - 논술의 내용과 '미래 사회에서 교사가 갖추어야 할 역량'의 연계 및 논리적 형식 [3점]
  - 표현의 적절성 [2점]

| 문제 구성 | 앞으로 변하는 시대에 교사가 갖추어야 할 역량이 무엇인지 생각하는 것은 기본적이면서도 필수적인 주제라고 할 수 있다. 동기이론은 앞의 연습문제에서도 다루었으나 그만큼 연습할 양이 많으면서도 교수학습에 중요하다고 판단해 다시 한번 다루었다. 교육과정이나 교수학습이론과 같은 수업 설계 측면뿐 아니라 교사의 태도에 대해서도 이론과 관련지어 생각해 보면 도움이 될 것이다. |

핵심 키워드

#1 수업목표, 학습동기 유발, 학습 과정 조절, 성과 측정, 정의적 영역
#2 성공추구동기, 실패회피동기, 과제 난이도
#3 쿠레레, 생생한 경험, 자서전적 방법
#4 교사의 지각, 기대, 평가

| 개요도 및 채점기준표 |

구분	출제영역	소주제	세부 논점	키워드 및 설명	배점
논술의 내용 [총 15점]	교수학습이론	구체적/명세적/행동적 수업목표	학생 측면 장점 1	도달해야 할 목표(도착점 행동)가 명확해져 학습 계획을 세우고 학습동기를 유발	1
			학생 측면 장점 2	목표에 따라 성취 정도를 점검함으로써 학습 과정의 조절 가능	1
			교사 측면 유의할 점 1	수업의 과정에서 목표로 설정되지 않은 성과 측정 어려움	1
			교사 측면 유의할 점 2	태도와 같은 정의적 영역에 소홀해질 가능성	1
	교육심리	동기이론	동기 유형 1	성공추구동기, 성취동기, 접근동기	1
			동기 유형 2	실패회피동기, 회피동기	1
			학습자 특성에 따른 동기유발전략 1	성공추구동기: 약간 어려운 도전적인 과제 난이도, 적절한 목표 설정, 구체적 피드백	1
			학습자 특성에 따른 동기유발전략 2	실패회피동기: 충분히 해결할 수 있는 정도의 과제 난이도, 귀인 수정	1
	교육과정	교육과정의 재개념화	커리큘럼을 대체하는 개념	쿠레레, 학습자 개개인의 모든 구체적이고 생생한 경험	1
			교육 경험의 분석 방법	자서전적 방법, 자신의 교육경험을 분석하여 실존적 의미를 찾는 과정	1
			구체적 단계	① 자신의 교육경험을 있는 그대로 작성 ② 교사 및 동료 학생과의 대화를 통해 비판적 성찰 ③ 경험에 대한 분석, 교육의 구조 인식, 이해와 공감 (① 회귀, 소급, 후향: 자신의 실존적 경험 회상하며 기억 확장, 과거의 교육경험 생생하게 묘사, ② 전진, 전향: 자유연상을 통해 미래를 상상하여 기록, ③ 분석: 과거-미래-현재의 경험과 관계 탐색, ④ 종합: 내면의 목소리와 주어진 현재의 의미 자문)	1
	교육심리/교수학습이론	교사의 태도	교사 효능감	교사변인이 학생들의 학업성취에 얼마나 영향을 미칠 수 있을 것인지에 대한 교사의 지각 교수 효능감이란 교수행위가 학생들의 학습에 영향을 미칠 수 있다는 교사의 기대, 개인적 교사 효능감이란 자기 자신의 교수능력에 대한 개인적 평가	2
			학생의 학업성취와 맺는 관계		
			교사 기대효과	학생에 대한 교사의 기대가 학업성취에 영향을 미치는 것, 쉽게 변하지 않는 지속성이 있음 학생을 유능하다고 지각 → 기대 높음, 그 기대에 맞는지도 → 학업성취 향상, 학생을 무능하다고 지각 → 기대 낮음, 지도 소홀 → 낮은 학업성취	2
			학생의 학업성취와 맺는 관계		
논술의 구성 및 표현 [총 5점]			논술의 내용과 '미래 사회에서 교사가 갖추어야 할 역량'의 연계 및 논리적 형식		3
			표현의 적절성		2
합계					20

모범답안

서론

　　COVID-19로 인한 팬데믹 이후 4차 산업혁명이 가속화되고, 등교 수업이 어려워짐에 따라 학생들의 자기주도학습 능력은 더욱 중요해지고 있다. 이러한 상황에서 교사는 비대면 수업과 같은 다양한 환경 변화에 스스로 적응하면서 동시에 학생들의 학습 능력과 학업 성취도 함께 증진시킬 수 있는 역량을 갖추어야 한다. 따라서 이 글에서는 '미래 사회에서 교사가 갖추어야 할 역량'이라는 주제로 수업 설계, 동기 유발, 교육과정, 교사의 태도 측면에서 미래 사회에서의 교사의 역량에 대해 논의해 보고자 한다.

- 최근의 사회적 분위기 언급하여 서론 시작할 수 있음
- 전체 주제와 연결되는 교사의 역량을 글의 배경으로 언급함
- 주제 언급
- 소주제 정리하여 글의 전체 구성 안내

소주제 1

　　가장 먼저 수업 설계의 측면이다. 제시문의 '수업 설계'에서 설명하는 개념은 명세적 수업목표이다. 명세적 수업목표를 설정할 때 학생 측면에서의 장점은 첫째, 도달해야 할 목표(도착점 행동)가 명확해짐으로 인해 학습에 대한 전체 계획을 세우고 학습동기를 유발할 수 있다는 것이다. 둘째, 목표를 기준으로 삼아 목표에 따라 자신의 성취 정도를 스스로 점검함으로써 학습 과정의 조절이 가능하다는 것이다. 반면 이와 같은 명세적 수업목표를 설정할 때 교사 측면에서 유의할 점은 첫째, 실제적 교육 성과를 고려해야 한다는 점이다. 실제 수업의 과정에서는 목표로 설정되지 않은 다양한 결과가 도출될 수밖에 없는데, 명세적 수업목표를 설정하게 되면 그와 같은 다양한 교육 성과의 측정이 어려워진다. 둘째, 정의적 영역에 소홀하지 않도록 해야 한다는 점이다. 명세적 수업목표는 행동적 용어에 근거하여 진술하게 된다. 따라서 직접적인 행동으로 나타나지 않는 학생의 태도와 같은 정의적 영역은 고려되지 않을 가능성이 있다.

- 문제에서 해당 개념을 요구하지 않았으나 답안에 서술한 것은 뒷부분에 논의를 이어나가기 위해 필요하기 때문
- 문제에서 요구하는 바 명확하게 서술
- 한 문장에 쓰기에 내용이 많은 경우 키워드로 요약한 내용을 첫 문장으로 쓰고 다음 문장에 설명을 덧붙이는 형식이 좋음
- 한 문장에 쓰기에 내용이 많은 경우 키워드로 요약한 내용을 첫 문장으로 쓰고 다음 문장에 설명을 덧붙이는 형식이 좋음

소주제 2

　　다음으로는 학생의 학습 동기 유발 측면이다. 김 교사가 사용하고자 하는 학습동기 유형은 첫째, 성공추구동기이다. 성공추구동기는 보다 높은 수준의 도전적인 과제를 달성하는 과정에서 만족을 얻으려는 동기이다. 둘째, 실패회피동기이다. 실패회피동기는 실패의 상황으로부터 벗어나거나 실패를 회피하기 위해 동기화되는 것이다. 따라서 김 교사가 사용하고자 하는 개인적 특성에 맞는 동기 유발 전략은 첫째, 성공추구동기가 높은 학습자에게는 약간 어려운 수준의 과제를 제시하고, 학습자에게 도전적인 적절한 목표를 설정해주며 목표 달성을 위한 구체적인 피드백을 해주는 것이다. 둘째, 실패회피동기가 높은 학습자에게는 처음에는 학습자가 충분히 해결할 수 있는 쉬운 과제를 제시하여 학습자의 불안을 감소시킨 뒤 점진적으로 과제 난이도를 높이는 방안을 사용할 수 있다.

- 성공추구동기/실패회피동기 외에도 학습자의 성공과 실패의 상황의 차이를 설명할 수 있는 상반된 두 가지 동기를 제시할 수 있으면 됨
- 문제에서는 해당 동기 유형의 개념을 서술하기를 요구하였음

소주제 3

　　또한 교육과정 측면에 있어서도 미래 사회를 대비한 재개념화가 필요하다. 파이나의 관점에서 커리큘럼을 대체할 수 있는 개념은 쿠레레이다. 쿠레레는 전통적 교육과정 이론에서 강조하던 표준화된 교육과정인 커리큘럼과 달리 학습자 개개인의 모든 구체적이고 생생한 경험을 의미하는 개념이다. 이 개념에 따른 교육경험의 분석 방법은 자서전적 방법으로, 학습자가 직접 자신의 교육경험을 분석하여 실존적 의미를 찾는 과정

- 쿠레레의 개념
- 자서전적 방법의 개념 설명

을 말한다. 이 방법의 구체적 단계는 첫째, 자신의 모든 교육경험을 있는 그대로 자서전의 방법으로 서술하는 것이다. 둘째, 그 자서전에 나타난 교육경험에서 자신의 행동과 사고를 결정했던 가정이나 논리 등을 교사 및 동료학습자와 함께 대화를 통해 비판적으로 성찰하는 것이다. 셋째, 자신 및 다른 학생들의 교육경험에 대해 분석함으로써 교육의 기본 구조를 인식하고 이해와 공감을 통해 진정한 자신의 모습을 찾는 것이다.

> 자서전적 방법을 교육적으로 적용하는 장면을 서술. 교육적 적용이 아닌 쿠레레의 방법 4단계를 서술하여도 무방함

소주제 4

마지막으로는 교사의 태도 측면이다. 제시된 '교사의 태도'와 관련하여 교사 효능감이란 교사의 특성이 학생들의 학업성취에 영향을 미친다는 것에 대한 교사 스스로의 지각을 의미한다. 특히 교수 효능감이란 교사가 자신의 교수행위(수업)가 학생들의 학습에 영향을 미칠 수 있다는 기대를 뜻한다. 따라서 교사가 스스로 자신이 유능한 교사라고 인식하면 그러한 인식이 학생들의 학습 효능감에도 영향을 미치게 된다. 또한 교사의 기대효과란 학생에 대한 교사의 기대가 학생의 학업성취에 영향을 미치는 것을 의미한다. 다시 말해 교사가 학생을 유능하다고 지각하면 높은 기대를 가지고 그에 맞는 지도를 하기 때문에 학생의 학업성취가 향상되며, 반대로 학생을 무능하다고 지각하면 낮은 기대를 가지고 지도를 소홀히 하기 때문에 학생의 학업성취가 낮아지는 결과가 나타난다는 것이다.

> 교사 효능감의 개념

> 교사의 기대효과의 개념

> 교사의 기대효과에 대한 추가 설명(교사 효능감이 높은 교사는 학생에 대한 기대도 높다는 연구 결과도 있음)

> 교사 효능감에 대한 추가 설명. 문제의 배점이 4점이고 문제에서 묻는 개념은 2개이므로 각각의 개념만 서술하고 끝낼 것이 아니라 추가적인 설명이 필요하다는 것을 계산해야 함

결론

지금까지 '미래 사회에서 교사가 갖추어야 할 역량'이라는 주제로 명세적 목표 진술, 성공과 실패에 따른 학습동기, 교육과정의 재개념화, 교사의 효능감과 기대 효과를 구체적으로 살펴보았다. 교사는 변화하는 시대에 발맞추어 끊임없이 자신을 성찰하고 자기개발을 해나갈 수 있어야 하며, 그러한 자기개발을 바탕으로 학생들의 개인적 특성을 고려하면서도 학업성취를 증진시킬 수 있는 교육 방식을 사용할 수 있는 능력을 갖춰야 할 것이다.

> 본론의 내용을 요약하여 제시

> 문제의 형식인 '자기개발계획서'와 연관하여 서술

> 교사의 역할에 대한 제언

기출문제 1

| 2022학년도 중등학교교사 임용후보자 선정경쟁시험 |

교육학

다음은 ○○ 중학교에서 학교 자체 특강을 실시한 교사가 교내 동료 교사와 나눈 대화의 일부이다. 이 내용을 읽고 '학교 내 교사 간 활발한 정보 공유를 통한 교육의 내실화'라는 주제로 교육과정, 교육평가, 교수전략, 교원연수에 대한 내용을 구성 요소로 하여 서론, 본론, 결론을 갖추어 논하시오. [20점]

김 교사: 송 선생님, 제 특강에 관심을 가져 주셔서 감사합니다. 선생님은 올해 우리 학교에 발령받아 오셨으니 도움이 필요하시면 말씀하세요.

송 교사: 정말 감사합니다. 그동안은 교과 간 통합에 주로 관심을 가져왔는데, 김 선생님의 특강을 들어 보니 이전 학습 내용과 다음 학습 내용이 자연스럽게 연결되어야 한다는 수직적 연계성도 중요한 것 같더군요. 그래서 이번 학기에는 교과 내 단원의 범위와 계열을 조정할 계획입니다. 선생님께서는 교육과정을 어떻게 재구성하시는지 함께 이야기할 수 있을까요?

김 교사: 그럼요. 제가 교육과정 재구성한 것을 보내 드릴 테니 보시고 다음에 이야기해요. 그런데 교육 활동에서는 학생에 대한 이해가 중요하잖아요. 학기 초에 진단은 어떤 방식으로 하려고 하시나요?

송 교사: 이번 학기에는 선생님께서 특강에서 말씀하신 총평(assessment)의 관점에서 진단을 해 보려 합니다.

김 교사: 좋은 생각입니다. 그리고 우리 학교에서는 평가 결과로 학생 간 비교를 하지 않으니 학기 말 평가에서는 다양한 기준을 활용해 평가 결과를 해석해 보실 것을 제안합니다.

송 교사: 네, 알겠습니다. 이제 교실 수업에서 사용할 교수전략을 개발해야 하는데 딕과 캐리(W. Dick & L. Carey)의 체제적 교수설계모형을 적용하려고 해요. 이 모형의 교수전략개발 단계에서 개발해야 할 교수전략이 무엇인지 생각 중이에요.

김 교사: 네, 좋은 전략을 찾으시면 제게도 알려 주세요. 그런데 우리 학교는 온라인 수업을 해야 될 상황이 생길 수도 있어요. 제가 온라인 수업을 해 보니 일부 학생들이 고립감을 느끼더군요. 선생님들이 온라인 수업을 하는 데 필요한 정보를 공유하는 학교 게시판이 있어요. 거기에 학생의 고립감을 해소하는 데 효과를 본 테크놀로지 기반의 교수·학습 활동을 정리해 올려 두었어요.

송 교사: 네, 온라인 수업을 하게 되면 활용할게요. 선생님 덕분에 좋은 정보를 많이 얻을 수 있어 좋네요. 선생님들 간 활발한 정보 공유의 기회가 더 많아지길 바랍니다.

김 교사: 네. 앞으로는 정보 공유뿐만 아니라 교사들 간 실질적인 협력도 있었으면 해요. 이를 위해 학교 중심 연수가 활성화되면 좋겠어요.

── 배 점 ──

- **논술의 내용** [총 15점]
  - 송 교사가 언급한 교육과정의 수직적 연계성이 학습자 측면에서 갖는 의의 2가지, 송 교사가 계획하는 교육과정 재구성의 구체적인 방법 2가지 [4점]
  - 송 교사가 총평의 관점에서 학생을 진단할 수 있는 실행 방안 2가지 제시, 송 교사가 활용할 수 있는 평가 결과의 해석 기준 2가지를 각각 그 이유와 함께 제시 [4점]
  - 송 교사가 교실 수업을 위해 개발해야 할 교수전략 2가지 제시, 송 교사가 온라인 수업에서 학생의 고립감 해소를 위해 활용할 수 있는 구체적인 교수·학습 활동 2가지를 각각 그에 적합한 테크놀로지와 함께 제시 [4점]
  - 김 교사가 언급한 학교 중심 연수의 종류 1가지, 학교 중심 연수를 활성화하기 위해 학교 차원에서 지원할 수 있는 구체적인 방안 2가지 [3점]
- **논술의 구성 및 표현** [총 5점]
  - 논술의 내용과 '학교 내 교사 간 활발한 정보 공유를 통한 교육의 내실화'의 연계 및 논리적 형식 [3점]
  - 표현의 적절성 [2점]

문제 구성

코로나19의 영향으로 인해 등교 수업과 온라인 수업이 병행하여 이루어지는 등 변화하는 학교교육의 현실적인 이슈를 반영한 문제로, 최근 교육학 시험 문제는 다음과 같은 특징을 보인다. 첫째, 과거보다 특정 주제에 대해 세분화된 내용을 질문하고 있다. 예를 들어, 딕과 캐리의 체제적 교수설계모형 자체에 대한 질문을 넘어 그 안에서의 교수전략 개발에 대해 구체적으로 질문하고 있다. 둘째, 단순 암기를 넘어 정확한 개념 이해와 해당 이론 안에서 그 개념이 가진 역할이나 효과가 무엇인지 교사가 스스로 생각하고 판단해야 하는 문제를 질문하고 있다. 교육과정의 수직적 연계성이 학습자 측면에서 갖는 의의나 교실 수업을 위해 개발해야 할 교수전략은 예비 교사의 판단이 필요한 문제이다. 셋째, 온라인 수업과 테크놀로지 등 최근 학교에서 발생하고 있는 상황에 필요한 주제를 질문하고 있다. 이러한 맥락으로 온라인 수업에 활용할 수 있는 테크놀로지 기반의 교수학습 활동에 대해 묻는 문제가 출제되었다. 따라서 교육학 이론에 대한 학습과 더불어 실제적 학교 상황에 교육학 이론의 단편적인 개념 적용을 넘어 각각의 용어를 통합적으로 적용할 수 있는 교사의 역량에 대한 관심이 필요하다.

핵심 키워드

#1 수직적 연계성, 교육과정 조직 원리(범위, 계열성), 교육과정 재구성
#2 총평관(assessment), 전인적 평가, 비비교평가, 성장지향평가(성장참조틀), 능력지향평가(능력참조틀)
#3 딕과 캐리의 체제적 교수 설계 모형, 학습자 중심 수업, 온라인 교수학습(테크놀로지)
#4 학교 중심 연수, 교내 자율장학, 전문적 학습 공동체, 동료장학

개요도 및 채점기준표

구분	출제영역	소주제	세부 논점	키워드 및 설명	배점
논술의 내용 [총 15점]	교육과정	수직적 연계성	학습자 측면의 의의 1	이전 학습 내용이 다음 학습 내용과 자연스럽게 연계되어 학습동기 증가	1
			학습자 측면의 의의 2	선행 지식과의 유의미한 연계는 파지와 전이를 활발하게 하여 학습의 효과성 증대 등	1
			구체적 재구성 방법 1	교과 내 단원의 범위와 계열을 고려하여 내용 전개 순서를 변경	1
			구체적 재구성 방법 2	교과 내 단원의 범위와 계열을 고려하여 내용 추가·삭제·요약·대체	1
	교육평가	총평관 (assessment)	진단평가 실행방안 1	관찰법, 면접법, 투사법, 구술법, 적성검사 등	1
			진단평가 실행방안 2		1
		평가결과 해석 기준	성장지향평가 (성장참조틀)	학생의 초기 수준에 비추어 성장, 향상의 정도를 측정 가능	1
			능력지향평가 (능력참조틀)	학생이 지니고 있는 능력에 비추어 수행 정도와 능력 발휘의 수준 측정 가능	1
	교수전략	딕과 캐리의 체제적 교수설계 모형	교수전략 1	동기유발 전략	1
			교수전략 2	학습 내용 제시·연습·피드백 등의 교수학습 전략	1
		고립감을 해소할 수 있는 교수·학습전략	교수·학습 활동 1	테크놀로지를 활용한 교수학습 전략 - 교수 학습 전략 : PBL, 직소 Ⅱ모형, 토의·토론, 협동학습 등 - 테크놀로지 : Zoom, 구글클래스, 구글 스프레드 시트, 패들렛 등	1
			교수·학습 활동 2		1
	교육행정	학교 중심 연수	학교 중심 연수 종류	교내 자율 연수	1
			학교 차원의 구체적 지원 방안 1	연수 중심 동료장학 활성화 지원, 전문적 학습 공동체 활성화 지원, 협의회 지원, 시간과 장소에 제한되지 않도록 온라인 시스템 구축, 학교 안팎 전문가 초청 지원 등 기타 학교 차원의 지원	1
			학교 차원의 구체적 지원 방안 2		1
논술의 구성 및 표현 [총 5점]			논술의 내용과 '학교 내 교사 간 활발한 정보 공유를 통한 교육의 내실화'의 연계 및 논리적 형식		3
			표현의 적절성		2
합계					20

모|범|답|안

서론

최근 온라인 수업이 확대되면서 새로운 기술에 대한 학교 내 교사 간 활발한 정보 공유의 중요성이 높아지고 있다. 2015 교육과정에서 제시한 학생들의 다양한 역량 함양을 위해 교사 간 정보 공유를 통한 교육의 내실화가 필요하기 때문이다. 이를 위해 교육과정의 수직적 연계성 및 교육과정 재구성, 학생 진단방안 및 평가결과 해석방안, 딕과 캐리의 교수설계 모형에 따른 교수전략 개발, 온라인 수업 활동 및 테크놀로지, 교내자율장학에 대해 논의하고자 한다.

> 서론에서 주제를 언급하여 내용의 통일성 및 '논술의 구성 및 표현' 높임
> 각 소주제의 출제영역을 언급

소주제 1

교육과정의 수직적 연계성(vertical articulation)은 이전에 배운 내용과 앞으로 배울 내용의 관계에 초점을 둔 것이다. 즉, 특정한 학습의 종결점이 다음 학습의 출발점과 잘 맞물리도록 교육내용을 조직하는 것을 말한다. 이는 학습자 측면에서 다음과 같은 2가지 의의를 가진다. 첫째, 학습의 효과성 증대이다. 이전 학습 내용과 다음 학습 내용의 자연스러운 연계는 파지와 전이를 활발하게 하여 학생들의 학습의 효과성을 증대시킨다. 둘째, 순차적 심화학습으로 학습 효과성이 증대된다. 기존에 배웠던 개념에 대한 이해를 바탕으로 새로운 학습이 이루어져 교육의 내실화가 이루어질 수 있기 때문이다. 송 교사가 교과 내 단원의 범위와 계열을 조정하는 방향으로 교육과정을 재구성할 수 있는 방법 2가지는 다음과 같다. 첫째, 교과의 내용을 추가하거나 삭제하여 교육과정의 범위를 조절할 수 있다. 이 과정에서 학습자의 특성에 적합한 내용의 학습이 이루어질 수 있기 때문이다. 둘째, 교과 내용의 순서를 변경할 수 있다. 순서 변경을 통해 특정 주제에 대한 심화 학습이나 보충학습이 이루어질 수 있기 때문이다. 교사 간 상호 협력을 통한 교과 내용 범위 및 순서 조정으로 학교 교육의 내실화가 이루어질 수 있다.

> 학습자 측면에서 수직적 연계성의 의의 1
> 학습자 측면에서 수직적 연계성의 의의 2
> 수직적 연계성을 고려한 교육과정 재구성의 구체적 방법 1
> 수직적 연계성을 고려한 교육과정 재구성의 구체적 방법 2

소주제 2

총평(assessment)은 인간의 특성을 하나의 검사나 도구로 측정하여 평가하는 것이 아니라 여러 다양한 방법을 동원하여 종합적으로 평가하는 방법이다. 즉, 전인적 평가를 말한다. 송 교사가 총평의 관점에서 학기 초에 학생을 진단할 수 있는 2가지 실행 방안은 다음과 같다. 첫째, 면접법이다. 학생에 대한 교사의 면접을 통해 학생의 전인적인 특성에 대한 질적 평가를 할 수 있다. 둘째, 관찰법이다. 학생에 대한 교사의 관찰을 통해 학생의 지적, 정의적 특성을 종합적으로 평가할 수 있다. 송 교사가 학기 말에 활용할 수 있는 평가 결과의 해석 기준 2가지는 다음과 같다. 첫째, 성장지향평가이다. 그 이유는 학생의 초기 수준에 비추어 성장 및 향상의 정도를 측정하여 평가 결과를 해석할 수 있기 때문이다. 둘째, 능력지향평가이다. 그 이유는 학생이 지니고 있는 능력에 비추어 수행의 정도와 능력 발휘의 수준을 측정하여 평가 결과를 해석할 수 있기 때문이다. 학생 간 비교가 아닌 성장 및 능력을 참조한 평가를 통해 학생들이 자신감을 가지고 성장하게 되면 학교 교육의 내실화가 이루어질 수 있으며, 이 과정에서 교사 간 정보 공유 및 협력이 필요하다.

> 총평관에 따른 진단평가 실행방안 1
> 총평관에 따른 진단평가 실행방안 2
> 평가결과 해석 기준 1
> 평가결과 해석 기준 2

소주제 3

딕과 캐리의 교수설계 모형은 목표설정부터 평가까지 최소의 투입(input)과 최대의 산출(output)에 초점을 두어 체계적으로 수업을 설계할 수 있는 단계를 제시하는 모형이다. 이에 따라 송 교사가 교실 수업을 위해 개발해야 할 교수전략 2가지는 다음과 같다. 첫째, 동기유발 전략을 개발해야 한다. 다양한 자료를 통해 학생의 주의를 집중시키고, 학생 삶과의 관련성을 제시하는 등의 방안을 모색해야 한다. 둘째, 정보제시 방법을 개발해야 한다. 교과 내용과 학습자의 특성에 따라 정보를 제시하는 순서와 매체가 달라질 수 있기 때문이다. 송 교사가 온라인 수업 시 학생들의 고립감 해소를 위해 활용할 수 있는 교수학습·활동 2가지는 다음과 같다. 첫째, 화상회의 프로그램 중 소그룹 기능을 이용하여 토의활동을 진행할 수 있다. 그룹별로 특정 주제에 대해 대화하는 과정에서 의사소통 역량이 높아지면서 고립감이 해소될 수 있다. 둘째, 공동 프로젝트 학습 과정에서 패들렛 프로그램 및 사이트를 이용할 수 있다. 공동의 목표를 위해 학생들이 의견을 게시하고 이를 한 번에 모아볼 수 있는 테크놀로지를 활용하는 과정에서 공동체 역량이 증진되어 고립감을 해소할 수 있기 때문이다. 이러한 수업 진행을 위해 교사 간 다양한 정보를 공유하는 과정에서 학교 교육이 내실화될 수 있다.

[딕과 캐리의 교수설계 모형에 따른 교수전략 1]
[딕과 캐리의 교수설계 모형에 따른 교수전략 2]
[테크놀로지를 활용하여 온라인 수업에서 학생의 고립감을 해소할 수 있는 교수·학습전략 1]
[테크놀로지를 활용하여 온라인 수업에서 학생의 고립감을 해소할 수 있는 교수·학습전략 2]

소주제 4

교사 간 실질적 협력을 위한 학교 중심 연수의 종류에는 동료장학이 있다. 둘 이상의 교사가 서로 수업을 관찰하고 상호조언하며 토의하는 과정에서 전문적 성장이 이루어질 수 있기 때문이다. 교사 간 협력을 통한 정보공유는 교육 내실화의 토대가 된다. 또한 이러한 학교 중심 연수를 활성화하기 위한 학교 차원의 지원방안 2가지는 다음과 같다. 첫째, 동료장학 뿐 아니라 수업장학, 임상장학 등 학교 중심 연수의 활성화를 위한 재정적 지원을 확대한다. 교구 및 자료 구입을 위한 재정적 지원이 확대되면 교사들이 연수 과정에서 수업에 대해 다양한 시도를 해볼 수 있기 때문이다. 둘째, 전문적 학습공동체 활성화 등 학교 중심 연수 활성화를 위한 학교 문화를 조성한다. 학교 차원에서 연수에 자연스럽게 참여할 수 있는 풍토가 조성된다면 교사와 수업의 성장의 기회가 확대될 수 있기 때문이다. 학교 중심 연수 활성화를 통해 교사 간 활발한 정보 공유가 이루어진다면 이는 교육의 내실화로 이어질 것이다.

[학교 중심 연수의 종류]
[학교 중심 연수를 활성화하기 위한 학교 차원의 지원방안 1]
[학교 중심 연수를 활성화하기 위한 학교 차원의 지원방안 2]

결론

지금까지 '학교 내 교사 간 활발한 정보 공유를 통한 교육의 내실화' 주제를 바탕으로 교육과정의 수직적 연계성, 교육과정 재구성, 총평의 실행 방안, 비비교평가, 교실 및 온라인 수업을 위한 교수전략, 학교 중심 연수에 대해 살펴보았다. 교사들은 서로 활발하게 정보를 공유하여 학생들이 변화하는 환경 속에서 각자의 재능을 발휘할 수 있도록 교육의 내실화를 위해 노력해야 한다.

[전체 주제를 언급하여 내용의 통일성을 높임]
[각 소주제를 다시 한번 정리하여 논리적 형식 강조]
[주제의 의미 강조 및 주제와 관련한 교사의 역할로 마무리]

기출문제 2

| 2021학년도 중등학교교사 임용후보자 선정경쟁시험 |

교육학

다음은 ○○ 고등학교에 재직하고 있는 김 교사가 대학 시절 친구 최 교사에게 쓴 이메일의 일부이다. 이 내용을 읽고 '학생의 선택과 결정의 기회를 확대하는 교육'이라는 주제로 교육과정, 교육평가, 수업설계, 학교의 의사결정을 구성요소로 하여 서론, 본론, 결론을 갖추어 논하시오. [20점] *전체 주제 / 소주제*

보고 싶은 친구에게

… (중략) …

학생의 선택과 결정의 기회를 확대하기 위해 우리 학교가 학교 운영 계획을 전체적으로 다시 세우고 있어. 그 과정에서 나는 교육과정 운영, 교육평가 방안, 온라인 수업설계 등을 고민했고 교사 협의회에도 참여했어.

그동안의 교육과정 운영을 되돌아보니 운영에 대한 나의 관점이 달라진 것 같아. 교직 생활 초기에는 국가 교육과정의 내용을 있는 그대로 실행하는 관점으로 교육과정을 운영해 왔어. 그런데 최근 내가 새롭게 관심을 가지게 된 관점은 교육과정을 교사와 학생이 함께 생성하는 교육적 경험으로 보는 거야. 이 관점으로 교육과정을 운영하는 방안을 찾아봐야겠어.

오늘 읽은 교육평가 방안 보고서에는 학생이 주체가 되는 평가가 학습에 도움이 된다는 내용이 담겨 있었어. 내가 지향해야 할 평가의 방향으로는 적절한데 그 내용이 구체적이지는 않더라. 학생이 스스로 자신을 평가하게 하면 어떠한 효과를 거둘 수 있을지, 그리고 내가 수업에서 이러한 평가를 어떻게 실행할 수 있을지 더 자세히 알아봐야겠어.

… (중략) …

요즘 온라인 수업을 하게 되었어. 학기 초에 학생의 일반적인 특성과 상황은 조사를 했는데 온라인 수업과 관련된 학생의 특성과 학습 환경에 대해서도 추가로 파악해야겠어. 그리고 학생이 자신만의 학습 목표를 설정하고 학습의 주체가 되는 수업을 어떻게 온라인에서 지원할 수 있을지 고민하다가, 학습 과정 중에 나와 학생뿐만 아니라 학생들 간에도 소통이 이루어지도록 토론 게시판을 활용하려고 해. 교사 협의회에서는 학교 운영에 학생들의 요구를 반영하는 방안에 대해 논의했어. 다양한 의사결정 방식들이 제안되었는데 그중 A 안은 문제를 확인한 후에 목적과 세부 목표를 설정하고, 가능한 대안들을 모두 탐색하고, 각 대안에 따른 결과를 예측하고 비교해서 최적의 방안을 찾는 방식이었어. B 안은 현실적인 소수의 대안을 검토하고 부분적으로 수정해서 현재의 문제 상황을 조금씩 개선해 나가는 방식이었어. 많은 논의를 거친 끝에 B 안으로 결정했어. 나는 B 안에 따른 구체적인 방안을 다음 협의회 때 제안하기로 했어.

… (하략) …

(배 점)

- **논술의 내용 [총 15점]**
  - 교육과정 운영 관점을 스나이더 외(J. Snyder, F. Bolin, & K. Zumwalt)의 분류에 따라 설명할 때, 김 교사가 언급한 자신의 기존 관점의 장점과 단점 각각 1가지, 새롭게 관심을 가지게 된 관점에 적합한 교육과정 운영 방안 2가지 [4점]
  - 김 교사가 적용하고자 하는 평가 방식이 학생에게 줄 수 있는 교육적 효과 2가지, 이 평가를 수업에서 실행하는 방안 2가지 [4점]
  - 김 교사가 온라인 수업을 위해 추가로 파악하고자 하는 학생 특성과 학습 환경의 구체적인 예 각각 1가지, 김 교사가 하고자 하는 수업에서 토론 게시판을 활용하여 학생을 지원할 수 있는 구체적인 방안 2가지 [4점]
  - A 안과 B 안에 해당하는 의사결정 모형의 단점 각각 1가지, 김 교사가 B 안에 따라 학생들의 요구를 반영하기 위해 제안할 수 있는 구체적인 방안 1가지 [3점]

- **논술의 구성 및 표현 [총 5점]**
  - 논술의 내용과 '학생의 선택과 결정의 기회를 확대하는 교육'의 연계 및 논리적 형식 [3점]
  - 표현의 적절성 [2점]

| 문제 구성 | 2021학년도 교육학 논술에서는 예년보다 문제와 제시문과의 연계성이 높아졌다. 단순히 교육학 내용 지식의 인출과 설명에 그치지 않고 제시문의 내용과 연결시켜 서술할 것을 요구하고 있다. 특히 1), 2), 3), 4)번 문제 모두에 '실행 방안', '지원 방안' 등을 서술하도록 함으로써 실제적인 현실 적용 방안을 쓰도록 했다는 것이 특징이다. 이는 내용 지식의 암기에서 한 걸음 더 나아가 그러한 지식의 적용과 활용을 통해 보다 폭넓고 깊이 있는 응용력을 가진 교사를 선발하려는 평가 목적의 반영이라 할 수 있다. |

핵심 키워드
- #1 국가 교육과정, 학습자 특성, 교사 자율성
- #2 자기평가, 성장과 발전, 점검, 성찰, 학습 개선
- #3 인지전략, 대화협력도구, 상호작용, 공유
- #4 가능한 모든 대안, 소수의 대안, 현실적 실현가능한 대안

| 개요도 및 채점기준표 |

구분	출제영역	소주제	세부 논점	키워드 및 설명	배점
논술의 내용 [총 15점]	교육과정	교육과정 운영 관점	기존 관점	충실성 관점	-
			장점	전국적으로 같은 목표와 내용으로 일정한 교육의 질을 보장	1
			단점	국가 교육과정에 매몰되어 교실 상황에서의 학습자 특성이나 교사의 자율성을 반영 x	1
			새로운 관점	생성(형성) 관점	-
			실행방안 1	교실의 상황적 특성이나 학습자의 수준과 요구를 파악하고 고려	1
			실행방안 2	교사 자신의 자율성과 창의성을 살려 수업을 계획하고 운영	1
	교육평가	평가 방식	평가 방식	자기평가	-
			학생에게 줄 수 있는 교육적 효과 1	다른 학생들과의 비교가 아닌 자기 개인에 초점, 자기효능감을 높이고 스스로 성장하고 발전하도록 노력	1
			교육적 효과 2	자신의 학습 과정과 결과를 성찰하고 상위인지를 활용, 다양한 인지전략을 활용하도록 학습을 개선	1
			수업에서의 실행 방안 1	형성평가, 형성평가로 수업 과정의 진행 중에 학생들이 스스로 자신의 학습에 대해 최소의 성취 기준을 가지고 평가하여 점검	1
			실행방안 2	수행평가, 일정한 학습활동이 끝난 뒤에 학생들이 자신의 학습활동 수행 과정과 결과에 대해 주관적으로 평가하고 학습을 개선	1
	교수학습 이론 및 교육공학	구성주의 학습환경 설계	학생 특성 예시	문제를 해결하기 위한 인지전략	1
			학습 환경 예시	컴퓨터와 인터넷 연결 상태를 비롯한 온라인 대화협력도구	1
		온라인 수업 (웹/자원기반학습)	학생 지원 방안 1	학생들이 토론 게시판을 통해 자신의 생각을 명료하게 표현하고 그 내용을 바탕으로 상호작용하면서 해결	1
			학생 지원 방안 2	토론 게시판에 남긴 자신의 생각과 다른 친구들의 생각을 서로 공유하고 확인하면서 성찰	1
	교육행정	의사결정 모형	A안	합리모형	-
			A안의 단점	가능한 모든 대안을 수집하여 비교, 분석, 검토하므로 시간과 비용이 많이 들고 현실 상황과 맞지 않는 이상적인 대안이 도출될 수 있다는 것	1
			B안	점증모형	-
			B안의 단점	현재의 안과 크게 다르지 않은 소수의 대안만 검토하면 보다 중요하고 근본적인 문제를 개선하기는 어렵다는 것	1
			R안에 따른 학생 요구 반영 제안 방안	학생들의 다양한 요구를 수집한 뒤 현재 처해 있는 상황과 현실을 인정하여 비교, 현재보다 다소 향상된 대안을 모색하여 현실적으로 실천 가능한 대안을 고려하여 선택	1
논술의 구성 및 표현 [총 5점]	논술의 내용과 '학생의 선택과 결정의 기회를 확대하는 교육'의 연계 및 논리적 형식				3
	표현의 적절성				2
합계					20

모|범|답|안

서론

　　21세기는 정보화 사회로서 인간은 수많은 정보를 습득하고 저장하고 다시 그것을 가공하며 가치를 창출해 나간다. 이러한 사회에서 교육의 역할은 학생들이 수많은 정보를 습득하는 과정에서 그 가치를 올바르게 판단하여 선택하고 결정하며, 또한 그 과정에서 주체적인 학습자로 성장하여 스스로 가치 있는 정보를 생산할 수 있는 역할을 할 수 있도록 길러내는 것이다. 따라서 이 글에서는 '학생의 선택과 결정의 기회를 확대하는 교육'이라는 주제로 교육과정 운영, 교육평가, 교수학습이론, 교육행정의 측면에서 학생이 충분한 선택과 결정의 기회를 가지고 현대 사회에서 자기주도적인 학습자로 성장시키기 위한 방안을 논의해 보고자 한다.

[여백 주석: 소주제 언급하여 전체 구성 안내]
[여백 주석: 서론에서 주제를 언급하여 내용의 통일성 및 '논술의 구성 및 표현' 높임]

소주제 1

　　먼저 교육과정 운영 측면이다. 스나이더 외의 분류에 따른 교육과정 운영 관점 중 김 교사가 언급한 자신의 기존 관점은 충실성 관점이다. (이 관점에서 국가 교육과정은 공통된 내용을 정하여 실시하는 교육계획이므로 교사는 국가 교육과정에서 정한 목표와 내용을 중심으로 가르쳐야 한다고 본다.) 이 관점의 장점은 전국적으로 같은 목표와 내용으로 교육의 질을 보장할 수 있다는 것이다. 그러나 이 관점의 단점은 국가 교육과정에 매몰되어 교실 상황에서의 학습자 특성이나 교사의 자율성을 반영할 수 없다는 것이다. 이에 비해 김 교사가 새롭게 관심을 가지게 된 관점은 형성(생성) 관점이다. 이 관점에 적합한 교육과정 운영 방안은 첫째, 교사가 실제 수업을 구성할 때 교실의 상황적 특성이나 학습자의 수준과 요구를 파악하고 고려하여 수업을 운영하는 것이다. 둘째, 국가 교육과정에 얽매이기보다는 교사와 학생이 함께 자율성과 창의성을 살려 수업을 계획하고 운영하는 것이다. 이러한 방안을 통해 교육과정을 교사와 학생이 함께 만들어 가는 교육적 경험으로 운영할 수 있다.

[여백 주석: 문제에서 요구하는 바를 명확하게 언급하여 감점 요소 없도록 함]
[여백 주석: 문제에서 직접적으로 요구하지는 않았으나 논술을 풀어나가는 데에 명칭을 언급하는 것이 유용하여 언급함]
[여백 주석: 제시문에 힌트 제공됨]

소주제 2

　　다음으로는 평가의 방식 측면이다. 김 교사가 적용하고자 하는 평가 방식은 자기평가 방식이다. (자기평가는 학생으로 하여금 평가의 주체가 되어 스스로 자신의 수행을 평가하도록 하는 평가 방식을 말한다.) 이 평가 방식이 학생에게 줄 수 있는 교육적 효과는 첫째, 다른 학생들과의 비교가 아닌 자기 개인에 초점을 맞추어 자기효능감을 높이고 스스로 성장하고 발전하도록 노력하게 할 수 있다는 것이다. 둘째, 자신의 학습을 스스로 평가하면서 자신의 학습 과정과 결과를 성찰하고 상위인지를 활용하게 하여 다양한 인지전략을 활용하도록 학습을 개선할 수 있게 하여 학습을 도울 수 있다는 것이다. 이 평가를 수업에서 실행하는 방안은 첫째, 형성평가로 수업 과정의 진행 중에 학생들이 스스로 자신의 학습에 대해 최소의 성취 기준을 가지고 평가하여 점검할 수 있도록 하는 것이다. 둘째, 수행평가로 일정한 학습활동이 끝난 뒤에 학생들이 자신의 학습활동 수행 과정과 결과에 대해 주관적으로 평가하고 학습을 개선할 수 있도록 하는 것이다.

[여백 주석: 문제에서 요구하는 바를 명확하게 언급하여 감점 요소 없도록 함]

소주제 3

또한 교수학습이론의 측면에서도 학생의 기회를 확대하는 교육을 실천할 수 있다. 김 교사가 온라인 수업을 위해 추가로 파악하고자 하는 학생 특성의 구체적인 예는 온라인 상황에서 학생이 문제를 해결하기 위한 인지전략이고, 학습 환경의 구체적인 예는 컴퓨터와 인터넷 연결 상태를 비롯한 온라인 대화협력도구이다. 또한 토론 게시판을 활용하여 학생을 지원할 수 있는 구체적인 방안은 첫째, 프로젝트 수업 등 학습자 중심의 수업 방법을 활용하여 학생들이 토론 게시판을 통해 자신의 생각을 명료하게 표현하고 그 내용을 바탕으로 상호작용하면서 해결할 수 있도록 하는 것이다. 둘째, 토론 게시판에 남긴 자신의 생각과 다른 친구들의 생각을 서로 공유하고 확인하면서 성찰할 수 있도록 하는 것이다.

주제와의 연관성을 지속적으로 고려하여야 함

소주제 4

마지막으로 교육행정의 측면에서 학교의 의사결정 과정이다. 김 교사가 언급한 의사결정 방식 중 A안은 합리모형이다. 이 모형의 단점은 가능한 모든 대안을 수집하여 비교, 분석, 검토하므로 시간과 비용이 많이 들고 현실 상황과 맞지 않는 이상적인 대안이 도출될 수 있다는 것이다. 이에 비해 B안은 점증모형이다. 이 모형의 단점은 현재의 안과 크게 다르지 않은 소수의 대안만 검토함으로 인하여 보다 중요하고 근본적인 문제를 개선하기는 어렵다는 것이다. 김 교사가 이와 같은 B안에 따라 학생들의 요구를 반영하기 위해 제안할 수 있는 구체적인 방안은 학생들의 다양한 요구를 수집한 뒤 현재 처해 있는 상황과 현실을 인정하여 비교해 보고, 현재보다 다소 향상된 대안을 모색하여 현실적으로 실현 가능한 대안을 고려하여 선택하도록 하는 것이다.

문제에서 모형의 명칭을 직접적으로 요구하지는 않았으므로 점수에는 영향을 미치지 않겠지만, 이후 논의를 끌어 나가는 데에 필요하므로 명칭을 제시함

B안의 장점과 연결됨. 제시문에 나타난 실제 장면에 적용하여 제시문과 연결시킨 서술이 필요

결론

지금까지 '학생의 선택과 결정의 기회를 확대하는 교육'이라는 주제를 가지고 교육과정 운영 관점과 실행 방안, 자기평가의 효과와 실행 방안, 온라인 수업 환경을 위한 조건과 지원 방안, 그리고 의사결정 모형의 비교와 제안 방안을 살펴보았다. 특히 팬데믹 시대 이후 급변하는 교육 환경에 처해 있는 상황에서, 교사는 학생들이 변화하는 교육 환경 속에서도 스스로의 선택과 결정 기회가 축소되지 않도록 하며 환경으로 인한 학업 격차를 최소화할 수 있도록 노력해야 할 것이다.

전체 주제 언급하여 내용의 통일성 높임

각 소주제를 다시 한번 정리함으로써 논리적 형식 강조

소주제 3번인 '온라인 수업'과 연계하여 언급하기 좋은 내용

주제와 관련된 교사의 역할로 마무리

기출문제 3

| 2020학년도 중등학교교사 임용후보자 선정경쟁시험 |

교육학

오늘날과 같은 초연결 사회에서는 다수의 사람이 소통하면서 협력하는 것이 중요하다. 이러한 시대적 추이를 반영하여 ○○고등학교에서는 토의식 수업 활성화를 위한 교사협의회를 개최하였다. 다음은 여기에서 제안된 주요 의견을 정리한 것이다. 그 내용은 **지식관, 교육내용, 수업설계, 학교문화의 변화 방향**에 관한 것이다. 이를 바탕으로 '**토의식 수업 활성화 방안**'이라는 주제로 서론, 본론, 결론을 갖추어 논하시오. [20점]

소주제 / 전체 주제

구분	주요의견
A 교사	○ 토의식 수업을 활성화하려면 먼저 지식을 보는 관점의 변화가 필요함 ○ 교과서에 주어진 지식이 진리라는 생각이나, 지식은 개인이 혼자 만드는 것이라는 생각에서 벗어나는 것이 중요하며, 이와 관련하여 비고츠키(L. Vygotsky)의 지식론이 많은 시사점을 줄 수 있음 ○ 이 지식론의 관점에서 보면, 교사와 학생의 역할도 기존의 강의식 수업에서의 역할과는 달라질 필요가 있음
B 교사	○ 교육과정 분야에서는 교육내용의 선정과 조직방식에 대한 교사의 전문성이 강화될 필요가 있음 ○ 교육내용 선정과 관련해서는 '영 교육과정'에 관심을 가지는 것이 도움이 됨 ○ 교육내용 조직과 관련해서는 생활에 필요한 문제를 토의의 중심부에 놓고 여러 교과를 주변부에 결합하는 방식을 활용할 필요가 있음
C 교사	○ 토의식 수업이 활발하게 이루어지기 위해서는 수업방법과 학습도구도 달라져야 함 ○ 수업방법 측면에서는 학생이 함께 다양한 관점에서 문제를 탐색하며 해답을 찾아가는 데 있어서 정착수업(Anchored Instruction)을 활용할 수 있음 ○ 학습도구 측면에서는 학생이 상호 협력하여 지식을 생성하기 위해 인터넷에서 수집한 정보를 공유하고, 공동으로 수정, 추가, 편집하는 데 위키(Wiki)를 이용할 수 있음(예 : 위키피디아 등) - 단, 위키를 활용할 때 발생할 수 있는 문제점에 유의해야 함
D 교사	○ 학교문화 개선은 토의식 수업 활성화를 위한 토대가 됨 ○ 우리 학교의 경우, 교사가 학생의 명문대학 합격이라는 목표 달성에 필요한 수단으로 간주되는 학교문화가 형성되어 있어 우려스러움 ○ 이런 학교문화에서는 활발한 토의식 수업을 기대하기 어려움

― 배점 ―

- **논술의 내용 [총 15점]**   세부 논점
  - A 교사가 언급한 **비고츠키 지식론**의 명칭, 이 지식론에서 보는 지식의 성격 1가지와 교사와 학생의 역할 각각 1가지 [4점]
  - B 교사가 말한 '**영 교육과정**'이 교육내용 선정에 주는 시사점 1가지, B 교사가 말한 교육내용 조직방식의 명칭과 이 조직방식이 토의식 수업에서 가지는 장점과 단점 각각 1가지 [4점]
  - C 교사의 의견에서 제시된 토의식 수업을 설계할 때 활용할 수 있는 정착수업의 원리 2가지, 위키를 활용할 때 발생할 수 있는 문제점 2가지 [4점]
  - **스타인호프와 오웬스(C. Steinhoff & R. Owens)**가 분류한 학교문화 유형에 따를 때 D 교사가 우려하는 학교문화 유형의 명칭과 학교 차원에서 그러한 학교문화를 개선하는 방안 2가지 [3점]
- **논술의 구성 및 표현 [총 5점]**
  - 논술의 내용과 '토의식 수업 활성화 방안'의 연계 및 논리적 형식 [3점]
  - 표현의 적절성 [2점]

| 문제 구성 | 2020학년도 교육학 논술에서는 '토의식 수업 활성화'라는 큰 주제를 가지고 지식관, 교육내용, 수업 설계, 학교문화에 대해 묻고 있다. 주제와 각 내용의 연계성이 더욱 긴밀해졌으므로 각 교육학 내용을 어떻게 주제와 연결해 서술하느냐를 잊으면 안 된다. 또한 '비고츠키'라는 친숙한 내용을 '지식론'과 같은 개념과 결합하니 낯설게 느껴졌다거나 '위키'라는 개념을 정확히 몰랐을 수 있지만, 당황하지 않고 제시문을 토대로 조건에 맞게 서술하는 것이 필요하다. |

핵심 키워드
- #1 사회적 구성주의
- #2 영 교육과정, 중핵교육과정
- #3 정착수업, 위키(지식의 공동 구성)
- #4 학교문화, 기계문화

| 개요도 및 채점기준표 |

구분	출제영역	소주제	세부 논점	키워드 및 설명	배점
논술의 내용 [총 15점]	교육심리	비고츠키 (지식론)	명칭	사회적 구성주의	1
			지식의 성격	사회적 - 지식은 타인과의 상호작용을 통해 구성되는 것	1
			교사의 역할	학생이 학습할 수 있도록 도움을 제공하고 촉진하는 조력자, 촉진자	1
			학생의 역할	협동을 통해 문제를 해결하면서 학습하는(지식을 구성해 나가는) 능동적 주체	1
	교육과정	영 교육과정	교육내용 선정에 주는 시사점	중요한 학습 내용을 소홀히 하거나 가르치지 않아 학생이 학습의 기회를 놓치지 않는지 검토, 교육과정 내에 명시되지 않았어도 전문가로서 유의미하여 다루어야 할 것은 없는지 확인	1
		내용 및 학습 경험의 선정/조직	명칭	중핵 교육과정	1
			토의식 수업에서 가지는 장점	토의식 수업은 생활에 필요한 문제를 주제로 구성 → 수업 방식이 토의식 수업 진행에 용이	1
			토의식 수업에서 가지는 단점	학생이 각 교과 지식의 기본 구조를 체계적으로 습득하기 어려움	1
	교수학습 이론 및 교육공학	정착학습이론	(토의식 수업을 설계할 때 활용할 수 있는) 정착학습 원리 1	맥락성 - 구체적 맥락을 가지고 복잡하게 구성된 문제 상황	1
			정착학습 원리 2	실제성 - 정보나 자료의 실제성	1
		위키 활용 (ICT/매체 활용 수업)	문제점 1	인터넷에서 수집한 정보의 신뢰성 문제	1
			문제점 2	공동으로 수정, 추가, 편집하는 과정에서 오류 발생 가능성	1
	교육행정	스타인호프와 오웬스	명칭	기계문화	1
			학교차원에서의 개선 방안 1	사랑, 우정 등 가족적 가치에 기반해 따뜻한 인간관계가 중시되는 문화 조성	1
			학교차원에서의 개선 방안 2	학생들의 요구와 반응에 관심을 가지고 역동적 참여를 장려하는 문화 조성	1
논술의 구성 및 표현 [총 5점]			논술의 내용과 '토의식 수업 활성화 방안'의 연계 및 논리적 형식		3
			표현의 적절성		2
합계					20

모범답안

서론

'초연결 사회에서 다수가 함께 소통하고 협력하는 능력은 지속해서 중시되고 있다. 이런 추이를 토대로 학교 교육 현장에서는 소통 및 협력 능력의 제고를 위해 토의식 수업의 활성화에 대해 고민해야 한다. 이 글에서는 토의식 활성화를 위한 지식관을 살펴보고, 교육내용 및 수업 설계, 학교문화와 관련해 무엇이 필요한지 논의하고자 한다.

소주제 1

A 교사가 언급한 비고츠키 지식론의 명칭은 사회적 구성주의다. 이 지식론에서 지식은 타인과의 상호작용을 통해 구성되는 사회적 성격을 지닌다. 사회적 구성주의 지식론에 입각할 때 학생은 협동을 통해 문제를 해결하는 과정에서 학습을 하는, 즉 지식을 구성하는 능동적 역할을 한다. 그리고 교사는 이를 위해 비계설정이나 철회 등의 도움을 제공하고 학습자의 학습을 촉진하는 조력자, 촉진자의 역할을 한다.

소주제 2

B 교사가 말한 '영 교육과정'을 고려할 때, 교사는 교육내용을 선정하는 과정에서 중요한 학습 내용을 소홀히 하거나 가르치지 않아 학생들이 학습의 기회를 놓치는 일이 없도록 검토해야 하고, 교육과정 내에 명시되지 않았어도 유의미하여 다루어야 할 것은 없는지 확인해야 한다. 예를 들어 토의식 수업을 위한 주제를 선택할 때 교과서에 없더라도 시의성을 지니는 중요한 사회적 문제가 있다면 수업 내용으로 채택할 수 있을 것이다. 다음으로 B 교사가 말한 교육내용 조직방식은 중핵 교육과정이다. 이는 사회적 필요가 중핵이 되고 여러 교과를 주변부에 결합하는 방식으로, 생활에 필요한 문제를 토의 주제로 다룰 수 있다는 점에서 토의식 수업 진행에 활용하기 용이한 것이 장점이다. 반면 학생이 각 교과 지식의 기본 구조를 체계적으로 습득하기 어려울 수 있다는 단점이 있다.

소주제 3

토의식 수업 설계 시 고려할 수 있는 정착수업의 원리로 맥락성과 실제성이 있다. 먼저 구체적 맥락을 가지고 복잡하게 구성된 문제 상황을 제시하는 맥락성이다. 학생 각자가 자신의 인지 구조 내에 존재하는 지식(앵커)을 활용하면 학생들은 다양한 관점에서 함께 문제를 탐색하며 해답을 찾을 수 있다. 또한 생활에 필요한 문제를 토의 주제로 다루는 것과 관련해 이야기식으로 실제적 정보나 자료를 제공하는 실제성의 원리를 고려할 수 있다.

학습도구 측면에서 위키를 이용할 경우 발생할 수 있는 문제점 첫 번째는 인터넷에서 수집한 정보의 신뢰성이다. 수집한 정보 자체가 잘못된 것이라면 학생들이 상호 협력하여 생성한 지식이 오류가 된다. 두 번째로 학생들끼리 수정, 추가, 편집하는 과정에서 방향성을 잃을 수 있다는 점이다. 수집한 정보가 양질이더라도 학생들이 소통하고 편집하는 과정에서 오류가 발생해 그 결과물이 잘못될 가능성이 있다.

소주제 4

D 교사 관련 조건
① - 우려하는 학교문화 유형의 명칭

주제 및 제시문 내용과 학교문화 내용 연계

D 교사 관련 조건
② - 학교문화 개선 방안 2가지(1)

D 교사 관련 조건
② - 학교문화 개선 방안 2가지(2)

스타인호프와 오웬스의 학교문화 유형에 따를 때 D 교사의 의견에서 우려하고 있는 기존 학교문화는 기계문화다. 문제 개선을 위해 첫째로 사랑, 우정 등 가족적 가치에 기반해 따뜻한 인간관계가 중시되는 학교문화를 조성한다. 둘째로 학생들의 요구와 반응에 관심을 가지고 역동적 참여를 장려하는 학교문화를 조성한다. 학교문화를 이와 같이 개선한다면 교사가 단순히 목적 달성을 위한 수단으로 전락하지 않고 민주적 의사소통이 가능한 분위기 속에서 토의식 수업을 활성화할 수 있다.

결론

전체 주제 언급하여 내용의 통일성 높임

각 소주제를 다시 한번 정리해 논리적 형식 강조

주제의 의미 강조 및 주제 관련 교사의 역할로 마무리

지금까지 토의식 수업 활성화를 위해 비고츠키의 사회적 구성주의 지식론, 영 교육과정과 중핵 교육과정, 정착수업과 위키 활용, 스타인호프와 오웬스의 학교문화에 대해 살펴보았다. 교사가 다각도에서 방안을 모색하여 토의식 수업을 활성화한다면 학생들은 시대적 추이에 발맞추어 여러 사람과 소통하고 협력하는 역량을 갖출 수 있을 것이다.

기출문제 4

| 2019학년도 중등학교교사 임용후보자 선정경쟁시험 |

교육학

다음은 ○○중학교 김 교사가 모둠활동 수업 후 성찰한 내용을 기록한 메모이다. 김 교사의 메모를 읽고 '수업 개선을 위한 교사의 반성적 실천'이라는 주제로 학습자에 대한 이해, 교육과정의 편성과 운영, 평가도구의 제작, 교사의 지도성에 대한 내용을 구성 요소로 하여 논하시오. [20점]

#1 평소에 A 학생은 언어 능력이 뛰어나고 B 학생은 수리 능력이 우수하다고만 생각했는데, 오늘 모둠활동에서 보니 다른 학생을 이해하고 도와주면서 상호작용을 잘 하는 두 학생의 모습이 비슷했어. 이 학생들의 특성을 잘 살려서 모둠을 이끌도록 하면 앞으로 도움이 될 거야. 그런데 C 학생은 모둠활동에 참여하는 것을 좋아하지 않았지만 자신의 감정과 장단점을 잘 이해하는 편이야. C 학생을 위해서는 자신의 강점을 살릴 수 있는 개별 과제를 먼저 생각해 보자.

#2 모둠활동에 적극적으로 참여하지 못한 학생들이 몇 명 있었지. 이 학생들은 제대로 된 학습경험을 갖지 못한 것이 아닐까? 자신의 학습경험에 대하여 어떻게 느꼈을까? 어쨌든 모둠활동에 관해서는 좀 더 깊이 고민해 봐야겠어. 생각하지 못했던 결과가 이 학생들에게 나타날 수도 있고…….

#3 모둠을 구성할 때 태도나 성격 같은 정의적 요소도 반영해야겠어. 진술문을 몇 개 만들어 설문으로 간단히 평가하고 신뢰도는 직접 점검해 보자. 학생들이 각 진술문에 대한 반응을 등급으로 선택하면 그 등급 점수를 합산할 수 있게 해 주는 척도법을 써야지. 설문 문항으로 쓸 진술문을 만들 때 이 척도법의 유의점은 꼭 지키자. 그리고 평가를 한 번만 실시해서 신뢰도를 추정해야 할 텐데 반분검사신뢰도는 단점이 크니 다른 방법으로 신뢰도를 확인해 보자.

#4 더 나은 수업을 위해서 새로운 지도성이 필요하겠어. 내 윤리적·도덕적 기준을 높이고 새로운 방식으로 학생들을 대하자. 학생들의 혁신적·창의적 사고에 자극제가 될 수 있을 거야. 학생들을 적극 참여시켜 동기와 자신감을 높이고 학생 개개인의 욕구에 특별한 관심을 가지며 잠재력을 계발시켜야지. 독서가 이 지도성의 개인적 신장 방안이 될 수 있겠지만, 동료교사와 함께 하는 방법도 찾아보면 좋겠어.

─ 배 점 ─

- 논술의 내용 [총 15점]
  - #1과 관련하여 가드너(H. Gardner)의 다중지능이론 관점에서 A, B 학생의 공통적 강점으로 파악된 지능의 명칭과 개념, 김 교사가 C 학생에게 제공할 수 있는 개별 과제와 그 과제가 적절한 이유 각 1가지 [4점]
  - #2와 관련하여 타일러(R. Tyler)의 학습경험 선정 원리 중 기회의 원리로 첫째 물음을 설명하고 만족의 원리로 둘째 물음을 설명, 잭슨(P. Jackson)의 잠재적 교육과정의 개념을 쓰고 그 개념에 근거하여 김 교사가 말하는 '생각하지 못했던 결과'의 예 제시 [4점]
  - #3에 언급된 척도법의 명칭과 이 방법을 적용하기 위하여 진술문을 작성할 때 유의할 점 1가지, 김 교사가 사용할 신뢰도 추정 방법 1가지의 명칭과 개념 [4점]
  - #4에 언급된 바스(B. Bass)의 지도성의 명칭, 김 교사가 학교 내에서 동료교사와 함께 이 지도성을 신장할 수 있는 방안 2가지 [3점]
- 논술의 구성 및 표현 [총 5점]
  - 서론, 본론, 결론 형식의 구성 및 주제와의 연계성 [3점]
  - 표현의 적절성 [2점]

문제 구성

2019학년도 교육학 논술에서는 평소에 교육학에서 중요하게 다루는 이론과 개념이 출제되었으며, 해당 이론을 제시한 학자명이 각각 구체적으로 제시되었다. 이론 자체가 생소하거나 추론하기 어려운 것은 아니나 각 이론의 세부적인 내용을 구체적으로 묻고 있으며 요구하는 답안의 수도 많기 때문에 해당 이론과 관련된 깊이 있는 이해를 바탕으로 빠르게 인출하여 문단으로 구성하는 연습이 되어 있어야 한다. 또한 이론의 내용적 측면을 정확하게 서술해야 할 뿐 아니라 문제의 제시문과 연결시켜서 설명을 해야 하기 때문에 수험생 입장에서는 생각의 단계가 한 단계 더 추가되어서 난이도가 높게 느껴질 수 있는 문제이다. 한편 문제에서 '중학교 교사, 모둠활동 수업 후 성찰 기록'의 단서를 주었기 때문에 서론이나 결론, 또는 전체 주제 작성 시 해당 내용과 연계하여 서술하는 것이 도움이 될 것이다.

핵심 키워드

- #1 대인관계 지능, 타인과의 관계, 타인의 생각과 감정 이해, 자기이해 지능
- #2 학습의 기회, 흥미와 관심, 만족, 의도, 영향
- #3 평정척도법, 문항내적 일관성
- #4 변혁적 지도성, 전문적 학습공동체

개요도 및 채점기준표

구분	출제영역	소주제	세부 논점	키워드 및 설명	배점
논술의 내용 [총 15점]	교육심리	다중지능이론 (가드너)	A, B 공통 강점 지능의 명칭	대인관계 지능	1
			개념 설명	타인과 관계를 맺고 타인의 생각과 감정을 이해하는 능력	1
			C 개별과제	자기주도형 과제(자율성이 높은 과제)	1
			그 과제가 적절한 이유	자기이해 지능(개인 내적 지능)이 높기 때문	1
	교육과정	학습경험 선정 원리	기회의 원리로 물음 1 설명	학습의 기회를 충분하게 갖지 못함	1
			만족의 원리로 물음 2 설명	흥미와 관심이 만족되지 못함	1
		잠재적 교육과정 (잭슨)	개념	교육과정의 개발과 실행에서 의도하지 않았으나 학생에게 영향을 미치는 교육과정	1
			'생각지 못했던 결과'의 예	소외감, 열등감, 낮은 자기효능감	1
	교육평가	평가 유형	척도법의 명칭	평정척도법(리커트 타입 척도, 서열척도)	1
			진술문 작성 시 유의점	긍정/부정문으로 진술	1
		평가도구의 양호도	신뢰도 추정 방법 명칭	크론바흐 알파(문항내적 일관성) 지수	1
			개념	한 문항을 하나의 검사처럼 생각하여 신뢰도를 추정하는 방식	1
	교육행정	지도성 (바스)	명칭	변혁적 지도성	1
			신장 방안 1	전문적 학습공동체- 비전 공유	1
			신장 방안 2	동학년/동교과 협의회- 협력적 관계 증진	1
논술의 구성 및 표현 [총 5점]			서론, 본론, 결론 구성		1
			주어진 주제(수업 개선을 위한 교사의 반성적 실천)와 연계		2
			표현의 적절성		2
합계					20

모범답안

서론

현대 사회에서 학생들은 다양한 매체를 통해 수많은 정보를 획득하는 시대에 살고 있다. 이러한 상황에서 학교 교육의 역할은 단순히 학생들에게 일방적으로 지식을 전달하는 역할에 그쳐서는 안 되며, 교육을 통해 학생 개인의 잠재력을 계발하여 학생들이 정보화 시대의 평생학습자로 살아갈 수 있는 능력을 길러주어야 한다. 이를 위해서는 학교 수업의 혁신적 실천이 필요하다. 따라서 이 글에서는 '수업 개선을 위한 교사의 반성적 실천'이라는 주제로 교육심리, 교육과정, 교육평가, 교육행정의 측면에서 학생의 개별적 욕구에 반응하는 수업을 위한 방안을 각각 논의해 보고자 한다.

> 서론에서 주제를 언급하여 내용의 통일성 및 구성상의 일관성을 높임
> 각 소주제의 출제영역 언급하여 글의 전체 구조 안내

소주제 1

먼저 교육심리 측면이다. 가드너의 다중지능 이론 관점에서 A, B 학생의 공통적 강점으로 파악된 지능의 명칭은 대인관계 지능이다. 대인관계 지능은 다른 사람들의 생각이나 감정을 이해하고 거기에 대처하며, 다른 사람들과 관계를 맺고 효과적으로 상호작용할 수 있는 능력을 의미한다. 또한 이 관점에서 김 교사가 C 학생에게 제공할 수 있는 개별 과제는 학습의 과정을 스스로 관리할 수 있는 자기주도성이 높은 과제이다. 이러한 과제가 적절한 이유는 C 학생이 자기이해 지능이 높은 학생이기 때문이다. C 학생은 자신의 감정과 장단점을 잘 이해하기 때문에 스스로 학습의 과정을 조절할 수 있는 과제를 제시하면 학생의 강점을 살릴 수 있다.

> 문제에서 묻는 바를 정확하게 명시할 것
> '대인관계 지능은 ~이다'의 형태로 개념을 명확히 설명

소주제 2

또한 교육과정 측면에서도 수업 개선을 위한 반성을 해 볼 수 있다. 첫째로 타일러의 학습경험 선정 원리 중 기회의 원리는 학습 목표의 달성을 위한 경험의 기회를 학생들에게 충분히 제공해야 한다는 것이다. 이 원리로 첫째 물음을 설명하면, 교육과정을 개발하면서 학습경험을 선정할 때 기회의 원리를 고려하지 못했기 때문에 학생들이 학습의 기회를 충분하게 경험하지 못했고, 그로 인해 제대로 된 학습경험을 갖지 못해 학습목표를 달성하지 못했다는 뜻이 된다. 둘째로 만족의 원리는 학생의 흥미와 관심을 고려하여 학습 경험을 선정함으로써 학생들에게 만족감을 제공해야 한다는 것이다. 이 원리로 둘째 물음을 설명하면, 학생들의 흥미와 관심을 고려하지 않은 채 모둠활동의 형태로 학습경험을 제공함으로써 학생들이 만족하지 못했다는 뜻이 된다. 또한 학생의 학습 경험은 잠재적 교육과정을 불가피하게 동반한다. 잠재적 교육과정이란 교육과정을 개발하거나 실행할 때 직접적으로 의도하지는 않았으나 은연중에 학생에게 영향을 미치는 교육과정(교육내용)을 의미한다. 이 개념에 근거한 '생각지 못했던 결과'의 예는 열등감, 소외감, 낮은 자기효능감 등이 있다. 모둠활동을 통한 협동학습의 경우 협동 모형과 구조가 학습자에게 적합하게 설계되지 않으면 '모둠활동에 적극적으로 참여하지 못한 학생'들은 활동 과정에서 열등감이나 소외감을 느끼거나 낮은 자기효능감을 경험하게 될 수 있다.

> 문제에서 요구하는 바를 서술하고 있음을 명시
> 문제에서 개념 자체를 요구하지는 않았으나 설명을 하기 위해서는 개념을 제시하고 들어가는 것이 도움이 되므로 개념을 제시하였음
> 반드시 필요한 내용은 아니나 앞부분과 뒷부분의 연결을 위한 문장으로 추가하였음. 점수에는 영향을 미치지 않음
> 잠재적 교육과정의 개념
> 문제에서 묻는 바를 정확하게 명시함

소주제 3

다음으로는 교육평가의 측면이다. 평가는 교육과정을 점검하여 개선할 수 있도록 돕는 역할을 한다. #3에 언급된 척도법의 명칭은 리커트 척도를 사용한 평정법이다. 이 방법을 적용하기 위하여 진술문을 작성할 때 유의할 점은 해당 특성의 양극단에 대한 개념을 명확히 하여 응답자가 각 단계를 점수로 구분하여 응답하기에 용이하도록 해야 한다는 것이다. 김 교사가 사용할 신뢰도 추정 방법의 명칭은 문항내적 일관성 신뢰도 추정 방법이다. 문항내적 일관성 지수(크론바흐 알파 등)를 활용한 신뢰도 추정 방법은 문항 하나하나를 마치 하나의 검사처럼 가정하고 신뢰도를 추정하는 방식을 말한다. 이 방식을 통해 각 문항 간의 상관관계 정도를 파악하여 전체 문항이 일관성이 있는지 그렇지 않은지를 파악할 수 있다.

> 크론바흐 알파 지수를 활용한 신뢰도 추정 역시 엄격하게는 모든 문항이 일정한 공통된 특성을 공유한다는 전제가 만족되어야 활용이 가능하나, 모든 검사에서 해당 전제를 만족시키기는 어려운 면이 있기 때문에 일반적으로 많이 쓰이고 있음

> 제시문의 '각 진술문에 대한 반응을 등급으로 선택하면 그 등급 점수를 합산할 수 있게 해주는 척도'는 엄밀하게는 등간척도임. 일반적으로 질문지에서 사용하는 3/5/7점 반응양식은 서열척도인 경우가 많음. 그러나 통계를 위해 서열척도를 등간척도로 가정하고 합산하거나 평균을 내는 경우도 있음

소주제 4

마지막으로 교육행정의 측면에서 교사의 지도성을 통해 수업을 반성하고 개선할 수 있다. #4에 언급된 바스의 지도성의 명칭은 변혁적 지도성이다. 김 교사가 학교 내에서 동료교사와 함께 이 지도성을 신장할 수 있는 방안은 첫째, 전문적 학습공동체를 활성화하는 것이다. 공통의 관심사를 가진 동료교사들이 함께 모여서 상호작용하며 학습하면서 학생들의 잠재력 계발과 더 나은 수업을 위한 교사의 비전을 공유함으로써 변혁적 지도성을 신장할 수 있다. 둘째, 동학년이나 동교과 팀워크를 강화하는 것이다. 같은 학생들과 함께 수업하거나 또는 같은 교과로 수업을 하는 공통점을 가진 교사들의 협의회를 통해 개개인의 욕구에 특별한 관심을 가진 긍정적 상호작용을 통해 협력적 관계를 증진함으로써 교사로 하여금 수업의 개선과 학생의 잠재력 계발이라는 목표에 더욱 헌신하게 할 수 있다.

> 변혁적 지도성의 개념 설명은 제시문에 다 나타나 있으므로 추가로 서술할 필요가 없음

> 변혁적 지도성의 가장 대표적인 예로 학습공동체를 들 수 있음

> 교사들의 협력적 상호관계성이 교사 헌신이나 조직 목표 달성에 긍정적인 영향을 미친다는 것은 리더십 이론뿐 아니라 학교조직론이나 직무동기이론 등 여러 이론으로 나타난 바 있음

결론

지금까지 '수업 개선을 위한 교사의 반성적 실천'이라는 주제로 다중지능 이론, 학습경험 선정 원리와 잠재적 교육과정, 교육평가의 척도법과 평가도구의 양호도, 그리고 새로운 지도성과 그 신장 방안을 살펴보았다. 교사는 새로운 시대의 평생학습자를 길러내기 위해 수업의 상황에서 학생 개개인의 흥미와 욕구에 반응하고 학생들의 창의적 사고를 증진시켜 잠재력을 계발하기 위해 최선을 다해야 하며 이를 위해 끊임없이 자신을 성찰하고 동료교사들과 함께 노력해 나가야 할 것이다.

> 결론부에서 주제 재언급

> 서론부에 비해 조금 더 구체적으로 본론의 내용을 요약 제시

> 교사의 노력에 대한 제언으로 마무리

기출문제 5

2018학년도 중등학교교사 임용후보자 선정경쟁시험
교육학

다음은 A 중학교 학생들의 학업 특성 조사 결과에 관해 두 교사가 나눈 대화 중 일부이다. 대화의 내용은 (1) 교육과정, (2) 수업, (3) 평가, (4) 장학에 관한 것이다. (1)~(4)를 활용하여 '학생의 다양한 특성을 고려하는 교육'이라는 주제로 논하시오. [20점]

박 교사: 선생님, 우리 학교 학생의 학업 특성을 보면 학습흥미와 수업참여 수준이 전반적으로 낮아요. 그리고 학업성취, 학습흥미, 수업참여의 개인차가 크다는 것이 눈에 띄네요.

김 교사: 학생의 개인별 특성이 그만큼 다양하다는 것을 의미하겠죠. 우리 학교 교육과정도 이를 반영해야 하지 않을까요?

박 교사: 그렇습니다. 그런데 교육과정을 개발하는 과정에서 학생의 개인별 특성을 중시하는 의견과 교과를 중시하는 의견 간에 차이가 있습니다. 이를 조율하기 위해서는 시간이 걸리겠지만 적절한 논쟁을 거쳐 합의에 이르는 심사숙고의 과정이 필요합니다.

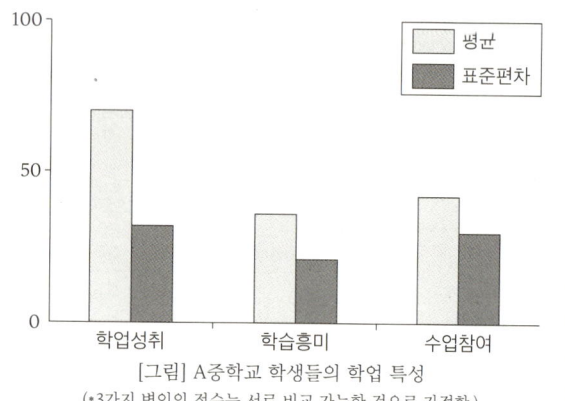
[그림] A중학교 학생들의 학업 특성
(*3가지 변인의 점수는 서로 비교 가능한 것으로 가정함.)

김 교사: 네, 그렇다면 학생의 다양한 특성을 반영하기 위한 수업 방법으로 어떤 것이 있을까요?

박 교사: 우리 학교 학생에게는 학습흥미와 수업참여를 높이는 수업이 필요할 것 같아요. 제가 지난번 연구수업에서 문제를 활용한 수업을 했는데, 수업 중에 학생들이 무엇을 해야 하는지 모르는 것 같았어요. 게다가 제가 문제를 잘 구성하지 못했는지 별로 흥미를 보이지 않더라고요. 문제를 활용하는 수업에서는 학생의 역할을 안내하고 좋은 문제를 개발하는 것이 중요하다는 것을 알게 되었어요.

김 교사: 그렇군요. 이처럼 수업이 학생의 다양한 특성을 반영하게 되면 평가의 방향도 달라질 필요가 있습니다. 앞으로의 평가에서는 학생의 능력, 적성, 흥미에 적합한 목표를 설정하고 그에 따라 수업과 평가가 이루어지는 것도 의미가 있어 보입니다.

박 교사: 동의합니다. 그러기 위해서는 평가결과를 해석하고 판단하는 기준도 달라질 필요가 있습니다. 예컨대 학생의 상대적 위치가 어느 정도인지를 판단하기보다는 미리 설정한 학습 목표에 도달했는지 여부를 중시하는 평가유형이 적합해 보입니다.

김 교사: 네, 저도 그렇게 생각합니다. 그리고 말씀하신 유형 외에 능력참조평가와 성장참조평가도 제안할 수 있겠네요.

박 교사: 좋은 생각입니다.

김 교사: 그런데 저 혼자서 학생의 다양한 특성을 고려해서 교육과정을 개발하고 수업을 설계하고 평가하는 것은 힘들어요. 선생님과 저에게 이 문제가 공동 관심사이니, 여러 선생님과 경험을 공유하고 협력해서 피드백을 주고받는 것이 좋겠어요.

배점

- 논술의 내용 [총 15점]
  - 박 교사가 제안하는 워커(D. F. Walker)의 교육과정 개발 모형의 명칭, 이 모형을 교육과정 개발에 적용하는 이유 3가지 [4점]
  - 박 교사가 언급하는 PBL(문제중심학습)에서 학습자의 역할 2가지, PBL에 적합한 문제의 특성과 그 특성이 주는 학습 효과 1가지 [4점]
  - 박 교사가 제안하는 평가유형의 명칭과 이 유형에서 개인차에 대한 교육적 해석 1가지, 김 교사가 제안하는 2가지 평가유형의 개념 [4점]
  - 김 교사가 언급하는 교내장학 유형의 명칭과 개념, 그 활성화 방안 2가지 [3점]
- 논술의 구성과 표현 [총 5점]
  - 논술은 서론, 본론, 결론으로 구성하고 [1점], 주어진 주제와 연계할 것 [2점]
  - 표현이 적절할 것 [2점]

문제 구성

2018학년도 교육학 논술에서는 '학생의 다양한 특성을 고려하는 교육'이라는 주제를 가지고 교육과정 개발, 교수학습 방법, 평가 유형, 장학 유형에 대해 묻고 있다. 특기할 만한 점으로 제시문에 막대그래프가 제시되었다. 그러나 특별히 해석을 요하는 것 없이 제시문에 그래프 해설이 나왔으므로 제시문 내용을 토대로 묻는 내용을 작성하면 될 것이다. 더불어 논술 구성(1점)뿐만 아니라 주제와의 연계(2점)를 염두에 두고 서술해야 한다는 것을 잊으면 안 된다.

핵심 키워드

- #1 워커, 숙의모형(자연주의적 모형)
- #2 PBL(문제중심학습)
- #3 준거참조평가, 능력참조평가, 성장참조평가
- #4 동료장학

| 개요도 및 채점기준표 |

구분	출제영역	소주제	세부 논점	키워드 및 설명	배점
논술의 내용 [총 15점]	교육과정	워커-실제적 (자연주의적) 교육과정 개발 모형	명칭	숙의 모형(근거: '의견 차이를 조율하기 위해서 적절한 논쟁을 거쳐 합의에 이르는 심사숙고의 과정이 필요')	1
			이 모형을 교육과정 개발에 적용하는 이유 1	실제 상황에서 교육과정이 어떻게 개발되는가를 기술한 것을 토대로 한 모형이므로 실제적, 현실적	1
			이 모형을 교육과정 개발에 적용하는 이유 2	여러 구성원들의 의견을 표방하는 과정을 거치므로 다양한 견해와 요구 확인 가능	1
			이 모형을 교육과정 개발에 적용하는 이유 3	숙의의 과정을 거쳐 합의에 이르므로 구성원이 만족하는 교육과정 개발 가능	1
	교수학습 이론 및 교육공학	문제기반학습 (PBL)	학습자의 역할 1	능동적으로 주어진 문제를 명료화하고 해결 방안을 모색, 필요 시 도움을 요청(자기주도적 학습자)	1
			학습자의 역할 2	문제 해결을 위해 다른 사람과 상호작용, 협동	1
			문제의 특성	비구조화된 실제적 문제	1
			그 특성이 주는 학습효과	학습자 흥미 및 수업참여도 높임	1
	교육평가	준거지향 (준거참조)평가 - 박 교사의 평가유형	명칭	준거참조평가	1
			개인차에 대한 교육적 해석	개인차는 필요한 교수법의 적용이나 노력과 시간을 들이는 등으로 없앨 수 있는 것, 누구나 목표에 도달 가능	1
		능력참조평가/ 성장참조평가 - 김 교사의 평가유형	평가유형 1의 개념	점수를 학습자 능력수준에 비추어 해석하는 평가	1
			평가유형 2의 개념	현재 성취를 과거의 성취수준과 비교하여 해석하는 평가	1
	교육행정	동료장학	명칭	동료장학(근거: '여러 선생님과 경험을 공유하고 협력해서 피드백')	1
			개념	수업의 개선을 위해 교사들이 서로 협동해 상호 간 교실 수업을 관찰하고 피드백을 주며 전문성을 신장하기로 동의하는 장학	1
			활성화 방안 1	학교 내 학습조직, 비공식조직 등 장려	1
			활성화 방안 2	민주적 의사소통 가능한 학교풍토 조성	
논술의 구성과 표현 [총 5점]			서론, 본론, 결론 구성		1
			주어진 주제('학생의 다양한 특성을 고려하는 교육')와 연계		2
			표현의 적절성		2
합계					20

모범답안

서론

학교는 개별적 특수성을 지닌다는 특성이 있고 학생들 또한 성격부터 학습유형, 쌓아온 역량 등 모든 것이 다르다. 따라서 교사가 그 학교의 특성과 학생 개별적 특성에 알맞은 교육을 제공하는 것이 필요하다. 이 글에서는 A 중학교에 대한 제시문 내용을 토대로 '학생의 다양한 특성을 고려하는 교육'에 대해 교육과정 개발, 교수학습 방법, 평가, 장학 측면에서 논하고자 한다.

소주제 1

박 교사가 제안하는 워커의 교육과정 개발 모형 명칭은 숙의모형(자연주의 교육과정 개발 모형)이다. '의견 차이를 조율하기 위해서 적절한 논쟁을 거쳐 합의에 이르는 심사숙고의 과정이 필요'하다고 한 데서 알 수 있다. 이 모형을 교육과정 개발에 적용하는 첫 번째 이유는 이것이 실제 상황에서 교육과정이 어떻게 개발되는가를 기술한 것을 토대로 하므로 실제적이고 현실적이기 때문이다. 두 번째로 구성원들의 의견을 표방하는 과정을 거치기 때문에 다양한 견해와 요구를 확인할 수 있기 때문이다. 셋째로 숙의의 과정을 거쳐 합의에 이르기 때문에 구성원이 만족하는 교육과정 개발이 가능하기 때문이다. 제시문에서 교육과정 개발에 대한 의견 차이가 있다고 했으므로 숙의모형을 적용해 합의에 도달할 수 있다.

소주제 2

PBL은 제기된 문제를 중심으로 해결해 나가는 과정을 통해 학습하는 방법이다. PBL에서 학습자의 역할은 첫째 자기 주도적으로 학습하는 것이다. 둘째 다른 학습자와 협동하는 것이다. 학습자는 능동적으로 주어진 문제를 명료화하고 해결 방안을 모색해야 하며, 필요 시 도움을 요청하는 등 자기 주도적으로 학습의 과정에 참여해야 한다. 또한 다양한 문제 해결 방법을 모색하기 위해 타인과 상호작용하며 협력해야 한다.

PBL에 적합한 문제의 특성은 비구조화된 실제적 문제다. 인위적이고 비실용적인 문제가 아닌, 학습자에게 필요하고 실질적인 도움을 주는 현실적 문제를 해결해야 하므로 학습자가 보다 흥미를 가지고 수업에 적극적으로 참여하게 하는 효과가 있다. 비구조화된 실제적 문제를 통해 학생들의 학습 흥미와 수업 참여도가 낮은 A 중학교의 문제를 해결할 수 있다.

소주제 3

박 교사가 제안한 '학생의 상대적 위치보다 학습 목표 도달 여부를 중시하는 평가'는 준거참조평가다. 이 평가에서 개인차는 필요한 교수법을 적용하거나 노력과 시간을 들이는 등의 방법을 통해 없앨 수 있는 것으로 보고, 누구나 목표에 도달 가능하다고 본다. 김 교사가 제안하는 능력참조평가는 점수를 학습자 능력 수준에 비추어 해석하는 것으로, 학습자가 지니고 있는 능력에 비추어 얼마나 최선을 다했는지에 초점을 두는 평가다. 성장참조평가는 현재 성취를 과거의 성취 수준과 비교하여 해석하는 것으로, 교육과정을 통해 얼마나 성장하였느냐에 관심을 두는 평가다. 개인의 특성을 고려해 목표를 설정하고 도달할 수 있도록 피드백을 주거나 학습자의 능력, 성장 정도를 참고하

주제와 연계 ── 는 평가를 한다면 학습자의 특성을 고려한 평가가 가능하다.

소주제 4

김 교사가 언급하는 교내 장학 유형 명칭 ── 김 교사가 언급하는 교내 장학 유형은 <u>동료 장학</u>이다. 동료 장학은 수업의 개선을 위해 교사들이 서로 협동해 상호 간 교실 수업을 관찰하고 피드백을 주며 전문성을 신장하기로 동의하는 장학이다. 동료 장학을 활성화하기 위해서는 학교 내 교사들이 자유롭게 의견을 주고받을 수 있어야 하므로 <u>민주적 의사소통이 가능한 학교 풍토를 조성</u>하고, <u>학습조직 또는 비공식조직을 장려</u>하는 것 등이 도움이 된다. ── 김 교사가 언급하는 교내 장학 유형 개념 / 동료장학 활성화 방안 2가지

결론

전체 주제 언급하여 내용의 통일성 높임 ── 지금까지 '학생의 다양한 특성을 고려하는 교육'이라는 주제로 워커의 숙의모형, PBL, 준거참조평가, 능력참조평가, 성장참조평가, 동료장학에 대해 살펴보았다. 교사가 학생의 다양한 특성을 고려한다면 학생들의 효과적인 학습이 가능할 것이다. ── 각 소주제를 다시 한번 정리해 논리적 형식 강조 / 주제의 의미 강조 및 주제 관련 교사의 역할로 마무리

기출문제 6

2017학년도 중등학교교사 임용후보자 선정경쟁시험

교육학

다음은 신문 기사의 일부이다. 이를 바탕으로 '2015 개정 교육과정의 실질적 구현 방안'이라는 주제로 서론, 본론, 결론의 형식을 갖추어 단위 학교 차원에서의 교육기획, 교육과정 내용의 조직, 학생 참여 중심 수업과 그에 따른 평가의 타당도를 논하시오. [20점]

○○신문
2016년 ○○월 ○○

교육부 『2015 개정 교육과정』 발표 이후, 학교 현장의 준비는?

교육부는 핵심역량을 갖춘 창의융합형 인재 양성을 위한 『2015 개정 교육과정』을 발표하였다. 개정 교육과정에 따르면, 학교 교육에서는 인문·사회·과학기술에 대한 기초 소양 함양을 위한 교육과정을 마련하고, 학생 참여 중심의 수업을 진행하며, 배움의 과정을 평가하는 방향으로 나아가야 한다는 것이다. 새 교육과정을 적용하기 위해 노력하고 있는 중·고등학교 현장의 목소리를 들어 보았다.

◆ **교육기획의 중요성 부착**

A 교장은 단위 학교에서 새 교육과정이 체계적으로 운영되도록 돕는 교육기획(educational planning)을 강조하였다.

> 새 교육과정은 교육의 핵심인 교수·학습 활동의 중심을 교사에서 학생으로 이동시키는 근본적인 전환을 강조하고 있습니다. 저는 실질적 의미에서 학생 중심 교육이 우리 학교에 정착할 수 있도록 모든 교육활동에 앞서 철저하게 준비할 생각입니다.

◆ **학생 참여 중심 수업 운영**

C 교사는 학생 참여 중심의 교수·학습을 준비하기 위해서 교사 연수 프로그램에 참여하고 있다고 말했다.

> 저는 구성주의 학습환경 설계에 관한 연수에 참여하고 있습니다. 문제 중심이나 프로젝트 중심의 학습 활동을 실행하기 위해서는 적합한 학습 지원 도구나 자원을 학생들에게 제공해야 한다는 것을 알게 되었고, 학습 활동 중에 교사가 수행해야 할 역할에 대해서도 이해하게 되었습니다.

◆ **교육과정 재구성 확대**

개정 교육과정의 취지에 따른 교과 내용 재구성에 대해, B 교사는 다음과 같이 말했다.

> 교사는 내용 조직의 원리를 제대로 파악할 필요가 있습니다. 저는 몇 개의 교과를 결합해 교육과정을 편성·운영해 보려고 합니다. 각 교과의 내용이 구획화되지 않도록 교과 교사들 간 협력을 강화하고자 합니다. 이러한 시도는 교육과정 설계에서 교과 간의 단순한 연계성 이상을 의미합니다.

◆ **학생 평가의 타당도 확보**

학생 중심 수업에서의 평가와 관련하여 D 교사는 다음과 같이 말했다.

> 학생 참여 중심 수업에서도 평가의 타당도는 여전히 중요합니다. 타당도에는 준거 타당도와 구인 타당도 등이 있습니다. 그러나 저는 이원분류표를 작성해 평가가 교육목표에 부합하는지를 확인하는 방법으로 타당도를 높이는 방안을 고려하고 있습니다.

(학교 현장의 목소리)

배점

- **논술의 내용 [총 15점]**
  - A 교장이 강조하고 있는 교육기획의 개념과 그 효용성 2가지 제시 [4점]
  - B 교사가 채택하고자 하는 원리 1가지와 그 외 내용 조직의 원리 2가지(연계성 제외) 제시 [4점]
  - C 교사가 실행하려는 구성주의 학습 활동을 위한 학습 지원 도구·자원과 교수 활동 각각 2가지 제시 [4점]
  - D 교사가 고려하고 있는 타당도의 유형과 개념 제시 [3점]

- **논술의 구성 및 표현 [총 5점]**
  - 논술의 내용과 '2015 개정 교육과정의 실질적 구현 방안'의 연계 및 논리적 형식 [3점]
  - 표현의 적절성 [2점]

문제 구성

2017학년도 교육학 논술에서는 각 영역에서 전통적으로 중요하게 다루어진 내용이 출제되었다. 또한 각 문제에서 요구하는 답안의 수도 많지 않아 답안을 작성하기가 비교적 어렵지 않았을 것이다. 다만 소주제 1번에서 교육기획의 개념은 수험생 입장에서 다소 생소하게 여겨질 수 있으나 제시문에 나타난 내용을 통해 어느 정도 추론하여 작성할 수 있었던 부분이다.

핵심 키워드

#1 목표 설정, 방향성, 준비, 체계성, 효율성, 안정성
#2 통합성의 원리: 상호관련성, 계속성의 원리: 시간, 반복, 계열성의 원리: 형태, 난이도 등
#3 인지적 도구, 대화협력 도구, 정보자원, 관련사례, 모델링, 코칭, 스캐폴딩
#4 내용 타당도, 이원목적분류표, 측정하고자 한 것

개요도 및 채점기준표

구분	출제영역	소주제	세부 논점	키워드 및 설명	배점
논술의 내용 [총 15점]	교육행정	교육기획	개념	교육조직의 목표를 설정하고 그 목표의 달성을 위한 방법과 단계를 예측·준비하는 과정, 조직의 행정 또는 경영의 과정에서 첫 단계를 담당	2
			효용성 1	교육조직의 방향성 설정 > 필요한 노력의 체계적 준비	1
			효용성 2	수단과 방법 제시 > 교육정책 결정의 효율성과 안정성 보장	1
	교육과정	내용 조직 원리	채택하고자 하는 원리	통합성의 원리, 설명	2
			그 외 내용 조직 원리 1	계속성의 원리	1
			그 외 내용 조직 원리 2	계열성의 원리	1
	교수학습 이론	구성주의 학습 활동	학습 지원 도구·자원 1	인지적 도구	1
			학습 지원 도구·자원 2	대화·협력 도구	1
			교수활동 1	모델링	1
			교수활동 2	코칭 (스캐폴딩)	1
	교육평가	평가도구의 양호도	타당도의 유형	내용 타당도	1
			개념	평가 문항이 본래 평가하고자 한 내용(목표)을 충실하게 반영하여 측정하고 있는가	2
논술의 구성 및 표현 [총 5점]			논술의 내용과 '2015 개정 교육과정의 실질적 구현 방안'의 연계 및 논리적 형식		3
			표현의 적절성		2
합계					20

모범답안

서론

2015 개정 교육과정은 학생들의 꿈과 끼를 키울 수 있는 교육과정과 학생들이 미래 사회가 요구하는 핵심역량을 함양하도록 하는 것을 주요 방향으로 삼고 있다. 이를 위해 정부에서는 단위 학교의 자율성을 확대하고, 교과별 학습내용을 감축하고 평가방법을 개선하는 방안을 시도하고 있다. 따라서 이 글에서는 '2015 개정 교육과정의 실질적 구현 방안'이라는 주제로 교육행정, 교육과정 개발, 교수학습이론, 교육평가의 측면에서 학교 현장에서 요구되는 2015 개정 교육과정을 실질적으로 구현하기 위한 노력과 방안을 논의해 보고자 한다.

소주제 1

먼저 교육행정 측면에서 2015 개정 교육과정의 실질적 구현방안을 살펴볼 수 있다. A 교장이 강조하고 있는 단위 학교 차원에서의 교육기획의 개념은 학교조직의 목표를 설정하고 그 목표의 달성을 위한 방법과 단계를 예측하여 준비하는 것을 의미한다. 이러한 교육기획은 조직의 행정(경영)의 과정에서 가장 첫 부분을 담당하는 단계이다. 교육기획의 효용성은 첫째, 교육조직의 목표와 방향성을 설정하여 목표 달성을 위해 필요한 자원과 노력을 체계적으로 준비할 수 있도록 해주어 한정된 재원을 합리적으로 배분할 수 있게 한다는 점이다. 둘째, 교육목표를 위한 수단과 절차를 제시하기 때문에 세부적인 교육정책을 결정하고 실행할 때 효율성과 안정성을 보장할 수 있다는 점이다.

소주제 2

다음으로는 교육과정 개발 시 내용조직 원리의 측면이다. B 교사가 채택하고자 하는 원리는 통합성의 원리이다. 통합성의 원리는 서로 다른 교과의 교육 내용 간 상호관련성을 중심으로 관련 있는 내용을 묶어서 새롭게 조직하는 것이다. 그 외 내용 조직의 원리 두 가지는 첫째, 계속성의 원리이다. 계속성의 원리는 중요한 학습 내용이 시간이 지남에 따라서도 계속 반복되어 제시되도록 조직하는 것이다. 둘째, 계열성의 원리이다. 계열성의 원리는 학습 내용의 형태나 난이도를 고려하여 학습자의 발달 단계에 따라 쉬운 것부터 어려운 것으로, 구체적인 것부터 추상적인 것으로 조직하는 것이다.

소주제 3

또한 교수학습이론의 측면에서 구성주의 학습활동을 통한 학생 참여 중심 수업을 실행할 수 있다. 구성주의 학습활동을 위해 C 교사가 활용할 수 있는 학습 지원 도구·자원은 첫째, 인지적 도구이다. 인지적 도구는 학습자가 문제를 해결해 나갈 때의 인지 과정을 도울 수 있는 요소로, 교사가 제공하는 인지 전략 등이 이에 해당한다. 둘째, 대화·협력 도구이다. 대화·협력 도구는 학습 과정에서 학습자들이 서로 의사소통을 하며 학습활동을 해나갈 수 있도록 돕는 요소로, 컴퓨터 통신 매체를 통한 온라인 소통 공간 등이 이에 해당한다. (셋째, 정보자원이다. 정보자원은 문제 해결을 위한 학습활동의 과정에서 학습자가 필요로 하는 정보로, 교사는 학습자가 활용할 수 있는 정보자원을 풍부하게 준비하여 제공해 주어야 한다. 넷째, 관련 사례이다. 관련 사례는 문제에 대한 학습자의 이해가 부족할 때 구체적인 사례를 제시함으로써 학습자의 이해를 보완하고 문제 해결을 도울 수 있다. 등) 이러한 구성주의 학습활동을 위한 교수 활동은 첫째, 모델링이다. 모델링은 학습자가 수행해야 하는 문제 해결의 과정을 교사가 먼저 직접 시범을 보여주는 것이다. 둘째, 코칭이다. 코칭은 문제 해결 과정에서 학습자의 과제 수행을 관찰하고 돕는 것이다. 학습자를 동기화하고 학습자의 수행에 대해 적절한 피드백을 제공하며, 학습한 내용에 대한 반성적 사고를 유발하게 하는 것 등이 있다. (셋째, 스캐폴딩이다. 스캐폴딩은 학습자의 과제 해결을 위해 교사가 적절한 교수적 발판을 마련하여 제공하는 것이다. 이와 같은 교수 활동을 통해 학습자의 학습의 과정에 도움을 줄 수 있다.)

> 문제에서 묻는 바를 정확하게 명시함

[소주제 4]

마지막으로 교육평가의 측면에서 평가도구의 양호도를 고려할 수 있다. D 교사가 고려하고 있는 타당도의 유형은 내용 타당도이다. 이는 제시문에 나타난 바와 같이 '이원분류표'를 활용하여 확인할 수 있다. 내용 타당도의 개념은 평가 문항이 본래의 교육목표, 즉 해당 문항을 통해 평가하고자 한 내용을 충실하게 측정하고 있는가를 의미한다. 내용 타당도는 특히 학생 개개인의 교육목표 달성 정도를 판단하고자 하는 준거참조평가에서 중요하게 다루어진다.

> 문제에서 요구하는 바를 명확하게 언급하여 감점 요소 없도록 함

[결론]

지금까지 '2015 개정 교육과정의 실질적 구현 방안'이라는 주제로 교육기획의 개념과 효용성, 교육과정 개발 시 내용조식의 원리, 구성주의 학습활동을 위한 교사의 역할, 교육평가에서 타당도의 개념을 살펴보았다. 새로운 교육과정의 효과적인 시행을 위해 교사는 교육과정의 개발과 실제 수업활동, 그리고 평가의 상황에서 학생들이 자신의 꿈과 끼를 마음껏 키울 수 있는 학교가 될 수 있도록 노력해야 할 것이다.

> 본론에서 논술한 내용을 요약하여 제시. 서론에서 제시한 것과 똑같지 않게 작성

기출문제 7

| 2016학년도 중등학교교사 임용후보자 선정경쟁시험 |

교육학

다음은 A 중학교에 재직 중인 김 교사가 작성한 자기개발계획서의 일부이다. 김 교사의 자기개발계획서를 읽고 예비 교사 입장에서 '교사가 갖추어야 할 역량'이라는 주제로 교육과정 및 평가 유형, 학생의 정체성발달, 조직 활동에 대한 내용을 구성 요소로 하여 서론, 본론, 결론의 형식을 갖추어 논하시오. [20점]

─── <자기개발계획서> ───

개선 영역	개선 사항
수업 구성	○ 학생의 경험을 중시하는 교육과정을 실행할 것 ○ 학생의 흥미, 요구, 능력을 토대로 한 활동을 증진할 것 ○ 학생이 관심을 가지는 수업 내용을 찾고, 그것을 조직하여 학생이 직접 경험하게 할 것 ○ 일방적 개념 전달 위주의 수업을 지양할 것
평가 계획	○ 평가 시점에 따라 적절한 평가 방법을 마련할 것 ○ 진단평가 이후 교수·학습이 진행되는 중간에 평가를 실시할 것 ○ 총괄평가 실시 전 학생의 학습 진전 상황에 관한 정보를 수집·분석할 것
진로 지도	○ 진로를 결정하지 못한 학생의 경우 성급한 진로 선택을 유보하게 할 것 ○ 학생에게 다양한 진로를 접할 수 있는 충분한 탐색 기회를 제공할 것 ○ 선배들의 진로 체험담을 들려줌으로써 간접 경험 기회를 제공할 것 ○ 롤모델의 성공 혹은 실패 사례를 제공할 것
학교 내 조직 활동	○ 학교 내 공식 조직 안에서 소집단 형태로 운영되는 다양한 조직 활동을 파악할 것 ○ 학교 구성원들의 욕구 충족을 위한 자발적 모임에 적극 참여할 것 ○ 활기찬 학교생활을 위해 학습조직 외에도 나와 관심이 같은 동료 교사들과의 모임 활동에 참여할 것

─── 배점 ───

- 논술의 구성 요소 [총 15점]
  - '수업 구성'에 나타난 교육과정 유형의 장점 및 문제점 각각 2가지 [4점]
  - 김 교사가 실시하려는 평가 유형의 기능과 효과적인 시행 전략 각각 2가지 [4점]
  - 에릭슨(E. Erikson)의 정체성발달이론에 제시된 개념 1가지(2점)와 반두라(A. Bandura)의 사회인지학습이론에 제시된 개념 1가지(1점) [3점]
  - '학교 내 조직 활동'에 나타난 조직 형태가 학교 조직과 구성원에 미치는 순기능 및 역기능 각각 2가지 [4점]
- 논술의 구성 및 표현 [총 5점]
  - 논술의 구성 요소와 '교사가 갖추어야 할 역량'과의 연계 및 논리적 형식 [3점]
  - 표현의 적절성 [2점]

| 문제 구성 | 2016학년도 교육학 논술은 답이 주어진 상태에서 그것에 대해 서술할 것을 요구하기보다 제시문에서 근거를 찾아 해당 내용을 서술하는 형태이다. '자기개발계획서'의 내용에 답과 관련된 핵심어가 많이 들어가 있으므로 이를 파악한 후 조건에 맞추어 내용을 정확하게 서술하여야 한다. 또한 '교사가 갖추어야 할 역량'이라는 주제를 제시문 각 내용과 연결해 주는 것을 잊지 말고, 이를 서술할 때 '개선 영역'을 활용하면 도움이 될 수 있으니 참고하면 좋겠다. |

핵심 키워드
- #1 경험중심 교육과정
- #2 형성평가
- #3 에릭슨 정체성발달 이론, 반두라 사회인지학습이론
- #4 비공식 조직

| 개요도 및 채점기준표 |

구분	출제영역	소주제	세부 논점	키워드 및 설명	배점
논술의 구성 요소 [총 15점]	교육과정	경험중심 교육과정	장점 1	학습자의 자발적 활동 유발	1
			장점 2	현실적, 실제적 생활문제 해결 능력 증진	1
			문제점 1	기초 학력 저하 우려(근거: 학생의 흥미, 요구를 우선시함에 따라 체계적 지식과 기능의 학습을 상대적으로 소홀히 할 수 있음)	1
			문제점 2	학습내용의 조직상 논리적 체계가 부족(근거: 학생이 관심을 가지는 수업 내용을 찾아 조직하는 특징이 있으므로 학문적 체계를 우선적 기준에 두고 내용을 조직하지 않음)	1
	교육평가	형성(과정)평가	기능 1	학습자의 학습 강화 역할	1
			기능 2	교수·학습 방법 개선 및 속도 조절에 도움	1
			효과적 시행 전략 1	준거지향평가로 실시 → 목표달성 정도 분명히 파악	1
			효과적 시행 전략 2	피드백 제공	1
	교육심리	에릭슨-심리사회적 성격발달이론	개념 1가지	정체감 대 역할혼미 단계 중 심리적 유예기(근거: '선택 유보'), 정체감 문제를 의식하고 탐색하지만 아직 답을 얻지 못한 상태, 충분한 진로탐색 기회 제공해 주어 정체감 성취하도록 함	2
		반두라-사회인지 학습이론 (관찰학습)	개념 1가지	관찰학습('근거: '간접경험, 롤모델 사례 제공'), 사회에서 타인의 행동을 관찰하고 모방함으로써 인간행동의 학습이 가능, 사회학습이론	1
	교육행정	비공식 조직	순기능 1	구성원의 욕구불만 해소처가 되어 심리적 안정감 제공, 조직의 안정화에 기여	1
			순기능 2	구성원의 자유로운 의사소통 활성화해 경험 및 지식 등 공유 → 직무의 능률적 수행에 기여	1
			역기능 1	파벌 조성의 계기	1
			역기능 2	공식 조직과의 규범이 다를 경우 공식 조직 목표 달성 저해	1
논술의 구성 및 표현 [총 5점]	논술 구성 요소와 '교사가 갖추어야 할 역량'과의 연계 및 논리적 형식				3
	표현의 적절성				2
합계					20

모|범|답|안

서론

교사의 역량은 수업의 질과 학교 운영에 큰 영향을 미치는 중요한 요소다. 따라서 교사는 다양한 역량을 갖추기 위해 꾸준히 자기개발에 힘을 쓸 필요가 있다. 이 글에서는 '교사가 갖추어야 할 역량'이라는 주제로 교육과정 및 평가 유형, 학생의 정체성 발달, 조직 활동에 대해 논의하고자 한다.

— 서론에서 전체 주제 언급 및 앞으로 다룰 세부 영역 언급해 글 구성의 통일성 고려, 전체 구조 안내

소주제 1
경험중심 교육과정 근거

'학생의 경험 중시, 학생의 흥미 토대, 학생이 직접 경험'과 같은 제시문 내용을 통해 볼 때 경험중심 교육과정을 수업 구성의 개선방향으로 언급하고 있다. 경험중심 교육과정은 학습자에 중점을 두고 전인교육을 강조한 교육과정이다. 장점으로 학습자의 흥미와 요구를 고려하므로 자발적 활동을 유발할 수 있는 것, 현실적이고 실제적인 문제를 해결하는 능력을 기를 수 있는 것이 있다. 단점은 기초학력 저하의 우려가 있고 학습 내용의 조직상 논리적 체계가 부족한 것이 있다. 학생의 흥미, 요구를 우선시함에 따라 체계적 지식과 기능의 학습을 상대적으로 소홀히 할 수 있어 기초학력이 저하될 수 있고, 학생이 관심을 가지는 수업 내용을 찾아 조직하는 특징이 있으므로 학문적 체계를 우선적 기준에 두고 내용을 조직하지 않는다는 점에서 학습 내용의 조직에 논리적 체계가 부족할 수 있다. 교사는 수업 구성 역량을 갖춤으로써 학생 중심적이면서도 적절한 지식 체계를 습득할 수 있는 수업을 구성해야 한다.

— 경험중심 교육과정 장점 2가지
— 경험중심 교육과정 단점 2가지
— 첫 번째 소주제와 전체 주제의 연계

소주제 2

다음으로 평가 계획 영역의 개선 사항에 나온 '평가 시점, 진단평가 이후, 교수·학습 진행되는 중간 실시, 총괄평가 실시 전, 학습에 관한 정보 수집·분석' 등을 통해 김 교사가 실시하려는 평가가 형성평가임을 알 수 있다. 형성평가는 학습 중간에 학습자가 목표 도달 정도를 파악할 수 있어 학습을 강화하는 기능을 하고, 교수·학습의 방법을 개선하거나 속도를 조절하게 한다. 형성평가를 효과적으로 시행하기 위해서는 첫째로 준거지향평가로 실시해 목표 도달 정도를 분명하게 파악할 수 있도록 하고 둘째로 평가 결과를 분석해 교수와 학습에 유의미한 피드백을 제공해야 한다. 교사는 평가 관련 지식을 갖추고 평가를 계획해 학생의 학습 목표 도달을 적절하게 도울 수 있어야 한다.

— 형성평가 근거
— 형성평가 기능 2가지
— 형성평가 효과적 시행 전략 2가지
— 두 번째 소주제와 전체 주제의 연계

소주제 3
에릭슨의 개념(정체감 유예) 근거

학생의 상태와 요구를 파악하여 적절한 진로 지도를 제공하는 것 또한 교사의 역량이다. 제시문의 '진로 선택 유보, 충분한 탐색 기회 제공'을 근거로 에릭슨의 '정체감 대 역할 혼미' 단계에서 보이는 '정체감 유예' 개념으로 설명할 수 있다. 또한 '간접 경험 기회 제공, 롤모델 사례 제공'을 근거로 반두라의 '관찰학습' 개념으로 설명 가능하다. 정체감 유예 단계는 정체감 문제를 의식하고 탐색하지만 아직 답을 얻지 못한 상태다. 자신을 탐색하고자 노력을 하는 상태이므로 교사가 충분한 진로 탐색 기회를 제공하는 역량을 발휘한다면 정체감을 성취할 수 있다.

반두라의 관찰학습은 학습자가 사회에서 타인의 행동을 관찰하고 모방함으로써도 학습이 가능하다는 사회학습이론에 근거한다. 적절한 롤모델을 제시하는 것은 모든 것

— 세 번째 소주제와 전체 주제의 연계
— 반두라의 개념(관찰학습) 근거
— 정체감 유예 개념
— 세 번째 논술 구성 요소와 '교사가 갖추어야 할 역량'과의 연계
— 관찰학습 개념

을 직접 경험하기 어려운 학습자에게 유의미한 교사의 역량이다.

소주제 4   마지막으로 '학교 내 조직 활동'에 나타난 조직 형태는 비공식 조직이다. '공식 조직 내 소집단 형태로 운영'된다는 내용을 통해 알 수 있다. 비공식 조직의 순기능 중 첫 번째는 구성원의 욕구 불만 해소처가 되어 심리적 안정감을 제공하고 조직의 안정화에 기여하는 것이다. 둘째로 구성원의 자유로운 의사소통을 활성화해 경험 및 지식 등을 공유하게 함으로써 직무의 능률적 수행에 기여한다. 반면 역기능으로는 파벌 조성의 계기가 될 수 있다는 점, 비공식 조직의 규범이 공식 조직의 것과 다를 경우 공식 조직의 목표 달성을 저해할 수 있다는 점이 있다. 따라서 교사는 학교 내 공식 조직뿐만 아니라 비공식 조직을 잘 파악해 그 순기능을 최대화하고 역기능을 최소화하여 활용할 수 있는 역량을 갖출 필요가 있다.

결론   지금까지 '교사가 갖추어야 할 역량'이라는 주제로 경험중심 교육과정, 형성평가, 정체감 유예와 관찰학습, 비공식조직에 대해 살펴보았다. 교사는 수업 구성, 평가 등 학생의 학습과 더불어 진로 지도에 대한 역량을 갖춤으로써 필요한 지도를 제공할 수 있도록 꾸준히 자신을 개발해야 한다. 또한 학교 구성원으로서 학교 내 조직을 잘 활용하는 역량을 갖춘다면 학교생활 적응에도 큰 도움이 될 것이다.

기출문제 8

| 2015학년도 상반기 중등학교교사 임용후보자 선정경쟁시험 |

교육학

다음은 A 고등학교 초임 교사들을 대상으로 진행한 학교장의 특강 내용 중 일부를 발췌한 부분이다. 발췌한 특강 부분은 학교에 대한 이해 차원에서 1) 학교 교육의 기능과 2) 학교 조직의 특징, 수업에 대한 이해 차원에서 3) 수업 설계와 4) 학생 평가에 대한 내용이다. 이를 바탕으로 1)~4)의 요소를 활용하여 '다양한 요구에 직면한 학교 교육에서의 교사의 과제'라는 주제로 서론, 본론, 결론의 형식을 갖춰 논하시오. [20점]

여러분들도 잘 아시겠지만 최근 우리 사회는 학교가 다양한 역할을 수행하도록 요구하고 있습니다. 이에 따라 선생님들께서는 학교 및 수업에 대한 기본적인 이해가 필요하다고 생각합니다.

먼저 교사로서 우리는 학교 교육의 기능을 이해해야 합니다. 지금까지 학교는 학생들이 사회 구성원으로서 올바로 성장할 수 있는 보편적 가치와 규범을 가르쳐 왔습니다. 그러나 최근 사회는 학교 교육에 다양한 요구를 하게 되면서 학교가 세분화된 직업 집단의 교육 요구를 충족시켜 주기를 원하고 있고, 학교 교육의 선발·배치 기능에 다시 주목하고 있습니다. 그러므로 여러분은 학교 교육의 선발·배치 기능을 이해하는 한편, 이것이 어떤 한계를 갖는지도 생각해야 할 것입니다.

이와 함께 학교에 대한 사회의 요구에 효율적으로 대응하기 위해서 학교장을 포함한 모든 학교 구성원들은 서로의 행동 특성을 이해해야 합니다. 이를 위해서 학교 조직의 특징을 먼저 파악해야 합니다. 학교라는 조직을 합리성의 측면에서만 파악하면 분업과 전문성, 권위의 위계, 규정과 규칙, 몰인정성, 경력 지향성의 특징을 갖는 일반적 관료제의 틀로 설명할 수 있습니다. 그러나 교사들의 전문성이 강조되는 교수·학습의 측면에서 보면 학교 조직은 질서 정연하게 구조화되거나 기능적으로 분명하게 연결되어 있지 않은 이완결합체제(loosely coupled system)의 특징을 지닙니다. 따라서 우리는 관료제적 관점과 이완결합체제의 관점으로 학교 조직의 특징을 이해할 필요가 있습니다.

한편, 사회가 학생들에게 새로운 역량을 요구하고 있고, 이를 키우기 위해 교사는 다양한 수업을 설계할 수 있어야 합니다. 제가 경험했던 많은 교사들은 다양한 수업을 시도해 보고자 하는 열정은 높았지만 새로운 수업 방법이나 모형을 활용하여 수업을 설계하거나 수업 상황에 맞게 기존의 교수·학습지도안을 적용하는 데 어려움을 느꼈습니다. 다양한 교수체제설계 이론과 모형이 있지만 분석, 설계, 개발, 실행, 평가의 과정은 일반적이라고 생각합니다. 이 중 분석과 설계는 다른 과정의 기초가 되기 때문에 중요합니다. 수업 요소들이 서로 어떻게 관련되어 있는지 파악하여 여러분의 수업에 적용해 보시기 바랍니다.

수업 설계를 잘 하는 것 못지않게 수업 결과를 평가하는 것 또한 중요합니다. 여러분이 어떤 평가 기준을 활용하느냐에 따라 평가 유형이 달라질 수 있습니다. 자칫하면 평가로 인해 학생들 사이에 서열 주의적 사고가 팽배하여 서로 경쟁만 하는 문제가 발생할 수 있습니다. 이를 보완할 수 있는 평가 유형에 대해 고민해 볼 필요가 있습니다.

(배 점)

- 논술의 내용 [총 15점]
  - 기능론적 관점에서 학교 교육의 선발·배치 기능 및 한계 각각 2가지만 제시 [4점]
  - 학교 조직의 관료제적 특징과 이완결합체제적 특징 각각 2가지만 제시 [4점]
  - 일반적 교수체제설계에서 분석 및 설계 과정의 주요 활동 각각 2가지만 제시 [4점]
  - 준거지향평가의 개념을 설명하고, 장점 2가지만 제시 [3점]
- 논술의 구성 및 표현 [총 5점]
  - 논술의 내용과 '학교 교육에서의 교사의 과제'와의 연계 및 논리적 형식 [3점]
  - 표현의 적절성 [2점]

| 문제 구성 | 2015학년도 상반기 교육학 논술에서는 많이 알려진 개념과 중요도가 높은 이론이 제시되어 비교적 평이하게 출제되었다. 또한 제시문을 통해 최대한의 단서를 제공함으로써 이론의 인출과 개념의 단순한 서술보다는 보다 더 정확하고 논리적인 서술을 요구하였다고 할 수 있다. |

핵심 키워드
- #1 선발, 배치, 능력, 경쟁
- #2 분업, 전문화, 경력지향성, 독립적, 연계적
- #3 요구분석, 학습자 분석, 목표 설정, 수업방법 선정
- #4 목표, 준거, 도달, 학습자, 수업, 평가

| 개요도 및 채점기준표 |

구분	출제영역	소주제	세부 논점	키워드 및 설명	배점
논술의 내용 [총 15점]	교육사회학	기능론적 관점	학교 교육의 선발·배치 기능 1	공정한 경쟁을 통해 유능한 인재를 선발	1
			학교 교육의 선발·배치 기능 2	능력에 맞는 역할 수행을 위해 필요한 곳에 적절히 배치	1
			학교 교육의 한계 1	개인의 능력 외의 다른 요소(가정배경 등)의 개입이 불가피	1
			학교 교육의 한계 2	세분화된 직업집단의 요구라는 명목 아래 차별적 사회화	1
	교육행정	학교 조직	관료제적 특성 1	교과와 행정업무의 분업과 각 교사의 수업에 있어 전문성	1
			관료제적 특성 2	연공서열, 호봉제, 연금 등에 의한 경력지향성	1
			이완결합체제적 특징 1	구성원의 자율성과 전문성 존중- 같은 교과와 학년 담당이어도 구체적 수업에 차이	1
			이완결합체제적 특징 2	한 부서의 업무가 다른 부서로 직결되지 않음. 축제와 평가 분리	1
	교수학습 이론	일반적 교수체제설계	분석 과정의 주요 활동 1	요구 분석(과제 분석, 환경 분석)	1
			분석 과정의 주요 활동 2	학습자 분석	1
			설계 과정의 주요 활동 1	수업 목표 진술: 구체적, 명세적 목표	1
			설계 과정의 주요 활동 2	수업 전략 및 매체 선정	1
	교육평가	준거지향평가	개념	수업의 목표(준거)를 어느 정도 달성했는지를 판단하고자 하는 평가 방식	1
			장점 1	학습자 개개인이 학습 목표에 어느 정도 도달했는지가 중요하므로 내적 학습동기를 유발하고 협력적 분위기 조성 가능	1
			장점 2	수업 내용이 평가의 내용으로 제시되므로 수업과 평가가 연결되어 평가를 통한 학습 결손 파악과 수업 개선에 용이	1
논술의 구성 및 표현 [총 5점]	논술의 내용과 '학교 교육에서의 교사의 과제'와의 연계 및 논리적 형식				3
	표현의 적절성				2
합계					20

모범답안

서론

최근의 학교 교육은 과거와 같이 지식의 일방적 전달 기능만을 수행하는 것이 아니라 학생의 돌봄, 꿈과 끼를 키워주는 교육, 학생의 다양한 진로를 열어주는 교육 등 다양한 역할을 수행하게 되었다. 이러한 상황에서 교사는 다양한 관점에서 거시적으로 학교에 대한 이해와 미시적으로 수업에 대한 이해를 골고루 갖추고 있어야 할 것이다. 따라서 이 글에서는 '학교 교육에서의 교사의 과제'라는 주제로 교육사회학과 교육행정학의 측면에서 학교를 이해하고, 교수학습이론과 교육평가의 측면에서 수업에 대한 이해를 논의해 보고자 한다.

소주제 1

먼저 교육사회학 측면에서 학교에 대한 이해이다. 기능론적 관점에서 학교 교육의 선발·배치 기능은 첫째, 학교 교육이 공정한 경쟁을 통해 유능한 인재를 선발한다는 것이다. 학교에서 이루어지는 수업과 평가는 학생의 능력을 측정하기 위한 공정한 경쟁 제도가 되고 이를 통해 유능한 학생이 선발되는 것이라고 본다. 둘째, 학교 교육을 통해 개개인의 능력에 맞는 역할을 수행할 수 있도록 적절히 배치된다는 것이다. 학교 교육에서의 능력에 근거한 선발이 이루어지고 능력에 따라 적절한 직업 집단으로 배치된다고 본다. 그러나 이와 같은 기능론적 관점의 학교 교육의 한계는 첫째, 경쟁에 있어 개인의 능력 외에 다른 요소(가정 배경 등)가 개입되는 것이 불가피하다는 사실을 간과한다는 것이다. 개인의 능력은 그 자체로 개인의 능력일 수 없고 가정을 비롯한 수많은 사회적 배경의 산물임에도 불구하고 기능론적 관점에서는 그러한 요소의 개입을 고려하지 않는다는 한계가 있다. 둘째, 능력에 따른 배치에 있어 차별적 사회화가 이루어진다는 것이다. 세분화된 직업집단의 요구에 반응하기 위함이라는 명목 아래 학교 교육을 통해 능력이나 가정 배경의 요소에 따른 차별적 사회화가 이루어지고 있으나 기능주의 관점에서는 이를 도외시하는 경향이 있다.

소주제 2

또한 교육행정 측면에서 학교에 대한 이해를 할 수 있다. 학교 조직의 관료제적 특성은 첫째, 교사마다 담당 교과와 행정 업무가 분업되어 있으면서 각 교사는 자신의 수업에 대해 전문성을 가지는 분업과 전문성이 나타난다. 둘째, 호봉제, 승진, 연금 등의 제도뿐만 아니라 연공서열을 중시하는 분위기 등을 통해 학교 조직의 경력지향성이 나타난다. 또한 학교 조직의 이완결합체제적 특성은 첫째, 같은 교과와 같은 학년을 담당한다 할지라도 각 교사가 자율성을 가지므로 교사에 따라 수업의 구체적인 내용과 방식이 다르다는 것이다. 둘째, 느슨하게 결합된 측면으로 인하여 한 부서의 업무가 다른 부서의 업무로 직결되지 않는다는 것이다. 예를 들어 예술 부서에서 주관한 학교 축제가 성공적으로 이루어지는 것이 평가 부서의 업무에 직접적인 영향을 주지 않는다.

소주제 3 〔세 번째 소주제의 영역을 명확히 제시〕

다음으로는 수업에 대한 이해 차원이다. 교수학습이론의 측면에서 수업을 이해할 수 있다. 일반적 교수체제설계에서 가장 먼저 이루어지는 분석 과정의 주요 활동은 첫째, 요구분석이다. 요구분석이란 교수학습과 관련하여 현재의 상황과 요구되는 것들에 대한 객관적인 자료를 포괄적으로 수집하고 분석하는 것으로, 이를 통해 교육의 목표를 설정할 수 있게 된다. 둘째, 학습자 분석이다. 학습자 분석은 학습자의 출발점 행동이나 동기 수준, 학습양식 등 학습자에 관련된 특성을 수집하고 분석하는 것으로, 이를 통해 구체적인 수업 목표와 방식을 설정할 수 있게 된다. 또한 다음으로 이루어지는 설계 과정의 주요 활동은 첫째, 수업 목표 진술이다. 요구분석과 학습자 분석을 통해 얻은 정보를 토대로 학습자가 교수학습 과정을 통해 도달하고자 하는 목표를 구체적·명세적으로 설정할 수 있다. 둘째, 수업 전략 및 매체 선정이다. 학습자 특성과 학습 목표에 맞추어 적절한 수업 전략과 매체를 선정하여 효과적인 수업이 이루어질 수 있도록 할 수 있다.

〔일반적 교수체제설계의 분석 과정 주요 활동 2가지〕
〔일반적 교수체제설계의 설계 과정 주요 활동 2가지〕

소주제 4 〔네 번째 소주제의 영역을 명확히 제시〕

마지막으로 교육평가의 측면에서 수업에 대한 이해를 할 수 있다. 준거지향평가는 학습 목표를 평가의 기준으로 삼아서 학습자가 목표를 어느 정도 달성했는지를 판단하고자 하는 평가 방식이다. 이러한 준거지향평가의 장점은 첫째, 학습자 개개인이 학습 목표에 어느 정도 도달했는지를 중요하게 생각하고 평가 결과를 통해 그것을 알려 줌으로써 학습자의 내적 동기를 유발하고 수업의 과정에서 협력적 수업 분위기를 조성할 수 있다는 것이다. 둘째, 학습 목표와 관련된 수업 내용이 결국 평가의 내용으로 제시되므로 수업과 평가가 연계되어 평가를 통한 학습 결손을 파악하기가 용이하고 수업을 개선하는 데에 많은 정보를 줄 수 있다는 것이다.

〔준거지향평가의 개념〕
〔준거지향평가의 장점 2가지〕

결론

지금까지 '학교 교육에서의 교사의 과제'라는 주제로 기능론적 관점에서의 학교 교육과 학교 조직의 특성, 교수체제설계에서의 주요 활동, 그리고 준거지향평가의 장점을 살펴보았다. 교사는 기본적으로 학습자 개개인의 특성을 파악하여 적절한 수업과 평가를 설계할 수 있어야 함은 물론이고, 학교 조직을 이해하며 거시적인 관점에서의 학교 교육을 바라보고 특정한 관점에 치우치지 않도록 다양한 관점에서의 장점과 한계를 고려하는 교육을 할 수 있어야 한다.

〔전체 주제를 언급하여 내용의 통일성을 강화하고 각 소주제를 다시 한번 정리해 논리적 형식 강조〕

기출문제 9

| 2015학년도 중등학교교사 임용후보자 선정경쟁시험 |

교육학

다음은 A 중학교의 학교 교육계획서 작성을 위한 워크숍에서 교사들의 분임 토의 결과의 일부를 교감이 발표한 내용이다. 이 내용을 바탕으로 A 중학교가 내년에 중점을 두고자 하는 1) 교육 목적을 자유교육의 관점에서 논하고, 2) 교육과정 설계 방식의 특징, 3) 학습 동기 향상을 위한 학습 과제 제시 방안, 4) 학습조직의 구축 원리를 각각 3가지씩 설명하시오. [20점]

이번 워크숍은 우리 학교의 교육에서 드러난 몇 가지 문제점을 확인하고, 개선 방안을 제시하는 방식으로 진행되었습니다. 주요 내용을 말씀드리면 다음과 같습니다.

먼저, 교육 목적에 관한 문제점과 개선 방안입니다. 우리 학교는 학생들의 합리적 정신을 계발하기 위해 지식 교육을 추구해 왔습니다. 그런데 지난해 도입된 국어, 수학, 영어 교과에 대한 특별 보상제 시행으로 이들 교과의 성적은 전반적으로 상승하였지만, 학교가 추구하고자 한 것과 달리 반별 경쟁에서 이기거나 포상을 받기 위한 것으로 교육 목적이 왜곡되는 경향이 있었습니다. 이러한 교육 목적의 왜곡으로 인하여 교사는 주로 문제 풀이식 수업이나 주입식 수업을 하게 되었고, 학생들은 여러 교과에 스며 있는 다양한 사고방식을 내면화하지 못하는 결과가 초래되었습니다. 이러한 문제점을 보완하기 위하여 내년에는 교육 개념에 충실한 지식 교육, 즉 자유교육(liberal education)의 이상을 구현하는 데 중점을 두고자 합니다.

다음으로, 교육과정 설계 방식 및 수업 전략에 관한 문제점과 개선 방안입니다. 교육과정 설계 방식 측면에서, 종전의 방식은 평가 계획보다 수업 계획 중심으로 설계되어 있어서 교사가 교과의 학습 목표에 비추어 학생들이 배우는 내용을 올바르게 이해하였는지를 확인하는 데 한계가 있었습니다. 교사는 계획한 진도를 나가기에 급급한 나머지, 학생들의 학습 결손을 예방하지 못하였습니다. 내년에는 학생들의 학습 목표 달성 정도를 확인하는 데 유용한 교육과정 설계를 하고자 합니다. 또한 수업 전략 측면에서 볼 때, 수업에 흥미를 잃어 가는 학생들이 있음에도 불구하고 교사는 학생들의 학습 동기를 높일 수 있는 전략을 적극적으로 사용하는 데 소홀했습니다. 수업 상황에서 학생들이 배워야 할 학습 과제 그 자체는 학생들에게 흥미로울 수도 있고 그렇지 않을 수도 있습니다. 교사가 수업에 흥미를 잃은 학생들에게 학습 과제를 어떻게 제시하느냐에 따라 학습 동기를 높일 수 있습니다. 내년에는 이들의 학습 동기를 향상할 수 있는 학습 과제 제시 방안을 마련하는 데 관심을 기울이고자 합니다.

내년에 우리 학교는 교육 개념에 충실한 지식 교육을 하고, 학생들의 학업 성취와 학습 동기를 향상하는 데 좀 더 세심한 관심을 가져야 할 것입니다. 이 일의 성공 여부는 교사가 변화의 주체로서 자발적인 노력을 얼마나 기울이느냐에 달려 있습니다. 그래서 우리 학교는 교사 모두가 교육 활동에 능동적으로 참여하여, 지식과 학습 정보를 서로 공유하면서 지속적으로 변화해 가는 학습조직(learning organization)을 구축하고자 합니다.

배점

○ 논술의 내용 [총 16점]
- 자유교육 관점에서의 교육 목적 논술 [4점]
- 교육과정 설계 방식의 특징 3가지 설명 [4점]
- 학습 동기 향상을 위한 학습 과제 제시 방안 3가지 설명 [4점]
- 학습조직의 구축 원리 3가지 설명 [4점]

○ 답안의 논리적 구성 및 표현 [총 4점]

문제 구성

교육학 논술 문제의 초기인 2015학년도 논술에서는 제시문에서 답안을 쓸 수 있는 이론의 단서를 조금 더 명확하게 제시하였고, 이론을 추론한 뒤에는 문제에서 요구하는 바는 비교적 넓게 서술할 수 있었다. 이는 구체적이고 특정한 이론의 명칭이나 개념을 서술할 것을 요구하는 최근의 교육학 논술 경향과는 조금 달랐다고 볼 수 있다.

핵심 키워드

#1 지식의 형식, 합리성의 계발, 내재적 목적
#2 백워드 설계 모형, 평가, 성취기준
#3 동기유발, 관련성, 자신감
#4 학습조직, 전문성, 비전 공유

개요도 및 채점기준표

구분	출제영역	소주제	세부 논점	키워드 및 설명	배점
논술의 내용 [총 16점]	교육철학	자유교육 관점	개념	인간 본연의 자유를 추구하는 교육, 지식의 형식 교육, 이성, 합리성의 계발	2
			교육 목적 논술	내재적 목적, 무지나 편견으로부터 자유로운 인간 양성 교육 목적 왜곡 현상(현재)	2
	교육과정	교육과정 설계 방식	명칭	백워드(역행) 설계 모형(위긴스와 맥타이)	1
			특징 1	평가계획을 먼저 수립한 뒤 그에 맞는 학습내용 선정 및 조직 순서로 교육과정과 평가가 유리되지 않고 연계되는 설계	1
			특징 2	교과 성취기준을 학습자가 도달해야 할 학습 목표로 삼아 목표 달성 정도를 확인하는 데 유용한 성취기준 중심의 설계	1
			특징 3	피상적 내용의 주입과 활동에 치우친 교육과정 설계에 대한 비판으로 등장하였기 때문에 학습자의 이해에 초점을 맞춘 설계, 학습결손 예방	1
	교수학습 이론	수업전략	학습동기 향상을 위한 전략	ARCS 모형(켈러)의 관점에서	1
			과제 제시 방안 1	시청각 매체 활용(지각적 주의환기)을 통해 학습자의 주의 환기를 집중 유도 (A)	1
			과제 제시 방안 2	학습자의 삶에 친밀한/ 관심사에 부합하는/ 학습자의 목표와 밀접하게 관련되는 과제를 제시 (R)	1
			과제 제시 방안 3	도전적 과제 제시를 통한 성공경험/ 과제 해결 방식의 선택권 제공을 통한 통제감(조절감) 증대 (C)	1
	교육행정	학습조직	구축 원리 1	공유된 비전	2
			구축 원리 2	전문성, 역량 계발	1
			구축 원리 3	지속적 성찰과 탐구	1
답안의 논리적 구성 및 표현 [총 4점]	답안의 논리적 구성 및 표현				4
합계					20

모|범|답|안

서론

    2015 개정 교육과정에서는 학생들의 개성을 살리는 교육을 위해 단위학교의 자율성을 중시하는 방향을 추구하고 있다. 학교에서는 과거와 같이 일방적인 주입식, 지식 전달식 교육에서 벗어나 학생들의 특성을 잘 파악하고 학생들의 이해와 성장을 돕는 교육을 해야 한다. 따라서 이 글에서는 학교 교육과정의 문제점과 개선방안이라는 주제로 교육철학, 교육과정, 교수학습이론, 교육행정의 측면에서 단위학교 교육과정을 성찰한 뒤 개선 방안을 탐색해 보고자 한다.

> 서론에서 전체 주제 언급 및 앞으로 다룰 세부 영역 언급해 글 구성의 통일성 고려, 전체 구조 안내

소주제 1
첫 번째 소주제의 영역을 명확히 제시

    먼저 교육철학의 측면이다. 자유교육은 인간 본연의 자유를 추구하는 교육으로써 무지나 편견으로부터 자유로운 인간을 양성하고자 한다. 따라서 지식의 형식을 가르침으로써 인간의 이성, 즉 합리적 마음의 계발을 중시한 교육이다. 이러한 자유교육의 관점에서는 직업을 위한 교육이나 전문 기술교육과 달리 교육 그 자체의 내재적 목적을 중시한다. A 중학교에서는 자유교육의 관점에 따라 학생들의 합리적 정신을 계발하기 위해 지식교육을 추구하는 제도를 시행하였으나 실제 학생들은 교육의 내재적 목적이 아닌 경쟁에서 이기거나 보상을 받기 위한 교육, 즉 외재적 목적에 의한 교육으로 변질되었다. 따라서 A 중학교가 내년에 중점을 두고자 하는 교육 목적은 다시 자유교육의 기본 이념으로 돌아가 자유교육의 이상을 구현하는 것, 즉 지식 교육을 통해 학생들의 이성과 합리성을 계발하도록 하여 교육의 내재적 목적을 추구하는 것이라 할 수 있다.

> 문제에서 요구하는 바가 세부적으로 나누어져 있지 않고 단순히 자유교육 관점에서 교육 목적을 논술하라고 하였으므로 자유교육의 개념과 특징을 간략히 제시한 뒤 해당 내용을 제시문과 연결시켜서 교육의 목적을 논의하는 것이 바람직함

소주제 2
두 번째 소주제의 영역을 명확히 제시

    또한 교육과정 설계 방식의 측면에서 학교의 자율성을 실현할 수 있다. A 중학교가 중점을 두고자 하는 교육과정 설계 방식은 위긴스와 맥타이의 백워드(역방향, 역행, 후진) 설계모형이다. 교육과정 설계 방식의 특징 3가지는 첫째, 평가 계획을 먼저 수립한 뒤 그에 맞는 학습내용 선정 및 조직이 이루어지므로 평가가 교육과정이나 수업 내용과 유리되지 않고 서로 연계되는 교육과정 설계가 가능하다는 것이다. 둘째, 교과의 성취기준을 활용하여 학습자가 도달해야 할 학습 목표로 삼으므로 성취기준을 통해 학생들이 학습 내용을 어느 정도 이해하였는지, 학습 목표를 어느 정도 달성하였는지 확인하기가 유용하다는 것이다. 셋째, 모형 자체가 지나친 흥미 위주의 활동에 대한 비판에서 등장한 모형으로, 학습 목표 달성을 위한 핵심 개념과 원리를 이해하는 데에 초점을 맞춘 설계 모형이기 때문에 학생들의 이해를 돕고 학습 결손을 예방할 수 있다는 것이다.

> (제시문 내용 정리)
> 1) 평가 계획보다 수업계획 중심으로 설계
> 2) 교사가 교과의 학습 목표에 비추어 학생들이 올바르게 이해하였는지 확인하는 데에 한계
> 3) 진도를 나가기에 급급한 나머지 학생들의 학습결손 예방 못함
> → 내년에는 학생들의 학습 목표 달성 정도를 확인하는 데에 유용한 교육과정 설계를 하고자 함
> 따라서 백워드 설계 모형의 특징을 설명할 때에는 제시문의 내용을 활용해서 서술할 수 있음

소주제 3
세 번째 소주제의 영역을 명확히 제시

    다음으로는 교수학습 이론의 측면이다. 학습 동기 향상을 위한 수업 전략으로는 켈러가 제시한 동기설계 관한 ARCS 이론을 활용할 수 있다. ARCS 이론은 학습자의 학습 동기를 유발하고 유지시키는 전략을 제시하는 이론이다. 이 이론에 근거한 학습동기 향상을 위한 과제 제시 방안은 첫째, 시청각 매체를 활용함으로써 지각적 주의 환기를 통해 학습자의 관심과 집중을 유도하는 것이다. 둘째, 학습자의 흥미나 관심사에 부합

> A, R, C, S라는 네 가지 요소는 학습동기를 유발하고 유지시키기 위한 변인으로 제시된 것이지 그 자체로 과제의 제시 방안이 될 수는 없음 문제에서 요구하는 과제 제시 방안은 각각의 요소에 해당하는 구체적인 내용을 서술하여야 함 따라서 학습 과제 제시 전략으로는 내적/외적 보상을 통한 강화나 결과의 공정성을 강조하는 만족감 전략보다는 앞의 세 가지(주의집중, 관련성, 자신감) 전략이 답안으로 더 적절함

하는 과제를 제시하거나 학습 내용과 학습자의 삶 또는 학습 목표와의 관련성을 부각시키는 것이다. 셋째, 어렵지 않은 도전적 과제를 제공하여 학습자가 성공 경험을 하게 하거나 과제 해결 방식에 있어 학습자의 선택권을 제공함으로써 학습자가 학습에 대해 자신감을 가질 수 있도록 하는 것이다.

소주제 4

네 번째 소주제의 영역을 명확히 제시

마지막으로 교육행정의 측면에서 교사는 교육의 주체로서 변화의 노력을 기울일 수 있다. A 중학교는 학교 교육의 변화를 위해 교사가 자발적인 노력을 기울이는 학습조직을 구축하고자 한다. 학습조직의 구축 원리는 첫째, 비전의 공유이다. 학습조직은 구성원들이 원하는 결과를 위해 노력하기 때문에 같은 비전을 공유하고 있을 때 그 효과가 지속될 수 있다. 따라서 A 중학교의 교사들은 학생들의 학습 동기를 향상하려는 비전을 함께 공유하는 학습조직을 구축하게 된다. 둘째, 구성원의 전문성 계발이다. 공유된 비전을 토대로 조직 구성원들이 학습조직에 참여하고 노력하도록 하기 위해서는 구성원의 전문성을 길러 주어야 한다. 구성원의 전문성과 역량이 계발될 때 함께 학습하며 목표를 향해 나아갈 수 있기 때문이다. 셋째, 지속적인 성찰과 탐구이다. 앞서 제시한 공유된 비전을 향해 구성원들이 전문성과 역량을 계발하는 동시에 지속적으로 학습의 과정과 결과를 성찰하고 공유하며 함께 탐구해 나갈 때 학습조직이 잘 구축될 수 있다.

학습조직 구축 원리 3가지. 문제에서 요구하는 바는 학습조직의 구축 원리 3가지이고 배점은 4점이므로 3가지를 모두 서술한 경우 4점, 2가지만 서술한 경우 2점, 1가지만 서술한 경우 1점으로 추정할 수 있음

셍게(Senge, P. M.)는 학습조직을 '구성원 자신들이 진심으로 원하는 결과를 창출하는 데 필요한 역량을 지속적으로 개발시켜 주는 조직으로, 새롭고 창의적 사고가 길러지고, 집단적 포부가 자유롭게 논의되고, 구성원들이 함께 학습하는 것을 배우는 조직'으로 정의함 <HRD 용어사전>, (2010)

결론

지금까지 단위학교 교육과정의 문제점과 개선방안이라는 주제로 자유교육 관점에서의 교육 목적, 목표 달성을 확인하는 교육과정 설계, 학습 동기 향상을 위한 수업 전략, 그리고 학습조직의 구축 원리를 살펴보았다. 교사는 학생들이 다양한 사고방식을 내면화하도록 하는 교육을 하고, 학생들 개개인이 학습 목표를 어느 정도 달성하였는지를 확인하여 학습 동기를 높이는 교육과정을 구성할 수 있는 능력을 갖추고 있어야 한다. 이를 위해서는 교사 자신이 변화의 주체로서 동료 교사들과 함께 다양한 시도와 노력을 하면서 지속적으로 변화를 추구해 나가야 할 것이다.

전체 주제를 언급하여 내용의 통일성을 강화하고 각 소주제를 다시 한번 정리해 논리적 형식 강조

기출문제 10

| 2014학년도 상반기 중등학교교사 임용후보자 선정경쟁시험 |

교육학

다음은 A 고등학교의 최 교사가 작성한 성찰 일지의 일부이다. 일지 내용을 바탕으로 철수의 학교 부적응 행동의 원인을 청소년 비행이론에서 2가지만 선택하여 설명하고, 철수의 학교생활 적응을 향상시키기 위한 상담 기법을 2가지 관점(① 행동중심 상담, ② 인간중심 상담)에서 각각 2가지씩만 논하시오. 그리고 최 교사가 수업 효과성을 높이기 위하여 선택한 2가지 방안(① 학문중심 교육과정 이론에 근거한 수업 전략, ② 장학 활동)에 대하여 각각 논하시오. [20점]

일지 #1 2014년 4월 ○○일 ○요일

우리 반 철수가 의외로 반 아이들과 잘 지내지 못하는 것 같아 마음이 쓰인다. 철수와 1학년 때부터 친하게 지냈다는 학급 회장을 불러서 이야기를 해 보니 그렇지 않아도 철수가 요즘 거칠어 보이는 동네 친구들과 어울려 다니는 모습을 자주 보게 되어 학급 회장도 걱정을 하던 중이라고 했다. 그런 데다 철수가 반 아이들에게 괜히 시비를 걸어 싸움이 나게 되면, 그럴 때마다 아이들이 철수를 문제아라고 하니까 그 말을 들은 철수가 더욱더 아이들과 멀어지고 제멋대로 행동한다고 한다. 오늘도 아이들과 사소한 일로 다투다가 갑자기 소리를 지르고 물건을 던지고는 교실에서 나가 버렸다고 한다. 행동이 좋지 않은 친구들과 몰려다니며 그 아이들의 행동을 따라 해서 철수의 행동이 더 거칠어진 걸까? 1학년 때 담임 선생님 말로는 가정 형편이 그리 넉넉하지 않고 부모님이 철수에게 신경을 쓰지 못함에도 불구하고 행실이 바른 아이였다고 하던데, 철수가 왜 점점 변하는 걸까? 아무래도 중간고사 이후에 진행하려고 했던 개별 상담을 당장 시작해야겠다. 그런데 철수를 어떻게 상담하면 좋을까?

일지 #2 2014년 5월 ○○일 ○요일

중간고사 성적이 나왔는데 영희를 포함하여 몇 명의 점수가 매우 낮아서 답안지를 확인해 보았다. OMR 카드에는 답이 전혀 기입되어 있지 않거나 한 번호에만 일괄 기입되어 있었다. 아이들이 시험 자체를 무성의하게 본 것이다. 점심시간에 그 아이들을 불러 이야기를 해 보니 학교에서 배우는 내용이 대학 진학을 하지 않고 취업할 본인들에게는 전혀 쓸모없이 느껴진다고 했다. 특히 오늘 내 수업 시간에 휴대전화만 보고 있어서 주의를 받았던 영희의 말이 아직도 귀에 생생하다. "저는 애견 미용사가 되려고 하는데, 생물학적 지식 같은 걸 배워서 뭐 해요? 내신 관리를 해야 하는 아이들조차 어디 써먹을지도 모르는 개념을 외우기만 하려니 지겹다고 하던데, 저는 얼마나 더 지겹겠어요."라고 말하는 것이었다. 학교에서 배우는 기초 지식이나 원리가 직업 활동의 근간이 되기도 한다는 것을 어떻게 아이들이 깨닫게 할 수 있을까? 내가 일일이 다 설명해 주지 않아도 아이들이 스스로 교과의 기본 원리를 찾을 수 있게 하려면 어떤 종류의 과제와 활동이 좋을까? 이런 생각들로 머릿속이 복잡하던 중에, 오후에 있었던 교과협의회에서 수업 전문성 개발을 위한 장학 활동을 몇 가지 소개받았다. 이제 내 수업에 대해 차근차근 점검해 봐야겠다.

─ 배 점 ─

- 답안의 논리적 구성 및 표현 [총 5점]
- 논술의 내용 [총 15점]
  - 청소년 비행이론 관점에서의 설명 [3점]
  - 행동중심 상담 관점에서의 기법 논의 [3점]
  - 인간중심 상담 관점에서의 기법 논의 [3점]
  - 학문중심교육과정 이론에 근거한 수업 전략 논의 [3점]
  - 교사 전문성 개발을 위한 장학 활동 논의 [3점]

문제 구성

2014학년도 상반기 교육학 논술은 교육사회학, 상담 영역에서 청소년 비행이론과 상담 기법을 물으며 학생의 학교 부적응 행동 원인을 설명하고 학교생활 적응을 향상시킬 상담 기법을 제시할 것을 요구한다. 또한 교육과정, 교육행정 영역에서 학문중심 교육과정에 근거한 교사의 수업 전략과 전문성 개발을 위한 장학 활동을 서술할 것을 조건으로 제기했다. 제시문에서 관련 내용을 근거로 찾아 요구하는 바를 작성하되, 논술의 서론, 본론, 결론 구조를 갖추어 논리적 구성을 가지도록 하면 되겠다.

핵심 키워드

#1 차별접촉 이론, 낙인이론
#2 행동중심 상담 기법
#3 인간중심 상담 기법
#4 학문중심 교육과정
#5 장학 활동

개요도 및 채점기준표

구분	출제영역	소주제	세부 논점	키워드 및 설명	배점
답안의 논리적 구성 및 표현 [총 5점]			논리적 구성		3
			표현의 적절성		2
논술의 내용 [총 15점]	교육사회학	차별적 접촉이론	청소년비행 부적응행동 원인 1	비행은 친밀한 집단 내에서 사회적으로 학습한 결과, 사회적 상호과정과 모방 등을 통해 비행을 학습 (근거: 요즘 거칠어 보이는 친구들과 어울림. 그 아이들의 행동을 따라하는 듯함)	1.5
		낙인이론	청소년비행 부적응행동 원인 2	상징적 상호작용이론에 기초, 타인이 비행 청소년으로 낙인 찍으면 그 영향으로 비행함, 추측-정교화-고정화의 과정 (근거: 싸움이 나면 아이들이 철수를 문제아라고 하는 걸 듣고 철수가 더 제멋대로 행동함)	1.5
	생활지도 및 상담	행동중심	정의	행동수정 이론: 인간의 부적응 행동은 학습된 반응이므로 교성할 수 있음	1
			기법 1	행동계약: 사람이 특정 방식으로 행위를 하면 자신이 원하는 것을 가질 수 있도록 배열한 것, 상담자와 내담자 양자 간에 목표행동과 보상방법을 사전에 약속, 양자 간의 합의에 의해서 약속이 명문화됨 → 원만한 교우관계 유지 등 적응적 행위를 할 경우 간식 제공 등	1
			기법 2	모델링: 내담자가 다른 사람의 바람직한 행동을 관찰해서 학습한 것을 수행하게 하는 것 → 문제행동을 했으나 지금은 학교생활에 적응한 선배와 연결 또는 사례를 들려주어 새로운 반응이나 기술의 획득과 수행 유발	1
		인간중심	정의	인간중심 상담 이론: 인간은 스스로 성장할 수 있는 잠재력이 있다고 가정	1
			기법 1	① 진실성: 상담자가 내담자와의 관계에서 경험하는 것을 정확히 인식하고 솔직하게 표현해야 함	1
			기법 2	② 무조건적 긍정과 관심: 상담자가 내담자를 판단하거나 평가하지 않고 있는 그대로 수용 ③ 정확한 공감적 이해: 상담자가 내담자 입장에서 내담자의 경험과 감정을 이해) → 철수의 생각과 상황 등을 있는 그대로 받아들이고 이해하며 상담함으로써 학교생활 적응 향상	1
	교육과정	학문중심 교육과정	수업전략	① 교육 내용을 지식의 기본구조를 핵심으로 조직 (지식의 기본 구조: 기본개념, 기본원리, 일반 아이디어) → 지식의 이해 및 기억 용이, 전이효과 (근거: 기초 지식이나 원리는 직업 활동의 근간이 됨을 깨닫게 해주고자 함) ② 탐구과정 중시: 학습자가 학자와 같이 학습해 스스로 원리와 기초지식을 찾을 수 있도록 과제 구성 (근거: 스스로 교과의 기본 원리를 찾을 수 있게 하고자 함)	3
	교육행정	장학	교사 전문성 개발	① 개념: 교사와 학생의 성장과 발달에 관한 제 조건을 향상시키기 위해 시도하고 조언하는 전문적, 기술적 봉사활동 ② 유형: 임상장학, 동료장학, 자기장학 등 ③ 교사가 자신의 장학 목적과 상태를 고려해 적합한 장학 진행	3
합계					20

모|범|답|안

서론

교사는 학교생활을 하며 다양한 문제들을 마주한다. 담임으로서 학교생활에 부적응하는 학생을 만나기도 하고, 교과 교사로서 수업을 준비하고 부족할 경우 보완해 나간다. 이 글에서는 교사가 마주할 수 있는 문제점과 관련하여 청소년 비행이론, 행동중심 및 인간중심 상담, 학문중심 교육과정, 장학 활동에 대해 논의하고자 한다.

소주제 1

먼저 제시문에 나오는 철수의 부적응 행동의 원인은 차별접촉 이론과 낙인이론으로 설명할 수 있다. 제시문에 철수가 요즘 거칠어 보이는 친구들과 어울린다는 내용이 나오고, 최 교사가 그들의 행동을 따라 하면서 철수도 거칠어진 것 같다고 한다. 이를 통해 비행은 친밀한 집단 내에서 사회적으로 학습한 결과이고, 사회적 상호과정과 모방 등을 통해 비행을 학습한다는 차별접촉 이론으로 부적응 행동의 원인을 생각할 수 있다. 또한 싸움이 나면 아이들이 철수를 문제라고 하는 것이 영향을 미친다는 부분에서 원인을 낙인이론으로 설명할 수 있다. 상징적 상호작용이론에 기초해 타인이 비행 청소년으로 낙인을 찍으면 그 영향으로 비행을 한다고 보는 이론으로, 추측-정교화-고정화의 과정으로 청소년 비행을 설명하기 때문이다.

소주제 2

철수의 학교생활 적응을 향상시키기 위한 상담 기법 중 행동중심 상담에서는 인간의 부적응 행동이 학습된 반응이므로 교정할 수 있다고 본다. 행동중심 상담 관점에서 철수의 학교생활 적응을 향상시킬 수 있는 첫 번째 기법은 행동계약이다. 행동계약은 사람이 특정 방식으로 행위를 하면 자신이 원하는 것을 가질 수 있도록 배열한 것이다. 상담자와 내담자 양자 간에 목표행동과 보상방법을 사전에 약속하는 방식으로, 양자 간의 합의에 의해서 약속이 명문화된다는 의의가 있다. 예를 들어 철수가 원만한 교우 관계를 유지하는 등의 적응적 행위를 할 경우 간식을 제공하는 것과 같은 기법이다. 두 번째 기법은 모델링이다. 내담자가 다른 사람의 바람직한 행동을 관찰해서 학습한 것을 수행하게 하는 것이다. 문제행동을 했으나 지금은 학교생활에 적응한 선배와 연결해 주거나 또는 그러한 사례를 들려주어 새로운 반응이나 기술이 획득과 수행을 유발할 수 있다.

소주제 3

인간중심 상담에서는 인간이 스스로 성장할 수 있는 잠재력이 있다고 가정하고, 상담자가 진실성, 무조건적 긍정과 관심, 정확한 공감적 이해를 보여야 한다는 입장이다. 최 교사가 철수와 상담하며 경험하는 것을 정확히 인식하고 솔직하게 표현하고, 철수를 판단하거나 평가하지 않고 있는 그대로 수용하며, 철수 입장에서 철수의 경험과 감정을 이해함으로써 철수의 학교생활 적응 향상에 도움을 줄 수 있다.

소주제 4

학문중심 교육과정 이론에 근거할 때, 지식의 기본 구조를 핵심으로 조직하는 것과 탐구과정을 중시하는 것을 수업 전략으로 적용할 수 있다. 지식의 기본 구조란 기본개념, 원리, 일반적 아이디어로, 지식의 이해 및 기억을 용이하게 하고 전이효과를 줄 수 있다. 제시문에서 최 교사가 기초 지식이나 원리는 직업 활동의 근간이 됨을 깨닫게 해 주고자 한다는 점에서 이 전략을 고려할 수 있다. 또한 학습자가 학자와 같이 학습해 스스로 원리와 기초지식을 찾을 수 있도록 과제를 구성하는 탐구학습 전략이 있다. 최 교사가 학생이 스스로 교과의 기본 원리를 찾을 수 있게 하고자 하는 것과 관련 있다.

소주제 5

마지막으로 장학 활동에 대해 살펴보고자 한다. 장학 활동은 교사와 학생의 성장과 발달에 관한 모든 조건을 향상시키기 위해 지도하고 조언하는 전문적, 기술적 봉사활동이다. 장학 활동에는 임상장학, 동료장학, 자기장학 등 다양한 유형이 있다. 최 교사가 자신의 장학 목적과 수업 상태를 고려해 적합한 장학을 진행함으로써 수업 전문성을 개발할 수 있다. 예를 들어 현재 최 교사는 본인의 필요에 의해 교실 현장에서의 교수 기술 향상과 계속적 전문적 성장을 하고자 하므로 임상장학을 하면 수업의 문제점을 진단하고 스스로 수업 전략을 세울 수 있을 것이다. 또는 교내의 다른 교사로부터 피드백을 받고 공통적인 전문적 관심사에 대해 토의하면서 전문성을 신장하는 동료 장학을 추진한다면 전문성 개발에 도움이 된다.

결론

지금까지 교사가 마주할 수 있는 다양한 문제 상황과 관련해 차별접촉 이론, 낙인이론, 행동중심 및 인간중심 상담의 기법, 학문중심 교육과정, 장학 활동에 대해 살펴보았다. 교사는 다양한 교육학적 이론과 방법을 적용하여 학교생활 중 나타나는 문제들을 해결할 수 있도록 노력해야 한다.

기출문제 11

| 2014학년도 중등학교교사 임용후보자 선정경쟁시험 |

교육학

다음은 A 중학교 초임 교사인 박 교사와 경력 교사인 최 교사의 대화 내용이다. 다음 대화문을 바탕으로 학생들이 수업에서 소극적으로 행동하는 문제를 2가지 관점(① 잠재적 교육과정, ② 문화실조)에서 진단하고, 수업에 소극적인 학생들의 학습 동기를 유발하기 위한 방안을 3가지 측면(① 협동학습 실행, ② 형성평가 활용, ③ 교사지도성 행동)에서 각각 2가지씩만 논하시오. [20점]

박 교사: 선생님께서는 교직 생활을 오래 하셨으니 학교의 일상적인 업무뿐만 아니라 가르치는 일에서도 큰 어려움이 없으시죠? 저는 새내기 교사라 그런지 아직 수업이 힘들고 학교 일도 낯섭니다.

최 교사: 저도 처음에는 선생님과 마찬가지로 교직 생활이 힘들었지요. 특히 수업 시간에 반응을 잘 보이지 않으면서 목석처럼 앉아 있는 학생이 있을 때는 어떻게 해야 할지 모르겠더군요.

박 교사: 네, 맞아요. 어떤 학급에서는 제가 열심히 수업을 해도, 또 학생들에게 질문을 던져도 몇몇은 그냥 고개를 숙인 채 조용히 있습니다. 심지어 어떤 학생은 수업 시간에 아예 침묵으로 일관하기도 하고, 저와 눈도 마주치지 않으려고 해요. 또한 가정 환경이 좋지 않은 몇몇 학생은 다양한 문화적 경험을 가질 기회가 상대적으로 부족해서 그런지 수업에 관심도 적고 적극적으로 참여하지도 않는 것 같아요.

최 교사: 선생님의 고충은 충분히 공감해요. 그렇다고 해서 수업 시간에 학생들을 그대로 방치해서는 안 됩니다. 교육적으로 바람직하지 않아요.

박 교사: 그럼 수업에 소극적인 학생들을 적극적으로 참여시킬 수 있는 동기 유발 방안을 고민해 보아야겠네요. 이를테면 수업방법 차원에서 학생들끼리 서로 도와 가며 학습하는 형태로 수업을 진행하면 어떨까요?

최 교사: 그거 좋은 생각이네요. 다만 학생들끼리 함께 학습을 하도록 할 때는 무엇보다 서로 도와주고 의존하도록 하는 구조가 중요하다는 점을 유의해야겠지요. 그러한 구조가 없는 경우에는 수업활동에 열심히 참여하지 않는 학생들이 많아진다는 문제가 발생할 수 있어요.

박 교사: 아, 그렇군요. 그런데 선생님, 요즘 저는 수업방법뿐만 아니라 평가에서도 고민거리가 있어요. 저는 학기 중에 수시로 학업 성취 결과를 점수로 학생들에게 알려 주고 있는데요. 이렇게 했을 때 성적이 좋은 몇몇 학생들을 제외하고는 나머지 학생들은 자신의 성적을 보고 실망하는 것 같아요.

최 교사: 글쎄요, 평가결과를 선생님처럼 그렇게 제시할 수도 있겠죠. 하지만 학습 동기를 유발하기 위해서는 평가를 어떻게 활용하느냐가 중요해요.

박 교사: 그렇군요. 그런데 제가 보기에는 학생들의 수업 참여 정도가 교사의 지도성에 따라서도 다른 것 같아요.

최 교사: 그렇죠. 교사의 지도성 행동에 따라 달라질 수 있죠. 그래서 교사는 지도자로서 학급과 학생의 상황을 고려하여 학생들의 학습 동기를 불러일으킬 수 있는 지도성을 발휘해야겠지요.

박 교사: 선생님과 대화를 하다 보니 교사로서 더 고민하고 노력해야겠다는 생각이 듭니다.

최 교사: 그래요, 선생님은 열정이 많으니 잘하실 거예요.

─ 배 점 ─

- 답안의 논리적 구성 및 표현 [총 5점]
- 논술의 내용 [총 15점]
  - 잠재적 교육과정 관점에서의 진단 [3점]
  - 문화실조 관점에서의 진단 [3점]
  - 협동학습 실행 측면, 형성평가 활용 측면, 교사지도성 행동 측면에서의 동기 유발 방안 논의 [9점]

문제 구성

2014학년도 교육학 논술은 교육과정, 교육사회학, 교수학습, 교육평가, 교육행정 다섯 영역에서 학생들의 수업 중 소극적 행동에 대해 논할 것을 요구한다. 교육과정과 교육사회학에서 문제를 진단하는 것과 교수학습, 교육평가, 교육행정에서 동기 유발 방안을 찾는 것이 구체적 조건이다. 제시문에서 관련 내용을 근거로 찾아 요구하는 바를 작성하되, 논술의 서론, 본론, 결론 구조를 갖추어 논리적 구성을 가지도록 하면 되겠다.

핵심 키워드

#1 잠재적 교육과정
#2 문화실조
#3 협동학습
#4 형성평가
#5 교사 지도성, 허쉬와 블랜차드, 상황적 지도성

| 개요도 및 채점기준표 |

구분	출제영역	소주제	세부 논점	키워드 및 설명	배점
답안의 논리적 구성 및 표현 [총 5점]		논리적 구성			3
		표현의 적절성			2
논술의 내용 [총 15점]	교육과정	잠재적 교육과정	개념	의도하지 않았으나 은연중에 배우는 모든 경험	2
			진단	소극적 태도를 은연중에 학습	1
	교육사회학	문화실조	개념	문화적 환경의 결핍으로 인한 학업 성취 저하	1
			요인	부모 기대수준, 인지양식(반성적, 분석적/충동적), 언어(논리적, 분석적/충동적)	1
			진단	소극적으로 수업에 참여	1
	교수학습 이론 및 교육공학	협동학습법	개념	공동의 목표 달성을 위해 이질적 구성원이 함께 활동	1
			실행 1	긍정적 상호 의존성	1
			실행 2	개별 책무성	1
	교육평가	형성(과정)평가	개념	수업 중 실시, 학습 상황에 대한 정보 수집해 피드백, 교수·학습 개선 목적	1
			활용 방안 1	학생 학습 상황에 알맞은 피드백 제공	1
			활용 방안 2	평가 결과를 토대로 교수-학습 보완(개선)	1
	교육행정	지도성이론	개념	허쉬와 블랜차드의 상황적 지도성론	1
			행동 1	상황요인, 직무 성숙도, 심리적 성숙도 파악	1
			행동 2	상황요인에 따라 지시형/위임형/설득형/참여형 지도성 적용	1
합계					20

모범답안

서론

학교 수업에서 학생들의 참여도는 학업 성취에 중요하다. 교사는 학생들이 흥미를 가지고 학습에 참여해 학습 목표를 달성할 수 있도록 끊임없이 자신의 수업을 성찰해야 한다. 이 글에서는 제시문을 토대로 수업에서 소극적으로 행동하는 학생들의 문제를 교육과정과 교육사회학 두 측면에서 짚어 보고, 이들의 학습 동기를 유발하기 위한 방안을 교수학습, 교육평가, 교육행정 세 측면에서 논하고자 한다.

서론에서 각 논의내용을 포괄하면서 앞으로 다룰 내용을 언급해 글 구성의 통일성 고려, 전체 구조 안내

소주제 1 — 잠재적 교육과정 관점의 진단

먼저 잠재적 교육과정에서 문제의 원인을 분석할 수 있다. 잠재적 교육과정은 학교에서 의도하지 않았으나 학생들이 은연중에 배우게 되는 모든 경험을 의미한다. 교사가 의도하지 않았더라도 학생들은 수업 중 많은 것을 학습한다. 제시문에서 나타난 것과 같이 박 교사의 수업 중 고개를 숙인 채 조용히 앉아 있거나 교사와 눈 마주치기를 피하는 경우, 이전 학습 경험에서 학교특성인 군집성이나 상찬, 권력 관계 등으로 인해 학생들이 은연중에 '수업에서 침묵하고 가만히 있기', '교사 회피하기'와 같은 소극적 태도를 학습한 것으로 볼 수 있다. 이러한 잠재적 교육과정의 결과가 현재 박 교사의 수업에까지 이어진 것이다.

잠재적 교육과정 설명 / 잠재적 교육과정 관점에서의 소극적 행동 진단

소주제 2 — 문화실조 관점에서의 소극적 행동 진단

둘째로 박 교사가 가정환경이 좋지 않은 몇몇 학생은 다양한 문화적 경험을 가질 기회가 상대적으로 부족해서 참여도가 낮은 것 같다고 하는 부분을 통해 문화실조 관점에서 학생들의 소극적 행동을 진단할 수 있다. 문화실조론은 인간 발달에서 요구되는 문화적 환경의 결핍에 의해 인지적, 사회적, 인간적 발달에 문제가 생긴다는 이론이다. 문화 실조론자들은 학생의 학업 성취에 가정의 문화적 환경이 미치는 영향이 크다고 본다. 구체적인 가정 내 문화 결핍 요인으로 먼저 부모의 기대 수준이 있다. 부모가 자녀에게 투자하는 시간과 노력이 적고 학업 성취에 무관심하니 학생들이 학업에 적극적으로 임하지 않게 된다. 또한 학교에서는 분석적, 반성적 인지 양식과 논리적, 분석적 언어를 사용하는데 가정 내에서 충동적 인지 양식을 사용하거나 감정적이고 충동적인 언어를 사용할 경우, 학생들이 수업에 적응하기 어려워지므로 낮은 학업성취도를 보이고 수업에 소극적으로 참여하게 된다.

문화실조 관점에서의 진단 근거 / 문화실조론 설명

소주제 3 — 동기 유발 방안: 협동학습 측면

학생들의 학습 동기 문제를 해결하기 위한 첫 번째 방안은 협동학습을 활용하는 것이다. 협동학습은 하나의 공통된 목표를 달성하기 위해 이질적 구성원들이 함께 협력하여 활동하는 수업 방법이다. 협동학습 실행 시 첫째로 모둠의 성공을 위해 자신뿐만 아니라 동료들도 과제를 성공할 수 있도록 서로 도움을 주고받는 긍정적 상호의존성을 높여야 한다. 둘째로 학생 개개인이 일정한 책임을 지도록 개별책무성을 부과함으로써 학생들의 학습활동 참여도를 높일 수 있다.

협동학습 설명 / 협동학습 실행 측면에서의 동기유발 방안 1 / 협동학습 실행 측면에서의 동기유발 방안 2

[소주제 4] 동기 유발 방안: 형성평가 측면

두 번째 수업 참여도 향상 방안은 형성평가의 활용에서 찾아볼 수 있다. 형성평가는 수업 중 실시하여 학생의 학습 상황에 대한 정보를 수집, 확인한 후 학생에게 적절한 피드백을 주는 평가 방식으로, 교사 수업 및 학생 학습 개선에 목적이 있다. 먼저 교사가 단순한 평가 결과만 제공하지 않고 결과에 대한 분석 및 알맞은 피드백을 학생에게 알려줌으로써 동기를 유발할 수 있다. 평가 결과를 분석했을 때 학생이 부족한 점이 있다면 그것을 보완하기 위해 무엇을 어떻게 해야 하는지에 대한 피드백을 함께 제공함으로써 학습을 강화하는 방향으로 결과를 활용한다면 학생들이 평가 결과에 좌절하는 데 그치지 않고 문제를 개선해 적극적으로 학습에 참여하도록 도울 수 있다. 두 번째 형성평가 활용을 통한 학생 동기유발 방안은 평가 결과를 교수-학습에 반영하는 것이다. 학생이 부족한 부분을 참고해 교수-학습 방법이나 내용, 속도 등을 조절함으로써 학습 및 학업성취를 돕고 동기를 증진시킬 수 있다.

> 형성평가 설명
> 동기유발을 위한 형성평가 활용 1
> 동기유발을 위한 형성평가 활용 2

[소주제 5] 수업태도 개선 방안: 교사 지도성 측면

마지막으로 학생들의 소극적 수업 태도를 개선하기 위한 방안을 교사 지도성 행동 측면에서 생각해 볼 수 있다. 허쉬와 블랜차드의 상황적 지도성론에서는 구성원의 성숙도를 중요한 상황 요인으로 보고, 지도자가 이에 맞는 지도성을 발휘하는 것이 효과적이라고 본다. 구체적인 상황 요인으로는 구성원의 직무 성숙도와 심리적 성숙도가 있다. 직무 성숙도는 구성원이 직무를 행할 수 있는 전문적 능력으로 업무와 관련된 지식, 기능 수준을 의미한다. 심리적 성숙도는 구성원의 동기 수준으로, 일을 행하고자 하는 동기나 이유 정도를 의미한다. 이에 기반해 교사는 첫째로 교실에서의 상황 요인 상태를 파악하고, 둘째로 상황 요인에 따라 적절한 지도성을 발휘하는 행동을 통해 수업에 소극적인 학생들의 동기를 유발해야 한다. 구성원의 직무 성숙도와 심리적 성숙도 모두 낮다면 지도자가 집단 구성원의 역할을 규정하고 행동을 직접 지시하는 지시형 지도성을, 직무 성숙도와 심리적 성숙도 모두 높다면 구성원에게 과업을 위임하는 위임형 지도성을 발휘하는 것이 효과적이다. 직무 성숙도는 낮은데 심리적 성숙도가 높다면 지도자가 약간의 방향을 제시하되 구성원들이 지도자의 결정과 방향을 수용하게 하는 설득형을, 직무 성숙도는 높은데 심리적 성숙도가 낮다면 방향 제시는 삼가고 구성원을 의사결정에 참여시켜 동기화를 높이는 참여형을 발휘해야 한다. 박 교사가 각 수업 상황의 상황 요인을 파악해 적절한 지도성을 발휘한다면 동기 유발에 더욱 효과적일 것이다.

> 허쉬와 블랜차드의 상황적 지도성론 설명
> 허쉬와 블랜차드 이론에 근거해 동기를 유발하기 위한 교사 지도성 행동 1, 2

[결론]

지금까지 잠재적 교육과정과 문화실조 관점에서 학생들이 수업에 소극적으로 참여하는 문제의 원인을 살펴보았고, 협동학습, 형성평가 활용, 교사 지도성 행동 측면에서 이 문제를 해결하기 위한 방안을 모색해 보았다. 교사가 수업에서 발견되는 문제를 분석하고 이를 해결하기 위해 다각적 측면에서 접근한다면 학생들의 수업 참여도와 학습의 질을 높일 수 있다.

> 각 소주제를 다시 한번 정리해 논리적 형식 강조
> 전체 주제와 연결하며 논술 내용의 의미 강조로 마무리

Note

Note

Note

메가쌤
기출 공략서

강의보다 더 자세한 정답 도출 과정과 실전과 유사한 난이도의 개발 문제를 수록한 기출문제집은
메가쌤 시리즈가 유일합니다!

전공 영어

문항별 자세한 정답 도출 과정 학습

기출 분석, 관련 개념 학습,
실전 연습까지 한 권으로 마스터

교육학

역대 기출 분석은 기본!

방대한 이론 정리부터
논술 쓰기 연습까지 완벽 수록

전공 국어

문제풀이 사고력 증진을 위한
학습 플로우 제공

기출 분석, 정답의 근거 학습,
지식 인출, 연습문제로 실전 대비

메가쌤 시리즈란? 완전한 독립적 임용 학습이 가능하도록 기출 분석, 실전 예상 문제, 구조화된 이론을 한 권에 담아낸 신개념 자습서입니다.

기출 공략서
정답 및 해설

2023
중등교원
임용시험 대비

80016

정가 25,000원
(본책 + 정답 및 해설)
ISBN 978-89-6634-585-4